도시는 어떻게 삶을 바꾸는가

도시는 어떻게 삶을 바꾸는가

불평등과 고립을 넘어서는 연결망의 힘

에릭 클라이넨버그 지음 서종민 옮김

웅진 지식하우스

차 례

도시의
생명

1995년 7월 12일, 찌는 듯한 열기와 높은 습도를 동반한 열대기 단이 시카고 상공에 자리 잡았다. 시카고가 아니라 마치 인도네시아 자카르타나 말레이시아 쿠알라룸푸르처럼 느껴질 지경이었다. 이튿 날인 7월 13일에는 기온이 섭씨 41도까지 치솟았으며, 체감온도는 무려 52도에 달했다. 지역신문 및 방송국 들은 폭염이 위험한 수준이라고 보도했으나 그 심각성을 제대로 인지하지는 못한 듯했다. 이들은 일기 예보를 전하며 건강에 유의하라는 당부와 더불어 '여름철 패션 테러 피하기', '화장이 무너지지 않는 비결' 혹은 '에어컨 제대로 사는 법' 등 우스꽝스러운 이야기들도 함께 내보냈다. 에어컨 판매업자가 등장해 "이게 바로 우리가 두 손 모아 기다리던 날씨"라고 말하기도 했다. 《시카고트리뷴Chicago Tribune》은 독자들에게 "몸가짐을 느긋하게 하고 머리를 식히라"고 조언했다.

그날 시카고는 역대 최고 에너지 소비량을 돌파했다. 도시 전력망이 급증한 수요를 감당하지 못한 탓에 수십만 가구에서 정전 사태가 발생했으며 길게는 며칠씩 이어졌다. 급수에도 문제가 생겨 고층 가구에 물을 공급하는 물탱크가 바닥나기도 했다. 온 도시의 빌딩들이 찜통처럼 달궈졌고, 도로와 철로가 우그러지고 휘어졌으며, 자동차와 버스 수천 대가 과열되었다. 어린 학생들이 스쿨버스를 타고 야영을 가려다 꽉 막힌 도로 한가운데에 갇히는 바람에, 보건 요원들이 열사병을 예방하려 호스로 물을 뿌린 일도 있었다. 사태가 점점 심각해지고 있었지만 시카고 관계 당국은 비상사태를 선포하지 않았다. 수백만 명의 시카고 주민들이 열기 속에 꼼짝없이 갇혀 있을 때, 시카고 시장은 주요 고위 인사들과 함께 선선한 타지에서 휴가를 보내고 있었다.

다른 대도시들과 마찬가지로, 시카고에서도 열섬 현상이 발생했다. 포장도로와 철제 빌딩들 때문에 도심에 태양열이 모이고, 오염된 대기에 갇혀 열기가 빠져나가지 못했다. 녹지가 많은 교외는 밤이면 기온이 내려갔지만 도심지는 한밤에도 지글지글 끓었다. 너무나 많은 사람들이 911에 전화한 탓에 응급처치 요원들이 신고 건에 일일이 대응하지 못할 지경이었다. 수천 명이 폭염과 관련한 증세로 응급실을 찾았으며, 시내 병원 중 절반 이상이 공간이 모자라 환자 접수를 거부해야만 했다. 부검소 앞에는 시체를 운구하는 차량들이 줄지어 늘어섰다. 시체 안치소에 설치된 보관함 222칸이 전부 차고도 모자랐다. 한 정육 업체가 크기 15미터에 달하는 냉장 트럭을 임시로 제공했고, 트럭마

저 꽉 차자 또 다른 냉장 트럭을 내어주었으며, 결국에는 수백 구의 시체를 실은 냉장 트럭 아홉 대가 부검소 주차장을 가득 메우기에 이르렀다. 한 검시관은 "이런 광경은 난생처음 본다"면서 "감당하기 어려운 상황"이라고 말했다.

7월 14일부터 20일까지 일주일 만에 시카고 주민 739명이 목숨을 잃었다. 평균 사망자 수를 훨씬 웃돌았음은 물론이며 2012년 미국을 강타한 초강력 허리케인 샌디 때보다 일곱 배, 1871년 시카고 대화재 때보다도 두 배가량 많은 수였다. 시체를 모두 매장하기에 앞서 과학자들은 사망자를 대상으로 분석에 나섰다. 미국 질병통제예방센터 CDC가 파견한 애틀랜타 출신 연구진이 시카고 현지 요원 수십 명과 함께 조사에 착수했다. 연구진은 700명이 넘는 사망자들의 집을 일일이 방문하여 생존한 이웃과 짝을 지어 매칭, 이를 바탕으로 인구학적 데이터를 추출해 서로 비교했다. 연구 결과 중에는 그다지 놀랍지 않은 요인들도 있었다. 제대로 된 에어컨 설비를 갖춘 경우에는 사망 위험이 80퍼센트가량 감소했다든가, 사회적 고립은 사망 위험을 가중했다는 것 등이다. 무엇보다도 1인 가구가 위험에 크게 노출되어 있었다. 폭염 관련 질병의 증상과 심각성을 스스로 깨닫지 못하는 경우가 많기 때문이다. 타인과, 하다못해 반려동물과라도 밀접한 관계를 맺고 사는 사람들의 생존율이 훨씬 더 높았다.

한편 흥미로운 패턴들도 나타났다. 여성이 남성보다 이 사태를 훨씬 더 잘 견뎌냈는데, 여성이 친구나 가족과 더욱 밀접한 관계를 맺고 살기 때문이었다. 라틴계 사람들은 극심한 가난에도 불구하고 시카고에 거주하는 다른 인종 집단보다 수월하게 사태를 이겨냈다. 시카고에 사는 라틴계 사람들은 특정 아파트 단지나 집단촌에 몰려 살았고 이런 환경에서 혼자 쓰러져 죽기란 거의 불가능했다. 폭염으로 말미암은 사망률은 대개 인종 분리 및 불평등과 강력한 상관관계를 보였다. 사망률이 가장 높았던 지역 열 곳 중 여덟 곳이 사실상 흑인 거주지였으며, 빈곤과 강력 범죄가 집중된 지역이었다. 이러한 곳이라면 노인이나 환자가 집안에서 홀로 쓰러져 죽을 위험이 매우 높기 마련이다. 그런데 시카고에서 폭염 관련 사망률이 가장 낮았던 지역 열 곳 중 세 곳 또한 가난하고 폭력적인 데다가 흑인 거주자가 대다수인 동네였다. 또 다른 한 곳은 주민 대부분이 라틴계였으며 가난하고 폭력적인 동네였다. 조건만 따져본다면 이 동네들은 재난을 제대로 이겨내지 못했을 테지만, 실제로 이들은 시카고에서 가장 부유한 동네보다도 사태를 더욱 굳건하게 이겨냈다. 이유가 무엇일까?

나는 시카고에서 태어나고 자랐으며, 당시 대학원에 진학하기 위해 캘리포니아로 이사 갈 준비를 하고 있었다. 그때만 해도 시카고로 돌아올 계획은 없었으며 주변 동네나 자연재해, 기후에도 별다른 관심이 없었다. 하지만 이때의 폭염 사태를 머릿속에서 지울 수가 없었다. 재난에 정면으로 타격을 입을 듯했던 몇몇 집단이 사태를 잘 이겨낼 수 있었던 까닭이 늘 궁금했다. 결국 나는 마약 산업을 연구하려던 계획을 접고 자연재해와 관련한 사회학을 연구하기 시작했다. 현장 조사를 하기 위해 시도 때도 없이 시카고에 들르다가 결국에는 아예 돌아왔으며, 부모님 집 지하실을 연구실로 삼고서는 폭염에 관한 논문을 쓰기 시작했다.

나는 폭염이 각 개인뿐만 아니라 각 지역사회에 어떠한 영향을 미쳤는지를 살펴보기 위해, 질병통제예방센터와 마찬가지로 나름의 짝을 구성해 비교했다. 우선 폭염으로 말미암은 사망률을 지역별로 표시한 시카고시 지도 위에 빈곤·폭력·인종 분포·연령 분포 등 다른 여러 데이터를 지역별로 표시한 지도를 겹쳐 살펴보았다. 그러자 서로 유사한 인구통계학적 특징을 보이면서도 폭염 관련 사망률이 현저하게 다른 인접 지역들이 발견되었다. 사회과학 연구에서 통용되는 온갖 변수를 기준으로 지역별 데이터를 분석해보았지만, 기존 변수로는 사망률에서 현저한 차이가 나타나는 이유를 설명하기 어려웠다. 나는 컴퓨터를 끄고 직접 현장 조사에 나섰다.

현장에 가보니 양적 자료에서 보이지 않던 지역별 생활환경 차이를 뚜렷이 관찰할 수 있었다. 통계에서는 드러나지 않았던 실태였다. 어느 지역에는 버려진 공터와 망가진 보도블록, 빈집과 셔터 내린 상점들만이 줄지어 서 있는 반면, 어느 지역은 동네 곳곳이 사람들로 북적였고, 거리를 오가는 이들도 많았으며, 상점가와 공원 덕분에 활기가 돌았고, 이를 뒷받침하는 튼튼한 지역사회조직이 있었다. 시카고 각 지역의 생활 리듬을 관찰하면서 나는 이러한 지역 여건이 재난이 닥쳤을 때는 물론 평상시에도 얼마나 큰 역할을 할지 깨달을 수 있었다.

인종 분리가 극심한, 시카고 사우스사이드에 인접한 엥글우드와 오번그레셤을 예로 살펴보자. 1995년 당시 두 지역 모두 주민의 99퍼센트가 아프리카계였으며 고령 인구 비율도 서로 비슷했다. 두 지역 모두 빈곤율과 실업률, 강력 범죄 발생률이 높았다. 재난 피해가 가장 컸던 지역 중 한 곳인 엥글우드에서 폭염으로 사망한 사람의 비율은 주민 10만 명당 33명꼴이었다. 반면 오번그레셤의 사망률은 10만 명당 3명꼴로, 부유한 링컨파크나 니어노스사이드 지역보다도 재난을 더 잘 견뎌냈다.

　연구가 막바지에 다다를수록 한 가지 사실이 뚜렷하게 드러났다. 인구통계학적으로는 유사하지만 이처럼 다른 결과를 보였던 지역들 간의 주요한 차이점이 바로 내가 사회적 인프라스트럭처Social Infrastructure, 줄여서 사회적 인프라라고 부르는 것들, 즉 사람들이 교류하는 방식을 결정짓는 물리적 공간 및 조직에 있다는 점이었다.

　사람들 사이의 관계와 대인 네트워크를 가늠하는 데 흔히 '사회적 자본social capital'이라는 개념을 사용하지만, 사회적 인프라는 이와는 다른 개념이다. 사회적 인프라는 사회적 자본이 발달할 수 있는지 없는지를 결정짓는 물리적 환경을 지칭한다. 튼튼한 사회적 인프라는 친구들이나 이웃들끼리 만나고 서로 지지하며 협력하기를 촉진하는 반면, 낙후한 사회적 인프라는 사회 활동을 저해하고 가족이나 개개인이 자기 스스로를 돌보지 않으면 안 되게끔 만든다. 사회적 인프라의 역할은 가히 결정적이라 할 만큼 중요하다. 학교나 놀이터 혹은 동네 식당 등에서 벌어지는, 서로 얼굴을 직접 마주하며 이루어지는 지역적 교류가 곧 그들의 공공 생활을 구성하기 때문이다. 사람들은 건전한 사회적 인프라를 갖춘 장소에서 유대 관계를 형성한다. 공동체 형성을 목적으로 이 같은 장소들이 존재하는 것이 아니라, 사람들이 꾸준하게 반복해서 모여들 때, 특히 즐거운 일을 하며 교류할 때 관계 또한 필연적으로 싹트기 때문이다.

　엥글우드 주민들이 폭염에 취약했던 이유는 빈곤한 아프리카계여서이기도 했지만, 버려진 지역에 살고 있었기 때문이기도 했다. 주택가는 폭격이라도 맞은 듯한 모양새였다. 한때 공공 생활을 지탱했던 사회적 인프라는 모두 낙후한 상태였다. 1960년부터 1990년 사이 주민 절반과 상업 시설 대부분이 엥글우드를 떠났으며, 그에 따라 사회적 응집성이 떨어졌다. "우리도 한때는 서로 아주 가까웠고 친밀했어요. 이제는 길 건너에 누가 사는지, 코너 끝에 누가 사는지도 모릅니다. 노인네들은 집을 나서기조차 무서워하고 있죠." 엥글우드에서 52년을 거주했으며 현재 지역 내 폭력 근절 운동을 이끌고 있는 할 배스킨_{Hal Baskin}이 말했다.

유행병학자들은 사회적 연결과 건강 및 수명 간의 관계를 이미 명확히 정립해두었다. 지난 수십 년간 저명한 여러 보건학술지에는 사회적 관계가 주는 신체적·정신적 이점을 다룬 논문 수십 건이 게재되었다. 그런데 아직 과학자들도 철저히 탐구한 바 없는 선행 질문이 한 가지 남아 있다. 과연 어떠한 여건을 갖춘 공간에서 살 때 사람들끼리 돈독히 지내고 서로 지지하는 관계를 맺을 가능성이 커질까? 어떠한 여건이 사람을 고립시키고 외롭게 만들까?

폭염 사태 이후 시카고 주요 고위 인사들은 사망자들을 놓고 사회에서 고립되어 있던 당사자들이 사실상 스스로 명을 재촉한 것이나 다름없으며 지역공동체가 여기에 쐐기를 박았다고 공개적으로 단언했다. 당시 시카고 시장이었던 리처드 데일리_{Richard M. Daley}는 지역 주민들이 이웃을 살피지 않았다고 비난했고, 복지국 국장이었던 대니얼 앨버레즈_{Daniel Alvarez}는 피해자들이 "서로에게 소홀했기 때문에 세상을 떠난 사람들"이라고 언론에 토로했다. 그러나 직접 시카고에서 가장 큰 피해를 입은 지역들을 돌아다니며 살펴본 후, 나는 그들이 하는 말과는 사

못 다른 점들을 발견했다. 폭염 피해가 컸던 지역에 거주하는 주민들은 폭염을 가장 잘 견뎌낸 지역 주민들과 같은 가치들을 중시했으며, 평상시건 유사시건 다른 이들을 도우려고 진심으로 노력했다는 사실이다. 차이점은 문화적인 게 아니었다. 사람들이 서로에게 혹은 공동체에 얼마나 신경을 쓰는지가 문제가 아니었다는 말이다. 그보다 중요했던 것은 따로 있었다. 엥글우드 같은 지역에서는 조악한 사회적 인프라가 사람들의 교류를 억제했고 상호 지지를 방해했지만, 오번그레셤 등에서는 사회적 인프라가 교류와 상호 지지 등을 북돋았다는 점이었다.

지난 수십 년 동안 엥글우드 지역에서는 계속해서 인구가 감소한 반면, 시카고에서 폭염 현상을 가장 잘 견뎌낸 지역에서는 인구 감소가 거의 없었다. 1995년 오번그레셤 주민들은 걸어서 식당·공원·이발소·식료품점 등을 돌아다녔다. 이들은 동네 반상회와 교회 모임에도 참여했으며, 서로서로 알고 지냈다. 특별히 노력을 기울이지 않아도 그들이 사는 곳에서는 가벼운 교류가 일상적으로 자연스레 일어났다. 이 평범한 일상은 곧 폭염이 닥쳐왔을 당시, 사람들이 노인과 아픈 이웃의 문을 두드리며 서로가 괜찮은지 확인해보기 쉽게 만들었다. "날씨가 너무 덥거나 너무 추울 때면 우리는 늘 그렇게 해왔죠." 50년 가까이 오번그레셤에 거주한 베티 스완슨Betty Swanson이 말했다. 심지어 폭염이 점점 더 빈번하고 심각하게 발생하는 상황에서, 오번그레셤처럼 사회적 인프라가 잘 구축된 지역에 살면 집집마다 에어컨을 갖춘 것과 별다를 바 없다.

나는 시카고 폭염 사태에서 나타난 사회적 인프라의 의의를 논문으로 쓰고 이후 『폭염 사회Heat Wave』라는 제목을 달아 책으로 펴냈다.

집필을 끝마치고 나서부터는 폭염 사태라는 특정 재난을 넘어서서 생각하기 시작했다. 즉 지역사회조직이 사람들에게 미치는 영향이 평상시에는 어떠한지까지 연구하기에 이르렀던 것이다. 나는 폭염을 매우 잘 견뎌낸 지역들을 더욱 면밀히 조사했고, 이례적인 사실을 발견했다. 해당 지역들은 인구통계학적으로는 유사한 다른 지역들보다 언제나 훨씬 안전하고 건강했으며, 그 정도에 있어서도 놀랄 만큼 큰 차이를 보였다. 예를 들어 폭염 사태가 일어나기 5년 전을 기준으로 오번그레섬의 평균 기대 수명은 엥글우드보다 5년 더 길었다. 내가 포괄적으로 비교했던 또 다른 인접 지역의 쌍 중에는 이보다 더 큰 차이를 보이는 곳들도 있었다. 리틀빌리지로도 알려진 사우스론데일의 기대 수명은 노스론데일보다 무려 10년이나 더 길었다.

이처럼 극적인 차이점들을 여기저기에서 쉽게 발견함에 따라, 나는 사회적 인프라가 앞선 연구에서 느꼈던 것보다도 훨씬 더 중요할지 모른다는 생각을 갖게 되었다. 곧 나는 모든 종류의 공공 생활을 지탱하고 또 약화하는 숨은 연결망들과 그동안 당연시해온 시스템들을 연구하기 시작했다.

• • •

이번에는 정말로 시카고를 떠나왔다. 알고 보니 사회 단절에 시달리는 지역은 사람들이 떠나버린 나의 고향 시카고뿐만이 아니었으며, 사회적 인프라에 영향을 받는 문제들 역시 폭염 사태나 건강 말고도 수없이 많았다. 나는 뉴욕대학교에서 학생들을 가르치기 시작했고, 그 후

스탠퍼드대학교에서도 2년을 보냈다. 미국 여러 도시들과 아르헨티나, 영국·프랑스·네덜란드·일본·싱가포르 등지에서도 연구를 진행했다. 내가 연구했던 각 지역들은 모두 고유한 환경문제와 정치 시스템, 문화적 성향을 가지고 있었지만, 거주민들은 다들 비슷한 걱정거리로 고민하고 있었다. 오늘날 전 세계 사회들은 점점 더 분열하고 있으며, 사회 갈등은 심화하고, 사회적 접착제social glue는 약화하고 있다.

캐나다 방송국 글로벌뉴스Global News는 "우리 모두 세상과 담을 쌓고 살고 있다"고 말했고, BBC는 "영국 내 '계층 분리'가 증가세를 보인다"고 했다. 《투데이온라인Today Online》은 "인도의 행복 지수 순위가 하락하고 있으며, 열악한 사회적 자본과 사람들 사이의 신뢰 부족이 주요 원인"이라고 보도했다. 극심한 불평등 속에서 자라난 불신과 두려움은 남미 전역에서 게이티드 커뮤니티(gated communities, 자동차와 보행자의 유입을 엄격히 제한하고 보안성을 향상한 주거지역_옮긴이)와 민간 경비 업체의 급증을 부채질했다. AP통신은 "민간 보안 요원 수가 공식 경찰관 수를 넘어섰으며 그 수는 브라질에서 네 배, 과테말라에서 다섯 배, 온두라스에서는 거의 일곱 배에 달한다"고 보도했다. 《포린폴리시Foreign Policy》는 중국에 대해 "지금까지 계층화라는 개념을 근절하려 노력해왔던 사회에서 바로 그 계층화가 나타나고 있다. 사회계층은 점점 더 고착화하고 있으며, 계층 상승 기회들은 점점 더 제한되고 있다"고 보도했다. 전례 없는 문화적 다양성과 민주적 소통을 중개하리라고 여겨졌던 인터넷 또한 사람들이 이미 믿는 것만 보고 듣는 반향실echo chamber로 전락했다.

미국의 경우 2016년에 실시한 대통령 선거에서 정치적 양극화가 특히 충격적으로 드러났다. 오래도록 이어진 선거운동은 전문가들이 우려했던 것보다도 훨씬 더 깊은 사회적 갈등의 골을 드러냈다. 빨간색 주와 파란색 주(각각 공화당이 우세한 주와 민주당이 우세한 주_옮긴이)라는 말도 미국의 분열된 문화적·정치적 지형도를 묘사하기에는 다소 부족하게 느껴질 정도다.

두 진영의 대립은 단순히 이념적인 선에서 그치지 않으며 이들의 분열은 트럼프 대 힐러리, 블랙 라이브스 매터(Black Lives Matter, 경찰에 의한 흑인의 죽음에 항의하는 사회운동_옮긴이) 대 블루 라이브스 매터(Blue Lives Matter, '경찰의 목숨도 소중하다'는 취지로 설립된 미국 경찰단체_옮긴이) 세이브더플래닛Save the Planet 대 드릴 베이비 드릴(Drill, Baby, Drill, 석유 및 가스 개발 지지를 나타내는 2008년 미국 공화당 전당대회 슬로건_옮긴이)보다 더 깊은 곳까지 파고든다. 미 전역의 국민들은 미국의 사회 공동체가 약해진 듯하다, 사람들이 다른 이들과 시간을 보내기보다는 각자 전자 기기에 몰두하는 시간이 늘었다, 학교나 스포츠 팀이나 직장 환경이 감당하기 어려울 만큼 경쟁적으로 변했다, 사회가 불안정하다, 미래가 불확실하고 때로는 암울하기까지 하다고 호소한다. 공동체 약화를 우려하는 것은 현대사회의 전형적인 특징이자 지식인들이 늘 하는 이야기다. 나는 사회적 고립에 관하여 수많은 글을 써오면서도, 우리가 '언젠가 있었다'는 황금기 때보다 오늘날에 더 외로워졌으며 더 심하게 단절되었다고 주장하는 데에 회의를 느낀 지 오래다. 그러나 그러한 나조차도 오늘날 전 세계적으로 사회 질서가 불안정하게 느껴짐을 인식하지 않을 수 없다. 각지에서 독재자들이 뿌리 깊은 민주주의 시스템을 해체하려 위협한다. 국가들이 정치 동맹에서 탈퇴한다. 텔레비전에서는 시청자들이 듣고 싶어 하는 뉴스만 말해준다.

많은 국가들이 기후변화, 고령화, 불평등 심화, 민족 간 분쟁 등 심각한 과제에 이미 직면했다. 이러한 문제들은 우리가 서로 더욱 강력한 유대를 확립하는 동시에 공동의 이익을 키워나갈 때만 해결할 수 있다. 심각하게 분열한 사회라면 무엇보다도 각 집단이 각자 자기의 운명을 스스로 책임지고 꾸려나갈 수밖에 없다는 문제가 생긴다. 고소득층이 자선 활동을 할 수도 있겠지만, 이들 또한 자신의 이익을 가장 우선시한다. 젊은이들은 노인들을 방치한다. 산업은 바람이 불어가는 곳이나 강물이 흘러가는 곳 사정은 헤아리지 않은 채 오염물질을 배출한다.

이러한 분열에 행복해하는 사람은 거의 없는 듯하다. 이상하게도 승자들조차 행복해하지 못한다. 20세기 대부분에 걸쳐 비즈니스 리더들과 부유층들은 그들 또한 블루칼라 노동자들 및 중산층 전문직들과 맺은 사회 협약을 통해 이익을 얻을 수 있으리라고 생각했으며, 대공황 이후에는 심지어 빈곤층에게 주택과 실업수당을 지원하기까지 했다. 미국이 창조한 이러한 시스템은 완벽하다고 말하기는 어렵다. '일반 국민'에게 혜택을 주겠다는 사회보장제도(특히 주택, 보건, 교육 부문)들은 사실상 아프리카계 및 라틴계 미국인들을 배제했고, 결국 그들을 분리된 사회로 밀어 넣었다. 그러나 미국은 재산 분배 운동을 펼치고 필수적인 인프라에 투자했으며 공공선을 위한 무한한 비전을 추구함으로써 사회적 안정은 물론 사회 보장에서도 전례 없이 훌륭한 수준을 달성한 바 있다.

그러나 오늘날 이러한 집단적 프로젝트는 산산조각이 났다. 최근 수십 년간은 상위 1퍼센트가 국가 소득에서 막대한 비중을 차지한 한편, 하위 80퍼센트를 차지하는 노동자들은 자신들의 임금이 동결되기나 감소하는 모습을 지켜봐야만 했다. 2008년 서브프라임 모기지 사태로 수백만 명이 살 곳을 잃는 동안 가장 부유한 미국인들은 천정부지로 값이 치솟는 도심 아파트들을 사들여 '하늘 위 금고'를 만든 뒤 그 전리품에 자물쇠를 걸어 잠갔다. 그러고도 여유 자금이 남았던 이들은 한 발짝 더 나아가, 문명의 종말에 대비할 수 있는 한적한 방공호를 뉴질랜드나 북미 대륙 태평양 연안의 숲 지대에 건설했다. 그사이 공공 서비스 및 국가 주요 인프라의 질은 심각하게 떨어졌다. 엄청나게 부유한 소수의 사람들은 비행기 여행, 개인 보안, 심지어는 전기 등에서 공공 시스템과 동등한 사유 시스템을 건설했고, 그럭저럭 유복한 사람들은 공항, 유료 도로, 심지어는 놀이공원에서 놀이 기구를 기다리는 줄에서도 다른 이들을 제치고 우선권을 얻었다. 이러한 현상이 초래한 결과는 사회 전반에서 분명하게 나타났다. 사람들 대다수는 과사용 및 투자 부족으로 허물어져가는 시스템을 견뎌야 한다. 대중교통 시설은 조잡한 데다가 너무 붐비고, 공원과 놀이터는 제대로 관리되지 않는다. 공립학교는 낮은 성취도를 보인다. 공공 도서관은 개관 시간을 단축하고, 몇몇은 아예 폐관한다. 더위·폭우·화재·강풍 등은 한때 그러한 재난들을 버텨낸 지역들을 끝내 파괴한다. 취약성이 공기 중에 감돈다.

　이 가운데 지속 가능한 것은 아무것도 없다.

　미국 유권자들은 2016년 이러한 시스템을 날려버리겠다고 약속한 대통령을 선출해(비록 유권자 다수보다는 선거인단 다수에게 표를 얻어 당선했지만) 그들이 가지고 있던 깊은 불만을 여실히 드러냈다. 그러나 미국의 분열은 트럼프 대통령 집권 이후 한층 깊어지기만 했다. 사회불안이라는 유령이 미국 전역의 도시, 공동체, 대학교 캠퍼스 등을 떠돌고 있다. 사람들은 서로를 두려워하고, 다른 이들로부터 보호받기를 원한다.

사회학자로서 나는 이러한 사회적 단층선이 아슬아슬할 만큼 진동하는 데 심각한 우려를 품고 있다. 또한 시민으로서 나는 오늘날 세계의 다양한 국가에서 어떻게 하면 시민사회의 토대를 재건할 수 있을지를 묻지 않을 수 없다. 역사에서 배우는 학생으로서의 나는 우리가 어떻게 눈앞에 있는 숙적과 폭력적으로 대립하기를 넘어서서 정의와 예의에 대한 약속을 바탕으로 공동의 목적의식을 키워나갈 수 있을지를 생각한다. 그런가 하면 부모로서의 나는 우리가 과연 세상의 많은 것들을 고쳐서 아이들이 우리가 저지른 잘못을 수습하는 데 일생을 허비하지 않고 그들 자신의 번영을 누릴 기회를 가지게 만들 수 있을지 생각해본다.

그러나 어떻게 해야 이를 이룰 수 있을까? 경제 발전이 한 가지 해결책임은 확실하지만, 국가 경제성장은 가장 성공한 사람들뿐만이 아니라 모든 사람들이 이익을 공유할 때에만 사회를 더욱 응집할 수 있다. 경제성장 외에도 사회를 재건하는 방법에 관한 두 가지 아이디어가 담론을 지배하고 있다. 하나는 테크노크라시(technocracy, 전문 지식 또는 과학 기술 중심의 의사 결정을 토대로 한 사회 변화_옮긴이)에 관한 논의로, 보안을 강화하고 인적·물적 교류를 촉진하는 물리적 시스템을 공학적으로 건설하는 데 초점을 맞춘다. 다른 하나는 시민적인 접근법으로, 프리메이슨이나 미국 흑인지위향상협회NAACP, 반상회, 텃밭 가꾸기 모임, 볼링 대회 등 사람들을 공동체로 묶어주는 자발적 결사체를 촉진하는 데 주목한다. 두 가지 접근법 모두 중요하지만 사실 둘 다 완전한 해결책은 아니다. 잃어버린 퍼즐 조각은 바로 사회적 인프라다. 모든 종류의 사람들이 모일 수 있는 장소들을 건설하는 것, 그것이 우리가 오늘날 살고 있는 분열한 사회를 수리하는 가장 좋은 방법이다.

. . .

사회적 응집성이 그저 추상적인 가치 및 신념에 대한 원론적인 약속에서가 아니라 사람들이 서로 반복적으로 교류하고 공동 프로젝트를 함께 추진해나갈 때 자라난다는 점은 이미 오래 전부터 정립된 사실이다. 프랑스의 정치학자 알렉시 드 토크빌Alexis de Tocqueville은 미국의 민주적 질서를 공식적으로 구축한 법들을 높이 평가했으나, 그럼에도 국가의 활발한 국민 생활을 가능케 한 진짜 원천은 시민들이 자발적으로 조직한 결사체들이라고 주장했다. 미국의 철학자 존 듀이John Dewey는 사회적 연결이 "친밀하고 직접적인 상호 교류 및 애정의 활성도와 깊이"를 바탕으로 자리 잡는다고 주장했다. 또한 듀이는 "민주주의는 집, 즉 이웃 공동체에서 시작되어야 한다"라는 유명한 말도 남겼다.

시민사회를 연구하는 현대 학자들 역시 비슷한 관찰을 내놓은 바 있다. 정치학자이자 하버드대학교 교수인 로버트 퍼트넘Robert Putnam은 저서『나 홀로 볼링Bowling Alone』에서 공동체 붕괴와 저조한 시민 단체 참여율이 건강·행복·교육·경제적 생산성 및 신뢰 저하를 초래하는 원인이라고 지적했다. 권위 있는 보수 정치학자 찰스 머레이Charles Murray는 저서『커밍 어파트Coming Apart』에서 미국의 프로젝트들은 늘 공동의 문제를 해결하기 위해 자발적으로 한데 뭉치는 사람들을 바탕으로 이루어졌다고 논했다. 머레이는 이러한 '시민 문화'가 한때 미국인들 사이에서 매우 널리 공유되었기 때문에 거의 시민 종교라고도 할 수 있었다며 토크빌과 같은 맥락으로 이야기했다. 그러나 그가 쓴 책 제목이 의미하듯, 최근 '신상류층'은 사실상 공동의 목표들을 내던지고선 공간적·경제적·교육적·문화적 그리고 어느 면에서는 정치적으로 분리된 그들만의 사회를 형성하고 있다. 머레이는 온 국가가 계층 간 경계를 넘어선 연대 의식을 다시 한번 세우지 못한다면 '미국을 특별하게 만들어주었던 모든 것이 사라져버릴 것'이라 경고했다.

퍼트넘과 머레이 두 사람 모두 우리가 국민 생활 및 공동체 건설을 지향하는 쪽으로 문화적 태도를 가다듬어야 하며 공동선에 대한 약속을 재확인해야 한다고 이야기했다. 사회적 자본 감소에 관한 퍼트넘의 권위 있는 설명과 더 많은 대중 참여에 대한 분명한 호소는 거의 20년 가까이 정치 관료, 종교 지도자, 활동가, 언론인, 학자 모두에게 영향을 미쳤다. 그러나 퍼트넘이 『나 홀로 볼링』에서 언급했던 문제들은 오늘날에도 똑같이 만연하며, 몇몇 문제는 더욱 극심해지기까지 했다.

책을 집필하던 1990년대 말 당시 그가 가장 우려했던 문제들 중 하나는 사람들이 사회생활, 즉 스포츠 경기나 지역사회단체 활동 등으로 이루어진 세계에서 물러나 각자 집에만 틀어박힌 채 거실에서 함께 텔레비전을 보는 데 족하게 되었다는 점이었다. 물론 이제는 온 가족이 한 방에 둘러앉아 텔레비전으로 같은 프로그램을 보는 저녁 시간조차 공상적 판타지나 다름없는 일이 되었지만 말이다. 슈퍼볼 경기나 오스카 시상식, 대통령 선거 개표같이 특별한 경우에나 그런 일이 있을까 말까다. 대부분은 저녁마다 각자 자기 핸드폰이나 컴퓨터에 몰두하는 게 전형적인 요즘 풍경이다.

하버드대학교 교수이자 사회학자인 피터 마스든Peter Marsden에 따르면, 현재 수집 가능한 최선의 데이터로 미루어 보았을 때 미국인의 사회 활동은 1970년대 이후 비교적 일정한 추세를 보이고 있다. 변화라면 친구들과 보내는 시간이 약간 늘었고, 이웃과 보내는 시간이 조금 줄었으며, (놀랍지도 않지만) 레스토랑이나 바에서보다 인터넷을 통한 사회적 교류가 늘었다는 정도다. 전통적인 자발적 조직을 구성하는 회원 수 또한 크게 달라지지 않았다. 그러나 한편으로 미국 노동통계국에서 발표한 최신 수치들을 보면 봉사 활동 참여 비율이 조금씩이지만 꾸준히 감소하고 있으며, 이러한 감소는 모든 교육 수준에 걸쳐 나타난다. 버클리대학교 교수이자 사회학자 클로드 피셔Claude Fischer는 사적 세계로 몰입하는 현상이 분명 사회 활동으로부터의 소외와 나란히 진행된다고 말했다.

민주주의는 지역적 공동체 활동에 뿌리를 내리지만, 우리의 양심에 호소하는 것만으로는 공동체 활동 참여를 증진하지 못했다. 하지만 우리의 사회적 일상생활에 영향을 미치는 방법에는 어떤 문화적 가치를 가져보자거나 다른 문화적 가치로 대체해보자는 제안 말고도 여러 방법이 있다. 뉴어버니즘New Urbanism 운동 지지자들의 말대로, 사회적 연결과 지역사회 건설, 시민 참여 등에서 같은 목표를 가지고 있는 사람들에게는 그들이 시간을 보내는 장소의 여건에 따라 그러한 목표를 성취할 다양한 기회들이 생겨나기 마련이다. 사회적·물리적 환경은 우리가 미처 인식하지 못했던 방법들을 통해 우리의 행동을 형성하며, 이는 우리가 누구인지를 알아나가고 우리가 어떻게 살지를 결정하는 데 도움을 준다.

· · ·

이 책은 사회적 인프라가 현대사회에서 핵심적인 역할을 담당함에도 지금까지 제대로 인식되지 못했다는 점을 분명히 밝히고자 한다. 우리가 여러 도시와 교외를 돌아다니는 방법에서부터 이방인, 친구, 이웃 들과 일상적으로 교류할 수 있는 기회까지, 사회적 인프라는 사소해 보이지만 사실은 매우 중대한 영향을 미친다. 어린이와 노약자 등 움직임에 제약이 있고 자율도가 낮아 본래 사는 곳에만 묶여 있는 사람들에게는 특히 더 중요하다. 사회적 인프라만으로 양극화한 사회를 통일하거나 취약한 공동체를 보호하고 소외된 개인들을 연결하지는 못하겠지만, 사회적 인프라 없이는 그러한 문제들을 해결하기 어렵다. 앞으로 이 책에서 그 이유와 방법을 설명하겠다.

인프라스트럭처라는 개념은 비교적 새롭고 완전히 현대적인 개념이다. 『옥스퍼드영어사전Oxford English Dictionary』은 인프라스트럭처를 가리켜 "사업·하부구조·기반 등 하위 요소를 통칭하는 단어"라 정의한다. 인프라가 지탱하는 상위 활동들은 경제적·군사적·사회적 활동일 수 있다. 과학과 기술을 연구했던 사회학자 수전 리 스타Susan Leigh Star 는 대표적인 논문 「인프라스트럭처의 민족지학적 연구The Ethnography of Infrastructure」에서 인프라란 "말뜻 그대로 겉으로 드러나지 않으며, 다른 사업의 배경이 된다"고 설명했다. 또한 인프라는 "다른 구조물, 사회적 배치, 기술 등의 내부로 파고들어가 그 내부에 자리 잡는다"고 덧붙였다. 인프라는 목표에 따라 매번 재고안하거나 새로 조립할 필요가 없으므로 사용자가 뚜렷하게 인식하지는 못하지만, 보이지 않는 방식으로 해당 목표 달성을 도우며, 또한 시공간적으로 광범위하다. 인프라는 한 번에 혹은 전체적으로가 아니라 조립식 증강을 통해 갖추어진다. 인프라를 가장 자주 사용하는 집단 구성원들은 시설의 존재를 당연하게 생각한다. 그리고 결정적으로, 인프라는 무너졌을 때 가장 명백하게 모습을 드러낸다.

밴더빌트대학교 교수이자 인류학자인 애슐리 카스Ashley Carse의 설명에 따르자면 인프라스트럭처라는 단어는 19세기 말에 처음으로 프랑스어에서 영어로 전이되었으며, 본래 프랑스에서는 둑·다리·터널 건설 등 철로 건설에 필요한 여러 토목공사를 일컫는 말이었다. 제2차 세계대전 이후 사회적 인프라는 군사 및 경제개발 관련 집단에서 자주 사용하는 용어가 되었다. 카스는 "인프라스트럭처라는 말은 단순한 용어가 아니라 새로운 세상을 창조하는 단어였다"고 주장한다. 냉전 설계자들이 옹호했던 "정치적·사회경제적 조직들이 제시하는 비전과 이론"을 정당화해주는 단어였기 때문이다. 정책 용어였던 인프라는 1980년대 로널드 레이건 대통령의 연설을 기점으로 미국 주류 담론에 등장하기 시작한다. 어쩌면 놀라운 말이겠지만, 당시 레이건 대통령은 개발도상국이 "민주주의를 위한 인프라, 즉 한 나라의 국민이 스스로 자기 앞길을 택할 수 있게끔 만들어주는 자유 언론, 결사, 정당, 대학 체계"를 조성할 수 있도록 돕는 것이 미 외교정책의 목표라고 밝힌 바 있다.

오늘날 인프라스트럭처라는 단어는 대개 공학자들과 정책 입안자들이 하드 인프라hard infrastructure 혹은 물리적 인프라스트럭처라고 일컫는 시설들, 예컨대 대중교통·전기·가스·석유·식량·재정·상하수도,

난방·통신·태풍 대비 설비 등을 연상시킨다. 전문가들은 종종 이러한 체계들을 가리켜 '필수 인프라스트럭처'라 일컫는데, 이는 정책 입안자들이 이러한 인프라를 제대로 기능하는 사회라면 갖추어야 할 필수 요소라고 인식하기 때문이다.

둑이 무너지면 도시와 연안 지역에 홍수가 발생하고, 때로는 재난 수준에 이른다. 전력 공급이 중단되면 기업과 의료 시설, 학교 등을 운영하기 어려워지며 대중교통 및 통신망도 두절된다. 연료 공급에 차질이 생기면 더 큰 문제가 발생한다. 수많은 난방시설, 대도시와 교외 지역에서 소비하는 식량과 의약품 대부분을 운송하는 트럭, 그리고 수많은 사람들이 이동 수단으로 사용하는 자동차가 석유 및 가스로 굴러가기 때문이다. 하수도 시설이 더 이상 작동하지 않을 때 발생할 사태를 자세히 듣고 싶어 할 사람은 아무도 없을 테다. 진짜 문제는 극심한 자연재해나 테러 공격으로 이러한 체계들이 동시에 붕괴할 때 발생한다. 안타깝지만 우리의 기술이나 설계가 얼마나 정교한지와 관계없이, 그러한 사태가 발생하지 않도록 예방하기란 불가능함을 이미 역사가 보여주고 있다. 정책 입안자와 공학자 모두가 인식하고 있고, 시카고 폭염 사태 당시에도 잘 드러났듯, 하드 인프라가 붕괴하면 그때는 소프트한 사회적 인프라가 우리의 운명을 결정한다.

인프라스트럭처라는 용어가 사회생활의 토대를 지칭하는 데 아주 보편적으로 사용되는 말은 아니다. 하지만 우리는 그 때문에 아주 중요한 것을 놓치고 있다. 문화적 선호나 시민 단체의 존재가 아니더라도, 모든 건조 환경(인간이 건축, 조성한 물리적 환경_옮긴이)은 유대의 폭과 깊이에 영향을 미치기 때문이다. 국가와 사회가 사회적 인프라의 중요성과 영향력을 제대로 인식하지 못한다는 것은 지역사회 내의, 또 집단 간의 경계를 넘어선 시민참여와 사회적 교류를 증진할 확실한 방법을 모르고 지나간다는 것이나 다름없다.

사회적 인프라는 무엇을 포함하는가? 나는 이를 폭넓게 정의하고자 한다. 공공시설, 즉 도서관·학교·놀이터·공원·체육 시설·수영장 등은 필수적인 사회적 인프라다. 인도·주민 쉼터·공동체 텃밭·사람들을 공적 영역으로 초대하는 여러 녹지들 또한 마찬가지로 중요하다. 교회와 시민 단체를 포함한 지역사회조직 그리고 음식과 가구, 예술품, 여러 소비재를 파는 시장은 사람들이 모일 수 있는 고정된 물리적 공간을 제공함으로써 사회적 인프라로 기능한다. 상업 시설 또한 중요한 사회적 인프라가 되기도 한다. 특히 카페나 식당·이발소·서점 등의 상업 시설이 '제3의 공간third spaces' 역할을 할 때는 더더욱 그러하다. 제3의 공간이란 사회학자 레이 올든버그Ray Oldenburg가 처음 사용한 말로, 사람들이 구매 여부와 상관없이 편하게 들러 시간을 보내는 장소들을 말한다. 일반적으로 사업가들은 수익을 창출하고자 이러한 사업을 시작하지만, 도시를 면밀히 관찰하는 학자 제인 제이컵스Jane Jacobs와 예일대학교의 민족지학자 일라이자 앤더슨Elijah Anderson이 발견했듯, 사업가들은 사업 과정에서 사회생활에 필요한 물질적인 토대를 생산하는 데 일조한다.

사회적 인프라라고 하기 어려운 것들은 무엇일까? 교통망은 우리가 사는 곳, 일하는 곳, 노는 곳 그리고 그 장소들 사이를 이동하는 데 걸리는 시간을 정하는 데 영향을 미친다. 그러나 교통망이 사회적 인프라인지 아닌지는 그 특성에 따라 달라진다. 개인 차량 통행 목적으로 고안한 시스템은 사람들이 서로 더 분리된 상태로 여행하게 만들고, 나아가 이동에 막대한 에너지를 소모하게 만들 가능성이 높다. 반면 버스와 기차 등을 이용하는 대중교통 시스템은 국민 생활을 증진할 수 있다. 상하수도·폐기물 처리 시설·연료 보급선·전력망 등은 명백한 사회적 영향력을 가지지만 이러한 장소에 사람들이 모이지는 않기 때문에 대개 사회적 인프라라 지칭하지 않는다. 그러나 이처럼 전통적인 하드 인프라 또한 설계를 다르게 하면 사회적 인프라로도 활용할 수 있다.

둑을 예로 들어보자. 둑은 물이 엉뚱한 곳으로 범람하는 사태를 막기 위해 인위적으로 설치한 구조물이다. 마셜 브레인Marshall Brain과 로버트 램Robert Lamb은 유명한 웹 사이트 〈모든 것들의 작동 원리HowStuff-Works〉에서 둑을 가리켜 "대체로 투과성이 낮은 흙, 이를테면 찰흙을 아랫부분에는 넓게, 또 위로 갈수록 좁게 쌓아 올린 흙더미와 그다지 다를 바가 없다. 흙더미는 강가, 호숫가, 해안가 등을 따라 길게는 수 킬로미터씩 이어진다"고 설명한다. 이러한 종류의 둑은 마른 땅에서 일어나는 사회생활을 보호해주는 물리적 인프라지만 사회적 인프라라고 보기는 어렵다. 그러나 이 역시 설계를 다르게 해볼 수 있다. 일례로 1930년대 말 워싱턴 D.C.에서 폭우가 내린 뒤 대규모 도시 홍수가 발생하자, 공학자들은 관청이 모여 있는 '페더럴 트라이앵글' 구역을 보호하고자 머리를 맞댔다. 좁다란 흙더미를 길게 쌓아 일반적인 둑을 조성할 수도 있었지만, 공학자들은 구불구불한 돌담 겸 산책로인 포토맥 공원 둑을 건설했다. 이후 수년 동안 이 다목적 둑 겸 공원은 도시에서 가장 인기 있는 공공장소가 되었다. 날마다 수천 명이 지기가 필수 인프라 위에 서 있음을 알지도 못한 채 둑 위를 따라 걷는다. 오늘날에는 방조제나 교량 같은 하드 인프라에 공원·산책로·커뮤니티 센터 등을 결합하여 사회적 인프라 역할도 하도록 설계하는 건축가와 공학자가 점점 더 늘어나고 있다. 지금도 이스탄불·싱가포르·로테르담·뉴올리언스 등 여러 장소에서 찾아볼 수 있는 이러한 프로젝트들은 폭풍해일에 대비하는 구조물부터 공적 생활 참여를 증진하는 시설까지, 사람들에게 여러 혜택을 제공한다.

각기 다른 사회적 인프라는 지역 환경 내에서 서로 다른 역할을 수행하며, 각각 다른 종류의 사회적 관계를 지탱한다. 도서관이나 학교 같은 공간들은 반복적이고 대개는 잘 계획된 인적 교류의 장이 되어주며, 더욱 오래 지속되는 관계 형성에 일조한다. 한편 놀이터나 야외 시장 같은 공간들은 조금 더 느슨한 관계의 배경이 되는 편이나, 물론 당사자들 간 만남이 잦아지거나 깊은 유대가 생긴다면 점점 견고한 관계로 발전하기도 한다. 꼬마 아이 두 명이 그네를 나란히 탔다는 이유만으로 엄마들끼리, 또 그 가족들끼리 친구가 되는 경우는 수도 없이 많다. 즉흥 길거리 농구 시합에서 여러 번 함께 농구를 하게 된 사람들은 정치 성향이나 민족·종교·계층 등이 달라도 친구가 되어 결국 다른 곳에서는 접하지 못했을 아이디어들을 나누게 되기도 한다.

효율성 증진을 목적으로 하는 사회적 인프라는 대체로 교류를 억제하고 관계 도모를 저해하는 경향이 있다. 최근에 수행한 한 연구에 따르면, 보호자가 정해진 시간에 교실 안에 들어와서 기다렸다가 아이들을 데리고 가는 어린이집은, 보호자 각자의 스케줄에 따라 황급히 아이들을 맡기거나 데리고 가서 빠르게 각자의 생활로 돌아가게 해주는 어린이집보다 더 많은 사회적 연결 및 상호 지지적인 관계 형성에 일조하는 것으로 드러났다. 고속도로·공항·식품 공급망 등 하드 인프라 대부분은 사람들의 이동 및 주요 자원 유통을 한층 효율적으로 만들고자 설계한 것이기 때문에 사회 원자화 현상을 가속화한다. 예컨대 모든 주민이 한 우물로 물을 길어 쓰는 마을과 주민들이 각자 자기 집에 달린 수도꼭지로 물을 쓰는 도시가 어떻게 대조를 이룰지 생각해보면 이를 알 수 있다.

모든 하드 인프라가 고립을 낳지는 않는다. 근래에 발표된 어느 민족지학 연구에 등장한 뉴욕 지하철 시스템 사례를 살펴보자. 사람들은 대도시를 가로질러 달려가면서 '일시적인 공동체'를 형성한다. 북적이는 지하철 열차 안에서 매일 함께 시간을 보낸다고 해서 장기적인 관계로 발전하기는 어렵겠지만, 승객들은 지하철 안에서 서로의 차이점, 밀집도, 다양성 그리고 다른 이들의 필요에 대처하는 방법을 배운다. 이 경험은 사람들의 협동과 신뢰를 키워주고, 예상 밖의 행동과 마주하게 만들어주며, 집단 정체성에 관한 고정관념을 깬다. 지하철은 뉴욕의 중요한 사회적 동맥일 뿐만 아니라, 나아가 뉴욕에서 가장 거대하고 이질적인 공공장소인 셈이다.

지하철이나 공공 체육 시설, 어린이집 등과 같은 사회적 인프라는 집단 간 경계를 넘어선 교류를 증진하는 반면, 몇몇 사회적 인프라는 이미 상당한 공통점을 가지고 있는 사람들 간의 유대를 한층 더 강화한다. 엘리트 미국인 공동체, 여성 회원을 받지 않고 특정 민족과 인종을 암묵적으로 배제하는 프라이빗 컨트리클럽 등은 결국에는 국가 분열과 불평등을 심화할 강력한 사회적 연결 및 비즈니스 네트워크를 형성한다. 오늘날 이스라엘과 팔레스타인을 가르는 장벽이나 트럼프 대통령이 미국과 멕시코 사이에 세우겠다고 약속한 장벽 같은 것들은 철저하게 반사회적인 인프라다. 역설적이게도 검문소와 출입소를 포함한 국경 주변 구역에는 대개 장벽이 갈라놓은 집단에 속한 구성원들을 포함하여 다양한 종류의 사람들이 모여들며, 때로는 정치적 활동과 항의 운동의 장이 되기도 한다. 그러나 이를 감안한다 하더라도 국경 장벽이 미치는 악영향은 분명하다. 사람들을 분리하고 차별하며 불평등을 심화시킬 뿐 아니라 심지어 폭력 사태를 부추기기도 하기 때문이다.

세계의 문화적 다양성을 고려한다면 사람들이 필수적이라고 여기는 사회적 인프라에 수많은 종류가 있음은 당연하다. 시골 지역에서는 사냥 클럽과 동사무소, 축제 장터 등이 사람들이 모이는 주된 장소이며, 마을 잔치는 지역 생활의 주요 이벤트다. 동네 술집은 전 세계 각지에서 사회 활동의 허브 역할을 하며, 몇몇 경우에는 특히 더 중요한 임무를 수행한다. 영국 산업 문화에 관한 고전적인 민족지학연구 하나에서 인용한 『대량관찰MassObservation』을 보면, 술집은 "산업도시에서 가정과 일 사이의 생활을 형성하는 모든 사회 시설 중에서 교회, 영화관, 무도회장 그리고 정치조직을 모두 합한 것보다 더 흔하게 찾아볼 수 있으며, 더 많은 사람들을 수용할 수 있고, 사람들로 하여금 더 많은 돈과 시간을 쓰게 만든다"고 했다. 여타 공공장소에서 보통 사람들은 그저 "정치 행위·종교 행위·연극·영화·수업 혹은 운동경기 같은 구경거리를 바라보는 청중이자 관중"에 불과하지만, 술집에서는 이야기가 달라진다. "술집에서 맥주 한 잔을 주문하는 순간, 사람들은 자신이 구경꾼이 아니라 참가자인 환경에 발을 들인 셈"이다. 술 마시는 장소는 다른 나라에서도 국민 생활의 장이 된다. 독일의 비어가르텐, 프랑스의 카페, 일본의 이자카야나 가라오케 등이 그 예다. 이 장소들은 사람들이 마치 집처럼 편안해하는 작고 안락하며 친밀한 공공장소, 즉 '제3의 공간'에 속하는 좋은 예시들이다.

해외에서도 나는 튼튼한 사회적 인프라를 바탕으로 형성된 다양한 공공 생활을 마주했다. 나와 우리 가족은 수년간 겨울마다 부에노스아이레스로 가 얼마간 머물면서 일하곤 했는데, 지역 주민과 맺은 가장 뜻깊은 만남 중 몇몇은 우리 아들이 경기에 참여하느라 주기적으로 방문했던 축구장(사실 그냥 놀이터였지만 아이들은 매일 오후 임의로 용도를 변경하여 축구장으로 이용했다) 근처에서 이루어졌다. 도하와 예루살렘을 비롯한 중동 및 아프리카에 있는 여러 도시에서는 수크(아랍 전통시장_옮긴이)에서 펼쳐지는 문화적 활동에 자석처럼 끊임없이 이끌렸다. 중국에서는 이른 아침 도시 곳곳에 있는 공원에서 태극권 수련이나 그룹 댄스회가 열린다. 상하이나 베이징에서 머무는 동안 한 번도 여기에 직접 참여해보지는 못했지만, 나이 지긋한 중국인들 수백만 명이 사회적·신체적 이익을 기대하며 이 활동에 정기적으로 참여했으리라는 데에는 의심의 여지가 없다. 아이슬란드에서는 핫포트라 불리는 지열 온천 수영장이 주요 시민 공간으로 자리 잡았으며, 아이슬란드 사람들은 이곳에서 계층과 세대 간 경계를 넘어 정기적으로 조우한다. 멕시코의 소칼로Zócalo, 스페인의 플라사plaza, 이탈리아의 피아차piazza 등 각국에 있는 광장 역시 모두 같은 역할을 한다. 브라질 리우데자네이루, 세이셸 공화국, 자메이카 킹스턴, 남아프리카공화국 케이프타운 같은 곳에서 살아보지는 않았지만, 해안가 및 강가 지역에서 꽤 오랜 기간 살아본바 나는 잘 관리된 해변이 형성하는 사회적 기회들을 지역의 대다수 사람들이 기쁘게 누린다는 점을 잘 알고 있다.

그러나 현대의 사회적 인프라 중 자연적인 시설은 많지 않은 데다가 인구밀도가 높은 지역일수록 수요를 감당하려면 해안가나 숲 역시 잘 관리하고 설계해야 할 대상이 된다. 이는 곧 사회적 인프라를 개발하고 유지하기 위해서는 투자가 필요하다는 뜻이며, 사회적 인프라를 형성하거나 유지하는 데 실패한다면 우리 사회와 시민생활의 물질적 토대는 약해진다는 의미이기도 하다.

사회적 인프라를 구성하는 요소가 교량 붕괴나 정전 사태처럼 명시적이고 완전하게 망가지는 경우는 드물다. 사회적 인프라가 망가진다고 하더라도 구조적 실패가 곧바로 뒤따르는 경우도 많지 않다. 그러나 사회적 인프라가 퇴화한다면 어떤 결과가 벌어질지는 뻔하다. 사람들은 공공장소에서 보내는 시간을 줄이고 각자 은신처에 몸을 웅크릴 테다. 사회 연결망은 느슨해지고 범죄율이 증가한다. 노약자들은 고립되고, 젊은이들은 마약에 중독되는 동시에 약물 과다 복용의 위험에 더 많이 노출된다. 불신이 자라나고, 시민사회가 기운다.

. . .

튼튼한 사회적 인프라는 민주주의를 수호할 뿐만 아니라 경제성장에도 일조한다. 도시 및 지역계획 분야에서 강하게 일고 있는 추세 중 하나가 바로 끊어진 철로나 버려진 부두처럼 오래된 하드 인프라를 보행자들이 여러 활동을 할 수 있는 활기찬 사회적 인프라로 탈바꿈하는 일이다. 수십억 달러에 달하는 부동산 가격 상승 및 상업 발전, 사회적 활동의 폭발적인 증가를 (그리고 안타깝게도 엄청난 젠트리피케이션 현상까지) 몰고 온 바 있는, 로어맨해튼의 하이라인이 대표적인 예다. 그 밖에도 주민과 관광객, 사업가 들을 솔깃하게 할, 사회적 인프라 네트워크를 동원해 버려진 인프라를 되살리는 프로젝트들이 여럿 등장하고 있다. 애틀랜타의 벨트라인은 도시를 감싸는 약 35킬로미터 길이의 철로를 일련의 공원, 공공 미술 작품, 어포더블하우징 프로젝트(저소득층을 위한 주택 개발_옮긴이) 등과 함께하는 약 53킬로미터 길이의 둘레길로 바꾸는 프로젝트를 진행 중이다. 더디게 개발되고 있긴 하지만 궁극적으로는 주변 네다섯 지역을 연결하는 데 일조할 예정이다. 뉴올리언스의 라피트 그린웨이는 원래대로라면 분리된 채 살았을 사람들과 지역들을 서로 연결할 목적으로 설계한 자전거 보행자 겸용 도로다. 시카고의 606트레일, 필라델피아의 바이어덕트 레일파크, 로스앤젤레스의 강 복원 프로젝트, 파리의 프티트 생튀르 산책로 또한 비슷한 목적으로 설계되었다. 보스턴은 빅 디그 프로젝트를 통해 고가도로를 철거하고 그 위에 녹지를 조성했으며, 현재 토론토 시의회는 가디너 도시고속화도로 아래로 이어지는 도시공원을 개발하려 노력하고 있다. 호주 연립정부는 시드니의 앤잭브리지를 대규모 녹지 산책로로 바꾸는 계획을 추진하고 있다. 로테르담의 버려진 고가철도 위에 조성한 정원과 산책로는 환경적 이익은 물론 사회적 이익도 가져다주었으며, 설계자 두펄 스트레이커르스Doepel Strijkers는 철도를 따라 세워진 건물들의 난방에 산업 폐열을 이용하는 시스템을 고안하여 지역 탄소배출량을 극적으로 줄이고 보행자들이 조금 더 깨끗한 공기를 들이마실 수 있도록 만들었다.

전 세계에 걸쳐 이러한 프로젝트들은 사회적 인프라가 지니는 가치를 분명히 드러내 보이고 있으며, 이에 대한 수요가 늘어나고 있다는 점 또한 잘 보여준다. 얼마 전 제인 제이컵스를 비롯 도시 생활 개선을 지지하는 여러 저명한 학자들은 정부가 아니라 사업가들이 우리의 사회적 인프라를 지탱하는 공간들을 건설해야 한다고 주장했다. 그러나 하이라인 같은 프로젝트들은 자유 시장에서 태어난 것이 아니다. 이러한 프로젝트가 성공하려면 세심한 설계와 사려 깊은 계획이 필요하며, 무엇보다도 공공 부문이 깨어 있는 리더십을 발휘해야 한다. 이러한 프로젝트들은 대개 도시 및 국가가 자체적으로 진행하기 어려운 계획들을 지지하는 비영리단체 및 시민 연합과 파트너십을 맺음으로써 한층 더 발전한다.

오늘날 미국은 다른 많은 국가들과 마찬가지로 인프라에 지난 수 세기 동안 전례를 찾아보기 어려울 만큼 대대적인 투자를 할 준비를 하고 있다. 유권자들은 수많은 지점에서 서로 반대함에도 불구하고 이러한 공공사업 프로젝트만큼은 한 목소리로 지지하고 있다. 조달 방식에서 의견이 조금 어긋났으나, 인프라에 상당한 예산을 투자해야 한다는 점만큼은 2016년 미국 대선 당시 트럼프와 힐러리 모두 동의했던, 흔치 않은 공통된 견해였다. 앞으로 수십 년 동안, 어쩌면 앞으로 몇 년 안에 전 세계는 인프라에 수조 달러를 투자하게 될 것이다. 인구 증가, 소비 증가 및 지구온난화 등으로 인프라에 막중한 스트레스가 가해진다는 점을 감안한다면, 또 전력·교통·식량·식수·통신·기후 등에서 현재 의존하고 있는 시스템들이 낙후했음을 감안한다면, 투자 외에 다른 선택지가 없다.

그러나 반드시 짚고 넘어가야 하는 부분이 있다. 사회적 인프라를 재건하는 과제가 앞에서 말한 공공사업 프로젝트의 일부가 될지 여부다. 최근까지도 미국에서는 마치 사회적 삶과 시민생활이 그 물질적 토대와는 아무런 관련이 없다는 듯 오로지 전통적인 유형(有形) 인프라에 대한 투자만이 논의되고 있다. 공정하게 말하자면, 이에 대한 논의가 누락되는 이유 중 하나는 사회적 인프라라는 개념이 아직 친숙하지 않기 때문이다. 우리가 살고 일하는 장소들을 강화할 역사적인 기회를 놓치지 않으려면, 국가적으로 인프라를 폭넓게 인식해야 할 필요가 있다.

따라서 이 책은 사회적 인프라의 기본 형태를 밝히고 사회적 인프라들이 각기 다른 장소에서, 도시와 교외에서, 고소득 동네와 저소득 동네에서, 미국과 전 세계 다른 나라들에서 어떻게 환경을 조성하는지를 소개하고자 한다. 가능하다면 앞서 시카고 각 지역의 운명을 연구했을 때 사용했던 비교 연구법을 이번에도 사용하고자 하는데, 긍정적인 사례와 부정적인 사례를 면밀히 들여다보면 무엇이 작동했고 무엇이 작동하지 않았는지, 또 왜 그렇게 되었는지가 잘 보이기 때문이다. 이 주장을 뒷받침하기 위해 언급하는 증거들은 내 연구와 경험에서 비롯한 것들이지만, 장소들이 어떻게 인간 교류의 양상을 바꾸고 우리의 운명을 결정지었는지를 보여주는 사회과학 및 설계 분야 동료 학자들의 선구적인 연구 또한 비중 있게 다룰 예정이다. 사회적 인프라라는 용어를 사용하는 학자들은 많지 않지만, 이들이 펴내는 연구들은 사회적 인프라의 가치를 그리고 시민사회를 재건하는 데 사회적 인프라가 담당할 수 있는 역할을 이해하는 데 도움이 된다. 본문에서는 사회적 고립과 범죄·교육·보건·양극화·기후변화 등 우리가 해결하기 위해 지금까지 많은 시간과 돈과 에너지를 쏟았던 현대사회의 문제를 사회적 인프라가 어떻게 완화할 수 있는지, 사회적 인프라를 방치했을 때 문제가 어떻게 악화하는지를 보이고자 한다.

　이러한 전 지구적 문제들을 살펴보다 보면, 각 사례에서 사회적 인프라가 기존에 우리가 늘 우선시해왔던 주요 네트워크들만큼이나 중요한 역할을 담당했음을 알아차리게 될 것이다. 또한 각 사회적 인프라가 우리가 아직까지 제대로 인식하지 못했던 방식으로 서로에게 의존한다는 점 또한 깨닫게 될 것이다. 사회적 인프라가 전통적인 하드 인프라보다 더 중요하다는 말도, 우리 시대를 위태롭게 만드는 경제적 불평등 및 환경 파괴의 기저에 깔린 문제들을 사회적 인프라에 투자하는 것만으로 충분히 해결할 수 있다는 말도 아니다. 그저 새로운 사회적 인프라 건설이 이미 지어져 있는 둑과 공항, 교량 수리만큼이나 시급함을 알리고자 한다. 앞으로 살펴보겠지만, 대부분의 경우 우리는 사회적 인프라와 하드 인프라를 동시에 강화할 수 있으며 나아가 생명줄과 같은 시스템을 건설할 수 있다. 또한 앤드루 카네기Andrew Carnegie가 후원으로 전 세계에 세운 약 2800개 대규모 도서관들을 가리켜 하는 말을 빌리면, 이러한 시스템은 "모든 이들을 위한 궁전Palaces for the people"이 될 것이다. 우선은 어떠한 기회들이 있는지 알아보는 데서 시작해보자.

사람이
모이는 곳

공간이 사람에게
신뢰를 표시하는 법

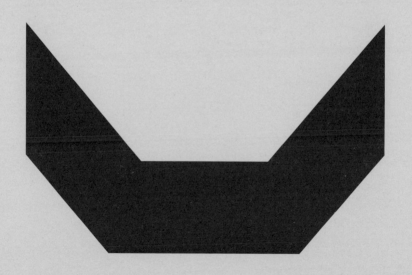

역사상
그 어느 때보다도
많은 사람들이
혼자 살고 있다.

뉴욕 동쪽 브루클린의 뉴로츠가에 화창한 목요일 아침이 밝았다. 섭씨 21도의 따뜻한 날이었고, 거리는 벌써 잠에서 깨어나 있었다. 이 동네에서 흔히 찾아볼 수 있는 2가구 연립 벽돌 주택 정면의 현관 계단과 식료품점 앞에서는 중년 남자들 무리가 서로에게 농담을 던지고 있었다. 이르게 찾아온 따뜻한 날씨에 어린아이들이 이리저리 뛰어다니며 장난을 치고 있었고, 엄마들과 할머니들은 유모차를 끌면서 아이들을 지켜보고 있었다. 점심 시간이라기엔 아직 이른 시간이었지만 학교 운동장은 벌써 아이들로 북적였다. 좁다란 주택가 골목 도로에는 차가 많지는 않으나 이따금 누군가 경적을 울렸고, 오토바이 엔진 소리와 트럭이 지나가는 소리도 때때로 요란했다.

뉴욕 동부의 길거리는 바쁘게 돌아가지만 늘 쾌적하지만은 않다. 이 구역은 뉴욕에서 가장 빈곤한 동네 중 하나로, 거주민 절반은 빈곤선 이하의 삶을 산다. 이곳은 인종 분리 현상이 가장 심하게 나타나는 지역 중 하나이기도 하다. 주민들 중 95퍼센트가 흑인이거나 라틴계이며, 백인은 1퍼센트에 불과하다. 사회과학자들은 종종 뉴욕 동부가 고립되었다고 말한다. 지엽적인 입지와 제한적인 대중교통 시설 때문에 뉴욕의 다른 구역으로 이동할 기회가 한정적이고, 외부인이 이곳을 방문할 유인도 거의 없으며, 오히려 이곳을 피할 이유가 많기 때문이다.

이 지역은 뉴욕에서 가장 폭력적인 동네 중 하나로, 특히 살인과 폭행, 성범죄 발생률이 높다. 이러한 여건은 모든 사람들에게 위험하지만 늙고 병든 노약자들에게 특히 해가 된다. 노약자일수록 주변 생활 여건이 척박해졌을 때 집에만 틀어박힌 채 위험할 정도로 고립되기 쉽기 때문이다. 나는 시카고 폭염 사태 당시 이 사실을 확인했으며, 고립에 관한 대규모 연구를 진행했던 많은 사회과학자들 또한 동일한 사실을 발견한 바 있다.

뉴욕 동부 같은 곳에서 살아가려면 나름의 대처 전략을 갖춰야 한다. 다수의 주민들, 특히 취약한 노인과 어린이에게는 안전한 피신처가 무엇보다도 필요하다. 이날은 평소대로라면 집에만 있었을 중년 및 노년의 주민 아홉 명이 동네에서 가장 자주 사용되는 공공시설, 뉴로츠 도서관 지하실에 모일 예정이었다. 목요일 아침마다 마련되는 자리였다.

첫눈에 아주 매력적인 시설은 아니었다. 입구를 상아색 돌벽으로 꾸며놓은 허름한 2층짜리 벽돌 건물이 널찍한 인도와 버스정류장 뒤로 서 있었고 건물 한편에는 망가진 철조망 울타리가, 다른 한편에는 아스팔트를 깐 작은 주차장이 딸려 있었다. 몇 년 전에 뉴욕은 뉴로츠 도서관 건립지를 아프리칸 공동묘지 스퀘어 African Burial Ground Square로 지정했다. 이곳이 본래 독립전쟁 참전 용사들과 노예들을 안치한 공동묘지였기 때문이다.

화창한 날씨에 이른 시간이었음에도 불구하고 자그마한 도서관은 벌써 사람으로 북적였다. 1층에는 인터넷이 연결된 공용 컴퓨터들이 두 줄로 늘어서 있었고, 컴퓨터마다 방문객이 한두 명씩 앉아 컴퓨터를 쓰고 있었다. 작은 진열대에는 노벨상 수상자들의 사진과 짤막한 일대기가 전시되어 있었고, 신간과 지도책, 백과사전 등이 높다란 나무 책장에 꽂혀 있었다. 안내데스크에는 영·유아 독자, 청소년, 부모, 영어를 배우는 학생, 노인 들을 위한 다양한 도서관 행사 홍보 전단지가 붙어 있었다. 서가를 구경하고 있으니 도서관 사서가 다가와 나에게 필요한 것이 있냐고 물었다.

나는 도서관 2층을 구경해도 되냐고 물었고 조곤조곤한 말투에 상냥한 정보관리 직원 에드윈은 나를 위층으로 데리고 올라가주었다. 2층 한쪽에는 어린이 놀이방이 있었는데 낡긴 했지만 곧 보수공사를 할 예정이라고 했다. 다른 한편에는 영어 강좌 테이블이 줄지어 있었는데 늘 신청자가 넘치는 인기 강좌라고 했다. 뒤편으로는 도서관의 러닝센터로 사용되는 교실이 보였다. GED(고졸 학력 인증시험_옮긴이) 수준 이하의 독해 능력을 가진 17세 이상 신청자들을 대상으로 개인 혹은 집단 특별 수업이 진행되는 장소였다. 이 도서관은 미국 시민이든 아니든, 이 지역 원주민이든 아니든, 심지어는 전과자이든 아니든 상관없이 모든 이들을 환영한다. 그리고 에드윈이 다시 한번 귀띔해주었듯, 이 모든 것들을 무료로 이용할 수 있다.

나는 에드윈에게 지하 커뮤니티 룸에서 열릴 이벤트 때문에 이곳에 왔다고 말했다. 알고 보니 에드윈도 그곳으로 향하던 길이어서 우리는 함께 계단을 따라 지하로 내려갔다. 가는 길에 그가 건물 낡은 부분들을 가리켰다. 선반, 천장, 계단, 벽 패널 따위가 모두 낡아 있었고, 군데군데 전선이 겉으로 드러나 있었다. 화장실 변기와 개수대는 녹슬어 있었으며, 제대로 닫히지 않는 문도 많았다. 커뮤니티 룸에는 오래된 크림색 리놀륨 바닥과 눈부심을 강하게 일으키는 형광등이 있었으며, 작은 무대에는 플라스틱 간이 의자가 잔뜩 쌓여 있었다. 나는 이곳에 있었다는 공동묘지를 떠올렸다가 우리가 그 유골들과 멀지 않은 곳에 서 있음을 깨달았다.

커뮤니티 룸은 다양한 용도로 이용되었다. 영화관이 되기도 했고, 교실이나 화실이 되기도 했으며, 때로는 시민 회관이 되기도 했다. 이날 아침에는 테리와 크리스틴이라는 직원 두 명이 이곳을 평소와는 조금 색다른 '스크린 볼링장'으로 꾸밀 예정이었다. 두 사람은 일찍부터 와서 텔레비전을 설치하고 엑스박스 게임기에 인터넷을 연결한 뒤, 볼링을 칠 공간을 깨끗하게 치우고 간이 의자를 두 줄로 나란히 세워 그럴듯하게 레인을 만들었다. 이날은 '도서관 배 볼링 리그'가 열리는 첫날이었다. 브루클린 도서관 열두 곳에서 고령 이용자들을 대상으로 팀원을 모집한 뒤 이웃 도서관과 볼링 경기를 벌이는 신규 프로그램이었다. 뉴로츠 도서관에서는 아홉 명이 선수 등록을 했고, 이후 수 주간 연습을 이어왔다. 그리고 마침내 브라운스빌 팀 그리고 사이프러스힐스 팀과 맞붙을 날이 밝았다.

공공 도서관은 모든 이들에게 다양한 서비스를 제공하지만, 특히 고령자 대상 프로그램들은 의의가 남다르다. 홀로 사는 65세 이상 노인은 2016년 기준 미국 내에서만 1200만 명을 돌파했으며, 전 세계 대부분 지역에서 꾸준한 증가세를 보이고 있다. 홀로 사는 노인 대부분이 나름대로 사회적 활동에 참여하고 있긴 하지만, 고립은 여전히 심각한 위협이 된다. 이들은 부상이나 질병 혹은 시간에 따른 노쇠로 점점 더 집 안에만 고립되기 쉽다. 친구나 이웃이 이사를 가거나 세상을 떠나기 시작한다면 사회적 네트워크가 빠르게 와해한다. 우울증에 걸려 바깥 세상을 향한 관심 자체가 줄어들기도 한다. 노상 범죄가 만연하면 누구든 그렇지만 특히 노인들은 야외나 공공장소에서 시간을 보내기를 꺼리게 된다. 범죄율이 높고 사회적 인프라가 낙후한 동네일수록 노인들이 홀로 집에서 시간을 보낼 확률이 더 높아지는데, 이는 그 모든 상황을 뚫고 가고 싶은 장소가 부족하기 때문이다.

하지만 뉴로츠에는 공립 도서관이 있었다. 이날은 도서관이 오전 10시에 문을 열었고 곧이어 단골손님 열 명이 계단을 타고 지하로 내려왔다. 오십 대부터 거의 구십에 가까운 다양한 나이의 손님들은 여자가 여덟 명, 남자가 두 명이었으며 한 명은 구경하러 놀러 온 사람이었다. 경기 참가자인 조니 여사는 얼굴에 딱 붙는 스포츠 선글라스와 회색 빵모자, 검은색 바탕에 빨간색 물방울무늬 스카프를 두르고 빨간색 롱부츠를 신은 멋쟁이였다. 또 다른 참가자인 수히르는 에메랄드빛 트레이닝복을 입고 흰색 히잡을 썼다. 부드러운 목소리를 갖고 있는 가이아나 출신 샌턴은 파란색 야구 모자와 품이 넉넉한 초록색 바지 차림이었다. 우나, 번, 살리마, 미바, 제시까지 참가자들이 하나둘 도착해 무리에 합류했다. 사람들은 서로 따뜻하게 인사를 주고받았고 여자들 몇몇은 서로 껴안기도 했다. 악수를 하는 사람들도 있었다. 데이지와 우나는 살포시 하이파이브를 하다가 그대로 손을 맞잡고 웃음을 터트렸다.

빛나는 미소와 커다란 눈망울의 소유자이자 열정적인 테리가 참가자들에게 유니폼을 나누어주었다. 밝은 남색 볼링 셔츠 앞주머니에는 흰색 공공 도서관 로고가 그려져 있었고 소매에는 노란색으로 뉴로츠 팀이라고 쓰여 있었다. 뉴로츠 팀 코치이자 치어리더이기도 한 테리는 경기에 앞서 팀원들의 사기를 북돋아주고 있었다. 경기를 주도적으로 조직한 사람은 네모난 안경을 쓰고 셔츠 앞주머니에 연필과 핸드폰을 넣고 다니는 베테랑 사서 크리스틴으로 지난 몇 주간 도서관에서 직접 진행하는 컴퓨터 수업과 북클럽에서 경기 참가자를 모집했다. 테리와 크리스틴은 커뮤니티 룸 안을 돌아다니면서 참가자들이 유니폼으로 갈아입는 걸 도와주고 단추를 잠가주었으며 볼링을 칠 때 걸리적거리지 않도록 옷매무새를 매만져주었다.

모두가 옷을 갈아입고 난 뒤, 참가자들은 자리에 앉아 서로 담소를 나누고 발을 까딱이면서 경기가 시작하길 기다렸다. 크리스틴은 뉴로츠의 상대 팀인 브라운스빌 팀과 연결하기 위해 이곳의 엑스박스를 브라운스빌 도서관 지하실에 있는 엑스박스와 접속하려고 애썼다. 브라운스빌 팀이 아직 화면에 보이지는 않았지만, 분명 우리 팀과 비슷한 구성에 그들만의 유니폼을 차려입고 경기 태세를 가다듬고 있을 터였다. 연습 때 잘 작동했던 엑스박스가 이번에는 잘 연결되지 않았다. 크리스틴이 화면에 대고 브라운스빌 팀을 부르자 브라운스빌 팀이 잘 들리긴 하지만 아직 와이파이 연결을 기다리는 중이라고 대답해왔다. 몇 분이 더 지나자 화면이 연결되었고, 드디어 경기가 시작되었다.

선공에 나선 건 브라운스빌 팀이었다. 선두 주자가 던진 공이 레인 가장자리를 따라 굴러가다가 볼링 핀 몇 개밖에 쓰러뜨리지 못하고 넘어갔다. 그 모습을 지켜본 우리 팀 참가자들의 좌석에서 웅성거림이

터져 나왔고, 긴장한 듯한 웃음소리도 들려왔다. 선두 주자가 스페어 처리마저 실패하자 웃음소리가 조금 더 커졌다. 우리가 이길 수 있다는 자신감이 차오르고 있었다.

제시가 뉴로츠의 선두 주자로 나섰다. 장난기 한 점 없는 모습이었다. "제시 님 파이팅!" 테리가 소리쳤고, 뉴로츠 팀원들도 열정적으로 박수를 보냈다. "보여주자고요!" 테리가 다시 한번 소리쳤다. 제시는 스크린에서 4미터 정도 떨어진 시작점으로 가 자세를 가다듬었다. 그러고는 오른팔을 높이 들어 엑스박스에 인식시킨 뒤 몸을 한껏 숙여 공을 잡는 자세를 취했다. 스크린에 볼링공이 떠올라 언제든지 칠 준비가 되었음을 알렸다. 제시는 한 발짝 뒤로 물러난 뒤, 마치 레인을 따라 공을 굴리듯 오른팔을 앞으로 힘차게 뻗었다. 강력한 한 방이었다. 똑바로 굴러간 공은 가장자리 핀 세 개만을 남기고 나머지 핀을 모두 쓰러뜨렸다. 제시는 깜짝 놀란 듯했다. "해냈어요! 진짜 잘하시네요!" 테리가 환호했다. 제시는 결연한 표정으로 다시 한번 자세를 잡고 화면 속 공을 굴려 남은 핀을 깔끔하게 처리했다. 온 커뮤니티 룸이 뒤집어졌다.

뉴로츠 팀은 판을 거듭할수록 상대 팀을 리드하더니 결국 압승을 거두었다. 모두 노년의 참가자들이었고 그중 몇몇은 실제로 볼링공을 들기는 어려울 만큼 쇠약했다. 매끈한 볼링 슈즈를 신고 반질반질한 나무 바닥과 도랑 파인 레인에서 하는 전통 방식의 볼링 경기를 해본 참가자는 단 한 명뿐이었다. 로버트 퍼트넘은 이러한 종류의 경기가 20세기 말 들어 자취를 감추기 시작했다고 안타까워하면서, 이것이 바로 사회적 유대가 약화하고 있음을 드러내는 신호라고 주장했다. 그러나 이날 이곳에서는 친구들이나 이웃들과 단절된 채 집에만 있기 십상인 사람들 한 무리가 단순한 스포츠 경기를 넘어선, 무언가 거대한 움직임에 참여하고 있었다. 볼링이라는 활동을 통해 공공 생활에 완전히 그리고 본능적으로 참여하고 있었던 것이다. 경기가 진행될수록 분위기가 고조되었다. 순서가 돌아올 때마다 참가자들은 다른 팀원들과 사서들의 박수와 환호를 등에 업고서 시작점에 선 뒤, 스크린에 대고 거수경례를 올리고서는 디지털 핀을 넘어뜨렸다. "브라운스빌 팀이 조금 불쌍해지는걸요? 많이는 아니고요!" 테리가 신나서 말했다.

두 번째 경기에서 맞붙게 될 상대는 사이프러스힐스 팀이었다. 경기가 시작할 무렵 뉴로츠 팀원들의 사기는 하늘을 찔렀다. 그러나 이번 상대는 만만찮았다. 선공한 사이프러스힐스 선두 주자가 스트라이크를 치자, 뉴로츠 팀의 제시도 스트라이크로 응대했다. 이어서 사이프러스힐스 참가자가 또다시 스트라이크를 쳤다. 테리는 입을 삐죽 내밀고서는 믿기 어렵다는 듯 눈을 부라렸다. 수히르가 스페어 처리에 성공하면서 뉴로츠 팀으로 승기가 기우는 듯했지만, 뒤이어 사이프러스힐스 참가자가 세 번 연속으로 스트라이크를 쳤다. "이것 참 웃기게 돌아가네요!" 테리가 믿지 못하겠다는 듯 말했다. "월터 님이 손이라도 썼나 봐요." 월터는 사이프러스힐스 도서관 사서다. "딱 봐도 월터 님 짓이라니까요. 전화해서 따져버려야지."

하지만 정말로 전화를 하지는 않았고 사이프러스힐스 팀은 뉴로츠 팀원들의 선전에도 불구하고 조금씩 격차를 벌려나갔다. 경기가 빠르게 진행되면서 자연스레 분위기가 가라앉았다. 경기가 끝나자 커뮤니티 룸에 잠시간 정적이 돌았다. 다들 방금 무슨 일이 일어났는지 당황스러워하는 눈치였다. "한 판 더 하자고 이야기해봐야겠어요." 크리스틴이 말했다. "다음 판엔 이길 수 있을 것 같아요."

크리스틴이 전화기로 달려갔다. 전화선은 벽을 따라 타고 올라가서 사이프러스힐스 도서관의 월터에게 닿았다. "설마 월터 님이 직접 치신 건 아니죠? 그죠?" 크리스틴은 월터에게 농담을 건네며 웃었다. "네, 맞아요. 네, 알겠습니다. 저, 그런데 아직 시간이 이르니까 한 판 더 하면 어때세요?" 사이프러스힐스 팀도 이에 동의해서, 잠시 후 새로운 경기가 시작되었다.

뉴로츠 팀원들은 이번에는 조금도 방심하지 않았다. 월터가 직접 플레이를 한다면 자기도 해야겠다며 나선 테리가 시원하게 스트라이크를 쳤다. 샌턴도 스페어 처리에 성공했다. "조니 여사님만 믿을게요!" 테리가 소리쳤고 조니는 그날 처음으로 스트라이크를 쳤다. 번도 뒤이어 완벽한 자세로 공을 굴렸고, 그다음 주자인 우나도 멋있게 핀을 넘어뜨렸다. 세 번 연거푸 스트라이크를 친 뉴로츠 팀은 벌써 사이프러스힐스 팀을 상당한 격차로 리드하고 있었다. 테리는 완전히 신나서는 누군가 스트라이크나 스페어를 칠 때마다 거들먹거리며 방 안을 빠르게 걸어 다녔다. 제시가 열 번째 프레임에서 스트라이크를 치면서 승리를 확실시하자 방 안은 마치 플레이오프 경기에서 승리한 양키스타디움처럼 환호로 가득 찼다.

참가자들은 단체 사진을 찍은 뒤 누구라 할 것 없이 하이파이브와 포옹을 나누었다. 크리스틴은 상위 팀 다수에 트로피를 수여하고 1등 팀 도서관에는 거대한 트로피를 수여할 것이라고 모두에게 일러주었다. 잔뜩 의기양양해진 미바는 그냥 지금 트로피에 뉴로츠 이름을 새겨두었다가 나중에 주면 되지 않겠냐고 말했고 다른 팀원들은 전에 없었을 만큼 환하고 즐겁게 웃음을 터트렸다.

축하는 얼마간 더 이어졌다. 정오 즈음이라 해가 중천에 떠 있었고, 참가자들은 슬슬 배고파했다. 나는 뉴로츠 팀에게 축하를 건네면서 이번 시즌에 행운이 따르기를 기원했다. "고맙습니다." 테리가 말했다. "우리는 괜찮을 거예요."

나는 이들이 보여준 활기와 동료애 그리고 서로 거의 모르는 사람들이 모여 동네를 하나의 공동체로 만들어나가는 모습을 지켜보았다는 기쁨에 고양된 기분으로 뉴로츠 도서관을 나섰다. 프랑스의 위대한 사회학자 에밀 뒤르켐Émile Durkheim이 말했던 '집합적 열광collective effervescence'이 나타난 희귀한 순간을, 그것도 도서관에서 목격하게 되리라고는 나도 예상하지 못했다.

오늘날 우리 주변에는 우리가 원자화되고 소외되었다고, 타인을 신뢰하기 어렵고 두렵기만 하다고 느낄 만한 이유가 잔뜩 널려 있다. 우리의 인구통계는 우리의 정치만큼이나 많은 과제를 품고 있다. 역사상 그 어느 때보다도 많은 사람들이 혼자 살고 있으며, 65세 이상 미국인 중 4분의 1이 넘는 인구도 여기에 속한다. 홀로 사는 고령자들은 고립과 관련한 위험에 노출될 확률이 특히 높다. 다수의 과학적 연구가 밝힌 바와 같이 사회적 고립과 외로움은 비만이나 흡연처럼 잘 알려진 유해 요소만큼이나 건강에 심각한 위협을 끼친다. 그러나 몇몇 장소들은 우리가 하나가 될 수 있게끔 하는 힘을 선사한다. 내가 이날 아침 이곳 브루클린에서 목격했던 사회적 유대감은 미국 전역의 공공 도서관 수천 곳에서 고스란히 이어지고 있다.

사회과학자와 정책 입안자, 지역사회 지도자가 사회적 자본과 그 확충 방안을 논할 때 도서관과 같은 종류의 기관을 언급하는 일은 드물었다. 토크빌 이래 사회생활 및 시민 생활 분야에서 가장 주도적으로 목소리를 냈던 사상가들은 볼링 게임이나 정원 가꾸기 동호회 등 자발적 결사체의 가치를 극찬하면서도 어떠한 물리적·물질적 여건이 갖추어졌을 때 사람들이 서로 어울릴 가능성이 높아지고 또 낮아지는지를 자세히 연구하지 않았다. 그러나 사회적 인프라는 우리가 사회 활동에 참여하는 데 배경과 맥락을 제공하며, 도서관은 우리가 가진 가장 필수적인 사회적 인프라 중 하나다.

도서관은 또한 가장 저평가된 사회적 인프라이기도 하다. 최근 수년간 몇몇 지역에서 양장본 도서 대출 건수가 다소 감소하는 추세를 보였다. 한편에서는 이를 두고 역사적으로 공공 교육 및 사회 고양을 뒷받침하는 장소였던 도서관이 이제는 더 이상 제 역할을 하지 못한다고 비판했다. 다른 분야에 우선순위를 두는, 선거를 통해 뽑힌 몇몇 공무원들 또한 인터넷에 수많은 자료가 무상으로 널려 있는 마당에 21세기의 도서관에 더 이상 예전과 같은 지원을 이어가기는 어렵다고 논한다. 새로운 지식의 전당을 세우고자 하는 건축가들은 상당한 비중의 도서가 디지털화하고 또 상당한 비중의 대중문화가 온라인을 무대로 하는 시대에 발맞춰 도서관도 달라져야 한다고 말한다.

실제로 공공 도서관, 특히 동네 단위의 소형 공공 도서관 다수가 보수와 개조가 필요한 상황이다. 사실 도서관이 마주한 진짜 문제는 사람들이 더 이상 도서관을 찾지 않는다든가 책을 빌려가지 않는다든가 하는 것이 아니다. 오히려 너무나 많은 사람들이 너무나 다양한 목적으로 도서관을 이용하는 탓에 공공 도서관 시스템과 직원들이 이를 감당하지 못하고 있다는 게 문제다. 퓨 리서치센터가 2016년에 실시한 설문 조사에 따르면, 16세 이상 미국인 중 절반이 지난 한 해 동안 공공 도서관을 이용한 경험이 있다고 답했으며, 동네 도서관이 문을 닫는다면 "지역사회가 크게 영향을 받을 것"이라고 답한 응답자도 전체의 3분의 2에 달했다. 실제로 많은 지역에서 도서관이 폐관 위기에 놓여 있는데, 도서관 건물 및 시스템이 자금 부족과 과사용에 시달리기 때문이다.

내가 살고 있는 이곳 뉴욕에서는 도서관 도서 대출, 도서관 프로그램 참여 및 수업 횟수, 1인당 평균 도서관 이용 시간 등이 모두 증가하는 추세다. 그러나 뉴욕의 도서관 문화가 그다지 유별나다고 보기는 어려우며, 미국에서 손꼽힐 만한 수준도 아니다. 오히려 다른 여러 지역에서 두드러지는 모습을 찾을 수 있다. 시애틀이 1인당 연간 도서 대출 건수에서 미국 내 1위를 달리고 있으며, 그 뒤를 콜럼버스, 인디애나폴리스, 산호세, 샌프란시스코, 잭슨빌, 피닉스가 따르고 있다. 콜럼버스에서는 프로그램 참여 또한 최고 수준으로 매년 주민 만 명당 다섯 명이 지역 도서관에서 진행하는 각종 프로그램에 참여한다. 샌프란시스코와 필라델피아가 그 뒤를 바짝 추격하고 있고 보스턴과 디트로이트, 샬럿 또한 뒤를 따르고 있다. 뉴욕은 이 모든 항목에서 한참 뒤처져 있다.

뉴욕은 도서관 시스템에 지방정부가 주민 1인당 지출하는 예산에서도 낮은 순위를 기록한다. 뉴욕 공공 도서관은 해당 지역에 거주하는 인구수에 따라 주민 1인당 32달러를 지원받는데, 이는 오스틴이나 시카고와 비슷한 수준이지만 주민 1인당 101달러를 지원받는 샌프란시스코 공공 도서관과 비교하면 3분의 1도 안 되는 수준이다.

미국의 시립 도서관 시스템은 오래 전부터 민관 파트너십을 통해 운영되었으며, 시 당국이 자선가들에게 의존해 도서관 업무 대부분에 자금을 조달한 지도 오래다. 그러나 왜 거의 모든 도시들이 지역 도서관에 공공 지원을 그토록 아끼는지는 여전히 이해하기 힘들다. 퓨 리서치센터에서 최근에 실시한 설문 조사 결과 미국인들 중 90퍼센트는 도서관이 지역사회에 '매우' 혹은 '어느 정도' 중요하다고 응답했다. 또한 이 설문 보고서는 지난 10년간 "정부·교회·은행·기업 등 주요 기관들에 대한 대중의 평판이 낮아졌으나 도서관·군대·구급 대원 등은 예외"였다고 지적했다. 하지만 대중이 보내는 지지에도 불구하고 최근 수년간 미국 전역 지자체들은 도서관에 책정한 예산을 삭감하거나 아예 도서관을 폐관했는데, 이는 정치인들이나 공무원들이 도서관을 필수가 아닌 사치로 여기기 때문이다. 힘든 시기가 찾아오면 사치품에 책정한 예산을 가장 먼저 삭감하기 마련이다.

. . .

뉴욕에서 연구를 진행하면서 나는 도서관과 사회적 인프라가 지역사회 활성화에 매우 중요할 뿐만 아니라 나아가 고립과 고독 같은 온갖 개인적인 문제를 완화하는 데에도 필수임을 알게 되었다. 이러한 문제들은 뉴욕 동부처럼 생활 여건이 까다로운 곳에서 특히 심각하게 나타나고 있지만, 그렇지 않은 지역이라고 해서 예외는 아니다.

쌀쌀한 4월 초 어느 날 아침, 내가 수어드파크 도서관 어린이 층에서 만난 데니즈의 이야기를 예로 들어보자. 삼십 대 후반의 패션 사진작가인 그녀는 청바지와 검은색 롱코트 차림에 커다란 뿔테 안경을 쓰고 있었다. 그녀는 이곳이 편안한 듯 자리에 앉아 도서관 안을 쭉 둘러보았다. 데니즈의 딸이 유치원에 입학하면서 이곳 또한 더 이상 그녀의 두 번째 집이 아니게 되었지만, 데니즈는 엄마가 된 이래 처음 몇 년간은 거의 매일 여기에 왔다.

"저희는 이 근처에 살아요." 데니즈가 내게 이야기했다. "이사 온 지 6년 정도 됐어요. 이사 오기 전까지만 하더라도 도서관 가까이 산다는 게 어떤 의미일지 생각해본 일도 없었죠. 하지만 이 도서관은 곧 저에게 너무나도 소중한 장소가 되었어요. 이곳에서 벌어진 좋은 일들이 참 많거든요." 데니즈는 딸을 출산하고서는 하던 일을 그만두었지만, 변호사인 남편은 그러지 않았다. 오히려 그를 찾는 고객이 더 많아져 밤늦게까지 야근하기 일쑤였다. 데니즈는 자그마한 맨해튼 아파트에 딸과 둘이 남겨졌다. 온 마음을 다해 사랑하는 딸아이와 함께 있긴 했지만 지금까지 경험해보지 못했던 고독감 또한 찾아왔다. "저는 꽤 심각한 산후우울증을 겪었어요." 데니즈가 말을 이어갔다. "아파트 밖으로 나가는 것 자체가 너무나 무섭고 괴로울 때도 있었죠. 제가 사랑하는 일을 하며 살다가, 갑자기 온종일 집 안에 있으면서 도무지 어떻게 해야 할지 모르겠는 중요한 일들을 해내야만 했으니까요. 혼자 전쟁이라도 하는 기분이었다니까요? 정말 미쳐버리는 줄 알았어요. 바깥 공기를 쐬어야만 했음에도 그러기가 힘들었어요. 어디로 가야 할

지도 몰랐고요."

　데니즈도 처음에는 아기를 데리고 카페에 가보려고 했다. 아기가 낮잠을 자는 동안 인터넷을 하거나 책을 읽으려는 생각이었다. 낮잠 같은 호사는 일어나지 않았다. "스타벅스에 가보면 죄다 일을 하거나 회의를 하는 듯한 사람들로 가득 차 있어요. 어른들을 위한 공간이잖아요? 아기가 울기라도 하면 거기 있는 모든 사람들이 물끄러미 쳐다보기 시작해요. 마치 '애 엄마가 여기서 뭐해? 애 좀 데리고 나가면 안 돼?' 하고 말하는 듯한 눈빛이죠. 확실히 아기를 데리고 가기 좋은 장소는 아니에요."

　데니즈는 캘리포니아에서 어린 시절을 보낼 때만 해도 도서관에 자주 들락거렸지만, 맨해튼으로 이사 온 후로는 도서관 시스템을 한 번도 이용하지 않았다. 그러다 유달리 힘들었던 어느 날, 데니즈는 아이를 유모차에 태우고선 수어드파크 도서관을 찾았다. 그저 구경이나 해보려는 마음이었다. "그런데 그날, 완전 새로운 세상이 열린 거죠." 그녀가 회고했다. "책이 많았어요. 당연한 말이지만요. 작은 아파트에 살다 보면 책을 많이 두기가 어려운데, 평생 읽어도 다 못 읽을 만큼 많은 책들이 눈앞에 펼쳐진 거예요. 보니까 이곳을 찾는 사람들 사이에도 여러 교류가 있더라고요. 부모님들, 아이 돌보미들, 아이들, 동네 주민들… 그리고 사서들도요! 정말 친절한 분들이에요."

　곧바로 데니즈는 주변에 앉아 있던 초보 엄마들과 친해져서 육아의 고충과 재미있는 이야기들을 서로 나누는 사이가 되었다. 모든 게 멀쩡해 보이는데 울음을 그치지 않거나, 밥을 먹기 싫어하거나, 낮잠을 안 자고 칭얼대는 게 자기 아이뿐만이 아니라는 사실도 이때 알았다.

데니즈는 자신이 혼자가 아님을 깨달았다. 데니즈가 궁금해하는 수많은 것들을 알려주는 노련한 엄마들과 돌보미들도 있었다. "그냥 가볍고 자연스럽게 대화하기 시작했는데, 놀랍게도 이야기하면 이야기할수록 정말 사적이고 진지한 대화를 나누게 되더라고요." 나는 공원이나 놀이터에서도 비슷한 일이 일어나냐고 물었고, 데니즈는 어느 정도 비슷한 일이 일어나긴 하지만 도서관, 특히 어린이 층에서 훨씬 더 쉽게 일어난다고 말했다. 어린이 층은 따뜻하고 탁 트여 있으며, 아이들은 안전하게 놀고 있고, 부모들이 서로 친해지기 쉽게 만들어주는 어떤 분위기도 있기 때문이다. "말하자면 '지역 맘'의 일원이 된 듯한 기분이에요. 육아가 한결 덜 외로워지는 느낌이죠." 아이들이 학교에 입학하고, 엄마들이 지역 도서관에서 보내는 시간이 줄어들더라도 지역 맘 모임은 계속해서 유지된다. 데니즈와 데니즈의 딸도 매일 도서관에 들락거리면서 가까워져 지금까지도 친하게 지내는 이들이 있다고 했다.

도서관이 사회적 인프라로서 잘 작동하게 된 이유는 공간이 물리적으로 편리하기 때문만은 아니었다. 개방성과 포괄성이라는 원칙을 마음에 새긴 전문 직원들이 다양한 프로그램을 제공하고, 여러 프로그램들은 자칫 홀로 지냈을 도서관 이용자들 간에 사회적 응집성을 조성한다. 도서관에서 우정이 빠르게 싹트는 이유도 어느 정도는 도서관이라는 공간이 어린아이와 더불어 양육자들 또한 참여할 수 있는 공동 활동들을 다양하게 지원하는 덕분이기도 하다. 데니즈는 딸을 무릎에 앉혀놓고 함께 들을 수 있는 아동문학 수업, 이중언어 노래 및 이야기 수업, 마술쇼, 음악 수업, 미술 수업 등에 다녔다. "아이를 낳고 처음 몇 년 동안은 아직 제대로 정리가 안 돼서 무엇을 하며 시간을 보낼지 찾아다니게 돼요." 데니즈가 내게 말했다. "몇몇 곳에서 유료 수업을 진행하지만 비싸기도 하고, 스케줄이 맞지 않아서 수업에 가지 못하는 날들도 있죠. 도서관은 그래서 좋아요. 언제든 일단 가기만 하면 그날 열리는 무언가가 진행되고 있죠. 달력에 표시를 해두고 매주 오기로 정해놓은 날에 찾아와도 되지만, 여의치 않으면 시간 될 때 아무 때나 와서 참여해도 괜찮으니까요."

데니즈는 도서관 사서들이 부모들을 도와주고, 아이들이 편안하게 느끼도록 만들어주는 데 지대한 역할을 한다는 점을 발견했다. 어떨 때는 사서들이 한 발짝 앞서서 도움을 주기도 한다고 데니즈는 말했다. "저번에 한번은요, 저희 집 고양이가 조금 아팠어요. 저는 생각했죠. '아이고 세상에, 우리 딸이 고양이랑 얼마나 친한데. 죽기라도 하면 어떡하지?' 저희 사서님이 전에도 동화책을 여러 번 추천해주셨기 때문에 그때도 저는 아이가 죽음을 이해하는 데 도움이 될 만한 책을 추천해달라고 부탁드렸어요. 그런데 글쎄, 그거 아세요? 정말 사서님이 세상을 떠난 반려동물에 관한 책을 몇 권 가지고 계셨던 거예요. 저희에게 무엇이 필요한지 딱 아셨던 거죠. 다 아신다니까요!" 다행히도 데니즈네 고양이는 곧 건강을 회복했다. "진짜 목숨이 아홉 개더라니까요." 그녀가 웃으며 말했다. "그때 저는 제가 이 도서관에서 얼마나 많은 종류의 자산을 얻을 수 있는지 알게 되었죠. 그런 도움을 받을 수 있으니 저는 운이 좋은 사람이에요."

도서관에서 받은 도움에 힘입어 데니즈는 엄마로서의 자신을 달리 바라보게 되었고, 마침내 자신감을 회복해 직장에 복귀했다. 즉 아이 돌보미를 고용했다는 말인데, 사실 생판 모르는 사람에게 딸을 맡기기란 쉽지 않은 일이었다. "정말 마음에 걸리는 일이죠. 그런데 제가 도서관에서 자주 만났던 돌보미 한 분이 있었어요. 저는 그분이 제 딸을 보살펴주는 방식이 정말 마음에 들더라고요. 아이랑 굉장히 친하게 지내시기도 하고, 상냥하시고, 사랑을 아끼지 않으셨어요. 제 딸에게도 딱 이런 게 필요하다고 생각했죠. 그분께 제가 곧 직장에 복귀할 예정이라고 말씀드렸더니 그분께서 다른 여자분을 하나 소개해주셨어요. 곧 그분은 저희 아이 돌보미가 되셨을 뿐만 아니라 제가 세상에서 가장 좋아하는 사람들 가운데 한 명이 되기도 했죠." 데니즈는 이제 이 도서관을 "생명의 은인"이라고 부른다. 약간 과장 섞인 말일지도 모르겠지만, 도서관이라는 기관이 그녀가 상상하지도 못했던 방식으로 유익했다는 점에는 이견의 여지가 없다.

· · ·

그렇다면 왜 수많은 공무원들과 시민사회 지도자들은 도서관의 가치와 사회적 인프라로서의 역할을 인지하지 못했을까? 그것은 아마 도서관의 설립 이념, 즉 모든 사람들이 공동의 문화와 유산을 각자 필요한 목적에 따라 얼마든지 무상으로 이용할 수 있어야 한다는 이념이 우리 시대를 지배하는 시장 논리에 부합하지 않기 때문일 테다(사실 도서관이 옛날부터 존재하지 않았더라면 오늘날 사회 지도자들이 도서관이라는 장소를 개발했을 리 만무하다). 또는 도서관이 현대의 지역공동체에서 이미 어떤 소임을 맡고 있음을, 혹은 충분한 지원이 있었더라면 얼마나 더 많은 구실을 했을지를 이해하는 지도층 인사들이 아마 너무도 적기 때문일 테다.

미국 그리고 전 세계의 다른 많은 도시들과 마찬가지로 뉴욕에서도 동네 도서관과 그곳에 근무하는 사서는 놀라울 만큼 수많은 사람들에게 예상치 못한 온갖 것들을 제공하고 있다. 이들이 맡은 핵심 임무는 사람들의 정신을 고양하고 그들이 자신이 처한 삶의 여건을 개선하는 데 도움을 주는 일이다. 도서관은 주로 모든 연령, 모든 민족, 모든 집단에게 최대한 폭넓은 문화 자료를 제공하는 방식으로 그 맡은 바를 수행한다.

고령자, 특히 남편이나 아내와 사별하는 등의 이유로 홀로 사는 고령자들에게 도서관이란 북클럽·영화 상영·미술 및 음악 수업·시사 토론·컴퓨터 수업 등과 함께하는 문화센터이자 친목 도모의 장이다. 도서관 배 볼링 경기가 도시 전역으로 퍼져나간다면 뉴욕의 다섯 개 자치구에 거주하는 고령자 누구라도 더 이상 홀로 볼링을 칠 필요가 없을 것이다. 고령자들은 노인복지센터에서 제공하는 여러 활동에 참여할 수도 있지만, 노인복지센터에서는 대개 연배가 비슷한 고령자들만 만나게 된다. 그러다 보면 고령자들이 자기 자신을 그저 나이 많은 것밖에는 아무런 특징도 없는 사람이라고 여기게 되기 쉽다. 반면 도서관은 많은 고령자들이 다른 세대와 교류할 수 있는 주요한 장소다. 또한 고령자는 도서관에서 자원봉사를 하면서 자존감을 높일 수도 있으며, 늙어감을 두려워하는 엇비슷한 이들로만 구성된 공동체가 아니라 다채롭고 활발한 공동체의 일원이 될 수도 있다.

도서관은 영·유아 및 청소년에게 또 다른 도움을 준다. 영·유아들에게는 도서관에 오지 않았다면 읽지 못했을 책이나 이야기를 선물한다. 아이들에게는 도서관 회원증을 발급해주고 카드를 어떻게 사용할

지 스스로 선택하게 해 조금씩 독립성을 기르도록 돕는다. 길거리를 돌아다니며 놀기보다는 공부를 하거나 조용히 친목을 다지기를 좋아하는 청소년들에게는 안식처이자 보호소가 되어준다. 사서들은 학생들의 숙제를 도와주고, 미술과 과학·음악·언어·수학 등을 가르치는 방과 후 수업을 진행한다. 무언가 색다른 걸 찾고 있지만 아직 그게 무엇인지 모르는 아이들에게 책이나 작가 혹은 처음 접해보는 장르를 소개해주기도 한다. 도서관은 아이들과 청소년들에게 공공물을 빌리거나 조심히 사용한다는 게 어떤 의미인지, 다른 사람들도 편리하게 이용하도록 제자리에 돌려놓는 게 어떤 의미인지를 가르침으로써 그들이 책임감을 기르도록 돕는다.

더불어 도서관은 가족과 양육자에게도 도움을 준다. 도서관은 갓난아기나 어린아이를 홀로 돌보는 데 지쳤거나 외롭고 단절된 기분을 느끼는 초보 부모, 조부모, 돌보미 들에게 사회적 공간 그리고 다른 이들과 어울릴 수 있는 활동 프로그램들을 제공한다. 도서관은 사람들이 서로 친구가 될 수 있도록 돕고, 도서관 수업이 아니었더라면 서로 모르고 살았을 이웃들 간에 지지망을 형성하는 데 일조한다. 도서관은 배우고자 하는 부모나 배워야 하는 부모들에게 양육법을 가르쳐준다. 도서관은 밤늦게까지 혹은 주말에도 일하는 부모들, 어린이집에 보낼 돈이 없는 부모들을 위해 어린아이들을 보살핀다. 도서관은 아이들이 제대로 보살핌을 받고 있다는 확신을 가족에게 심어준다.

· · ·

도서관은 사회적 인프라의 교과서적인 모범 사례라고 할 수 있지만, 다른 많은 장소들과 기관들 또한 도서관과 마찬가지로 도움을 필요로 하는 사람들을 서로 연결해주는 데 핵심적인 역할을 담당하고 있다. 하버드대학교 사회학자 마리오 스몰Mario Small은 각기 다른 형태의 보육 시설을 갖춘 조직들이 부모들, 특히 싱글맘들 간의 관계를 어떻게 형성하는지를 살펴보았다. 부모의 참여를 독려하는 보육 시설에서라면 엄마들은 굳이 친목을 다지려 하지 않아도, 심지어는 아이를 데려다 놓거나 데려오는 짧은 순간에도 서로 우정을 쌓는다. 스몰은 이러한 시설들이 "교류를 위한 공간, 즉 강당과 계단과 로비가 있는 건물"이라면서 이곳에서 "엄마들은 친구를 사귈 기회를 얻을 뿐만 아니라, 꼭 친구가 되지 않더라도 서로와 서로의 아이들을 반복해서 마주하게 된다. 이들의 만남은 많은 워킹맘들의 일과인 집-보육 시설-직장-보육 시설-집으로 이어지는 행군의 일부가 된다"고 썼다. 이런 시설에 아이들을 보내는 엄마들은 만남을 거듭하면서 서로 상당한 수준의 신뢰를 형성하며, 이는 곧 우정을 나누고 서로를 지지하는 유대 관계로 이어진다. 보육 시설은 사회 활동의 중심지가 된다. 아이들끼리 노는 동안 엄마들은 쉬거나 일할 자투리 시간을 번갈아 가질 수도 있고, 학교와 장학금 혹은 일자리에 관한 정보를 나눌 수도 있으며, 나아가 다른 부모의 도움이 다급하게 필요할 때 서로를 도와줄 수도 있다.

모든 보육 시설들이 이러한 수준의 지지와 연대를 증진하지는 않는다. 스몰이 인터뷰한 엄마들 중 도나Donna는 뉴욕 다운타운의 금융가에 위치한 보육 시설에서 겪은 일을 이야기했다. 바쁜 회사원 부모들을 대상으로 하는 보육 시설이었다. 부모들은 제각기 불규칙하고 늦은 퇴근 시간에 맞춰 다양한 시간대에 아이를 맡기거나 데려갔다. 부모들이 서로 교류할 일도 없었으며, 서로의 아이들을 알아갈 기회도 없었다. 시간대만이 문제가 아니었다. 보육 시설은 금융 지역에 위치한 곳답게 간결한 공간과 전문적인 여건을 갖추고 있었고 부모들이 잠시 쉬어 가거나 서로 어울릴 만한 공간은 없었다. 보육 시설 교사들은 부모들이 찾아왔을 때 아이들과 함께 놀거나 쉬다 갈 수 있도록 추가적인 노력을 기울이지는 않았다. 도나는 그 결과 "부모들이 잠시 앉아서 이야기를 나눈다거나 하는 일은 없었다"고 말했다. 보육 시설은 아이가 건물에 있는 동안은 믿을 만한 보육 서비스를 제공했지만, 도나가 앞으로 살아가는 데 필요할 관계들을 형성하는 데에는 도움을 주지 못했다.

교육에 관한 논의 대부분은 학교의 질적 수준과 학생 개개인의 성취도 간 관계에 초점을 맞춘다. 꽤 합리적인 논점이다. 현대사회에서 사람들의 운명을 결정하는 데 학교가 미치는 파급력이 너무나도 지대하기 때문이다. 재능이나 노력보다 물려받은 특권이 성공에 더 큰 영향을 미치는 사회일지라도 마찬가지다. 그러나 교육기관은 학생 개개인을 가르치는 일보다 훨씬 더 많은 일들을 한다. 어린이집부터 연구 중심 대학까지 모든 학교는 공동체 전체를 변화시키고 지속시키는 사회적 세계를 형성한다. 학교는 우리가 민주주의 이상을 확립하고 시민으로서 기량을 기르도록 하는 데 주요한 소임을 맡고 있는 공공 기관이다. 학교는 현대판 아고라이자, '우리'라는 개념을 형성하거나 재형성하고 소속감을 기를 수 있는 만남의 장이다.

학교는 조직이기도 하지만 사회적 인프라기도 하다. 학교 계획과 설계, 프로그램 등은 학교 안팎에서 어떠한 형태의 교류가 발달할지를 결정한다. 학생·교사·학부모·공동체 전체에게 학교는 신뢰와 연대 그리고 공공선에 대한 공동의 약속을 조성하거나 저해할 수 있다. 학교는 또한 누가 공동체의 일원이고 누가 배제되는지를 정의하는 경계선을 설정하기도 한다. 학교는 사람들을 통합하거나 분리하며, 새로운 기회를 만들어주기도 하지만 원래 있던 자리에나 머물게끔 만들 수도 있다.

· · ·

당연한 말이겠지만, 학교는 아이들에게 특히 중요한 사회적 공간이다. 학교는 학생들이 우정을 쌓는 물리적 장소이며, 그 우정은 훗날 학생들이 어떤 사람이 될지를 결정한다. 사실 수많은 심리학 연구에 따르면 또래 집단과 학교의 사회적 여건은 아동 발달에 부모보다 훨씬 막대한 영향을 미친다. 그러나 소셜 미디어가 출현한 이래 인터넷과 스마트폰이 학교의 위상에 도전하고 있다. 학교뿐만이 아니다. 술집과 놀이터, 교회, 공동체 집단 등 사람들이 얼굴을 맞대며 교류하는 모든 물리적 장소들 역시 시험대에 올랐다. 소셜 미디어는 사회적 고립과 인간관계에 영향을 미치게 될까? 만약 그리 된다면 어떤 식으로 영향을 미칠까? 우리 시대가 풀어나가야 할 가장 어려운 질문들이다.

인터넷과 소셜 미디어가 등장하면서 새로운 사람을 만나거나 친구 및 가족 들과 연락을 유지하기가 쉬워졌다는 데에는 이견의 여지가 없다. 우리는 수많은 사람들과 함께 가장 일상적인 정보부터 가장 내밀

한 정보까지 실시간으로 인터넷과 소셜 미디어를 통해 나눈다(어쨌든 매
달 페이스북 사용자만 하더라도 20억 명이 넘는다). 내가『모던 로맨스Modern Romance』
를 집필하면서 조사한 바에 따르면 오늘날 인터넷은 미국인들이 배우
자를 찾거나 만날 가능성이 가장 높은 곳이자 시위나 집회를 할 장소
를 물색할 때에도 가장 먼저 들여다보는 곳이다. 물론 아이들 사진이
나 가족 여행 사진, 아침 식사 사진, 셀카 등을 가장 많이 올리는 장소
기도 하다.

　　인터넷, 특히 소셜 미디어가 우리를 이전보다 훨씬 더 외롭고 고
독하게 만들었다는 이야기가 심심찮게 들려온다. 이러한 주장은 좀 더
단순하고 행복한 시절을 그리는 사람들에게 사실인 듯 들릴지도 모르
지만, 주장의 정확성을 뒷받침하는 근거는 없다. 오히려 버클리대학교
사회학자 클로드 피셔가 40년에 걸친 사회조사 끝에 내놓은 연구 결과
는 이 주장과 완전히 반대된다. 미국인이 서로 맺는 관계의 양과 질이
인터넷이 존재하기 이전이나 지금이나 대략 비슷한 수준이었다는 것
이다. 가장 믿을 만한 행동학 데이터를 살펴보아도 스마트폰과 인터넷,
소셜 미디어가 개인 네트워크의 크기와 다양성 모두에 긍정적인 영향
을 미쳤음을 알 수 있다. 대부분의 사람들에게 페이스북 친구나 인스타
그램 팔로워는 우리의 사회생활을 대체하기보다는 오히려 보충해준다.
온라인을 통해서도 뜻깊은 관계를 맺을 수 있는 오늘날, 대부분의 사람
들은 가상 관계에만 만족해하지 않는다. 이를 실제 관계로 발전시키려
면 함께 공유하는 물리적 여건, 즉 사회적 인프라가 반드시 필요하다.

　　저명한 심리학자이자 과학기술 또한 연구하는 MIT대학교의 셰
리 터클Sherry Turkle은 소셜 미디어가 사람들 사이에서 일어나는 교류의

질에 어떠한 영향을 미치는지에 지대한 관심을 가지고 있다. 터클의 연구에 따르면 오늘날 사람들은, 특히 젊은이들이 흔히 그러하듯 온종일 문자메시지를 하고 있다. 얼굴을 맞대고 대화를 나누는 시간이 밀려나고 있는 것이다. 이를 눈여겨보아야 할 필요가 있다. 대화란 "우리가 하는 가장 인간적인 활동이자 우리를 인간답게 만들어주는 활동"이기 때문이다. 대화를 통해 우리는 "공감 능력을 기르고 누군가 내 말을 들어주고 나를 이해해준다는 기쁨을 경험한다. 대화는 또한 자기반성을 가능케 한다. 자기 자신과 나누는 대화인 이 자기반성은 아동 발달의 초석이자 그 이후로도 평생에 걸쳐 영향을 미친다."

직접적인 대화가 우리를 인간답게 만든다면, 온라인상에서 나누는 대화는 너무나 많은 경우 이와 정반대다. 틴더Tinder나 오케이큐피드OkCupid 같은 소개팅 앱은 낯선 사람 다수와 온라인상에서 대화를 시작할 수 있게 만들어주지만, 아지즈와 내가 『모던 로맨스』를 집필하면서 실시한 조사에 따르자면 이러한 대화에서 사람들은 대개 얼굴을 맞대고 대화를 나눌 때보다 상대방을 무례하고 투박하게 대하면서 대화를 빠르게 진전시킨다. 좋은 의도를 가졌던 사람들조차 때로는 상대방이 뼈와 살이 있는 인간이라기보다는 "스크린 위 말풍선"처럼 느껴졌다고 고백했다. 충격적인 사실은 이러한 행동들이 연애 상대를 찾는 곳에서 벌어졌다는 점이다. 트위터Twitter부터 레딧Reddit까지 다른 수많은 웹 사이트에서는 훨씬 더 악의적인 대화가 오갈 수 있다.

전 세계인들은 과도한 인터넷 문화에 점점 더 지쳐가고 있다. 터클은 우리가 스크린에서 눈을 떼고 우리 앞에 있는 사람과 장소에 집중하여 "대화를 되찾아야 한다"고 말한다. 그렇게 하려면 서로 다른 사람들에게서 공통점을 찾아내야 하고, 우리와 반대 의견을 가진 사람들에게서 인간성을 찾아내야 한다. 정보 통신 기술은 모두가 이용할 수 있는 물리적 공간으로 우리를 인도할 때 가장 잘 작동하며 우리를 만족시킨다는 점 또한 알아야 한다. 한 예시로 온라인 의사소통을 선호하는 반면 대면 교류를 가장 꺼려한다고 여겨지는 사회 집단, 십 대들을 살펴보자.

데이터앤드소사이어티 연구소 소장 데이나 보이드Danah Boyd의 연구에 따르자면, 청소년이 그토록 많은 사회적 시간을 온라인에서 보내는 이유는 어른들이 청소년들에게 다른 선택지를 충분히 주지 못하고 있기 때문이다. 극성 부모부터 지나치게 엄격한 학교 관리자나 보안 요원까지 모두 마찬가지다. 범죄율은 과거에 더 높았음에도 불구하고, 지난 세대 십 대들은 오늘날 십 대보다 동네와 지역 공공장소를 훨씬 더 자유롭게 누비면서 살았다. 방과 후나 주말에도 자유 시간을 더 많이 누렸고 주중에도 더 많이 쉬었으며 감시당하는 시간도 훨씬 적었다. 보이드는 "규제가 늘어나면 십 대들이 모일 만한 공공장소가 줄어든다"고 했다. "페이스북·트위터·마이스페이스 등의 웹 페이지들은 새로운 공공장소일 뿐만 아니라, 많은 경우 십 대들이 여러 또래집단과 쉽게 모일 수 있는 유일한 '공공'장소이기도 하다. 더욱 중요한 점은 십 대들이 물리적으로 여전히 집 안에 있으면서도 온라인으로 모일 수 있다는 점이다."

보이드가 인터뷰한 십 대들은 본인들 또한 스마트폰으로 메시지를 주고받기보다는 밖으로 나가 친구들을 직접 만나기를 더 좋아하지만 어른들이 자신들의 이동성을 너무나 철저하게 제한하기에 온라인

이외에는 별다른 대안이 없다고 주장했다. 인터넷이 청소년이 이용하는 주요 사회적 인프라가 된 이유는 청소년들이 서로 의미 있는 관계를 맺을 만한 다른 장소에 가지 못하도록 우리가 부당하게 막았기 때문이다. 만일 사람들이 연령과 계층·인종·민족 등에 관계없이 다른 사람들과 어울릴 수 있는 물리적 공간들을 건설하지 못한다면 우리 또한 청소년들과 마찬가지로 갇히게 될 것이다. 도서관이 바로 이러한 종류의 공간이다. 여러 동네에서, 특히 청소년들이 정규교육 시간 이후 넉넉한 자유 시간을 누리는 동네에서 도서관은 고령자나 초보 부모 사이에서 인기 있는 만큼 또래 아이들과 시간을 보내고자 하는 청소년과 십 대들 사이에서도 인기가 높다. 주중 어느 날 학교가 끝날 무렵에 동네 공립 도서관을 찾아가보면 학생들이 끊임없이 들어와 저녁 시간을 보내는 모습을 볼 수 있을 테다.

왜 도서관은 청소년들에게 이토록 인기 많은 공간이 되었을까? 도서관이 모든 공공 기관과 마찬가지로 개방되어 있고, 편하게 이용할 수 있으며, 무료이기 때문이다. 도서관 직원들이 청소년들을 반갑게 맞이하기 때문이기도 하다. 십 대들이 서로 어울릴 수 있는 특별 공간을 따로 마련해두는 공공 도서관도 많다. 도서관의 이러한 성격이 왜 중요한지 이해하기 위해 인기가 많은 상업 시설, 이를테면 스타벅스나 맥도날드 같은 사회적 공간과 도서관을 한번 비교해보자. 상업 시설은 핵심적인 사회적 인프라이기도 하며, 카페와 바, 레스토랑을 포함한 전통적인 '제3의 공간'이 여러 도시와 교외를 재활성화하는 데 일조했음에는 의심할 여지가 없다. 그러나 모든 이들이 이러한 상업 시설을 자주 이용할 만큼 여유롭지 못할지도 모른다. 돈을 냈다고 해서 무조건 오래 머무를 수 있는 것도 아니다. 비교적 저렴한 패스트푸드점이나 빵집이라 할지라도, 시장 원리에 따라 움직이는 사회적 환경에서 시간을 보내려면 돈을 주고 그곳에 머물 특권을 구매해야 한다. 십 대와 빈곤층 혹은 고령자 들이 많은 동네일수록 거의 모든 스타벅스와 던킨도너츠, 맥도날드 매장은 1인 1주문을 원칙으로 한다. 이는 단순한 권고에 그치지 않는다.

뉴욕에 있는 몇몇 맥도날드 매장에서는 '음식을 섭취하는' 시간제한을 20~30분으로 정해두고 손님에게 매장에서 나가달라고 요구하기도 한다. 인종에 따라 달라지기도 하지만, 계층과 연령에 따라 달라지기도 한다. 십 대들이 음식을 구매한 후에도 가게에서 나가달라고 요구받는 상황은 빈번하게 발생한다. 2014년에는 뉴욕의 한 맥도날드 매장에서 한국인 고령자들이 좌석을 차지하고 영업을 방해한다는 이유로 주문한 지 한 시간도 되지 않아 쫓겨나자 한국인 고령자 단체가 공개적으로 맥도날드와 갈등을 빚기도 했다.

고령자와 빈곤층은 스타벅스를 아예 꺼려하는 경우가 많다. 가격이 너무 비싼 데다가 스스로 스타벅스 같은 곳에 어울리지 않는다고 생각하기 때문이다. 내가 뉴욕 어느 도서관에서 알게 된 고령의 도서관 이용자는 젠트리피케이션이 심각한 동네라면 으레 널려 있는 트렌디한 카페나 칵테일 바, 레스토랑 등에서는 더더욱 자신이 환영받지 못하는 듯하다고 이야기했다. 빈곤층이나 노숙자인 도서관 이용자들은 그러한 장소에 들어갈 생각조차 하지 않는다. 고급 레스토랑이나 술집 바깥을 서성이기만 해도 매니저가 경찰을 부를 생각을 한다는 사실을 경험으로 익히 알고 있기 때문이다.

도서관에서 경찰을 보게 되는 경우는 흔치 않다. 오히려 도서관은 각자가 무엇을 하고 있든 상관없이 서로가 서로를 돌보게 되는 공간이다. 가장 친밀하고 가까운 사람들과의 접촉도 마다한 채 스크린을 바라보며 보내는 시간이 더 많은 이 세상에서도, 모두에게 문을 활짝 열어두는 공공 기관에서라면 우리는 주변 사람들에게 더욱 신경을 쓸 수밖에 없다. 어쨌든 도서관 같은 장소들은 낯선 이들로 가득 차 있으며, 그중에는 우리와 겉모습이 다른 사람들, 스타일이 다른 사람들, 다른 소리를 내고 다른 언어로 이야기하는 사람들, 때로는 다소 역겨운 냄새를 풍기는 사람들이 있다. 공공의 사회적 인프라에서 시간을 보낸다는 것은 곧 시민으로서의 매너를 갖춘 채 이러한 차이점에 대응하는 방법을 배우는 일과도 같다.

그렇다고 해서 공공장소가 늘 평화롭고 조용하다는 말은 아니다. 내가 공공 도서관에서 시간을 보내면서 목격한 사건만 해도 꽤 다양하다. 극빈층 남자들이 화장실을 쓰게 해달라고 언성을 높인 일도 있었고, 보호자 없는 어린아이들이 행사 진행 도중 주먹질을 하며 싸우기도 했으며, 한번은 어느 실직자가 컴퓨터에서 십 대들이 게임을 하고 있다며 어른들만 컴퓨터를 쓸 수 있다고 고래고래 소리를 질렀다. 정신적으로 문제가 있는 노숙자가 이용자들에게 위협을 행사하는 바람에 온 도서관이 뒤집어졌던 일도 있었고, 내가 자주 갔던 한 공공 도서관 경비원에게 전해 들은 바로는 헤로인 중독자가 마약을 과용했다가 도서관 책상에서 쓰러져서 구급 대원이 출동한 일도 있었다고 한다. 언젠가는 누군가 바닥에 똥을 쌌다고도 했다.

이러한 문제들은 모두가 이용하는 공공 기관이라면 피해가기 어려운 일들이다. 특히 중독 치료 클리닉이나 노숙자 보호소, 푸드뱅크(식품을 기탁받아 소외 계층에게 지원하는 단체_옮긴이) 등 여타 기관들이 정작 누구보다도 도움이 필요한 사람들을 관례적으로 돌려보내고 심지어는 도서관에 떠넘기기까지 하기 때문이다. 그러나 이러한 문제들이 매우 드물게 발생한다는 점, 일어난다 하더라도 상식적으로 처리한다는 점, 문제를 처리한 뒤 도서관이 빠르게 제 리듬을 되찾는다는 점은 눈여겨볼 만하다. 가장 험악한 동네에서도 공공 도서관에서는 삼엄한 경비를 찾아보기 어려우며, 사회복지사나 상담 전문가를 직원으로 두지도 않는다. 대신 도서관은 나름대로 규범과 행동 수칙을 정해 이를 자연스럽게 이용자들에게 적용하며, 그 과정에서 이용자들을 존중하고 신뢰한다. 그 결과 이용자들은 99퍼센트의 확률로 도서관이 정한 규범과 행동 수칙을 준수한다. "우리 도서관에서 쫓겨나시려면 정말, 정말 열심히 노력하셔야 할 거예요." 어느 공립 도서관 관리자가 내게 말했다. "저희는 모두에게 알맞은 자리를 찾아주기 위해 할 수 있는 일은 다 해볼 거랍니다."

도서관에서 펼쳐지는 일상은 매일이 민주주의적인 실험이고, 문이 열려 있는 한 사람들은 언제든지 도서관으로 밀려들어 와 그 실험에 참여한다.

· · ·

동네 도서관 내에서 피어났던 개방성과 다양성은 한때 도시 문화의 특징이었다. 사실상 도시 생활이 지닌 문화적 특수성을 연구한 저명한 연구 대부분이 일상 속에서 다름을 받아들이는 기쁨과 어려움을 강조한 바 있다.

어떤 면에서 미국 도시들은 점점 더 다채로워지고 있다. 이민자 유입이 늘어나고 있으며, 특히 뉴욕에서 이 현상이 두드러진다. 오늘날 뉴욕에는 300만 명이 넘는 이민자가 살고 있으며, 그중 3분의 1가량은 2000년대 이후 미국에 건너온 이들이다. 미국 전역의 도시에서는 몇 세대 전만 하더라도 미국에서 찾아보기 어려웠던 음식이나 언어, 문화 활동 들을 쉽게 마주할 수 있으며 거기에 참여할 수도 있다. 미국은 늘 그랬듯 지금도 새로운 사람들을 품고 새로이 거듭나는 열린 사회로 남아 있다.

그러나 또 다른 측면에서 보자면 여전히 미국 각 도시에서 드러나는 분열과 불평등은 심각한 수준이다. 몇몇 동네는 그들과 '다른' 사람들을 배척하며, 특히 인종이나 사회계층에서 차이를 보이는 사람들을 홀대한다. 몇몇 지역사회는 장벽과 게이트를 건설하기도 하고, 몇몇은 주류에 속하지 않는 듯해 보이는 사람들을 공격적으로 감시한다. 뉴욕의 부촌을 포함한 몇몇 지역은 한층 미묘한 방식으로 사람들을 배척하는데, 때로는 아예 의도하지 않은 경우도 있다. 부동산 가격이 너무 비싸지면 오직 부자만 살 수 있는 동네가 된다. 상점과 레스토랑은 고급을 지향하면서 특정 손님만을 대상으로 한다. 이러한 현상이 이어지면 동네는 점점 더 동질화하고 편협해지며, 개방성과 다양성은 차츰 줄어든다. 사회적 여건 또한 점점 생활하기 까다로워진다. 지역을 구성하는 공간들이 점차 더 접근하기 어려워지고 고약해지는 셈이다.

미국 최초의 시립 유원지 수어드파크 가장자리에 위치한 수어드파크 도서관은 첫눈에 보면 자칫 엘리트만을 위한 공간처럼 보일지도 모른다. 붉은 벽돌과 석회암으로 지은 이탈리아 르네상스 건축양식의 웅장한 도서관은 윤택했던 도금 시대(남북전쟁이 끝나고 미국 자본주의가 급속하게 발전했던 경제 호황기. 19세기 후반_옮긴이)에 지어진 아름다운 건물이다. 한편 도서관이 자리한 곳은 차이나타운이 끝나는 꼭짓점이자, 대규모 공공주택 구역이고, 젊은 직장인들이 오가며 빠르게 발전하고 있는 도심 번화가이기도 하다. 수어드파크 도서관은 오래전부터 로어이스트사이드 지역사회의 심장 역할을 하고 있다. 도서관의 문은 누구에게나 열려 있고, 누구나 이 도서관을 찾는다.

지난 170년 동안 로어이스트사이드에는 가난한 이민자들이 대거 거주했다. 로어이스트사이드가 강 부근 저지대에 있어서 더 나은 환경에 거주할 여력이 있는 사람들이 이곳을 꺼렸기 때문이기도 하지만, 더 큰 이유는 다세대 주택과 형태가 매우 흡사한 아파트인 테너먼트 수천여 채가 있기 때문이다(몇몇 테너먼트는 아직도 존재한다). 도시계획법 때문에 더 이상 건설하지 못하는 이러한 테너먼트에는 무수히 많은 사람들이 꾸역꾸역 몰려 살았다. 19세기 중반 가장 먼저 아일랜드 이민자들이 이 지역에 밀려들었는데, 뉴욕 원주민들은 이때부터 본래 부유했던 동네가 온갖 민족이 뒤섞인 슬럼가로 바뀌기 시작했다며 그들을 탓했다. 이후 독일계 이민자들이 몰려들었으며, 뒤를 이어 동유럽계 유대인들이 들어와 20세기 대부분을 여기에서 머물렀다. 이곳에는 고령의 유대인 수천 명과 유대교 회당 몇 채가 여전히 남아 있다. 하지만 현재 로어이스트사이드 거주자 대부분은 푸에르토리코인과 중국인이고, 지역의 빈곤율은 다른 지역과 비교해 비대칭적으로 높다. 빈곤 아동 비율은 31퍼센트에 달한다.

지난 10년 동안 수어드파크 주변 지역에서는 젠트리피케이션이 일어났다. 본래 블루칼라 노동조합원들을 위해 지었던 조합원 아파트는 오늘날 100만 달러가 넘는 가격에 거래된다. 길 건너에서는 저명한 유대계 미국인 신문《포워드The Forward》의 옛 본사 건물이 최근 리노베이션을 거쳐 럭셔리 주상복합 아파트로 거듭났다. 한 블록 아래에는 제임스 비어드 재단 어워즈에서 라이징스타 상을 받은 셰프가 샌프란시스코에서 문을 열며 열풍을 일으켰던 중식 레스토랑 '미션차이니즈푸드Mission Chinese Food' 뉴욕 분점이 들어섰다. 이웃하는 가게에는 고급 칵테일 바와 주스 바가 있다. 그러나 아직까지 이 동네에는 수많은 이주민들이 거주하고 있으며, 수어드파크 도서관 또한 동네의 랜드마크로 남아 있다. 1901년 앤드루 카네기가 520만 달러를 기부하면서 뉴욕에 처음 지어진 도서관 65개 중 하나인 이곳은 1909년 개관했을 때와 거의 달라지지 않은 모습으로 열정적인 이용자들을 맞이하고 있다. 사람들은 수어드파크 도서관에서 매일 약 1,400권의 책과 소량의 DVD, 도합 매년 50만 건 정도의 품목을 대출해가며, 도서관이 진행하는 프로그램에 참여하는 사람들도 2만여 명에 달한다. 이는 뉴욕 공공 도서관 중에서도 가장 활발한 편이라 할 수 있다.

내가 수어드파크 도서관을 처음 방문했던 건 1월의 어느 흐린 날 아침이었다. 웨스트4번가역에서 F선 지하철을 타고 맨해튼 마지막 역인 이스트브로드웨이역으로 간 뒤, 노숙자 한 명이 쉬고 있던 작은 야영지를 지나쳐 계단을 올라 러트거스가에 당도했다. 가장 먼저 눈에 띈 것은 이스트강 부근 FDR드라이브를 따라 나란히 늘어선 붉은 벽돌의 높은 공공 주택들이었다. 몇 년 전 허리케인 샌디가 들이닥쳤을 때, 나는 〈리빌드 바이 디자인Rebuild by Design〉 공모전 참가자들과 함께 이 건물들이 입은 피해 정도를 관찰하러 다닌 바 있다. 건물들은 당시 바닷물에 완전히 침수되어 1층은 사람이 살지 못할 지경이었으며, 엘리베이터는 오작동을 일으켰고, 지하실에 있던 전선과 통신선, 케이블선 따위는 한데 엉켜 녹슬고 있었다. 갈라진 아스팔트와 불편한 벤치, 여기저기 잡초가 듬성듬성 나 있는 동네 곳곳은 엉망인 채로 방치되어 있었다. 당시 나는 이 건물들에서 살던 주민들 수천 명이 그 음울한 곳을 벗어나 어디로 갈 수 있었을지를 특별히 생각해보지 않았다. 이날 도서관에 방문해보고서야 답이 명확해졌다.

수어드파크에 들어서자마자 대부분 여성으로 이루어진 중국인 고령자 스무 명이 추운 날씨에도 불구하고 에어로빅을 하고 있는 모습이 눈에 들어왔다. 몇몇 어린이가 그네를 타고 있었고, 나이 지긋한 남성 몇 명이 함께 뒤뜰을 산책하고 있었다. 한편에는 겨우내 잠가두었다가 봄에 다시 개방한다는 공중화장실이 있었고, 화장실 가까이에서 노숙자 한 명이 잠을 자고 있었다.

인상적인 석회암 벽돌 벽과 높다란 아치형 창문이 있는 4층짜리 장엄한 건물, 수어드파크 도서관은 수어드파크 북동쪽 코너에 있었고, 도서관 정문 앞에는 돌로 만든 길쭉한 벤치들이 늘어선 드넓은 공용 공간이 있었다. 나는 도서관이 문을 여는 오전 10시보다 약간 이르게 도착했고, 그곳에는 벌써 도착한 사람들 열네 명이 주변을 맴돌고 있었다. 몇몇은 정문 근처나 정문으로 이어지는 짧은 돌계단 위에서 서성였고, 몇몇은 그 아래 아스팔트 바닥에 서 있었다. 그중에는 직장인 남녀 한 쌍이 있었는데, 남자는 길 건너 고급 카페에서 파는 커피를 손에 들고 있었고 여자는 DVD 두 장을 들고 있었다. 머리칼을 스카프로 감싸고 작은 책가방을 멘 나이 지긋한 유대인 여인은 청바지와 파카를 입은 희끗희끗한 머리의 남자와 도널드 트럼프에 관하여 대화를 나누고 있었다. 삼사십 대쯤 되어 보이는 덩치 큰 라틴계 여자 두 명이 팔짱을 낀 채 계단 난간에 기대 서 있다가 이따금씩 핸드폰을 들여다보았고, 베이지색 오버코트를 입고 회색 모자를 쓴 나이 많은 중국인 남자는 차가운 벤치에 앉아 있었다. 대학생 정도로 보이는 학생 몇 명이 무거운 책가방을 메고선 우두커니 서 있었고, 노숙자이거나 노숙자 보호소에서 지내다 온 듯한 꾀죄죄한 몰골의 남자 네 명이 입구 근처에 옹기종기 모여 있었다. 사람들은 계속해서 시계를 들여다보았다.

10시 정각이 되자 품이 넉넉한 정장 재킷을 입은 도서관 사서가 잠겨 있던 문을 활짝 열어젖혔다. "좋은 아침입니다." 그는 따뜻하게 웃으며 말하고선 익숙한 얼굴들에게 가볍게 목례를 했고 나에게도 친절하게 인사해주었다.

꾀죄죄한 몰골의 남자들은 서둘러 안쪽으로 달려 들어갔다. 한 명은 1층 화장실로 곧장 돌진했는데, 이 화장실은 공식적으로 모든 이용자에게 개방하는 유일한 화장실이었다. 이외에도 도서관 지하에 화장실이 두 개 더 있었고, 2층에는 어린이 전용 화장실이 하나 있었다. 다른 한 명은 곧장 위층으로 향했고, 나머지 두 명은 창가 테이블 위에 가방을 올려 두고선 신간 도서들을 훑어보기 시작했다. 다른 이용자들 대부분은 남자들이 풍기는 냄새를 피하려고는 했지만 그들이 무얼 하든 크게 신경 쓰지 않고 각자 자기의 위치로 향했다. 직장인 커플은 DVD를 반납하고 진열장에서 새로운 DVD 몇 장을 골라 대여하더니 도서관을 떠났다. 스카프를 머리에 두른 나이 지긋한 여인은 곧장 데스크톱 컴퓨터로 가 이메일을 확인하기 시작했다. 중국인 남자는 계단을 타고 3층으로 올라갔는데, 나는 곧 그가 다른 친구 두 명과 함께 매일 아침 도서관에서 중국어 신문을 읽는다는 사실을 알게 되었다. 라틴계 여자들은 데스크를 빙 둘러 걸어 들어가 안쪽 라운지에 앉아서 핸드폰을 들여다보기 시작했다. 라운지는 2시까지 개방되어 있다가 2시가 넘으면 청소년 전용 구역으로 바뀌는 곳이었다.

물밀듯 들어간 이용자들이 모두 자리를 잡고 난 뒤, 나는 입구에서 내게 인사를 건넸던 도서관 직원에게 걸어가 내 소개를 했다. "저는 앤드루라고 해요." 그가 대답하면서 앙상한 손을 건네 내 손을 가볍게 마주 잡았다. "무엇을 도와드릴까요?"

. . .

사람들이 자신이 원하던 것보다 더 많은 것을 얻도록 돕는 일은 공립 도서관 직원들에게 주어진 핵심 임무다. "요즘에는 올바른 일만 해야 하다 보니 정작 공무원으로서 할 수 있는 일이 많지 않죠." 어느 날 앤드루가 말했다. "누군가를 골탕 먹여서도 안 되고, 누군가를 이용해서도 안 되죠. 그저 무상으로 서비스를 제공하는 게 다예요."

앤드루는 로스앤젤레스에서 자랐다. 그에게는 쌍둥이 형제와 영국계 이민자인 어머니가 있었다. 운전을 할 줄 몰랐던 어머니는 종종 앤드루 형제를 데리고 버스를 타고 멀리 나가 로스앤젤레스 공립 도서관이나 비버리힐스 공립 도서관에 갔다. "우리가 살던 곳 근처에는 그런 게 없었어요." 그가 회상하며 말했다. "하지만 도서관 건물들이 너무나 웅장하고 멋졌기 때문에 어머니는 저희에게도 그 고무적인 건축물을 보여주고 싶어 하셨어요. 도서관에 갔을 때 다른 어느 곳에서도 겪어보지 못했던 감정을 느꼈던 게 아직까지도 기억나요. 도서관에 있노라면 무언가 색다른 기분이 들었죠. 그 기분이 지금까지도 뇌리에 남아 있어요."

앤드루가 말을 이었다. "아버지는 대개 멀리 나가 계셨고, 도서관은 저희 형제가 책을 훑어보는 동안 어머니가 편히 쉴 수 있는 공간이었죠. 우리가 도서관 여행에서 읽은 책들 중 무엇보다도 기억나는 건 『싸우지 마, 깨물지 마!No Fighting, No Biting!』라는 동화책이에요. 아마 엘세 홀메룬 미나릭Else Holmelund Minarik이 쓰고 모리스 샌닥Maurice Sendak이 삽화를 그렸을 거예요. 정확히는 모르겠지만 우리는 그 책을 다른 어느 책보다도 여러 번 읽었어요. 이야기에는 두 명의 형제가 등장했죠. 저희 어머니는 옥신각신하는 형제 이야기를 읽어주시면서 저희 두 사람을 아주 재미있다는 듯 바라보셨죠. 그 기억은 평생 잊지 못할 거예요."

앤드루는 형이 살던 뉴욕으로 건너와 공립 도서관 정보관리직 신입 직원 자리에 지원했다. 보수가 좋은 편은 아니었다. 뉴욕 공립 도서관 사서의 초봉은 대략 4만 8500달러이며, 대개 도서관학 석사학위가 없는 정보관리직은 그보다 훨씬 낮은 연봉을 받는다. 그러나 앤드루는 몇 달간 일했던 스타벅스에서 계속 일하는 것보다는 이편이 낫다고 생각했고, 나아가 의미 있고 목적의식 충만한 커리어를 쌓을 수 있으리라고 생각했다. 일을 시작하자마자 그는 자신이 올바른 선택을 내렸음을 확신했다.

"제가 여기서 일하고 나서 알게 된 게 하나 있어요." 앤드루가 설명했다. "스타벅스에서는, 아니 사실 대부분의 사기업에서는 자기들이 파는 물건을 구매함으로써 손님들이 처한 상황이 더 나아질 거라고 가정하죠. 그렇잖아요? 하지만 도서관에서는 이용자들이 이미 더 나아질 준비가 되어 있다고 가정해요. 누구에게나 잠재력이 있고, 그걸 스스로 연구해서 밖으로 끄집어내기만 하면 된다는 거죠. 도서관은 늘 사람들이 정말 많은 일들을 할 수 있다고 가정해요. 도서관이 제공하는 모든 서비스는 사람들이 적절한 기회만 있다면 스스로 발전해나갈 수 있다는 전제를 기초로 하죠." 내가 도서관에서 시간을 보내며 관찰한 바로 미루어 볼 때도, 이용자들이 도서관 사서들이나 여타 이용자들과 나누는 사회적 교류는 사람들이 스스로 발전하는 핵심적인 방법 중 하나다.

어린이들과 어른들이 공립 도서관에서 만들어나가는 인간관계는 서로에게 도움이 된다. "아이들은 자라나는 존재고, 모든 것을 흡수해 버리죠. 어른들도 그랬으면 정말이지 좋겠어요." 앤드루가 말했다. "도서관을 이용하는 성인들 대부분은, 뭐랄까, '지적 능력' 측면에서 발전하고자 하는 생각만으로 도서관에 오지는 않습니다. 그들은 지금까지 겪어온 환경, 즉 그들을 멋대로 판단하거나 이용하고, 아무런 도움도 주지 않고, 그들의 사회적 역할을 폄하했던 환경들과는 전혀 다른 환경이 필요하기 때문에 스스로 발전하려 애쓰는 사람들이에요. 이 사람들은 모두의 인간성을 너그럽게 믿어주는 공간을 찾아다니죠. 도서관이 바로 그런 곳이고요." 도서관은 보살핌 받는다는 기분, 서로 연결되어 있다는 기분을 느끼게 해주는 장소다. 특히 외로운 시기에 그들에게 큰 힘이 되는 이유다.

새로운 프로그램을 기획할 때 도서관 직원들은 내가 공립 기관에 예상했던 것보다 훨씬 더 많은 자율권을 가지고 있었다. 도서관 관장은 사서들과 정보관리 직원들에게 많은 것을 기대하는 듯했다. 앤드루가 수어드파크 도서관에 와 처음으로 기획한 프로그램은 티타임이었다. 그는 3층 자료실과 열람실 한구석에서 티타임을 열었다. "저는 많은 사람들이 아침 일찍부터 도서관에 와서도 아무런 프로그램에 참여하지 않는다는 점을 발견했죠. 그냥 쉬러 오셨던 거예요. 여기서 저는, 저희 부모님이 영국 분이시기도 하니까, 이런 생각을 했죠. '차를 한잔 마시며 신문이나 책을 읽는 것보다 더 좋은 휴식이 뭐가 있겠어?'"

티타임은 곧 수어드파크 도서관에서 가장 인기 있는 프로그램 반열에 들어섰다. 기존 고령 이용자들은 물론 새로운 이용자들까지 꾸준히 티타임 프로그램에 참여해 아침마다 뜨거운 차와 비스킷을 나누어 먹었다. 티타임 프로그램은 또한 사회적 활동의 굳건한 바탕이 되어주기도 했다. 사람들은 한군데 둘러앉아 차를 홀짝이면서 신문을 건네주거나 서로 이야기를 나누다가 친해졌으며, 시간이 지나자 중국인·터키인·라틴계·유대인·아프리카계 이용자들이 한곳에 모인 독특한 작은 공동체가 형성되었다. "저는 티타임이 사람들을 한데 모아준다는 점이 참 좋아요." 앤드루가 설명했다. "하지만 그뿐만이 아니죠. 제가 티타임을 좋아하는 또 다른 이유는 도서관이 사람들에게 신뢰를 표시하는 가장 좋은 방법이기 때문이기도 해요. '모든 이들을 위한 궁전'이라는 말이 있어요. 요즘에는 거의 쓰지 않는 말이지만, 카네기 도서관들이 처음 개관할 당시에는 여기저기서 많이 썼던 말이죠. 도서관은 진짜로 일종의 궁전이에요. 평소에는 고결함 같은 건 누릴 여유가 없는 분들께도 고결함을 부여해드리죠. 누구나 어느 정도는 긍지를 가지고 고결하게 살아야만 해요. 그리고 아시겠지만 그 고결함과 긍지를 다른 사람이 알아봐주는 것도 필요하죠. 차를 대접해드리는 일이 별것 아닌 듯 보일진 몰라도, 사실은 제가 하는 가장 중요한 일 중 하나예요."

제 2 장

안전한 곳

버려진 건물이 아닌,
깨진 유리창에 주목하기

작은 일을
보살피면
큰일들을 상당수
막을 수 있다.

프루이트아이고Pruitt-Igoe 주거 단지 프로젝트를 통해 1954년부터 1956년까지 미주리주 세인트루이스 북쪽에 지어진 서른세 동의 11층 짜리 공공 주택은 아마 미국 역사상 가장 처참하게 실패한 공공 주택 이지 싶다. 세계무역센터를 설계하기도 한 명망 높은 건축가 미노루 야 마사키Minoru Yamasaki가 프루이트아이고 설계를 맡았다. 초기 설계안은 층수가 다양한 건물들을 배치한 뒤 산책로와 '강처럼 이어지는 나무들' 로 건물들을 서로 연결하고자 했으나 연방 공공주택국이 비용 삭감을 이유로 계획 수정을 강요했다. 공공주택국은 건물 설계를 획일화했으 며, 건축자재를 야마사키가 쓰고자 했던 것보다 더 저렴한 자재로 대체 했다. 결국 프루이트아이고 주택단지에는 동일한 건물 서른세 동이 들 어섰다. 각 건물 1층은 공동 활동을 위한 개방층이었으며 각 층마다 공 용 다목적실과 세탁 시설을, 몇몇 층에는 쓰레기 처리실을 두었다. 엘 리베이터와 계단참은 각 건물에 거주하는 약 100가구가 공동으로 사 용했다. 수많은 사람들이 가족 단위로 이 아파트에 입주하기 시작하 면서 수요가 하늘을 찔렀다. 1957년 기준 프루이트아이고의 입주율은

90퍼센트가 넘었다.

처음에는 몇몇 건축 비평가들이 나서서 프루이트아이고 프로젝트를 모더니즘의 극치라고 부르며 공간적 효율성과 풍부한 녹지를 칭찬했다. 그러나 곧 심각한 문제들이 대두되기 시작했다. 1960년대, 세인트루이스 워싱턴대학교의 건축학 및 도시계획학 교수였던 오스카 뉴먼Oscar Newman은 무엇이 잘못되었는지를 밝히고자 연구에 착수했다. 뉴먼은 여러 자료를 통해 프루이트아이고가 처한 상황을 접했지만, 실제로 그곳에 가서 목격한 실태는 훨씬 더 참담했다. 세탁실과 쓰레기 처리실의 기물들이 죄다 파손되어 있었고, 공공장소마다 그라피티로 뒤덮여 있었다. 건물 안이고 밖이고 가릴 것 없이 공용 공간에는 모두 쓰레기가 넘쳐났고, 보행자 도로에는 깨진 유리 조각이 산재했다. 거주민들은 매춘과 마약 거래, 절도, 강력 범죄가 급증하고 있다고 호소했다. 아이가 딸린 가족들은 갈수록 불안해하면서 각자의 집 안에 틀어박히기 시작했다. "복도, 로비, 엘리베이터, 계단참 등은 걸어 다니기 위험한 공간이 되어 있었다." 뉴먼의 글이다. "여자들은 아이들을 데리러 학교에 가거나 장을 보러 갈 때 여러 명이 모여 다녀야만 했다." 사람들이 하나둘 이곳을 떠나기 시작하더니 곧 썰물처럼 빠져나갔다. 1971년이 되자 서른세 동 중 절반 이상이 버려진 건물이 되었다. 거주율은 35퍼센트까지 폭락했다.

처음에는 뉴먼도 잘만 하면 번성할 수 있었던 현대적인 공공 주택을 이곳의 거주민들이 망쳐놓았다며 그들을 비난했다. "범죄와 공공물 훼손이 극에 달하던 시기에 프루이트아이고를 걷다 보면 도대체 어떤 사람들이 이곳에 사는 건지 묻지 않을 수 없었다." 그다지 놀라운 반응도 아니다. 당시만 하더라도 범죄 원인을 밝히려는 주요 이론들은 모두 범법자 개개인의 특성에 초점을 맞추고 있었기 때문이다. 범죄학자들은 대개 인종과 성별·수입·가족사·교육 수준 혹은 도덕적 가치관과 자기 절제 능력 등 개개인이 가지고 있는 '배경' 요인들이 높은 범죄율을 발생시키는 요인들이라고 생각했다. 처음에는 뉴먼도 같은 생각을 가지고서는 대부분의 공무원들과 다름없는 시각으로 프루이트아이고를 바라보았다. 빈민, 흑인, 싱글맘과 아이들 등의 비율이 너무 높다는 점을 문제라고 인식한 것이다. 그 누구도 이곳의 문제를 해결하지 못할 것만 같았다.

그러나 뉴먼은 프루이트아이고를 오래 관찰할수록 이곳의 상황이 생각보다 좀 더 복잡하다는 사실을 깨닫게 되었다. 예컨대 거의 모든 주민들은 자기 집만큼은 깔끔하게 유지했고 제대로 관리했다. 가구들은 소박할지 몰라도 상당한 긍지를 가지고 집을 돌봤다. 게다가 뉴먼은 두 가구가 함께 사용하는 작은 발코니들을 둘러보고서는 발코니들이 깨끗하고 안전하며 잘 손질되어 있었음을 알게 되었다. 뉴먼은 이 주택단지의 사적 공간과 공용 공간 사이에 어떠한 차이가 있는지를 연구하기 시작했다.

프루이트아이고의 사적 공간인 각 호실 내부나 반(半)사적 공간인 계단참 등이 잘 관리되어 있다는 점도 뉴먼에게 단서를 주었지만, 그보다 더 큰 단서는 프루이트아이고와 인접한 또 다른 공공 주택에서 찾아볼 수 있었다. 프루이트아이고의 길 건너편에는 더 오래되고 규모가 작은 저층 공공 주택인 카스퀘어빌리지Carr Square Village가 있었다. 이곳에는 프루이트아이고에 사는 사람들과 인구통계학적으로 유사한 사람들이 살고 있었지만 프루이트아이고가 건설과 분양, 쇠락을 거치는 동안 계속해서 100퍼센트에 가까운 거주율을 자랑했으며 별다른 문제도 일어나지 않았다. 사람들은 준사유지인 정원 및 공용 공간을 잘 관리하고 사용했는데, 이는 (뉴먼에게 지대한 영향을 미치기도 했던 제인 제이컵스의 말을 빌리자면) '길 위의 눈eyes on street'이 많았음을 의미했다. 카스퀘어빌리지에 사는 가족 단위 거주민들은 이곳이 안전하고 편안하다고 생각했으며, 실제로도 프루이트아이고보다 범죄율이 세 배가량 낮았다. 뉴먼은 이 사실에 완전히 매료되었다. 두 공공 주택의 사회적 변수가 거의 일정한 가운데, 한 주택은 살아남고 한 주택은 망가진 기저 원인이 거주민들의 특성이 아니라 두 주택이 물리적으로 다르다는 데 있었음을 깨닫기 시작했다.

뉴먼은 두 공공 주택 프로젝트가 지닌 물리적 특성을 비교한 결과 둘 사이에 현저한 차이가 있음을 발견했다. 카스퀘어빌리지는 층수가 낮았기 때문에 건물당 가구 수가 많지 않았다. 거주민들은 서로 친하거나 친하지 않더라도 이웃끼리 알고 지냈다. 이들은 각 건물에 있는 현관 공간과 반사적 야외 공간을 공동으로 사용했는데, 공유하는 사람들이 몇 집 안 되다 보니 공간 이용 수칙을 정하거나 관리하기가 비교적 수월했다. 프루이트아이고에서는 건물 설계와 관리 체계 때문에 거주민들이 외부인 및 내부인의 행동을 규제하기가 사실상 불가능했다. 너무나 많은 거주민들이 공적 공간 하나를 공유했기 때문에 어느 한 사람이 그 공간을 관리하거나 유지하기란 불가능했다. 중산층 거주 지역에 있는 고층 빌딩에라면 으레 있는 전문 경비원이나 거주민 관리인도 따로 두지 않았다. 게다가 서른세 동이나 되는 단지에 너무도 많은 사람이 살았기 때문에 거주자와 무단 침입한 외부인을 가려내기 어려웠다. 뉴먼은 무엇이 문제인지 확실하게 파악했다. 프루이트아이고 프로젝트에서 벌어진 끔찍한 상황은 그곳에 사는 사람들의 특성 때문이 아니라 물리적 인프라 때문이었다. 그는 건물 및 조경 설계는 범죄를 줄이는 데, 또 주민들이 주거 환경 내에서 하는 행동을 스스로 통제하도록 돕는 데 중요한 역할을 한다고 결론지었다. 주민들은 본인들 소유라고 명확히 정의된 공간들은 관리하고 통제했지만 그보다 거대한 공용 공간들은 본인의 공간이라거나 통제해야겠다는 느낌을 전혀 불러일으키지 못했다. (이러한 여건에서라면) 이웃사람들끼리도 무엇이 괜찮은 행동이고 무엇이 그렇지 않은지에 합의하기조차 어려웠다.

뉴먼은 1972년 보고서 「방어 공간Defensible Spaces」에서 카스퀘어빌리지보다 프루이트아이고를 훨씬 위험한 곳으로 만든 물리적 요소들을 설명했다. 바로 그해부터 정부는 프루이트아이고 주택단지 철거 작업을 시작했으며 마지막 건물은 1976년에 허물어졌다. 뉴먼의 방어 공간 이론은 도시계획학자들 및 범죄학자들 사이에서 상당한 명성을 얻었으며 전 세계 주택단지 조성 프로젝트들에 큰 도움을 주었다(심지어 2015년 HBO 방송국에서 방영한 드라마 〈쇼 미 어 히어로Show Me a Hero〉에는 뉴먼을 모델로 한 인물이 등장하기까지 한다). 이후 이어진 후속 연구들에서는 뉴먼의 발견이 일반화될 수 있는지를 탐구했다. 몇몇 도시에서는 공공 주택이 원활하게 공급되는 빈민가가 그렇지 않은 빈민가보다 훨씬 안전한 경우를 찾아볼 수 있는데, 여기서 뉴먼은 어떠한 여건 때문에 한 프로젝트보다 다른 프로젝트가 더 성공적으로 운영되는지를 밝혀내는 데 실패했다. 그는 범죄와 주거환경 간에 있어서 "아파트 빌딩 그 자체가 진정한 최후의 원흉이었다"며 잘못된 결론을 내렸다. 그러나 건축 환경이 지역의 범죄율을 결정하는 데 일조한다는 뉴먼의 요지는 널리 인정받고 있다. 사실 그 말을 뒷받침하는 증거들은 그 어느 때보다도 오늘날 뚜렷하게 나타나고 있다.

한 가지 증거가 뉴먼의 방어 공간 이론과 비슷한 시기에 범죄예방학 분야의 한 학파에서 대두되었다. '환경설계를 통한 범죄 예방' 또는 그 약자를 따서 '셉테드CPTED'라고 불리는 이 개념은 특정 환경에서 범죄를 저지를 가능성이 매우 높은 사람이라 할지라도 그와 완전히 다른 환경에서는 범죄를 저지를 생각조차 하지 않는다는 발견에서 시작한다. 셉테드를 구상한 범죄학자 레이 제프리C. Ray Jeffery는 "범죄자는 없다. 범죄 행위를 낳는 환경 여건만이 존재할 뿐이다. 적절한 환경 구조만 주어진다면 누구든지 범죄자가 될 수도, 범죄자가 되지 않을 수도 있다"고 말했다. 이는 곧 범죄 통제 전략을 특정 범죄자 개개인을 타깃으로 설계한다면 제대로 작동하지 않으리라는 점을 시사한다. 그보다는 "범죄가 발생하는 환경을 조작해야" 범죄를 가장 잘 관리할 수 있으리라는 말이기도 하다.

그러나 지금도 범죄 감소를 목적으로 하는 정책들 대부분은 공간을 개선하기보다는 사람들을 처벌하는 데 초점을 맞추고 있다. 트럼프 대통령은 경찰의 불심검문stop and frisk 확대를 지지하고 있으며, 법무장관은 형량을 늘려야 한다고 말하고, '법과 질서'를 수호한다는 사람들이 다시금 목소리를 높이고 있다. 그러나 주택 환경 개선을 위한 투자는 미비하고, 안전한 보행자 도로나 도서관, 경로당, 공동체 텃밭 등 동네 편의 시설에 대한 투자는 말할 것도 없다. 이러한 시설들이 사람들을 공적인 영역으로 이끌어내고, 더 많은 눈이 길 위를 지켜보게끔 만들 텐데도 말이다. 심지어 범죄자 소굴, 즉 버려진 공터나 건물, 주류 판매점같이 불법 행위를 촉진한다고 알려진 특정 공간들에 대해서는 더더욱 아무런 대책을 마련하지 않고 있다. 범죄와 폭력에 시달릴 가능성이 가장 높은 장소조차 공동체 및 길거리 여건을 개선할 자금은 너무나 부족한 처지다.

명백하게 위험한 공간들보다 잠재적으로 위험할지 모를 사람들을 단속할 만한 정치적 이유가 정부 공무원들에게 있을지는 몰라도, 과학적으로는 이를 뒷받침할 근거가 미약하다.

오늘날 우리에게는 범죄를 줄일 더욱 효율적이고 경제적인 다른 방법들이 존재한다. 그리고 그중 최선의 방법 몇 가지가 사회적 인프라에 대한 투자를 포함하고 있음을 보이는 과학적 연구들은 점점 더 늘어나고 있다.

. . .

19세기 영국 학자들은 도시 안팎으로 다양한 범죄율을 서로 비교하는 연구를 시작했다. 몇몇 연구자들은 빈곤율이 높을수록 범죄율이 높아진다는 비교적 단순한 설명을 내놓았던 반면, 몇몇 연구자들은 한 발짝 더 나아가 왜 빈곤한 지역들 사이에서도 범죄율이 그토록 다양하게 나타나는지를 연구했다. 펜실베이니아대학교 범죄학자 존 맥도널드John MacDonald는 "그러한 연구들 대부분이 기술적 연구였으며 다양한 이론을 내놓았지만 범죄 억제 방안에 관한 실마리를 제시하고자 하지는 않았다"고 말했다. 또한 이들의 연구는 존 스노John Snow를 비롯한 영국의 보건학자들이 내놓은 연구와 비교된다고도 했다. 존 스노는 콜레라 연구를 통해 인간의 건강 상태를 결정하는 데 공간적 환경이 얼마나 중요한지를 지적했으며, 하수도와 식수용 우물을 분리해 수인성 질병을 예방해야 한다고 제안한 바 있는 인물이다. 범죄를 줄이는 일은 콜레라를 예방하는 일보다 더 어렵기는 하지만, 장소가 범죄율에 미치는 영향을 선구적으로 실험하고 연구한 맥도널드는 연구를 통해 무언가 새롭고 의미 있는 제안을 하는 우리 시대의 수많은 환경범죄학자 중 하나다.

　　사회과학자들은 오래 전부터 범죄 대응 정책을 결정하는 데 주요한 역할을 도맡았다. 한 예시로 하버드대학교 정치학자 제임스 월슨James Q. Wilson 및 러트거스대학교 범죄학자 조지 켈링George Kelling이 1982년 《애틀랜틱Atlantic》을 통해 발표한 '깨진 유리창 이론'을 살펴보자. 월슨과 켈링에 따르자면 범죄자들은 건물의 깨진 유리창 등 지역의 무질서가 드러난 모습을 그 지역사회의 통제력이 약화했음을 알리는 신호로 받아들이며, 따라서 본인이 범죄행위를 하더라도 걸리지 않을 확률이 높다는 증거라고 여긴다. "아주 필연적이라고 하기는 어렵지만, 사람들이 비공식적 통제를 통해 공공의 행동을 규제할 수 있다고 확신하는 장소에서보다는 이러한 장소에서 마약이 거래되거나, 매춘부가 호객을 하거나, 자동차를 도난당할 가능성이 높다. 술에 취한 사람은 장난삼아 강도질하는 소년들에게 강도를 당할 테고, 매춘부를 찾아온 성 매수자는 의도적이고 폭력적으로 강도질하는 남자들에게 강도를 당할 것이다. 그야말로 노상강도가 판을 칠 것"이라고 두 사람은 주장했다.

깨진 유리창 이론은 범죄학 역사상 손꼽힐 정도로 인용된 이론일 뿐만 아니라, 나아가 공공 정책 연구에 가장 많은 영향을 끼친 이론이기도 하다. 종종 이 이론을 가리켜 '경찰 활동의 바이블'이라거나 '지역사회 경찰 활동의 청사진'이라고 부르기도 한다. 1980년대 이후 전 세계 각지의 도시들은 윌슨과 켈링이 내놓은 아이디어를 받아들여 이른바 '무관용의 원칙'에 입각한 경찰 활동을 벌이기 시작했다. 경찰관들은 그라피티, 거동 수상, 공공장소 만취, 심지어는 구걸 행위 같은 경범죄를 주의 깊게 살폈으며, 법원은 이러한 행위를 한 경범죄자들에게 무거운 형량을 선고했다. 로스앤젤레스와 뉴욕에서 경찰서장을 지냈던 윌리엄 브래턴William J. Bratton은 "작은 일들을 보살피면 큰일들을 상당수 예방할 수 있다"면서 경찰서장을 지낼 때는 물론 글로벌 컨설팅 회사에 재직할 때에도 깨진 유리창 이론을 지침으로 삼았다. 실질적으로 말하자면 사람들을, 특히 범죄율이 높은 지역 주민들을 더 많이 멈춰 세우고, 몸수색하고, 체포했다는 뜻이었다. 더불어 경찰이 소수자들, 특히 흑인 남성들을 부당하게 표적으로 삼았다는 민원 또한 급증했다.

비교적 최근에 이루어진 실험 연구 몇몇이 깨진 유리창 이론의 여러 요소들을 뒷받침하긴 하였으나, 대개 이 이론은 경험과학이라기보다는 하나의 견해라고 보는 편이 더 낫다. 컬럼비아대학교 법학과 교수 버나드 하커트Bernard Harcourt는 "유명한 '깨진 유리창 이론'은 아직까지 검증된 바 없으며, 현존하는 사회과학 데이터로 미루어 보자면 이 이론이 틀렸을 가능성도 있다"고 말했다. 실제로 입증된 문제점이 여럿 존재한다. 한 예시로 지역의 무질서 정도를 인식하는 데에는 깨진 유리창이나 그라피티 개수보다는 거주민의 인종 구성이 더 큰 영향을 끼친다. 하버드대학교 사회학자 로버트 샘프슨Robert Sampson, 시카고대학교 사회학자 스티븐 로든부시Stephen Raudenbush, 버클리대학교 범죄학자 프랭클린 짐링Franklin Zimring 등을 포함한 저명한 일류 학자들 또한 깨진 유리창 이론과 그 이론이 낳은 정책들이 모든 단계에서 결함을 보인다고 밝힌 바 있다.

그러나 이 시점에서 나는 깨진 유리창 이론의 타당성보다는 그 이론이 어떤 프레임을 통해 어떻게 해석되었는지를 살펴보고자 한다. 윌슨과 켈링은 정책 입안자들에게 자칫 깨진 유리창과 같은 결과를 낳을지 모를 경범죄들을 철저히 단속하라고 독려했는데, 이는 곧 길거리에서의 더욱 엄중한 경찰 행위를 의미하기도 했다. 그러나 만일 이들이 사회적 인프라가 미치는 영향력에 좀 더 관심을 두었더라면 두 사람의 생각은 아마 다른 방향으로 나아갔을 테다.

윌슨과 켈링이 무질서와 쇠퇴의 소용돌이가 어떻게 시작한다고 설명했는지 살펴보자. 두 사람이 제시한 유명한 시나리오는 다음과 같다. "건물 하나가 버려져 있다. 앞에는 잡초가 무성하고, 유리창이 깨져 있다. 어른들은 말썽 피우는 아이들을 더 이상 혼내지 않고, 대담해진 아이들은 한층 더 소란을 피운다. 가족들이 이사를 나가고, 소속된 곳 없는 어른들이 이사를 온다. 청소년들은 모퉁이 가게 앞에 모여 떠든다. 가게 주인이 비켜달라고 요청하지만 청소년들은 거부하고, 결국 싸움이 일어난다. 길거리에 쓰레기가 쌓여간다. 사람들은 식료품점 앞에서 술을 마시기 시작한다. 주정뱅이 하나가 보행자 도로에 벌러덩 드러눕더니 멋대로 잠을 청한다. 보행자에게 걸인이 접근하여 구걸한다."

이야기는 갈수록 더 심해진다.

그러나 내가 보기에 이상한 점이 있다. 두 사람이 말한 악순환의 첫 번째 두 단계, 즉 "건물 하나가 버려져 있다. 앞에는 잡초가 무성하다"는 부분이 오늘날 왜 몇몇 동네에서 유달리 범죄율이 높은지에 관한 논의에서 빠져버렸나 하는 점이다. 세 번째 단계에 등장하며 이론의 찰진 제목이 되어준 "깨진 유리창"이 온통 스포트라이트를 받고 있다. 학계에서는 오래 전부터 버려진 건물과 공터가 낳는 치안 리스크를 우려했다. 하지만 윌슨과 켈링이 내놓은 이론에 관한 주류 정책 토론은 이야기의 근간인 두 가지 문제를 무시하고 넘어가서는 무작정 범죄 행위에 초점을 맞춘다. '버려진 건물'이 아니라 '깨진 유리창'에 주목한다는 말이다. 이 차이는 완전히 다른 정책을 낳는다.

만일 윌슨과 켈링이 시장과 경찰서장을 포함한 이론 옹호자들이 사회적 인프라에 관해서 조금 더 깊이 생각해보게끔 했다면 어떤 일이 일어났을지 상상해보라. 만일 경범죄자들 대신 버려진 건물과 공터가 그만한 관심을 한몸에 받았더라면? 만일 지역 범죄율을 낮추고자 사람들을 검문하고 몸수색하는 대신 위험한 건물을 조사하고 환경을 복원했다면?

그저 말로만 끝나는 질문이 아니다. 펜실베이니아대학교 범죄학자 존 맥도널드와 그의 동료인 유행병학자 찰스 브라나스Charles Branas는 바로 이 수수께끼를 풀기 위해 현대 사회과학에서 가장 흥미로운 실험 연구 하나를 전개하기 시작했다.

．．．

　　현재 컬럼비아대학교 유행병학과 학과장인 브라나스는 총기 폭력을 연구하는 대표적인 학자다. 긴급 의료원으로 일했던 그는 총상을 입은 환자들을 자주 치료하면서 총기 폭력이 어떤 것인지를 온몸으로 배웠다. 미국에서는 하루 평균 90명이 총기 폭력으로 사망하며, 200명이 넘는 사람들이 부상을 입는다. 미국 내 총기 폭력 사건 발생 수는 지난 수십 년간 극적으로 감소했음에도 여전히 다른 부유한 나라들보다 훨씬 높은 수준이며, 총기 살인율은 다른 고소득 국가들의 평균치보다 스물다섯 배나 높다. 총기 살인율은 미국 내에서도 몇몇 특정 도시에서 특히 높게 나타난다. 뉴올리언스·세인트루이스·버펄로 등의 중형 도시와 디트로이트·필라델피아·시카고 등의 대형 도시가 여기에 포함된다. 앞에서 말한 도시 내에서도 사건은 몇몇 동네, 나아가 몇몇 특정 블록에 집중해서 일어난다. 브라나스와 맥도널드는 왜 몇몇 공간들이 그토록 특별하게 위험한지를 알아보고자 했다.

　　유행병학자와 범죄학자가 협업하는 경우는 흔치 않았지만, 브라나스와 맥도널드의 인연은 두 사람 모두 펜실베이니아대학교에서 일하던 2000년대부터 시작되었다. 펜실베이니아대학교 의과대학 트라우마센터에서 개최된 총기 폭력에 관한 세미나에 참석하여 처음 알게 된 그들은 어느 날부터인가 학문에 관한 대화를 나누기 시작했다. 두 사람 모두 범죄율과 동네 무질서를 연결하는 연구들에 넌더리가 난 상태였다. "'깨진 유리창' 이론을 필두로 수많은 연구들이 그저 기술적인 연구에 그쳤죠." 브라나스가 내게 한 말이다. "무엇을 무질서와 비시민

성으로 여겨야 하는지도 몰랐죠. 그러니 대응할 방법도 없었습니다. 치안 유지 활동이라는 까다롭기 짝이 없는 선택지 말고는 달리 할 수 있는 일이 없었죠." 그러던 어느 날, 브라나스는 과학 전문 주간지 《사이언스Science》를 통해 네덜란드의 케이스 케이저르Kees Keizer가 진행한 실험 연구를 접했다. "어떻게 허가를 받았는지는 몰라도, 케이저르가 이끄는 연구 팀은 몇몇 동네에 무질서한 환경을 인위로 조성했습니다. 특정 장소에는 실제로 그라피티를 그리고 쓰레기를 쌓아둔 반면, 몇몇 장소는 깨끗하게 두었죠. 그리고 효과를 관찰했습니다." 논문은 무질서와 무례함 간에 강력한 상관관계가 있음을 보였는데, 이는 깨진 유리창 이론이 타당함을 일부 인정하는 결과였다. 그러나 브라나스는 연구 결과보다는 방법론에 더 큰 관심을 두었다. 연구를 위해 특정 동네에 그라피티를 그린다거나 쓰레기를 투척하는 일은 미국의 그 어느 기관 감사위원회나 지역사회 조직도 허가하지 않으리라는 점을 브라나스 또한 알고 있었지만, 그럼에도 장소에 기반하는 범죄 감소 방안들을 검증할 색다른 실험을 설계해볼 수 있겠다고 생각한 것이다.

브라나스 연구 팀이 실험을 고안할 즈음, 브라나스는 연방준비은행이 후원하는 학회에 초청을 받고 필라델피아로 가 총기와 술에 관한 연구 결과를 발표했다. 여기서 그는 총기 폭력과 관련한 물리적 요인들을 연구하기 위하여 실험을 진행할 생각이라는 이야기를 짤막하게 언급했다. "발표를 마치고 난 뒤, 펜실베이니아 원예사회 직원 분들이 저를 찾아오셨습니다." 브라나스의 회상이다. 원예사회 직원들은 버려진 건물이 빈곤 지역에서 강력 범죄를 증가시킨다는 확신에 차 있었다. 필라델피아에서는 버려진 건물을 소유한 건물주에게 정상적인 문과 창문을 설치할 의무를 지우는 조례를 제정해두었지만, 실제로는 건물 수천 채가 조례를 지키지 않은 채로 방치되어 있다. 같은 조례를 위반하는 공터는 수만 개에 달한다. 원예사회는 믿기 어려울 정도의 데이터를 보유하고 있었으며, 두 사람이 연구를 하는 데 도움을 주겠다고 제안했다.

브라나스와 맥도널드는 이 아이디어에 크게 고무되었다. 버려진 건물 및 공터와 범죄 간의 상관관계를 밝히는 저명한 논문들은 사실 이전에도 존재했다. 1993년 범죄학자 윌리엄 스펠먼William Spelman이 텍사스 오스틴에서 "버려진 건물이 있는 블록의 범죄율은 그러한 건물이 없는 상대 블록의 범죄율보다 두 배가량 높았다"는 내용의 논문을 발표했다. 2005년에는 사회학자 랜스 해넌Lance Hannon이 뉴욕 내 빈곤 지역 및 극빈 지역을 대상으로 연구하여, 인구조사표준지역 기준 한 구역당 버려진 주택 수는 살인 사건 발생 정도와 상관관계가 있음을 밝혀냈다. 연구를 주도한 브라나스는 보건경제학자, 응급의학과 교수, 의료인류학자 등 더 많은 연구자들을 끌어들였다. 수집하고 분석해야 할 데이터가 어마어마하게 많았다.

연구 팀의 첫 번째 주요 프로젝트는 필라델피아에서 벌어진 두 건의 자연 실험(실험자가 개입하지 않은, 실험 설계와 유사한 상황이 자연스럽게 일어난 경우를 관찰하는 연구 방법_옮긴이) 결과를 평가하는 일이었다. 우선 이들은 필라델피아의 반(反)무질서 조례를 위반한 버려진 건물 2,356채 주변에서 발생한 강력 범죄를 검토했다. 이 중 676채는 집주인들이 직접 복원한 상태, 즉 문과 창문 교체 '처리'가 끝난 상태였고 나머지는 보수하지 않은 집들이었다. 연구자들은 복원한 건물 그리고 그 건물들과 지리적으로 유사하면서 복원하지 않은 건물들을 무작위로 선택한 뒤 2010년부터 2013년까지 3년 동안 해당 건물 주변에서 일어난 강력 범죄 발생률을 한 달 간격으로 비교했다.

연구 팀의 두 번째 프로젝트 또한 이와 유사했으나, 이번에는 버려진 공터 주변에서 일어난 강력 범죄 발생률을 비교했다. 연구자들은 '건물이 세워지지 않은 채 버려진 노지'가 필라델피아에 4만 9690곳 존재한다고 보고했다. 펜실베이니아 원예사회는 이곳들 중 4436곳을 복원했다. 쓰레기와 잔해를 치우고, 땅을 고르고, 풀밭과 나무를 심어 공원처럼 만든 뒤 나무 말뚝과 문이 열리는 울타리를 세워 휴게 공간으로 만드는 동시에 쓰레기 무단 투기를 억제했다. 브라나스와 동료 연구자들은 앞서와 마찬가지로 보수한 공터들 그리고 지리적으로 유사하면서 보수하지 않은 공터들을 무작위로 선택하여 비교했는데, 이번에는 1999년부터 2008년까지 10년에 걸쳐 범죄율을 연 단위로 비교했다.

9월의 어느 따뜻하고 바람 불던 날, 나는 실험에 등장하는 장소들을 살펴보기 위해 필라델피아를 방문했다. 펜실베이니아 원예사회가 복원한 공터들과 버려진 집들 그리고 이에 대한 통제변인으로서 복원하지 않고 놔둔 공터들과 버려진 집들이 그 주인공이었다. 몸집이 크고 대머리에 희끗희끗한 턱수염을 기른 아프리카계 미국인 남자, 키스 그린이 파란색 포드 픽업트럭을 몰고 나를 데리러 왔다. 그는 우리가 곧 펜실베이니아원예사회가 21만 제곱미터에 달하는 노는 땅이 있는 웨스트 필라델피아로 향할 것이라고 말했다. 너무나 칙칙해서 '콘크리트 도시'라고도 불렸던 필라델피아의 한 동네에서 자란 그린은 21년 전 펜실베이니아원예사회에 인턴으로 입사한 뒤 곧 공동체 텃밭 프로젝트

일을 맡았다고 했다. "여기서 이렇게 오래 일하게 될 줄은 몰랐습니다." 그가 말했다. "하지만 버려진 건물들을 고치기 시작하다 보니 이 직업이 제 적성에 맞는다는 걸 알게 되었죠. 초창기에 했던 일들 몇 가지는 아직도 기억납니다. 시 당국이 우리한테 맡긴 일이었는데, 벼룩 감염이 발생한 노스 필라델피아의 블록 두 개를 청소해달라는 의뢰였어요. 가보니까 온 동네가 마치 정글 같더라고요. 잡초와 풀과 나무가 마구잡이로 자라 있었죠. 사람들은 풀숲에다 쓰레기를 마구 투기했어요. 여기저기 쓰레기가 쌓여 있었습니다. 오래된 차와 깨진 병, 침대 매트리스 따위도 있었어요. 난장판이었죠. 결국 우리는 네 블록에서 공터 125개를 치웠습니다. 장난이 아니에요, 125곳이라니까요! 진짜 끔찍한 작업이었지만, 일을 마치고 나니 그 동네가 앞으로 달라지리라는 확신이 들었습니다. 사람들도 아주 좋아했습죠. 제 트럭 꽁무니를 따라다니면서 '키스 아저씨! 내일도 오시면 안 돼요?' 하는 애들도 있었어요. 제가 아이스크림 트럭 아저씨라도 되는 듯이 따라다녔다니까요!" 그는 회상에 잠긴 채 껄껄 웃었다. "계속 그런 생각을 해요. '어쩌면 우리가 필라델피아 전체를 위해 해야 하는 일이 바로 이런 건가 보다.' 바로 이게 기본적으로 우리가 하는 일입니다."

그린은 웨스트 필라델피아 40번가를 향해 느긋하게 트럭을 몰았다. "눈을 똑바로 뜨고 있는 게 좋을 겁니다." 그가 일러주었다. "믿기 어려운 광경이 펼쳐질 테니까요." 실제로 그곳은 내가 시카고에서 연구했던 황폐화한 동네들, 이를테면 엥글우드나 노스론데일과 매우 비슷해 보였다. 줄지어 선 저층 주택과 아파트 건물 중엔 잘 관리된 곳도 있었지만 버려진 곳도 있었다. 건물들 바로 옆에 있는 커다란 공터에는 잡초와 건물 잔해가 널린 데다 풀숲이 사람 키만큼 우거져 있었다.

"보이세요?" 그가 길가에 차를 댔다. 우리 앞으로 낮은 나무 울타리와 벤치 두 개, 잘 다듬어진 나무와 잔디가 깔린 공터가 나타났다. "저희가 손을 본 공터입니다. 아주 관리가 잘 되어 있는 게 보이실 거예요." 우리는 차에서 내려 그 포켓파크(건물 사이에 조성하는 미니 공원_옮긴이)를 지나 몇 걸음 더 걸어서 빈집과 커다란 공터가 있는 데로 갔다. 풀숲이 너무나 마구잡이로 우거진 탓에 풀이 보행로를 뒤덮고 도로까지 뻗어 나와 있는 곳이었다. "자, 이게 바로 재앙이라는 거죠." 그린이 말했다. "여기 주인이 우리가 일하지 못하게 했거나, 우리가 주인을 못 찾아냈거나, 둘 중 하나일 겁니다. 여기에 살다 보면 이러한 것들이 이 동네에 불러일으키는 온갖 문제들과 맞서야만 합니다. 해충, 벌레, 쓰레기, 범죄, 끝도 없죠. 이런 건 재개발에도 하등 도움이 안 됩니다. 이런 모습을 보다 보면 누구든 도망가고 싶어지니까요."

우리는 또 다른 건물을 살펴보기 위해 좁다란 길을 건너갔다. 그때 반대편에서 운동하러 나온 듯한 한 여성이 힘차게 우리 쪽으로 걸어왔다. 로레타라는 이십 대 후반의 아프리카계 미국인이었다. 나는 그녀에게 혹시 이곳 주민이냐고 물었다. "아니요." 로레타가 대답했다. "하지만 이 동네를 매일 지나다니긴 해요."

"혹시 여기저기에 울타리 친 작은 공원들이 있다는 걸 알고 있나요?" 내가 물었다.

"글쎄요." 로레타는 주변을 두리번거리더니 포켓파크에도 눈길을 던졌다. "그래도 좋아 보이네요."

"저 버려진 공터들은 어떤가요? 풀숲이 우거지고 쓰레기가 쌓여 있는 공터들 말이에요."

"아, 저런 거요?" 로레타가 옅게 웃으며 대답했다. "제가 왜 이쪽으로 걷고 있겠어요!" 그녀는 잠시 멈춰 서더니 건너편 공터를 바라보며 설명하기 시작했다.

"저런 곳은 무서워요. 풀 더미 뒤에서 무슨 일이 일어나고 있을지, 누가 있을지 모르잖아요. 이 근처에는 저런 데가 꽤 많아요. 되도록 피해 다니려고 하죠."

로레타는 다시 운동을 하러 떠났고, 그린과 나는 다시 차를 타고 달려 웨스트민스터가에 도착했다. 그린이 가리키는 곳에는 복원을 마친 커다란 공터가 있었다. 주민들이 피크닉 테이블을 가져오고 작은 정원을 꾸민 덕에 근린공원으로 거듭난 땅이었다. "몇 블록 떨어진 데서 가게를 운영하시는 신사 한 분이 복원 작업을 도와주셨어요." 그린이 설명했다. "그분은 그저 이곳이 좀 더 나은 동네가 되면 좋겠다, 사람들이 길거리와 정원을 좀 더 찾으면 좋겠다고 하셨죠. 그런 경우가 꽤 많아요. 저희가 무언가 복원해드리면, 주민들은 거기서 한발 더 나아가 본인들이 좋아하는 걸 가져다 놓기 시작하죠."

우리는 일렬로 붙어 있는 주택 세 채를 지나쳤는데, 주택들 양옆에는 작은 포켓파크와 조금 더 큰 포켓파크가 하나씩 이웃하고 있었다. 앞니가 몇 개 없고 희끗한 머리칼에 나무 지팡이를 든 채 선글라스를 낀 미키 할아버지가 포켓파크에 놓인 피크닉테이블에 앉아서 폴더폰으로 통화를 하고 있었다. 우리가 다가가자 할아버지는 자리에서 일어나 인사를 건넸다. 나는 할아버지에게 공원에 자주 오시는지 물었다. "물론 그렇지." 할아버지가 답했다. "꽤 인기 있는 곳이라우. 저번 주말에는 무슬림들이 무슨 행사를 열었어. 얼마 전에는 건강 박람회도 열렸지. 내가 올해로 일흔셋인데 매일 여기 나와 걸어. 참 오기 좋은 곳이라네."

그린은 공원이 생기고 나서 동네가 더 좋아졌냐고 물었다. "그렇다마다." 미키 할아버지가 답했다. 그는 옆집 저층 주택 현관 포치에 나와 있는 조이스를 가리켰다. 흰색 티셔츠 차림에 샌들을 신은 조이스는 흔들의자에 앉아서 쉬고 있었다. "조이스한테 물어봐, 잘 말해줄 게야."

조이스가 고개를 끄덕였다. "여기 산 지 한 10년, 12년쯤 됐어요. 처음에 이사 왔을 때는 저 공터들도 지저분했죠. 마약이니 뭐니 별일이 다 있었어요. 비행 청소년들도 많았고요. 개를 마음대로 풀어놓는 사람들도 있었고, 맞아, 냄새까지 났다니까요!" 그녀는 그때 기억이 떠오르는 듯 표정을 찡그리며 몸을 살짝 떨었다. "하지만 얼마 안 있어서 깨끗하게 고치더라고요. 테이블이랑 파라솔도 가져다 놓고요. 어린아이들이 놀러오기 시작했죠. 우리는 정원을 가꿨어요. 전에는 아무도 이 블록에 오고 싶어 하지 않았어요. 더럽고 위험했죠. 풀숲에서 누가 갑자기 튀어나올지 아무도 몰랐으니까요. 이제는 훨씬 나아졌어요. 공원도 있고, 쉴 만한 그늘도 있잖아요. 꽤 오기 좋은 곳이 되었죠."

그린을 포함한 원예사회 직원들은 공터와 버려진 건물들을 복원하면 필라델피아 내 빈곤 지역을 둘러싼 환경이 개선되리라고 믿었으나 결과를 장담하지는 못했다. 반면 브라나스와 맥도널드에게는 특정 장소 환경 복원이 주변에서 발생하는 총기 관련 범죄를 줄일 것이라는 더욱 구체적인 가설이 있었다. "(버려진 건물이) 단순히 무질서의 징후라서 그런 건 아닙니다." 브라나스가 내게 말했다. "그러한 장소들이 그 자체로 총기 폭력이 일어날 기회를 만들기 때문입니다. 그저 가난한 동네였던 곳을 가난하고 위험한 동네로 만들어버리는 거죠." 이유는 간단명료했다. 버려진 주택은 범죄에 연루된 자들이 도주할 때 숨기 좋은 장소이자 총기를 숨겨놓기에도 꽤 적당한 장소다. 돌보지 않은 공터는 마약 거래에 안성맞춤이라는 악명이 높다. 법을 준수하는 시민 대부분이 그러한 장소를 피하는 데다가 나아가 경찰이 순찰을 돌 때 무성한 잡초와 풀숲 사이에 마약을 숨기기도 좋기 때문이다. 지역사회로서든 경찰로서든, 이러한 장소들은 감시하고 통제하기 까다로운 곳들이다.

깨진 유리창 이론을 비판하는 이들이라면 잘 알고 있듯, 설득력 있는 이론들은 대개 그 이론에 반하는 증거들이 등장해 명성을 깎아 먹기 마련이다. 그렇기 때문에 브라나스는 망가진 환경과 폭력에 대하여 연구 팀이 관찰한 첫 번째 자연 실험의 드라마틱한 결과에 깜짝 놀라고 말았다. 버려진 건물을 복원한 경우 건물 내부 및 주변에서 일어나는 총기 폭력이 무려 39퍼센트나 감소했다. 공터를 복원했을 때에도 내부 및 주변에서 일어나는 총기 폭력이 5퍼센트 감소했는데, 비교적 적지만 이 또한 의미 있는 수치였다. 실험 결과 산출된 수치들은 사회과학 실험치고는 매우 드물게 도출되는 변화율이자 이례적인 수치였다. 그러나 브라나스와 팀원들을 놀라게 한 것은 그뿐만이 아니었다. 폭력 범죄가 단순히 인접 지역으로 이동했다는 증거가 발견되지 않았기 때문이다. 브라나스는 이것이 범죄 감소율만큼이나 강력한 사실이라고 말했다. 범죄가 실제로 감소했다는 뜻이었다. 게다가 감소 현상은 적어도 1년에서 길게는 4년간 지속되었는데, 이는 그 어떤 범죄 감소 프로그램보다 효과가 오래 지속한 경우였다. "솔직히 그건 우리가 예상한 것보다 훨씬 더 큰 효과를 불러왔습니다." 그가 고백했다.

브라나스의 말에 따르자면 "두 프로젝트가 지향했던 주요 목표는 좀 더 저렴한, 장소를 기반으로 하는 변화를 이끌어낼 방법을 찾는 것, 특히 도시 전역으로 확대 적용할 수 있으며 비교적 명료해서 지속 가능한 방법을 찾는 것"이었다. 그는 자신이 진작 이러한 일을 진행했어야 함을 깨달았다. 이전까지는 범죄를 저지를 가능성이 가장 높은 사람들에게 초점을 맞추는, 좀 더 전통적인 범죄 대책들을 연구하고 옹호했던 것이다. "펜실베이니아대학교에서 가르치기 시작했을 무렵, 저희는 필라델피아에서 발생하는 총기 폭력을 줄여보려고 온갖 애를 썼습니다. 범죄 방지사와 사회복지사, 지역사회 지도자들을 투입했죠. 몇몇 전문가들은 정말 실력이 뛰어났고, 대책도 어느 정도 성과를 거두었습니다. 그러나 효과는 단기간에 그쳤습니다. 그 사람들을 동네에 묶어둘 수 있을 때까지만 효과가 이어졌죠. 저희는 그 프로젝트에 상당한 액수를 투자했지만 마지막에는, 글쎄요, 다 합해서 청소년 50명 정도에게나 도움이 되었지 싶습니다. 때마침 그 자리에 있었던 아이들이었죠. 저희는 무언가 더 큰 효과를 만들어내고 싶었습니다. 저희가 그 동네를 떠나도 계속해서 이어질 만한 효과 말입니다."

필라델피아 자연 실험은 장소에 기반한 개입이 사람에게 기반한 개입보다 훨씬 더 성공할 가능성이 높다는 점을 시사한다. 브라나스와 팀원들이 작성한 보고서에 따르자면 "미국에는 버려진 공터와 건물이 수천만 개 이상 존재한다." 환경 복원 프로그램은 "도시 주민들이 일상적으로 접하는 환경을 구조적으로 개선한다." 환경 복원 프로그램은 간단하고 저렴하며 재현하기 쉬워서 대규모 단위에도 적용 가능하다. 게

다가 지역 주민들에게 별다른 부담을 지우지도 않으며, 프로그램 자체가 주민들에게 혜택을 주는 것으로 보인다. "버려진 건물과 공터를 복원, 처리하는 작업은 투입하는 비용 1달러마다 납세자에게 최소 5달러에서 많게는 26달러에 이르는 순편익을, 사회 전체에는 최소 79달러에서 333달러에 달하는 순편익을 되돌려주는 것으로 추정된다." 브라나스와 팀원들이 《미국공중보건학회지 American Journal of Public Health》에 게재한 논문에 쓴 말들이다. 건물과 공터를 돌보지 않고 내버려두면 더 위험할 뿐만 아니라, 나아가 더 비싸기까지 하다는 말이다.

브라나스가 논문을 발표하여 버려진 건물과 공터를 보수하는 작업이 어떠한 효과를 발휘하는지를 밝히자, 미국 전역의 여러 도시와 대학이 실험에 동참하겠다고 줄을 지었다. "지난 몇 년간 수많은 도시에서 온 연구자들이 이곳을 다녀갔죠." 키스 그린이 말했다. "디트로이트, 시카고, 트렌턴 그리고 서울에서도 왔었어요. 시카고에서 온 연구자는 계속 놀라워했어요. '훌륭해요! 믿기 어려울 지경입니다! 시카고에도 이런 게 있어야 해요. 왜 아직까지 시카고에서 이런 시도를 해보지 않았는지 모르겠네요!' 하고 말이죠."

2016년에 이르자 브라나스 연구 팀은 연방정부로부터 보조금 수백만 달러를 지원받아 루이지애나주 뉴올리언스, 뉴저지주 뉴어크와 캠던, 미시간주 플린트, 오하이오주 영스타운에서 환경 복원 프로젝트를 전개했다. 각 실험에는 각 지역에 소재하는 연구 기관이 파트너로 참여했으며, 브라나스가 주장한 바에 따라 각 지역사회 주민들을 고용하고 훈련해서 현장 조사원으로 활동하게끔 했다. "각 지역사회에서 사람들을 고용했다는 점을 자랑스럽게 생각합니다." 브라나스가 말했다.

"하지만 그보다 더 크고 지속적인 효과는 여러 장소를 복원하고 보수하는 데서 올 겁니다."

· · ·

치안 유지는 범죄 감소 활동에서 빼놓을 수 없는 주요 요소 중 하나이며, 다른 경찰 활동 전략보다 좀 더 인도적이고 효과적인 전략이 따로 존재한다는 데에는 의문의 여지가 없다. 그런데 최근 몇 년간 리우데자네이루와 상파울루, 요하네스버그 등 세계에서 치안이 나쁘기로 손꼽히는 도시들에서 소규모로 이루어지는 장소 기반 정책들이 범죄율을 크게 줄이는 데 성공했으며, 몇몇 경우에는 해당 지역사회의 삶의 질까지도 높여주었다고 한다.

상파울루를 예로 살펴보자. 상파울루 시 당국은 정책 하나를 도입해 시의 치안 유지 활동을 보충했다. 범죄가 특히 빈번하게 발생하는 특정 장소들을 집중 공략하여 범죄 발생 기회를 줄이는 한편 어린이들과 청소년들이 학교 등 안전한 장소에서 더 많은 시간을 보낼 수 있도록 하는 정책을 시행한 것이다. 사회과학자들이 오랫동안 연구한 결과에 따르자면 술집과 주류판매점은 그 자리에 있는 것만으로도 폭력을 증가시키며, 범죄율이 높은 지역일수록 더더욱 그러하다. 역사적 경험에 미루어 주류 소비를 아예 금지하는 것은 올바른 대응책이 아니다. 완전히 금지할 경우 오히려 범죄가 증가하며, 나아가 금지한다고 해서 전체적인 소비량이 줄어들지도 않고 오히려 더 위험한 물질을 소비하게 만든다. 반면 주류판매점과 술집의 영업시간을 단축하는 정책은 효과가 있다는 사실이 잘 밝혀져 있다. 예컨대 상파울루에 속한 39개 지자체 중 16곳에서는 2001년부터 2004년까지 일종의 금주법을 시행하여 밤 11시부터 다음 날 아침 6시까지 술집과 주류판매점이 문을 열지 못하도록 규제했다. 브라질의 경제학자 시루 비데르망Ciro Biderman은 주류 판매 시간 제한법 시행이 폭력에 끼친 영향을 분석한 결과 "살인 사건 발생률이 10퍼센트 감소"했으며 "폭행 사건 및 교통 사망 사고 발생률"에도 비슷한 영향을 미쳤다는 점을 발견했다. 주류 판매 시간을 제한하는 법은 비록 범죄율이 감소하기 시작하면서 시행 중단되긴 했지만, 사회적 환경을 조금만 바꾸어도 안전성을 극도로 끌어올릴 수 있음을 잘 보여주는 증거다.

　이처럼 상파울루가 고안한 범죄 대책 중 하나가 위험한 장소에 접근하는 것을 제한하는 데 집중했다면, 또 다른 범죄 대책은 바로 어린 아이들과 지역사회에 여러모로 도움을 주는 소중하고 안전한 장소, 학교로의 접근성을 확대하는 데 집중했다. 학생들이 책임감 있는 어른들과 정기적으로 교류하는 장소인 학교에 정부가 초점을 맞추기로 한 데에는 그럴 만한 근거가 있었다. 세계은행이 내놓은 브라질 범죄 예방에 관한 보고서에 따르자면 "상파울루에서는 용의자 연령이 밝혀진 범죄 사건 중 강도, 절도, 자동차 관련 범죄의 20~25퍼센트가 18세 이하의 개인이 저지른 범죄"였다. 2003년 상파울루는 '가족학교정책'을 시행하여 5,306개 공립학교를 주말에도 개방하며 어린아이들을 위한 여러 프로그램을 제공했다. 브라질 정부는 또한 멕시코와 콜롬비아에서 시행한 정책을 본보기 삼아 'CCT가족보조금' 제도를 시행하여 빈곤 계층 가족들에게 자녀가 중등교육을 끝마치도록 함을 조건으로 적지만 뜻깊은 보조금을 현금으로 지원했다. 세계은행은 상파울루의 범죄율이 크게 감소한 데에 두 가지 프로그램이 미친 영향력이 지대했다고 논했다.

하지만 범죄 감소를 목표로 하는 환경설계 모두가 광범위한 효과를 발휘하지는 않는다. 예를 들어 게이티드커뮤니티를 생각해보자. 게이티드커뮤니티는 범죄와 폭력에 대한 불안감을 누그러뜨리고자 세계 곳곳에 건설된 주거지역의 한 형태로, 혹자는 셉테드의 기저 원칙이 극단적으로 표현된 경우라고 비판하기도 한다. 결과적으로만 보자면 게이티드커뮤니티는 지역사회가 공동 영토를 잘 통제할 수 있도록 만들어주며, 사적 공간과 공적 공간을 뚜렷하게 구분해준다. 또한 경비원과 감시 카메라를 통하여 적극적 관찰을 지원하고, 감시 카메라 표지판을 통해 주민들에게 감시받고 있음을 환기한다. 때로는 '길 위의 눈'이 생겨나게끔 주민들 간의 비공식적인 사회적 교류를 촉진하기도 한다. 또한 모든 공적 영역을 잘 관리하여 전 주민들이 물리적 환경을 주의 깊게 살피고 돌본다는 신호를 보낸다. 더불어 범죄가 발생할 기회 또한 최소한으로 감소시킨다.

버클리대학교 인류학자이자 도시계획학자인 테레사 칼데이라Teresa Caldeira는 『벽의 도시City of Walls』를 통해 1980년대와 1990년대에 상파울루에서 발생했던 도심지 요새화 현상을 기록했다. "지난 20년간 상파울루·로스앤젤레스·요하네스버그·부에노스아이레스·부다페스트·멕시코시티·마이애미 등 서로 너무나 다른 도시들에서 각기 다른 사회적 집단, 특히 상류층이 폭력과 범죄에 대한 두려움을 빌미로 타인을 배제하거나 도시의 전통적인 사회생활에서 발을 빼는 새로운 기술들을 정당화했다." 칼데이라가 쓴 말이다. 칼데이라는 브라질에서 게이티드커뮤니티와 민간 경비 업체가 급증한 원인으로 높은 범죄율뿐만 아니라, 군부 통치가 막을 내리고 민주주의가 갓 시작된 당시의 불평등한 사회에 대하여 사람들의 불안감이 높아졌기 때문이라고도 지적했다. 칼데이라는 널리 퍼져 있는 '범죄론'이 '세상을 선과 악으로 단순 무식하게 구분하고 특정 집단을 범죄자로 여기는' 한편 '위험하다고 여겨지는 이들과 확실히 거리를 두기 위하여' 게이트와 민간 경비 업체 사용을 정당화한다며 주의를 환기했다. 칼데이라는 게이티드커뮤니티와 같은 체계가 그곳에 살 금전적 여유가 있는 이들을 보호한다는 데에는 동의했다. 하지만 그 체계들이 민주주의를 약화하고, 사회적 분열을 심화하며, 배제된 이들을 위험과 분노에 빠뜨린다는 점을 우려했다.

도시문제 평론가들은 극단적 인종차별정책인 아파르트헤이트 폐지 이후 남아프리카공화국에서 게이티드커뮤니티가 급부상하는 데에도 같은 이유로 우려를 표한다. 건축가 카리나 랜드먼Karina Land-man을 포함한 몇몇 이들은 셉테드가 새로운 형태의 사회적 배제를 정당화하는 데 어떻게 이용될 수 있는지를 제대로 인식하지 못한다며 셉테드 옹호론자들을 비난하기도 한다. 랜드먼이 관찰한바 1990년대 말과 2000년대 초 남아프리카공화국에는 두 종류의 독특한 게이티드커뮤니티가 있었다. 하나는 한때 개방적이었던 주거지역에서 백인 주민들이 접근점을 축소하고 통제할 목적으로 게이트와 울타리, 방벽 등을 설치한 '빗장 동네Enclosed Neighborhoods'였고, 다른 하나는 복합 상업 시설과 소매점, 럭셔리 주택 등 다목적 시설을 갖춘 대규모 공간인 '시큐리티 빌리지Security Villages'였다.

랜드먼은 두 종류의 게이티드커뮤니티 모두 게이트 내부의 보호된 환경에서는 낮은 범죄율을 유지하는 데 성공했다고 보고했다. 그러나 이곳에 형성된 인종 분리적인 사회적 인프라는 수많은 문제를 야기했으며 나아가 민주주의 질서의 재건이라는, 남아프리카공화국에 주어진 시급한 과제에 큰 타격을 입혔다. 랜드먼의 말에 따르자면 "공용 도로에 접근을 제한하는 것은 거의 모든 사람들이 반대하는 사안이며, 남아프리카공화국 헌법으로도 금지되어 있다." 게다가 "통행 검문은 대체로 사람들을 분개하게 만든다." 특히 이전에 해당 지역을 검문 없이 자유롭게 방문하거나 통행했던 주민일수록 더더욱 분노하기 쉽다. 랜드먼은 게이티드커뮤니티를 명시적으로 비난하지는 않았으나, 행간에서 비난하는 메시지가 충분히 읽힌다는 데에는 의심의 여지가 없다. 랜드먼의 말을 요약해보자면, 오늘날 남아프리카공화국의 '범죄에 대한 두려움'이 아파르트헤이트 당시 '흑인에 대한 두려움'에서 비롯했던 행위들을 그대로 답습하여 불공정한 사회의 형성을 정당화하고, 인종 분리적인 사회적 인프라를 형성하며, 그 인프라 속에서 한 무리의 사람들은 초법적 조치를 통해 스스로를 보호하는 동안 또 다른 한 무리의 사람들은 그저 짜증이나 낼 수밖에 없게끔 만든다.

흥미롭게도 빈곤한 우범 지역에서 경찰이 주민들에게 자행하는 폭력에 맞서 지역공동체가 지역을 장악하고 무허가 보안 장치를 이용하여 경찰이 행하는 폭력을 감시한 사례가 기록으로 남아 있기도 하다. 다만 이 사례에 등장하는 주민들은 지위가 낮고 정치권력이 미약했기에 프로젝트가 오래 가지는 못했다. 2001년, 텍사스 인류학자 주앙 코스타 바르가스João Costa Vargas가 리우데자네이루에서 현장 조사를 하러

나가 있던 당시, 도시에서 두 번째로 큰 파벨라(브라질에서 도시 빈민가를 통칭하는 말_옮긴이)인 자카레지뉴 지역 주민 단체가 접근점 수 곳에 대규모 게이트와 카메라를 설치했다. 주민 단체는 유명한 정치 웹 사이트를 통해 '보건·교육·직업 교육·대중교통에 초점을 맞춘 더 나은 사회복지 제도'를 누릴 '권리'를 요구했다. 바르가스는 "말하자면 이들이 완전한 시민권을 요구"했다고 말했다. 게이트를 세워 방어적 커뮤니티를 구축한 것은 지역 지도자들이 그들이 겪는 사회적 문제들과 경찰의 권력 남용 및 폭력을 널리 알리기 위해 사용한 정치적 전술이었다.

온 브라질 언론이 이 이야기에 관심을 기울였다. 그러나 바르가스가 보고했듯, 자카레지뉴가 워낙 악명이 높았던 데다가 주민 대부분이 지위가 낮은 유색인종 빈민이었기 때문에 언론들은 주민들이 아니라 경찰이 폭력을 행한 주요 가해자라는 이들의 주장에 회의적인 태도를 보였다. 뉴스 매체들은 주민들이 요구하는 바와 그들이 세운 게이트가 정당한지를 놓고 끊임없이 의문을 제기했다. 공무원들은 마약 거래상들이 게이트와 감시 카메라를 이용해 무법 지대를 형성했기 때문에 경찰이 활동을 할 수 없다고 주장했다. 남아프리카공화국에 있는 백인 거주 지역은 그들의 게이티드커뮤니티를 지켜낼 수 있었으나, 주민 대부분이 흑인인 리우데자네이루의 빈민 슬럼가는 그러한 특권을 누리지 못했다. 이들이 세운 게이트는 빠르게 허물어졌으며, 곧 무장 경찰이 다시금 지역을 장악했다.

사회적 인프라를 통제하기 위한 싸움이 드라마틱하게 벌어지는 경우는 흔치 않다. 미국과 유럽에서 안전 및 사회적 인프라에 관한 논의는 대개 천천히, 느리게 전개될 가능성이 높다. 그마저도 주로 젠트리피케이션 지역, 즉 새로운 상업 및 주거 개발에 따라 지역 여건이 주민들을 보호하는 방식으로 변화하거나 또는 원주민 내몰림 현상을 유발하고 인종차별을 심화해 주민들을 위험에 빠뜨리는 방식으로 변화하는 지역에 집중된다. 젠트리피케이션은 부유한 도시 지역에서 가장 논란이 되는 이슈 중 하나이므로, 젠트리피케이션이 범죄율에 미치는 영향을 다루는 논문이 급증하고 있다는 점은 놀라운 일도 아니다. 안타깝게도 이에 관한 명확한 답은 아직 밝혀지지 않았다. 몇몇 연구에서는 상업 지구 개발로 새로운 범죄 목표물과 실행 기회가 생겨나므로 범죄율이 증가한다고 본 반면, 또 다른 몇몇 연구에서는 길 위의 눈이 증가하므로 범죄율이 감소한다고 보았다. 이처럼 다양한 결과가 도출된다는 것은 젠트리피케이션이 지역 사정에 따라 다른 결과를 이끌어냄을 의미하며, 나아가 여러 집단이 젠트리피케이션에 각기 다른 방식으로 영향을 받을 수 있다는 의미이기도 하다.

그러나 모든 지역에서 상업 시설은 중요한 사회적 인프라다. 제인 제이컵스와 레이 올든버그의 유명한 논의대로, 슈퍼마켓이나 식당·카페·서점·미용실 등은 사람들을 집에서 길거리로 끌어내며, 문화적 활기를 북돋우고 공적 공간에 대한 소극적 감시에 참여하게 하는 계기가 되기도 한다. 시카고 폭염 사태를 연구하면서 나는 상점가가 번화한 동네일수록 주민들이 집 밖으로 나와 공공장소에서 에어컨을 쐬거나 이웃의 도움을 받아 폭염 사태를 놀라울 만큼 잘 견뎌냈음을 발견했다. 당시 길거리 상업 시설에서 일어난 사회적 활동들은 놀랍게도 시카고 각 동네의 주류 집단과 비주류 집단 모두를 보호했다. 상업 시설에서 판매하는 상품이 아니라 그곳을 찾아와 교류했던 사람들이 서로를 보호한 셈이다. 그러나 인구가 매우 적고 상행위가 활발하지 않은 동네 주민들은 이처럼 일상적으로 교류할 기회가 없었으며, 그 결과 푹푹 찌는 집 안에만 틀어박혀 있었을 확률이 더 높았다.

그러나 상파울루에서 성공적인 결과를 이끌어낸 주류 판매 시간 제한법 사례에서 드러났듯, 몇몇 상업 시설은 범죄 행위를 억제하기보다 오히려 부추긴다. 술집과 주류판매점이 가장 명백한 예시들이며, 은행과 환전소, 현금인출기 또한 강도와 폭행의 타깃이 될 수 있다는 단순한 이유로 취약 지역에 유해한 영향을 미치기도 한다. 1960년대 도시계획학자 슐로모 에인절Shlomo Angel은 오클랜드에서 나타난 불법 행위의 패턴을 분석했다. 당시 오클랜드는 다른 많은 도시들과 마찬가지로 노상 범죄 발생률이 우려스러운 수준에 달했다. 에인절은 상점가, 특히 영업시간이 지나 대부분의 손님들이 집에 돌아가고 비공식적 감시가 약해진 상점가가 범죄의 온상임을 밝혀냈다. 에인절은 제인 제이컵스와 마찬가지로 길 위의 눈이 보호적 역할을 한다는 데 동의했지만, 한편으로 상업 시설은 길 위의 눈을 늘리기 위한 좋은 방법이 아니었다면서 시 당국이 상업 시설 개발을 규제해야 한다고 촉구했다.

그러나 최근 사회과학자들은 이 패턴을 더욱 상세히 분석한 결과 대부분의 소매 상업 시설과 상점가가 에인절이 인식했던 것보다 보호적 역할을 더 많이 담당함을 발견했다. 특히 젠트리피케이션 지역, 즉 부유한 백인 주민의 '침입'을 상징하듯 카페나 레스토랑 같은 새로운 가게들이 들어서는 지역, 때로는 원주민 내몰림 현상에 관한 논쟁을 촉발하는 지역에서 한층 더 두드러진다. 예일대학교 앤드루 파파크리스토스Andrew Papachristos 교수가 이끄는 사회학 연구 팀은 「카페가 많을수록 범죄율이 낮아지는가More Coffee, Less Crime?」라는 흥미로운 논문에서 젠트리피케이션과 범죄율 간의 상관관계를 고찰했다. 이들은 새로운 지역적 소매업 발달을 측정하기 위해 한 해 동안 새로 개업하는 카페 개수를 분석했다. 논문은 지역 주민과 도시 전체에 젠트리피케이션이 좋은 영향을 미치는지 나쁜 영향을 미치는지를 단언하지는 않았으나, 사실상 카페 같은 소매상점들이 동네를 더욱 안전하게 만드는 데 일조한다는 흥미로운 사실을 입증했다.

　　파파크리스토스 연구 팀은 시카고 경찰청과 미국 인구조사국의 데이터 및 시카고 상공업 디렉토리를 분석하면서 몇 가지 놀라운 사실을 발견했다. 첫째, 다른 변수들을 통제한 이후에도 동네 카페 수 증가와 살인 사건 감소 사이에 상관관계가 있음이 드러났다. 연구 팀은 동네 원주민들이 주로 백인이건 흑인이건 라틴계이건 관계없이 이러한 패턴이 나타났다고 밝혔다. 둘째, 그다지 놀라운 사실은 아니지만, 좋은 효과가 모든 집단에서 동일하게 나타나지는 않았다. 예를 들어 본래 백인이나 라틴계 주민이 사는 동네에 젠트리피케이션이 일어난 경우에는 카페가 새로 개업할수록 노상 강도 범죄가 줄어드는 경향이 나타났다. 반면 본래 흑인들이 주로 사는 동네라면 오히려 노상 강도 범죄가 늘어났는데, 이를 두고 에인절은 해당 젠트리피케이션 지역에 꾸준히 소비자를 끌어들일 만한 상업 시설이 다른 지역보다 적었기 때문에 범죄를 억제할 만한 비공식적 감시가 제대로 이루어지지 않았으리라고 보았다.

셋째, 사업주들은 카페를 신규 개업할 때 흑인 주민들이 사는 젠트리피케이션 지역보다는 백인 혹은 라틴계 주민들이 사는 젠트리피케이션 지역을 선택할 확률이 더 높다는 중요한 사실이 드러났다. 또한 흑인 젠트리피케이션 지역에서 새로운 카페가 문을 연다는 건 대개 부동산 개발업자들이 지역을 대규모로 변화하려 계획하고 있음을 알리는 신호였으며, 이에 따라 아프리카계 미국인 원주민들 상당수가 다른 지역으로 내몰릴 가능성도 매우 높았다. 이러한 위협은 2017년, 젠트리피케이션이 일어난 미국의 수많은 도심지 중 한 곳인 덴버 파이브포인트 지역에서 소규모 폭동이 벌어지는 데에도 일조했다. 폭동에 불을 지핀 이는 덴버 지역의 커피 체인점 '잉크!Ink!'의 소유주, 키스 허버트Keith Herbert였다. 허버트가 허가한바 잉크 직원들은 파이브포인트에 새로 개업한 잉크 체인점 외벽에 "아무도 젠트리피케이션이 코르타도를 주문할 수 있다는 말인 걸 알려주지 않았어요"라는 문구의 현수막과 "2014년부터 동네를 열심히 젠트리피케이션하고 있습니다"라고 쓴 현수막을 붙였다. 허버트는 위트 있는 현수막이라고 생각했지만, 앞날을 걱정하고 있던 원주민들 및 지역사회의 단체들은 이를 불쾌하게 받아들였다. 몇몇 사람들이 가게 시설을 파손했고, 다른 몇몇은 잉크와 그가 대표하는 젠트리피케이션 현상에 반대하는 시위를 조직했다. "젠트리피케이션이 얼마나 현실적이고 염려스러운 문제인지 제대로 인식하지 못했음을 매우 부끄럽게 생각합니다. 젠트리피케이션으로 발생한 여러 곤경과 문화적 결과들을 온몸으로 이해하고 계시는 여러분들께 사과 말씀을 드립니다." 시위 발생 이후 허버트는 페이스북 페이지에 사과문을 남겼다. 그러나 시위자들은 그 정도로 만족하지 않았으며, 부유한 젊은 직장인들뿐만 아니라 모든 이들이 집처럼 편안하게 느낄 수 있는 공간들을 보존하라며 지역사회를 압박하는 시위를 계속했다.

시카고 카브리니 그린 공공 주택에 사는 주민들도 1990년대 말 이와 유사한 시위운동을 조직했다. 시 당국이 공공 주택을 철거하고 사유화하여 재활성화하겠다는 계획을 발표했기 때문이다. 시민 단체들은 도심에 있는 부동산 가치가 올라가자 공무원들이 나서서 빈곤한 아프리카계 미국인들을 쫓아내려 한다고 비난했다. 시위자들이 시청 앞으로 행진할 때, 부동산 개발업자들은 카브리니 그린 공공 주택 길 건너편에 스타벅스가 입점한 쇼핑센터를 건설했다. 파파크리스토스 연구 팀은 이러한 커피 전문점이 지역 변화를 선두하는 주자이자 상징이 되었다면서 커피 전문점이 들어선다면 "이 지역이 곧 급격한 젠트리피케이션을 겪게 되리라고 확신"하게 된다고 말했다. 카브리니 그린 공공 주택에서 살인 사건이 발생하는 빈도는 실제로 낮아지기는 했으나, 여전히 다른 지역보다 훨씬 더 위험한 지역으로 남아 있었다. "여기서 우리는 젠트리피케이션이 장기적인 지역 범죄 감소에 '긍정적인' 역할을 한다고 볼 수도 있다. 하지만 이는 카브리니 주민들의 내몰림이라는 값비싼 대가를 치르고서야 얻어낸 결과였다." 파파크리스토스 연구 팀의 말이다. 이러한 이유로, 연구 팀은 지역 소매상점들이 동네를 안전하게 만들어주는지는 몰라도 젠트리피케이션은 빈곤하고 취약한 사람들에게 막대한 사회적 비용을 떠넘기기 때문에 결코 이상적인 범죄 감소 방안이 아니라고 단언했다.

* * *

마침 시카고에 있는 또 다른 공공 주택단지에 관한 연구 하나가 사회적 인프라를 통해 범죄를 줄이는 더욱 이상적인 방법을 잘 보여준다. 일리노이대학교 교수이자 조경사인 윌리엄 설리번William Sullivan과 마찬가지로 일리노이대학교 환경과학자인 프랜시스 쿠오Frances Kuo가 빈곤율이 높은 주거 단지에서 초목이 획기적으로 범죄를 줄인다는 점을 발견한 것이다.

설리번과 쿠오는 시카고 사우스사이드에서 연구를 시작할 때만 하더라도 앞으로 어떠한 사실들을 발견하게 될지 전혀 몰랐다. 아이다 웰스 공공 주택단지의 아파트 아흔여덟 동에 걸쳐 일어나는 범죄 패턴을 2년간 분석하는 연구였다. 이들은 도심 지역 녹지화를 주장했으나, 당시는 1990년대였던 데다가 프루이트아이고 등의 선례를 연구한 도시계획자들이 빈곤 지역에 나무와 풀이 많으면 덤불 아래를 감시하거나 통제하기 힘들어지므로 범죄가 발생할 여지를 늘린다는 확신에 빠져 있던 때였다. 이를 뒷받침하는 선행 연구들도 있었으나, 쿠오와 설리번은 녹지가 공포를 완화하고 공격적이거나 폭력적인 행동을 줄이며 시민성을 향상한다는 최근의 몇몇 연구 결과에 주목했다. 두 사람은 더욱 명확한 해답을 구하기 위해 우선 경찰이 가지고 있는 범죄 데이터를 바탕으로 공공 주택 내 녹지의 효과를 평가했다.

다행히도 아이다 웰스 공공 주택단지는 자연 실험을 진행하기에 이상적인 공간이었다. 단지 내에 거주하는 주민들은 인구통계학적 유사성을 가지고 있었다. 거의 대부분이 아프리카계 미국인이었으며 공공 주택 입주 조건을 충족할 만큼 빈곤했다. 게다가 아파트에는 여러 형태의 가족들이 살고 있었다. 쿠오와 설리번은 아파트 아흔여덟 동 각 건물 외부에 얼마나 많은 나무와 풀이 있는지에 따라 여러 카테고리로 분류한 뒤 어느 카테고리에 있는 동이 가장 높은 범죄율과 가장 낮은 범죄율을 기록했는지를 분석했다. 그러자 명백하기 그지없는 사실이 드러났다. 아파트 건물을 둘러싼 주변에 초목이 많을수록 총 범죄율이 낮았다. 강력 범죄와 재산 범죄 모두에서 동일한 패턴이 나타났으며, 아파트 한 동당 가구 수·아파트 건물 높이·공실률 등 여타 변수를 통제했을 때에도 여전히 같은 패턴이 드러났다.

쿠오와 설리번은 아이다 웰스 주택단지와 더불어 사우스사이드에 있는 또 다른 대규모 공공 주택단지인 로버트 테일러 홈스 단지를 대상으로 범죄 및 폭력 감소에 녹지가 어떠한 도움을 주는지를 한층 더 깊게 조사하기 시작했다. 우선 예상한 바와 같은 사실들이 발견되었다. 녹지가 잘 관리되고 주민들도 녹지를 자주 이용하는 경우가 그러했는데, 이는 곧 길 위의 눈을 통한 수동적 감시가 더욱 잘 이루어졌을 뿐만 아니라 주민들이 주인 의식과 관리 책임을 더 많이 느낀다는 의미이기도 했다. 다른 놀라운 사실들도 드러났다. 연구진들이 선발, 교육한 공공 주택 주민들을 인터뷰하고 관찰한 결과, 초목에 둘러싸인 아파트 건물에 사는 주민들이 콘크리트 한가운데에 있는 아파트 건물에 사는 주민들보다 공격 충동이나 정신적 피로를 덜 느꼈다는 점이다. 비록 공공 주택 주민들이 보이는 공격성 정도가 일반적인 미국 국민들보다는 훨씬 더 높은 수준이긴 했지만, 초록빛 환경에 사는 주민들은 사방이 회색 일색인 환경에 사는 사람들보다 배우자에게 화내거나 배우자를 때리는 일, 혹은 자녀를 때리는 경우가 더 적었다고 응답했다.

　설리번과 쿠오의 연구는 공공 주택에 관한 설계자들의 생각에 지대한 영향을 미쳤다. 그러나 안타깝게도 1990년대 당시에는 새로운 공공 주택단지를 건설할 자금이 거의 없었으며, 미국 대도시의 정치적 지도자 몇몇은 당시 현존하던 공공 주택들을 가리켜 실패작이라고 비난했다. 설리번과 쿠오가 연구 결과를 출판한 지 얼마 되지도 않아 시카고와 연방정부는 '변화를 위한 계획'이라는 이름으로 도시 전역의 공공주택 약 1만 7,000동을 철거하는 계획을 발표했다. 아이다 웰스 주택단지와 로버트 테일러 단지 내 아파트들도 남김없이 여기에 포함되었다. 시카고에서 저가 주택을 찾아보기가 매우 힘들어졌으며, 수만 가구가 공공 주택 입주를 위해 몇 년이고 대기 목록에 이름을 올려두고 기다렸다. 그러나 그들은 개의치 않았다. 1960년대와 1970년대 세인트루이스에서 그러했듯, 지역 및 국가 공무원들은 시카고의 비대한 공공 주택단지가 수습 불가능한 지경에 이르렀다고 믿고 있었다.

　저가 주택이 부족한 실정은 오늘날 미국의 전국적인 문제이며, 몇몇 도시에서는 강력 범죄가 또다시 증가세를 보이기 시작한다. 이러한 문제점들을 해결하기 위한 공공투자가 시급하다. 이를 그대로 방치했다가는 시민들이 견디기 어려울 만큼 힘겹고 정치인들이 무시하지 못할 정도로 심각한 문제들이 야기될 것이기 때문이다. 지난 수십여 년간 빈곤층을 위한 감옥 건설은 우리의 주요 범죄 감소 정책 중 하나였으며, 그 사회적 비용은 경제적 비용만큼이나 막대했다. 우리의 도시와 교외가 마주한 문제들에 더욱 훌륭하고 공평하며 지속 가능한 해결책을 찾고자 한다면 감옥 대신 사회적 인프라를 건설하는 편이 나을 것이다.

함께 배우는 곳

사 람 의   성 장 을
목 격 한 다 는   일

어린이들에게는
궁전이 있어야 마땅하며
이를 마련하는 일은
우리에게 달려 있다.

나에게는 어린 자녀들이 있다. 지난 수년 동안 해온, 아이들을 학교에 데려다주는 일은 내 일상에서 가장 즐거운 일들 중 하나다. 우리 가족은 아이들의 학교와 약 1.6킬로미터 떨어진 곳에 사는데, 맨해튼의 쭉 뻗은 대로를 따라 학교까지 걸어가는 내내 우리는 숙제나 노숙자, 패션, 가족과 친구들 등 온갖 주제로 이야기를 나눈다. 때때로 공격적인 걸인을 마주치기도 하고 쓰레기로 뒤덮인 길을 지나기도 하지만, 그래도 우리는 매일 아침 도시의 길거리에 활력을 불어넣는 사람들의 행렬에 즐겁게 동참한다. 낯선 이들로 가득함에도 불구하고 여전히 집처럼 편안한 이곳에서, 그 모든 자극들에 둘러싸인 채, 우리는 함께 걸어간다.

아이들이 다니는 학교는 그리니치빌리지에 있다. 아담하고 진보적인 학교이면서 공동체를 형성하는 데 상당히 신경을 쓰는 곳이다. 야외 공간 사용이 여의치 않음에도 캠퍼스 역할을 할 수 있도록 공동주택처럼 설계한 학교 건물에서는 수많은 문화 교류 프로그램과 특별 이벤트가 열린다. 이처럼 공간 설계를 통해 공동체 형성을 독려하기도 하지만, 사실 이 학교의 진정한 공동체 형성은 비공식적인 자리에서 이루어진다. 유치원생 및 저학년 초등학생 자녀를 둔 부모들은 1년 내내 매일 아침마다 아이들과 함께 교실까지 들어와 15분에서 20분 정도 머물다 갈 것을 권유받는다. 학생들이 자연스럽게 학교 일과를 시작할 수 있도록 돕기 위함이라는 게 공식적인 명목이다. 그러나 몇 주만 지나면 신입생 학부모들도 이 관습이 명목보다 더 중요한 역할을 한다는 사실을 깨닫게 된다. 학부모들에게 서로를 알아갈 시간과 공간이 주어지므로 인간관계를 맺을 수 있기 때문이다. 이렇게 형성한 관계는 앞으로 보람차지만 많은 노력이 요구될 인생의 단계 하나를 헤쳐나가는 데 어른들과 아이들 모두에게 도움이 된다.

학교 복도와 계단참, 공용 공간 들은 부산스럽고 사람들로 북적이기 때문에 교내에는 학부모들이 교실에서 시작한 대화를 이어나갈 만한 공간이 없다. 그러나 우연하게도 학교 정문 바로 앞에는 독특하리만치 탁 트인 공용 공간이 있다. 벤치와 작은 나무 들이 있는 널찍한 공간에서 사람들은 삼삼오오 무리를 지어 시간을 보낸다. 학부모들은 매일 아침 그렇게 이야기를 나누는데, 몇 분 만에 헤어지는 날도 있지만 때로는 훨씬 오래도록 대화를 이어가기도 한다. 뉴욕의 출근 시간이 늦은 게 아니라면 아마 끝내기 아쉬울 만큼 즐거운 대화이기 때문일 테다. 이곳은 맨해튼이므로 학교 바로 맞은편 길가에 커피 전문점이 있다는 건 별로 놀라운 일이 아니다. 학생들이 혼자 교실에 찾아갈 만큼 자라면 부모들은 아이들을 학교 정문에서 배웅한 뒤 공용 공간에서 친구를 만나 함께 카페로 향한다. 학교 건물 주변에서 셀 수도 없이 많은 인간관계가 싹튼다. 학부모들은 아이들을 데리고 같이 놀러가자는 약속을 잡고, 학교 내 이슈를 나누며, 결혼 생활과 인간관계에 관한 이야기들을 토로하고, 직장에서 있었던 일들을 위로한다. 이처럼 아이들을 학교에 데려다주는 매일 아침은 많은 부모들에게 하루 중 가장 사회적인 시간이 된다.

얼마 전 나는 스탠퍼드대학교에서 안식년을 보내게 되면서 가족과 함께 학교 근처에 있는 목가적인 교외 지역으로 이사를 갔다. 아이들은 지역 초등학교에 전학시켰는데, 이 훌륭한 공립학교에는 맨해튼에서라면 절대로 불가능했을 캠퍼스가 있었다. 축구와 야구를 할 수 있는 넓고 탁 트인 운동장, 그네가 딸린 놀이터 여러 곳, 야외 농구장, 점심이나 간식을 먹을 수 있도록 천막을 쳐둔 안뜰, 학생들이 선생님들과 함께 가꾸는 대형 텃밭이 있었다. 교사-학부모 협동 조직 또한 활발하게 활동하면서 다양성을 중시했고(라틴계 및 아시아인 학생들이 점점 늘어나고 있었으며, 장애 학생들도 다수 있었다) 공동체를 위한 사회적·문화적 행사들을 여럿 조직했다. 이보다 더 마음에 드는 학교가 또 없었다.

그러나 학기가 시작되자마자 우리는 이 훌륭한 사회적 인프라에 몇 가지 중대한 결점이 있음을 금세 알아차렸다. 아름다운 학교 교정은 부모들이 들어갈 수 없는 공간이어서 평소에는 아이들과 학교 정문에서 작별 인사를 해야 했다. 특별한 일이 있을 때에만 학부모가 교실까지 들어갈 수 있었다. 학교 앞 인도에서 가벼운 대화가 오가기도 했지만 제대로 교류하기에는 적절치 않은 공간이었으며, 특히 등하교 시간에는 더더욱 그러했다. 교외 대형 학교에서 시간을 보내본 사람이라면 아마 그 이유를 짐작할 텐데, 학교 정문 앞 출입로가 로터리처럼 생긴 도로뿐인 데다 수백 명의 부모들이 차를 몰고 아이를 데려오기 때문에 빨리 아이를 내려주고 차를 빼야 한다. 실로 효율적인 시스템이지만, 너무 효율적인 탓에 부모로서는 학교 교내나 주변에서 다른 이들과 친해질 기회가 거의 없다.

이 풍족한 전원풍 학교는 그 인프라 때문에 결속력을 최대로 이끌어내지는 못했으나 사실 그다지 걱정할 필요가 없었을지도 모르겠다. 이 동네에 사는 가족들은 지역사회의 유대를 북돋워주는 공공시설 및 상업 시설, 예를 들면 수영장이나 도서관·운동 시설·직거래 장터·활기찬 상점가 등을 편하게 이용할 수 있었기 때문이다. 그러나 그러한 자원이 없는 수많은 마을이나 동네에서는 교육기관이 중추적인 사회적 인프라가 된다. 사회적 연결을 북돋을 방법을 갖춘다면, 교육기관은 사람들 사이의 지지망을 강화하고 학부모와 아이의 삶을 극적으로 개선한다. 그러지 못한다면 각 가족들이 스스로를 알아서 돌보는 수밖에 없을 테다.

물론 학교의 설계와 프로그램은 아이들의 교육이라는 핵심 임무를 어떻게 수행하는지를 결정짓기도 한다. 학교의 물리적 설계와 조직 구조는 교실과 교내 그리고 동네 곳곳에서 일어나는 학습에 영향을 미친다. 초등학교는 물론이고 초일류 대학에서도 마찬가지다. 예컨대 소규모 교실에서 학생들 개개인이 지도교사와 함께 공부하는 전통적 방식인 옥스브리지(옥스퍼드대학교와 케임브리지대학교를 아울러 부르는 말_옮긴이) 스타일과, 탁 트인 대규모 다목적 공간을 통해 우연한 만남을 장려하고 타 분야 학생들과의 협업을 촉진하는 현대적인 대학교들이 취하는 최신 설계 경향은 분명 서로 다르게 작동할 것이다.

캠퍼스 전경, 강의실, 연구실 그리고 기숙사는 학교의 사회적 인프라 중 가장 가시적인 요소들이다. 한편 학교 캠퍼스의 경계와 가장자리 또한 중요한 사회적 인프라다. 학생들이 공공문화에 참여하는 방식 및 그들과 전혀 다른 타인과 교류하는 방법을 배울 수 있는지, 배운다면 어떻게 배우는지에 영향을 미치기 때문이다. 공립, 사립 가릴 것 없이, 몇몇 학교들은 모든 지역 주민들에게 시설을 개방하고 편의를 제공하는 반면 몇몇 학교들은 캠퍼스 가장자리에 게이트와 경비원을 두고 이 공간에 허락된 소수의 사람들만 들여보낸다. 최근 몇 년 동안에는 사이버 고등학교와 대학교가 물리적 캠퍼스라는 개념 자체를 완전히 탈피하고 인터넷이라는 인프라를 통해 교육 서비스를 제공하면서 대부분의 교내 사회생활을 제거해버리는 사례도 나타난다. 그러나 학문적으로 가장 뛰어난 성취 향상을 보이는 학교들은 대개 교사와 학생이 서로 얼굴을 맞댄 교류가 정기적으로 이루어지는 장소를 끈질기게 고집한 학교들이다. 서로를 알아갈 수 있는 소규모의 친밀한 장소들은 젊은이들이 시민 참여 및 공동체 형성 기량을 기를 수 있는 이상적인 장소일 뿐만 아니라, 나아가 학습하기에 이상적인 장소이기도 하다.

· · ·

1980년대 당시 미국 정치 지도자들은 '도시 하층계급' 출현에 대하여 우려를 점점 키워나갔으며, 미 전역의 지방정부들은 고등학교 교내를 감독하기 위해 학교에 무장 경비를 배치했다. 이러한 상황 속에서 공립학교, 특히 빈곤 지역에 있는 공립학교들은 더 이상 어떤 식으로도 이상적인 장소라고 하기 어려웠다. 학교 정문에 금속 탐지기를 두고 출입 카드를 통해 학생들의 출입을 통제했던 이 교육기관들은 유사 감옥이나 마찬가지였다. 또한 실패할 수밖에 없는 구조의 학교에서 실패를 겪고선 이러한 교육기관들로 향하는 학생들의 수도 점점 늘어나고 있었다.

교사이자 교장이면서 30년 가까이 시내 우범 지역에서 학생들을 가르친 데버라 마이어Deborah Meier는 학교가 소규모 교실을 바탕으로 안전하지만 예리하고 진솔한 토론의 장이 되어 시민 생활 및 지적 생활의 귀감을 보여줄 때 가장 큰 성과를 냈다는 교육 개혁가들의 오랜 믿음을 한뜻으로 지지한다. 가장 명망 높은 사립학교들이 실제로 그렇게 운영되는데 시내 공립학교들이라고 못 할 이유가 있을까? 마이어가 관찰한 대로, 대규모 학교 캠퍼스에 무장 경비를 두는 움직임은 학교 생활의 인간적인 면모를 제거하고 가장 취약한 청소년들을 나락으로 떨어뜨릴지도 모를 위험한 전환을 대표한다. 이에 마이어는 각 학교들을 비난하는 대신 교육 당국 관리자들에게 현재의 학교들을 학년당 약 100명, 총 500명 이하 학생들로 이루어진 교육기관들로 분할하라고 요구했다. 목표는 사립 교육기관과 엇비슷한 소규모 학습 공동체를 형성하여 학생들과 교사들이 서로 더 가까워질 수 있도록, 직원들이 이슈나 필요에 즉각 대처할 수 있도록, 또 학부모들이 지역을 더 잘 파악하고 자녀가 다니는 학교에 대하여 더 큰 주인의식을 느낄 수 있도록 만드는 일이었다. "개인의 성취를 존중하지 않는 환경, 승리와 패배를 구별하기 어려운 환경, 상황이 요구하는 바에 따라 무언가를 축하하거나 애도하거나 분노하거나 인정할 겨를이 없는 환경에서 청소년들은 결코 민주주의적 가치를 배울 수 없다." 마이어가《뉴욕타임스The New York

Times》에 기고한 유명 사설 중 일부다. "소규모 학교는 이처럼 중대한 문제들 전부를 해결할 기회를 제시한다."

마이어는 소규모 학교가 미국 교육 제도에서 나타나는 모든 문제를 해결해주지는 못하리라는 점을 인정했다. 학생들을 새로운 환경으로 이동시키는 것만으로, 혹은 한때 전교생이 2,000명이었던 학교를 400명 정원의 소규모 학교 다섯 개로 쪼개는 것만으로 마약, 폭력, 기물 파손 따위가 하루아침에 모두 사라지지는 않을 것이다. 그러나 마이어는 대규모 환경이 활발한 지적 교류에 방해가 되며 관리자들과 학부모들이 가장 밑바닥의 여건을 개선하는 데에도 방해가 된다고 믿는다. 반면 소규모 학교에서는 학부모들이 해마다 다양한 공식적·비공식적 루트를 통해 동일한 교사·학생·가족에게서 소식을 전해 듣는다. 신뢰가 자라나며, 이슈가 발생하더라도 손쉽게 해결된다. 부모의 책임과 공동체의 책임은 조금이나마 덜 복잡한 문제가 된다. 소규모 학교에서는 수상한 사람이나 의심스러운 행동이 더 눈에 띄기 쉬우며 유사시 신속하게 대응하기도 용이하다. 문제를 일으키는 외부인을 바로 식별할 수 있으며, 또래 집단에게 받는 압력 덕분에 폭력이나 여타 반사회적 행동들도 억제된다.

마이어가 주장한 바가 너무나 매력적이었던 덕분에, 실제로 1990년대와 2000년대 미국 몇몇 도시의 대규모 학군에서 소규모 학교 계획이 시행되었으며, 뉴욕카네기재단·애넌버그재단·빌&멀린다게이츠재단 등 주요 자선가들이 소규모 학교 프로젝트에 자금을 쏟아부었다. 게이츠 재단 단독으로만 해도 6억 5천만 달러를 투자하면서 조속한 효과에 대한 기대도 높아졌다.

실로 야심찬 실험이 시작되었다. 예컨대 뉴욕 교육부는 예술, 컴퓨터, 기술, 보건, 언어, 과학 등에 특화된 특수 목적 고등학교를 포함한 소규모 고등학교 수십 개를 개교하면서 본래 대규모 학교였던 건물들을 그대로 사용하도록 했다. 신설 소규모 고등학교 졸업률은 금세 뉴욕 평균 졸업률을 넘어섰으며, 몇몇 문제 학교에서는 졸업률이 급상승했다. 빈곤한 아프리카계 미국인 주민이 주를 이루는 브루클린 플랫부시에서는 에라스무스 홀 고등학교가 시 당국의 주도로 다섯 개의 독립 학교로 구성된 에라스무스 홀 교육복합시설로 개편되었다. 개편 이전 에라스무스 홀 고등학교의 졸업률은 40퍼센트 언저리였지만, 개편 이후 불과 몇 년 만에 90퍼센트를 넘어섰다. 브롱크스의 에반더 차일스 고등학교에서는 이보다 더 극적인 변화가 일어났다. 1990년대와 2000년대 초 에반더 차일스 고등학교는 잦은 폭력 사건과 높은 무단 결석률 등 대규모 도시 학교 건물에서 나타나는 문제점을 전형적으로 보여주었으며, 2002년 기준 4년 졸업률은 31퍼센트였다. 교내 갈등을 두려워한 몇몇 학생들은 학교에 나가지 않는 게 성공의 지름길이라거나 생존 전략이라고 생각했다. 학부모들로서도 좋은 선택지가 없어서 자녀를 불구덩이 속으로 밀어 넣거나, 그게 아니라면 자녀의 미래가 고등학교 졸업장 없이 서서히 타들어가도록 내버려두는 수밖에 없었다. 학교의 규모를 감축하는 방안은 놀라울 만큼 급속한 변화를 낳았다. 학부모들과 교육당국 관리자들은 다시금 교정을 통제할 수 있게 되었다. 출석률도 안정되었다. 2007년 무렵에는 합계 졸업률이 80퍼센트에 달했다.

2016년 봄 어느 따뜻한 날, 나는 '수어드파크 캠퍼스 방문 봉사 활동'에 도서관 사서 한 명과 동행했다. 본래 오래된 고등학교였던 6층짜리 거대한 회색 건물을 '수직 캠퍼스' 삼은 수어드파크 캠퍼스에는 소 규모 고등학교 다섯 개가 자리하고 있었다. 적은 예산 탓에 기본적인 수요도 충족하지 못하는 다섯 학교들의 학제에 도서관 프로그램을 제 공하는 봉사 활동으로, 이날은 만화 그리기를 주제로 한 미술 수업이 진행될 예정이었다. 15년 전, 당시 수어드파크 고등학교였던 이곳은 로어이스트사이드의 빈곤한 이민자 지역사회 출신 학생들을 가르치 는 일로 난항을 겪고 있었다. 2001년 이 학교 졸업률은 32퍼센트였다. 2006년 소규모 고등학교 실험이 시작되어 다섯 학교가 개교했다. 이중 언어 및 아시아학 고등학교, 뉴디자인 고등학교, 에식스 스트리트 아카 데미(정식 명칭은 역사커뮤니케이션 고등학교), 로어맨해튼 아트아카데미, 정치 법률 어번어셈블리 아카데미까지 다섯 개 소규모 학교들의 누적 졸업 률은 2012년 기준 80퍼센트를 넘겼다.

　수어드파크 고등학교의 일상을 직접 관찰해보지는 못했지만, 다 행히도 위대한 저널리스트 새뮤얼 프리드먼Samuel Freedman이 1980년대 말 이곳에서 1년을 보내고 난 뒤 저서 『작은 승리들Small Victories』을 통 해 그 모습을 기록으로 남겼다. 프리드먼은 학생들의 90퍼센트 이상 이 비영어권 이민자 자녀들이며 모두 활기차고 포부가 있다고 썼다. 물 론 적어도 학교에 나오는 학생들이 그러했다는 말이다. 당시 수어드파 크에 입학하는 학생들 중 40퍼센트는 졸업하기 전에 학교를 그만뒀기 때문에 수어드파크 고등학교는 뉴욕주에서 뽑은 최악인 학교 10위 안 에 이름을 올리기도 했다. 캠퍼스와 조직의 물리적인 구조는 더 많은 장 애물들을 만들 뿐이었다. 어찌나 방해가 되는지 학생회장 선거에 나온 한 학생이 "수어드에 다니는 게 부끄러운가요?"라는 슬로건을 들고 나올 정도였다.

교실은 말도 안 되게 비좁았다. 지붕은 틈새가 벌어져 있었고 교사 휴게실의 천장은 내려앉고 있었다. 깨진 창문도 줄잡아 200개쯤 되었다. 별채 건물을 둘러싼 철조망은 엉망으로 망가져 있었다. 책, 펜, 종이, 분필 등 기본적인 물자도 부족했다. 교사들은 과중한 업무에 지쳐 있었다. 『작은 승리들』의 주역인 교사 제시카 시걸Jessica Siegel은 매우 열정적으로 아이들을 가르치면서 학생들로부터 불가능할 것만 같았던 성취를 이끌어냈다. 예외적인 경우였으며, 시걸도 업무가 너무 힘겨웠던 나머지 연말에 끝내 학교를 그만두게 된다. 성실하고 헌신적이며 사랑이 넘쳤던 이 교사도 학교 자체가 가지고 있는 문제는 감당해내지 못했다. 학생들도 거의 비슷했다.

수어드파크 캠퍼스 방문 봉사 활동에서 내가 직접 목격한 다섯 개 고등학교는 깔끔하고 잘 조직되어 있었으며, 학생들은 교사나 직원과 친밀하고 따뜻한 관계를 형성한 듯해 보였다. 정책연구기관 뉴욕시 신설학교센터가 파견한 외부 감독관 또한 2011년에 이 기관을 평가하면서 비슷한 의견을 내놓았다. "건물 전체의 분위기가 차분하다. 쉬는 시간에 교실을 옮길 때에도 복도가 과도하게 혼잡하지는 않다. 우리가 점심시간 동안 식당에서 관찰한 학생들은 편안해 보였으며 예의 바르게 행동했다. 교내 경비원은 '여느 고등학교와 마찬가지로 사건사고가 일어날 때도 있지만, 그래도 착한 학생들이다. 이곳은 안전한 곳'이라고 말했다." 각 학교가 한 층씩 사용했으며, 층별 건물 구조는 동일했으나 포스터와 공지문, 패션, 문화를 통해 학교들은 제각각 개성을 드러냈다. 체육관과 6층에 있는 작은 도서관은 공용으로 사용했지만, 전반적으로 각 학교는 독립적인 기관으로 운영되었으며, 모두 좋은 배움 터가 되어 있었다.

학교의 물리적 크기를 줄인다고 해서 모든 문제가 해결되지는 않는다. 하지만 적어도 학생의 집중력과 성취도, 대입 시험 및 교사 만족도와 학교 분위기에 대한 긍정적인 감정에 지대한 영향을 끼친다는 점만큼은 증명되었다. 초당파적 독립 연구기관 MDRC가 최근 뉴욕에 거주하는 학생 2만 1,000명을 대상으로 시행한 연구에 따르자면, 소규모 고등학교에 다니는 학생들은 평범한 고등학교 학생들과 비교해 졸업할 확률이 9.4퍼센트포인트 더 높았다. 대학에 진학할 확률도 8.4퍼센트포인트 더 높았으며 상위권 대학에 진학할 확률은 더더욱 높았다. 그다지 큰 숫자가 아닌 듯해 보일지도 모르겠으나 수없이 많은 학교 관리자와 학계 연구자 들이 경험으로 알고 있듯, 교육 성과를 유의미하다고 볼 만큼 향상하기란 끔찍할 정도로 어려운 과제다. 예컨대 학교에 더 많은 자금을 투자한다고 해서 과연 효과가 있기는 한지에 관한 논쟁만 하더라도 오래도록 치열하게 이어지고 있다. 이를 감안하고 본다면 성과를 10퍼센트포인트 가까이 향상했다는 결과는 매우 비범한 양상이다. 열악한 환경에서 학교의 성취도를 끌어올리는 완벽한 해결책은 아직 찾지 못했지만, 학생들과 교사들 그리고 관리인들이 집단적으로 통제할 수 있는 캠퍼스 건설하기는 우리가 지금까지 찾아낸 가장 효과적인 방법 중 하나다.

자원이 넉넉하지 않은 공교육 부문에서는 학습과 공동체 형성을 촉진할 캠퍼스를 설계하는 일을 비교적 최근에서야 우선 과제로 다루고 있지만, 현대사회에서 막중한 역할을 담당하고 있는 대학에서는 오래 전부터 이를 핵심적인 사안으로 다뤘다. 하버드대학교와 MIT대학교에 몸담았던 저명한 학자이자 전 세계 각지에 있는 대학교 캠퍼스를 설계했던 리처드 도버Richard Dober는 1992년 기준 미국 인구의 40퍼센트가량은 최소한 1년을 전업 학생으로서 전국에 있는 약 3500개 대학교 캠퍼스 가운데 하나에서 시간을 보낸다고 추정했다. 그는 "캠퍼스 설계란 우리 문화가 가진 의미와 의의에 반향을 일으키는 시민 예술"이라고 설명했다. "그리스에는 아고라가, 로마에는 포럼이, 중세시대에는 대성당과 마을 광장이, 르네상스 시대에는 궁전과 특별 계급 거주 구역이, 19세기에는 상업과 교통과 정치의 중심지가 있었다. 캠퍼스는 공공장소 설계communal placemaking and placemarking에 대한 우리 세대만의 독특한 공헌이다. 좋은 캠퍼스 설계는 공동체, 충성, 시민성을 촉진하는 동시에 담론과 시각의 다양성을 독려한다."

우리가 대학교 캠퍼스에서 보내는 시간은 우리가 원하는 바와 꿈꾸는 미래에 지대한 영향을 미친다. 장차 맺게 될 사회적 네트워크와 갖게 될 직업을 바꿔놓기도 한다. 인종 간, 종교 간 분열을 깨뜨리고 본래대로라면 가족이 되기 힘들었을 사람들끼리 소위 '혼종 결혼'을 가능케 한다. 한편 특정 정치색을 띤 학생 단체를 비롯한 오늘날 대학생들이 논쟁적 주제를 놓고 시민적인 토론을 하기를 점점 더 꺼려한다는 우려가 진보 진영과 보수 진영 양측 모두에서 자라나고 있다. 하지만 학생들이 서로의 다름을 이해하고, 근거를 검토하며, 다른 관점이나 가치관의 사람들과 논리 정연한 대화를 나누면서 민주주의 사회에서의 시민생활을 준비하기에 사실 대학교만 한 기관이 없다.

대학교 캠퍼스도 늘 그렇지만은 않았다. 유럽 최초의 대학교 중 다수는 사회적 경계를 허물기 위해서가 아니라 오히려 경계를 공고히 할 목적으로 설계되었다. 스탠퍼드대학교 교수 폴 터너Paul Turner는 저서 『캠퍼스: 미국식 계획의 전통In Campus: An American Planning Tradition』에서 볼로냐와 파리에 세워진 최초의 대학교들은 도시의 일부였으며 학생 대부분이 가족들 혹은 마을 주민들과 함께 살았다고 기술했다. 대학들이 몸집을 키우면서 지역 사업가들은 학생들을 위한 기숙사와 호스텔을 짓기 시작했다. 그러나 거의 모든 학교 관리자들과 귀족층 학부모들은 이러한 시설들을 꺼려했다. 대학들은 신성한 대학교 캠퍼스를 한때 발 딛고 섰던 불경한 지역사회로부터 떼어내기 위하여 게이트와 장벽을 세우기 시작했다. 1379년 옥스퍼드에 설립된 뉴칼리지(현재 옥스퍼드 대학교의 전신_옮긴이)는 외부와 격리한 사각형 토지 안에 대학의 모든 기능을 포함한 최초의 캠퍼스를 갖추었다. 수많은 학교들이 그 뒤를 따르면서, 학생들이 주로 비공개인 교실 안에서 숙련된 교사의 직접 지도에 따라 공부하는 교육기관이자 분리된 주거공동체로서의 대학이라는 개념이 생겨나기 시작했다.

터너는 영국 대학교들이 격리한 캠퍼스를 이용했던 이유들을 다양하게 규명했다. 인구밀도가 높은 마을에서 토지를 효율적으로 사용하기 위해서이기도 했다. 은둔 생활을 하는 수도원 전통이 영향을 미친 측면도 있었으리라고 했다. 또한 "단순히 건축적인 관점에서 보자면 수도원과 대학의 '프로그램'은 거의 동일하다"고 말했다. 미혼 남성 공동체를 위하여 수면, 식사, 교육 그리고 종교 활동을 위한 공간을 갖춘 주거 환경이기 때문이다. 대학과 마을을 구분했던 학교 담장은 방어 기능도 담당했으며, 때때로 발생하는 전쟁 및 지역 분쟁뿐만 아니라 마을 사람들에게서도 학생들과 교직원들을 보호했다. 터너는 "옥스퍼드대학교와 케임브리지대학교 초기 역사를 보면 대학-마을 간 적대심이 고조되어 양측에서 다툼과 교전, 살인이 벌어지는 경우가 수도 없이 많았다"고 보고했다. "몇 군데 게이트를 닫음으로써 대학 전체를 폐쇄한다는 점은 대학 당국에는 학생들에게 더 큰 통제력을 행사할 수 있다는 이점이 되기도 했다. 대학 시스템이 성장하던 당시 이는 당국에게 매우 중요한 사안이었다." 1410년이 되자 옥스퍼드대학교는 모든 학생들에게 마을이 아니라 교내에 거주할 것을 의무화했으며, 그 정책은 오늘날까지도 신입생 한정으로 남아 있다.

그러나 옥스퍼드대학교와 케임브리지대학교는 다른 방식으로 대학을 개방하기 시작했다. 16세기, 케임브리지대학교 졸업생인 존 카이우스 박사Dr. John Caius가 탁하게 침체된 공기 속에 학생들을 가둬놓으면 보건 측면에서 위험하다는 우려를 제기했고, 이에 대학 측은 삼면을 건물로 둘러싼 안뜰을 조성하기 시작했다. 다만 이를 두고 당시 프랑스에서 유행하기 시작했던 건축양식에서 비롯한 형태라고 보는 사람들도 있다. 기원이 어디에 있든, 탁 트인 이 새로운 교내 공간은 대학 바깥세상에 대하여 공감을 키우고 덜 방어적인 태도를 제시했다. 대학이 추진했던 입학 정책 개혁 또한 같은 역할을 했다. 17세기, 영국의 일류 대학들은 처음으로 귀족 출신이 아닌 지역 청소년들을 받아들이고자 노력을 기울이기 시작했으며, 그 결과 20세기를 제외하고 유례없이 높은 비율로 일반 대중이 고등교육을 받게 되었다. 이 추세에 영향을 받은 초창기 미국 대학교들은 구세계의 그 어느 대학교보다도 더 접근이 용이하고 주변을 넓게 포괄하는 대학들이 되었다.

리처드 호프스태터Richard Hofstadter가 『미국의 반지성주의Anti-intellectualism in American Life』를 펴낸 1963년부터 특히 최근에 이르기까지 지적 문화에 미국이 보인 헌신은 우려하지 않을 수 없을 만큼 미약한 수준이다. 그러나 초창기 미국 식민지인들은 사상 추구에 지대한 관심을 가지고 있었으며, 아메리카 대륙에 터를 잡자마자 고등교육을 지탱할 대학교들을 설립하기 시작했다. "독립전쟁 발발 무렵에는 식민지에 설립 헌장을 받은 대학교 아홉 곳이 설립되었다." 터너의 말이다. 1636년 하버드대학교, 1693년 윌리엄메리대학교, 1701년 예일대학교, 1746년에는 오늘날의 프린스턴대학교인 뉴저지대학교, 1764년에는 오늘날의 브라운대학교인 로드아일랜드대학교, 1766년에 오늘날의 러트거스대학교인 퀸스칼리지, 1796년에는 다트머스대학교가 설립되었다. 이 대학들은 지역에서 가장 크고 웅장한 건물을 지었다. 불신이 팽배하고 비종교적이었던 도시 지역보다는 교외나 국경 부근에 의도적으로 터를 잡았으며, 학생들에게 '문명의 방해 요인들을 제거한' 순수한 자연 환경에 둘러싸인 채 시간을 보내도록 독려했다.

'캠퍼스'라는 말은 미국식 개념으로, 추정컨대 1770년 즈음 뉴저지대학교에 있던 노지를 지칭하는 말로서 처음 사용되었다. 터너는 대학 주변 공간을 지칭하는 말로 캠퍼스라는 용어를 사용한 최초의 기록으로 추정하는 용례로써 1774년 어느 학생이 쓴 편지를 다음과 같이 소개했다. "지난 주 우리는 우리의 애국심을 증명해 보이기 위해 관리인의 차(茶) 겨울 창고에 모여 캠퍼스에 불을 피우고 5킬로그램 넘게 태우며 종을 울리고 힘찬 결의들을 맺었다네." 캠퍼스라는 말은 1776년 이후 독립 미국 전역에 있는 대학교에서 널리 사용되기 시작했고 19세기 중반에 이르러서는 미국 대학교 주변 토지를 일컫는 가장 흔한 말이 되었다. 마침내는 대학 본부 주변 토지를 가리킨다는 새로운 뜻도 얻게 되었다.

미국 대학교의 전경이나 건물에 특정 건축양식이 지배적으로 사용된 사례는 지금껏 한 번도 없었다. 브라운대학교에는 한 캠퍼스 안에서도 주된 건축양식을 꼽기 어려울 만큼 다양한 양식이 존재한다. 그러나 미국의 학교들은 영국식 주거 모델을 받아들였으며 활기찬 대학 문화를 조성하기 위해 기숙사를 건설했다. 하버드대학교에 최초로 지어진 건물인 올드칼리지관 1층에는 대다수 대학 활동의 중심지였던 널찍한 홀이 있었다. 당시 이곳은 강의실로 사용되었다가 나중에는 식당으로, 또 어느 때에는 일반적인 생활공간으로 사용되었다. 2층에는 도서관과 일련의 기숙사 방들이 늘어서 있었다. 학생들 여러 명이 침실을 함께 사용했으며 때로는 한 침대를 나누어 쓰기도 했는데 이는 당시 그다지 드문 일이 아니었다. 그러나 영국식 모델을 따라 공부 공간만큼은 각 학생들에게 사적 공간을 배정했다. 당대 거의 모든 교육자들은 개인이 홀로 앉아 사실들을 암기하고 강의에서 배운 것들을 조용히 숙고해봄으로써 학습이 이루어진다고 믿었기 때문이다.

그러나 미국 대학교를 설계한 건축가들은 유럽 교육기관들에 영향을 미쳤던 수도원식 모델을 애초부터 거부했으며 대학교가 매우 사회적인 장소로 기능하게끔 설계했다. 지적인 측면의 이유가 가장 컸다. 미국의 캠퍼스 건축가들은 서로 다른 분야의 지식이 학문간 경계를 넘어, 나아가 바깥세상에까지 자유롭게 순환하도록 만들어줄 대학교를 건설하고자 했다. 이들은 결코 한정되거나 훈육된 지적 생활을 독려할 생각이 없었으며, 오히려 경계를 넘어선 생각의 교류를 독려하고자 했다. 교실과 도서관, 기숙사, 식당을 포함한 캠퍼스는 사람들이 한데 모여들도록 만들어주는 매개체였다.

   미국의 캠퍼스 설계자들은 또한 새로운 공동체를 건설하고자 했으며, 사회적 연대를 강화할 참신한 아이디어들을 내놓았다. 하버드대학교는 다른 수많은 미국 대학교처럼 대학 내 학생단체 조직을 독려하고 각 단체에 식사와 공부, 교류를 할 독립적인 장소를 부여했다. 프린스턴대학교에서는 오늘날 이팅클럽(eating club, 프린스턴대학교의 전통적인 학생조직_옮긴이)의 전신인 식사 공동체가 형성되어 대학 내 사회 활동의 기반이 되었으며 학생들 또한 캠퍼스 문화 형성을 주도적으로 이끌었다. 1776년에는 윌리엄메리대학교에 다니는 남학생 다섯 명이 새로운 형태의 학생단체 피 베타 카파Phi Beta Kappa를 조직했으며 나아가 미국 전역의 대학에 지부를 두기 시작하면서 최초의 대학 간 프래터너티(남학생 사교클럽_옮긴이)를 형성하였다.

· · ·

   학업보다는 사교를 중심 의제로 삼는 프래터너티는 미국 대학교에서 나타나는 또 다른 특징이다. 최초의 사교 중심 프래터너티인 카파 알파 소사이어티Kappa Alpha Society는 당시 성행하던 부유층 백인 남성들 간의 사교클럽을 본뜬 배타적 대학생 단체를 조직하고 싶어 했던 뉴욕 유니언칼리지의 남학생 한 무리가 설립한 단체다. 1864년, 카이 사이Chi Psi의 미시건대학교 지부가 대학교 관리자의 공식적인 감독 없이 단체를 운영할 장소인 프래터너티 챕터 하우스를 캠퍼스 바깥 숲속에 최초로 건설했다. 당시 대학교 프래터너티는 대부분 비밀 결사체였으며, 유니언대학교와 프린스턴대학교, 브라운대학교 등 여러 대학 관리자들은 프래터너티를 금지하고자 했다. 그러나 프래터너티도 차츰 정당한 사회적 기관으로서 인정을 받기 시작했는데, 엘리트 학생들 사이에서 인기가 많았던 이유도 있었지만 한편으로는 등록 학생 수가 늘어나면서 기숙사 문제로 골머리를 앓던 대학 당국에 무상 해결 방안이 되어주었기 때문이기도 했다.

1890년대 말이 되자 프래터너티 및 여학생 사교클럽인 서로러티들은 대학교 캠퍼스 내부 혹은 주변에 챕터 하우스를 세우기 시작했으며, 챕터 하우스들은 이윽고 미국 학부 생활의 중심지가 되었다. 오늘날에는 대학교 캠퍼스 약 800곳에 걸쳐 6,000개가 넘는 프래터너티 지부가 존재하며, 매해 가을이면 학부 남학생 중 대략 10퍼센트가 프래터너티에 가입한다. 이들이 개최하는 파티 및 사교 이벤트에는 학생들 수백만 명이 모여든다. 합쳐서 그릭 시스템Greek system으로도 알려진 프래터너티와 서로러티 시스템은 학생들과 졸업생들의 대학 내 사회적 경험을 정의하면서 학생들에게 많은 사랑을 받는다. 그릭 시스템을 옹호하는 이들은 프래터너티와 서로러티에 참여했던 학생들이 이러한 단체를 꺼려했던 학생들보다 더 높은 졸업률을 자랑한다고 주장한다. 그러나 이는 캠퍼스 내 보건 및 안전과 맞바꾼 성과였으며, 그릭 시스템이 대학 생활에 악영향을 끼칠까 우려하는 대학 관리자들의 비난도 점점 더 거세지고 있다.

프래터너티는 조직으로서든 물리적 장소로서든 배타적인 사회적 인프라의 전형이다. 프래터너티 회원 숙소는 대개 취사 설비와 실내외 오락 공간·바·공용 휴게실 그리고 넉넉한 파티 공간을 갖추고 있으며 회원들은 이 장소들을 거점으로 생활한다. 대부분의 프래터너티가 비슷한 배경과 이익을 가진 사람들, 즉 비슷한 민족성이나 인종·종교·계층·스포츠 혹은 전공 등을 가진 사람들만을 회원으로 선발하므로 한 프래터너티에 가입한다는 것은 대학이 제공하는 다양성과 다름을 사실상 회피하는 것이나 마찬가지다. 회원들은 형제와 자매를 얻지만, 대부분은 그보다 더 큰 무언가의 일원이 될 기회를 잃어버리고 만다.

프래터너티 하우스들은 일반적으로 한 거리에 줄지어 있어서 이를 두고 '로rows'라고 부른다. 로는 대학 캠퍼스의 사교클럽을 지탱하는 활발한 사회적 장소이며, 파티가 있는 밤에는 더더욱 그러하다. 동시에 매우 위험하기도 하다. 여기에서는 차별과 폭력적 신고식, 폭음, 성폭력이 난무한다. 「학생 신고식에 대한 국가적 연구National Study of Student Hazing」에서 미국 내 53개 대학교 학생들을 대상으로 진행한 1만 1482건의 설문 조사에 따르면 사교클럽에 가입한 학생들 중 절반이 신고식을 경험했으며 대개 음주 강요·굴욕·격리·수면 박탈·성행위 등이 동반된 것으로 드러났다. 2013년 〈블룸버그뉴스Bloomberg News〉는 지난 8년간 미국 대학교 내에서 프래터너티 관련 행위로 사망한 학생이 60명이 넘고 여기에는 펜실베이니아주립대학교, 뉴욕시립대학교 바루크칼리지, 노던일리노이대학교, 캘리포니아주립대학교 프레스노캠퍼스 등이 포함된다고 보도했다. 프래터너티와 관련된 남성이 그렇지 않은 남성보다 성폭력을 저지르는 경우가 몇 배나 더 많다는 연구 결과 또한 꾸준히 대두되고 있다. 보건학자들은 프래터너티 가입이 폭음의 원인이 된다고 지적하면서 배경 요인을 통제하더라도 같은 결과가 나온다고 밝혔다. 다시 말하자면 프래터너티에서 사건사고가 많은 이유는 단순히 가입자의 문제일 뿐만 아니라 나아가 장소 자체의 문제이기도 하다는 뜻이었다.

최근 몇 년간 프래터너티를 우려하는 교직원들과 학생들 그리고 프래터너티 로에서 일어난 사건사고 피해자들은 대학 당국에 그릭 시스템을 개혁하라고 요구하고 있다. 그러나 대학교 캠퍼스 내에서 행해지는 섹스에 관한 대규모 연구를 진행한 사회학자 리사 웨이드Lisa Wade는 그릭 시스템을 아예 폐지하지 않고서는 피해를 줄이기 어렵다는 결론을 냈다. "개혁은 불가능하다. 보수적이고 대대로 백인 중심이었던 사회적 프래터너티란 초창기부터 위험 부담과 반항의 대명사나 다름없었다." 리사의 말이다. "이들의 형제애는 폭동을 통해 태어났으며 반란의 불길 속에 벼려졌다. 프래터너티의 핏줄에는 술과 위험과 방탕이 흐르며, 비밀과 자기 방어도 함께 흐른다." 충성스럽고 영향력 있는 옹호자들을 대거 거느린 사회적 기관을 폐지하기란 어려운 일이며, 대학 생활 상당 부분에 영향을 미치는 사회적 인프라를 해체하기도 마찬가지로 어렵다. 그러나 프래터너티는 자업자득으로 축출당하고 있다.

대학교 캠퍼스에서 분열을 조장하는 사회적 인프라는 프래터너티 뿐만이 아니다. 미국 대학교에서는 옥스퍼드와 케임브리지에서 대학을 주변 공동체로부터 보호했던 드높은 장벽은 찾아보기 힘들지만, 그럼에도 특히 도시 내 대학교들을 비롯한 수많은 대학교들이 위험하다고 여겨지는 주변 인물이나 장소에서 학생과 교직원을 분리하는 정교한 물리적·구조적 체계를 구축하여 배타적 입학 기준을 강화하고 있다. 오늘날 캠퍼스에서 대체적으로 운영되는 보안 시스템은 미국 전역의 대학들에서 이러한 인식을 강화하고 있으며, 내부인과 외부인 간의 경계를 특히 더 날카롭게 만들고 있다.

대학 관리자들과 도시 계획자들은 보통 대학과 지역사회 간의 분열이 학생들이 아니라 주민들에게 피해를 입힌다고 생각하는 경향이 있다. 대학 내 편의 시설 이용에서 배제되는 사람도 주민이며, 좋은 이웃이 되는 법을 아직 배우지 못한 요란스러운 젊은이들에게 꼼짝없이 시달리는 이들도 주민이라는 이유에서다. 그러나 주변 지역사회와 단절된 대학들은 학생들에게도 피해를 입힌다. 학생들에게 잘못된 우월감을 심어주는 동시에 이웃으로부터 배울 기회, 혹은 우리 모두에게 시급한 시민적 기술을 발전할 기회를 박탈해가기 때문이다.

최근 몇 년간 몇몇 대학교들은 새로운 형태의 시민 참여를 위한 실험을 시작했다. 한 예시로 메인주 워터빌에 있는 콜비칼리지는 2017년 침체된 지역사회의 사업주, 자선단체, 시민 단체 등과 함께하는 집합적 도시재생 프로젝트를 주도하겠다고 발표했다. 또한 1000만 달러를 투자하여 시내 부동산 다섯 곳을 구매한 뒤 호텔, 테크놀로지 허브, 약 2,800평 규모의 5층짜리 다목적 기숙사를 건립하여 200명의 학생들을 캠퍼스 외부와 지역사회로 불러들일 계획이라고 밝혔다. 다목적 기숙사 1층에는 대학과 지역사회 간의 오랜 갈등에 가교가 되어줄 공용 만남의 장소는 물론이며 소매상점들도 들어설 예정이다. 콜비칼리지에서 근무하는 교직원과 관리자 들은 프로젝트에 한층 더 박차를 가하기 위하여 워터빌 공립 도서관 및 지역 노숙자 쉼터와 연계하여 새로운 '시민 참여 커리큘럼'을 개발하고 있으며 이를 시내 기숙사에 거주하는 모든 학생들에게 제공할 예정이다.

아프리카계 미국인 주민들을 오래도록 배척한 역사를 가진 부유하고 명망 높은 학교, 시카고대학교에서는 지역사회와의 파트너십이 조금 더 복잡한 문제가 된다. 1950년대 시카고대학교의 지도자들은 말로는 자유주의와 관용을 약속했음에도 불구하고, 전 공동체이익관리자가 "흑인 침략"이라 일컬었던 현상을 막고자 "지역 방호"에 사용할 기금을 조성했다. 시카고대학교 총장은 이사회 구성원들을 데리고 "전형적인 유색인종 지역"에 버스 투어를 다니면서 이사회가 그의 계획을 지지하도록 장려했다. 대학 당국이 학교 주변에 있는 부동산을 더 사들이지 않으면 하이드파크에 좋지 않은 일이 일어나리라는 우려를 심어주려는 속셈이었다. 술책이 통한 탓에, 이사회는 당시 학장 로런스 킴프턴Lawrence Kimpton의 말을 빌리자면 "우리 동네를 구매하고, 통제하고, 재건할" 기금에 450만 달러를 증여했다.

이 막대한 기금은 1970년대와 1980년대 산업화 이후 시카고 빈민가에 만연했던 범죄로부터 캠퍼스 주변 지역을 보호하는 데 불충분하기 짝이 없었음을 여실히 증명해 보였으며, 1990년대가 되자 대학 지도자들은 인접 부동산 통제를 거의 포기하고, 대신 그 노력을 치안 유지 활동에 투자했다. 이는 우범 지역의 대학들에 모든 법적 경찰권을 부여하지만 결과 공개 의무는 거의 지우지 않았던 1992년 일리노이주의 '사립대학 캠퍼스경찰법'으로 가능해진 선택지였다. 불과 몇 년 만에 시카고대학교는 미국 전역에서 가장 거대한 사설 보안 경비대를 구축했으며, 입학을 희망하는 학생들 및 신입생들 모두에게 그들이 캠퍼스에 발을 들이는 순간부터 얼마나 잘 보호받을 예정인지 확인해주었다.

하지만 어디까지나 학생들이 캠퍼스 내부에 있을 때 이야기였다. 대학 경찰들은 캠퍼스 외부를 순찰할 관할권을 가지고 있기는 했으나, 졸업생들이 진술한 바에 따르자면 이들은 학생들에게 우들론, 워싱턴파크, 사우스쇼어, 켄우드, 오클랜드 등 흑인 거주 지역에 들어갔다가는 범죄의 타깃이 될 테니 건너가지 말라고 조언했다. 이를 대신하여 시카고대학교는 캠퍼스 내에 독자적인 사회적 인프라를 구축하는 데 막대한 돈을 투자하여 도서관·서점·카페·미술관·영화관·운동 시설 등을 세웠다. 학생들이 원하는 것이라면 무엇이든 캠퍼스 안에서 찾을 수 있으며, 모험심 넘치는 학생들은 저 멀리 북쪽에 있는 부유한 동네만 가도 원하는 것은 다 찾을 수 있다는 확신을 심어주기 위함이었다.

최근 수십 년간 시카고대학교에도 점점 더 다양한 배경을 지닌 학생들이 다니기 시작했지만, 오늘날에도 아프리카계 미국인은 전체 학부생 중에서 채 10퍼센트도 되지 않는다. 인접 동네인 우들론에 사는 아프리카계 미국인 주민 비율이 85퍼센트, 켄우드가 68퍼센트, 워싱턴파크가 96퍼센트인 점과 대조된다. 21세기 들어 대학 지도자들은 학생 문화가 지닌 문제점을 제거하고 사우스사이드 캠퍼스에서 공부하는 젊은이들이 이웃들과 어울리도록 돕는 데 진지한 노력을 기울였다. 2000년에는 '미드웨이 플레장스 마스터플랜'을 발표하고 공원을 재활성화해서 학생들은 물론 지역사회에 거주하는 아프리카계 미국인 주민들도 공원을 활발하게 사용하도록 유도했다. 2005년에는 '도시 보건 이니셔티브'를 발표하여 보건서비스를 이용하기 어려웠던 캠퍼스 주변 지역 주민들이 공공 보건 프로그램과 양질의 의료 서비스를 한층 더 편하게 이용할 수 있도록 했다. 또한 시민참여사무소를 개설하고 대학교가 지금부터 '사우스사이드 중부의 핵심 기관'으로서 활동하겠다고 선언했다. 대학 지도자들은 '우리 도시의 안녕에 긍정적인 영향을 미치도록 도시 및 주변 지역사회와 제휴하여 재능과 정보, 자원을 공유'하겠다고 약속했다. 대학은 계속해서 지역 내 강력한 경찰력을 유지했지만, 더 이상 학생들에게 이웃한 지역사회를 피하라고 조언하지는 않았다.

최근에는 대학 당국이 나서서 분열을 완화할 사회적 인프라 건설을 시작하기도 했다. 2000년대 후반, 시카고대학교는 본교 교수이자 지역 유명 아티스트인 티에스터 게이츠Theaster Gates의 설득으로 워싱턴 파크 지역의 가필드 도로를 따라 늘어선 버려진 집들을 사들였다. 캠퍼스 바로 서쪽에 위치한 이 동네는 한때 상업 활동의 중심지였으나 인구 감소와 경제 침체가 수십 년간 이어지면서 텅 빈 동네가 되었다. 시카고대학교는 시카고 당국, 쿡 카운티 및 다수의 지역단체와 함께 이곳을 아트블록Arts Block으로 만드는 계획에 착수했다. 블록 끝 가장 큰 건물에는 갤러리와 스튜디오 공간, 교실, 커뮤니티 룸, 정원을 갖춘 시카고

대학교 아트인큐베이터The University of Chicago Arts Incubator가 들어서고, 맞붙은 건물 두 채는 게이츠가 임대하여 환전 카페 Currency Exchange Café와 빙 아트북스BING Art Books라고 이름 붙인 영리 목적의 사업 프로젝트 두 개를 운영할 예정이었다. 대학 측은 이 복합시설이 경제성장을 촉진하고 침체한 지역 문화에 활기를 불어넣을 것이라고 약속했다. 아트인큐베이터는 동네 어린이들에게 다양한 프로그램을 제공하면서 지역 예술가들을 유급 펠로십으로 고용할 계획이었으며, 새로운 일자리를 창출하는 동시에 더 많은 사람들이 이 지역을 찾도록 만들 터였다. 또한 게이츠와 시카고대학교 관리자들은 학생들이 캠퍼스라는 안전지대를 벗어나, 지금까지 자라나면서 보아왔던 주변 인물들과는 다른 인종·계층·지위의 사람들과 교류하도록 독려하는 복합시설을 구상했다.

2017년 초 아트블록을 처음 방문했을 당시, 나는 이곳 길거리 풍경이 노스론데일이나 엥글우드의 길거리와 비슷하다는 인상을 지울수가 없었다. 두 곳 모두 낙후한 사회적 인프라 때문에 폭염 사태 당시 수많은 사망자가 발생했으며 일상적인 삶의 질도 낮은 지역이다. 가필드 도로에는 버려진 공터와 셔터를 내린 공장, 나무판자로 막아놓은 사무실이 늘어서 있었다. 가필드 도로와 맞닿은 주거 구역 또한 황폐한 모습이었으며, 한때 저택과 아파트 건물이 있었던 자리에는 잡초가 무성한 공터만이 남아 있었다. 나는 아트블록 주변에서 문을 연 몇몇 가게 중 하나인 낡아빠진 철물점 앞에 차를 대고선, 바로 옆 노지에서 쓰레기를 뒤지고 있던 노숙자 두 명을 바라보았다. 서로 고갯짓으로 인사를 나눈 뒤 나는 길을 건넜고 두 사람은 다시금 쓰레기를 뒤졌다.

2013년에 문을 연 아트인큐베이터는 복합시설 서쪽 코너에 자리하고 있었다. 거대한 1층 유리창 너머로 밝고 탁 트인 갤러리가 보였다. 들어가보려 문을 밀었지만 잠겨 있었다. 여전히 잘 관리되고 있다는 신호였다. 그때 구불거리는 긴 머리에 목에는 베이지색 스카프를 맨 젊은 여성이 뒤쪽 사무실에서 나오더니 금방 가겠다는 제스처를 취해 보였다. 따뜻하게 웃으면서 문을 열어준 그녀는 자기를 소개했다. 이름은 나디아로, 공립학교에서 일하다가 이곳으로 옮겨와 근무한 지 1년이 되었다고 했다. 갤러리에서는 학생 작품 전시회가 진행되고 있었는데, 나디아가 말하기를 인근 학교 학생들이 전부 직접 제작하고 기획한 전시라고 했다. "지난주 오프닝 행사에 오셨으면 더 좋았을 뻔했어요." 나디아가 말했다. "사람들이 150명도 넘게 왔었거든요."

등 뒤로 문을 닫은 나디아는 나와 함께 전시장을 둘러본 뒤 건물 내부를 소개해주었다. 갤러리 밖으로 나서자 반대편 계단에서 요가 매트를 든 중년 여성 한 무리가 내려왔다. "요새는 일주일에 두 번씩 요가 수업이 열려요." 나디아가 설명했다. "무료 수업이라 동네 분들이 많이들 참여해요. 부럽다니까요!" 우리는 긴 복도를 따라 걸으며 프라이빗 스튜디오 몇 개를 지나쳐 커다란 안뜰로 나갔다. 그곳에는 지역 학생들과 직원들이 만든 레인 가든(빗물을 정화하기 위해 도심 틈새의 작은 땅을 활용해 조성하는 소규모 정원_옮긴이)이 있었고, 그 옆에는 직원들이 청소년을 대상으로 디자인 직업 수업을 진행하는 목공장이 있었다. 매일 서른 명의 학생들이 듣는 이 수업에는 티에스터 게이츠 또한 관여하고 있으며, 목공장 선반에는 그가 만든 작품과 그가 사용하는 도구들이 가득 놓여 있었다. 나디아는 도자기 찻잔들을 가리키며 말했다. "티에스터 씨가 만든 거예요. 이제 모든 디자인 수업이 다도로 시작하죠. 다도는 수업 시간을 특별하게 만들고, 모두가 진심으로 그 자리에 집중하게 만들어요."

나는 아트블록 전체가 이 프로젝트에 매진하고 있음을 느꼈다. 도심에 다 망가져 벌어진 구조물들을 복원하고, 심미적이며 경제적 효과를 발휘하는 '도시 개입urban intervention' 조형물로 탈바꿈하는 작업으로 명성을 얻은 티에스터 게이츠는 이 구상을 뒷받침하는 창의적인 힘이다. 그는 시카고대학교에서 공동체 미술 프로젝트를 관리 감독하는 한편으로 가필드 도로에서 조그만 두 가게, 환전 카페와 빙 아트북스를 운영하는 데 집중했다.

아트인큐베이터를 둘러본 뒤, 나디아는 바로 옆집에 있는 카페로 나를 데려가주었다. 게이츠 특유의 스타일대로, 카페에는 한때 이 공간을 사용했던 지역 서민금융기관 로고 등이 손 그림으로 그려져 있었다. 나와 함께 잠발라야와 콘브레드로 점심식사를 한 카페 매니저 메건 제이포는 "티에스터가 발전시킨 가장 가시적이고 대중적으로 드러난 장소들이 모두 한때 상업 시설이었음은 결코 우연이 아니"라고 설명했다. 게이츠 프로젝트가 추구하는 가장 큰 목적은 지역 주민들에게 안정적인 일자리를 제공하는 한편으로 가필드 도로에서 운영 중인 영세 상점들이 함께 성공할 수 있음을 증명해 보이는 일이었다. "티에스터 씨는 늘 여기에 자신의 모든 것을 걸었으니 꼭 잘 돌아가야만 한다고 말씀하세요." 메건이 말했다. "단순한 지역사회 조직이 아니에요. 단순한 예술 프로젝트는 더더욱 아니죠. 저희는 이 동네를 믿어주시는 사업가 여러분께 이 프로젝트가 본보기가 되기를 바란답니다. 그러니 가장 큰 우선 과제는 이곳에 사람들을 불러 모으는 일이죠."

계획대로 되어가는 듯했다. 카페는 책에 몰두한 학생들과 노트북

작업을 하는 프리랜서들, 커피를 홀짝이는 은퇴자들 등 다양한 손님들로 북적였다. "처음 시작했을 때만 하더라도 일반적인 식당에 더 가까운 카페였어요." 메건이 설명했다. "노년층 고객들께서 좋아하셨죠. 하지만 거의 모든 손님들은 카페에서 오랜 시간을 보내고 싶어 하셨고, 웨이터가 자꾸만 더 필요한 게 없냐고 묻는 것도 귀찮아하셨어요. 그래서 우리는 카운터에서 주문을 받는 방식으로 바꾸고 분위기를 느슨하게 풀었죠." 또한 다양한 특별 프로그램을 마련했는데, 그중에는 동네에서 큰 인기를 끌고 있는 사교 모임 '월요일의 재즈'와 동네 어린이들에게 책을 읽어주는 '이야기 시간' 등이 있었다.

손님들은 대부분 지역 주민이었지만, 메건은 대학교 학생들을 끌어모으고자 노력하기도 했다. "대학교 측에서 1학년 오리엔테이션 날에 저를 지역 활동 관련 패널로 초대해주셨어요. 지역 활동 관계자를 초대한다는 것만으로도 얼마나 많은 게 바뀌었는지를 알 수 있죠. 다른 패널들이 모두 봉사 활동에 관해 이야기하길래 저는 그냥 이렇게 말했어요. '제가 여러분께 부탁드리는 건 단 한 가지예요. 그냥 저희 카페에 와서 공용 테이블에 앉아보세요. 마실 거나 먹을 것도 좀 드시면서요. 그것만으로도 무언가 달라질 테니까요. 장담하는데 또 오시게 될 겁니다.'"

메건은 이야기를 계속했다. "그다음 주가 되니까 금발에 앳된 얼굴을 한 대학생이 찾아와서 공용 테이블에 앉았어요. 저희 단골손님 바로 옆자리에 앉았더라고요. 단골손님은 아주 활달하신 데다가 동네에서 다른 사업도 운영하시는 분이었어요. 저희 직원이 그 학생을 보고 걱정이 되었나 봐요. 부모님 없이 찾아온 열두 살짜리 애 같았다나. 저는 학생한테 다가가 인사를 건네면서 별일 없냐고 물었죠. 그러자 학생이 저를 오리엔테이션에서 봤다면서 제 말을 듣고 한번 와볼까 했다는 거예요! 이제는 뭐, 학생들이 꽤 오죠. 가끔은 너무 많이 올 때도 있고, 자리가 모자라는 토요일 같은 때 와서 공부하기도 해요. 어쨌든 아이들은 이곳을 찾아오고, 다른 사람들과 어울려요. 그게 바로 변화의 시작인거죠. 시카고대학교와 이 동네 사이에는 복잡 미묘한 오랜 역사가 있어요. 그걸 하루아침에 바꾸긴 어렵겠지만, 조금씩 바꿔나가기 시작할 거예요."

• • •

시카고 사우스사이드 같은 지역에서 오랜 시간 뿌리를 내려온 대학과 지역 사이의 갈등이 한순간에 해소되리라 생각하는 사람은 없다. 하지만 특정 부류의 고등교육기관들은 대학이 외부 세계와 교류하는 방식을 즉각적으로, 또 극단적으로 바꾸려는 시도를 단행한다. 바로 온라인 공개수업만을 토대로 하는 새로운 형태의 사이버대학교, 무크 MOOC다. 전통적인 캠퍼스를 건축하거나 도시 혹은 지역 내 물리적 건축물을 이용하는 대신, 이 학교들은 인터넷을 강의실과 세미나실, 나아가 핵심 인프라로 삼는다.

무크가 처음으로 대중의 주목을 받은 건 2011년, 일류 대학의 주요 교수와 관리자 몇 명이 고등교육에 들어가는 비용을 절감하고 접근권을 확대하는 방안으로 무크를 제안하면서부터다. 초기에는 대학들이 인터넷 사용자들을 대상으로 선별한 강좌를 무료로 공개했으며, 상당한 수의 사람들이 수강 신청을 했다. 스탠퍼드대학교 컴퓨터과학자 서배스천 스런Sebastian Thrun이 인공지능 강좌를 무크로 공개하자 190개 국에서 16만 명이 넘는 사람들이 수강 신청을 했다. 스탠퍼드대학교를 비롯한 여러 대학교들은 각 학교의 무크를 뒷받침하기 위하여 비영리 온라인 벤처기업을 설립하는 데 박차를 가했다.

무크의 수강자 수가 어마어마해지자 테크놀로지 업계의 사업가 들도 무크를 주목하기 시작했다. 이들은 무크가 500억 달러 규모인 고 등교육 시장의 '판도를 뒤집을' 자연스러운 행로라고 보았다. 실리콘밸 리의 벤처 투자자들은 스런 교수 그리고 같은 스탠퍼드대학교 컴퓨터 과학과 교수인 앤드루 응Andrew Ng과 대프니 콜러Daphne Koller 등 온라인 교육의 선두 주자들과 협력관계를 맺었다. 곧이어 스런이 스타트업 유 다시티Udacity를, 응과 콜러가 코세라Coursera를 설립하면서 이들을 포함 한 영리 목적의 벤처기업들 또한 교육 시장에 뛰어들었다. 미국 동부에 서는 하버드대학교와 MIT대학교가 협력하여 에드엑스edX라는 비영리 무크를 설립했다. 세계적으로 저명한 학자들이 참여하여 온라인 강좌 를 제공하겠다고 나섰으며, 전 세계에서 수백만 명에 이르는 사람들이 강좌를 수강하기 위해 등록했다.

무크에 관심과 이목이 집중하면서, 대학교 관계자들은 온라인 교 육이 정말로 대학 기관을 망칠까 우려하기 시작했다. 학생들(그리고 학생 들이 내는 수업료)을 대학에서 빼돌려 신흥 테크놀로지 기업들 주머니에 꽂 아주는 게 아니냐는 우려였다. 그러나 온라인 교육에 따른 학생 성취도 데이터가 하나씩 공개되면서 대학 관계자들의 우려도 잦아들었다. 퓨 리서치센터에서 실시한 설문 조사에 따르자면 미국인 성인 중 지난 한

해 동안 온라인 강좌를 한 번이라도 수강한 사람은 전체의 16퍼센트에 달했지만, 그들 대부분은 이미 2년제 혹은 4년제 대학교를 졸업한 사람들이었다. 이들은 수료증이나 학위를 수여하는 과정에 등록하는 게 아니라 사업가 살 칸Sal Khan이 설립한 무료 온라인 학습 플랫폼 등에서 새로운 스킬이나 지식을 습득하기 위해 개별 강좌를 수강하는 선에 그쳤다. 또한 여러 연구를 통해 밝혀졌듯이 무크에서 등록한 강좌를 끝까지 수강한 학생은 소수에 불과했다. 코세라 공동 창업자 대프니 콜러와 펜실베이니아대학교의 에스겔 이매뉴얼Ezekiel Emanuel 교수를 포함한 연구 팀의 연구 결과를 예시로 살펴보면, "강좌를 한 강이라도 수강한 코세라 사용자 중 단 4퍼센트만이 강좌를 끝까지 듣고 수강 확인증을 발급받았다." 무크에 개설된 강좌들은 원래대로라면 미국과 유럽에서 강의하는 저명한 교수들과는 전혀 인연이 없었을 개발도상국 국민들 다수를 포함한 수백만 명에게 수업을 제공하지만, 오프라인 대학교를 대체하기에는 아직까지 역부족이다.

온라인 대학교가 장기적인 학위 수여 프로그램을 개발하는 데 실패한 이유 중 하나가 바로 튼튼한 사회적 인프라가 부족하기 때문이다. 2016년 기준으로 코세라에 등록한 학생 2300만 명과 유다시티의 400만 학생들 사이에는 대학 교육에 가치를 더하는 개인적인 관계나 커리어 네트워크를 형성할 방법이 없으며, 대학 생활을 다채롭게 만드는 캠퍼스 활동에도 참여할 방법이 없다. 사이버대학교들도 이러한 결점을 해소하려 노력했다. 몇몇 학교에서는 온라인 토론실을 개설했으며, 가상 실험실을 제공하기도 하고, 영국의 성공적인 원거리 교육 프로젝트 오픈유니버시티Open University가 확립한 모델을 따라 지역별 모임을 개최하기도 한다. 그러나 이러한 시도들 역시 기숙사 거주 비율이 높은 대학교에서 누리는 대학 생활을 재현하기에는 턱없이 부족했으며, 시간제 학생들이 통학하며 더 짧은 시간만을 함께하는 학교에서 누릴 수 있는 대학 생활조차 전혀 따라가지 못하고 있다.

2012년, 테크놀로지 부문 사업가인 벤 넬슨Ben Nelson은 전 하버드 총장 로렌스 서머스Lawrence Summers, 스탠퍼드대학교 행동과학고등연구센터 원장 스티븐 코슬린Stephen Kosslyn, 전 미국 상원의원이자 뉴스쿨대학교 총장이었던 밥 케리Bob Kerrey 등으로 구성된 소규모 팀을 꾸려 새로운 접근법을 시도했다. '21세기를 위한 고등교육'이라는 타이틀을 내세운 미네르바스쿨Minerva Schools은 온라인 교육의 장점과 진정한 글로벌 대학 생활의 장점만을 한데 모으겠다고 약속했다. 미네르바스쿨 학생들은 모든 수업을 온라인으로 듣는다. 소규모 세미나 형태로 열리는 수업들은 적극적 학습 인터페이스를 통해 이루어지며, 전 세계 각지에서 일하는 교직원들이 이 인터페이스를 통해 각 학생들에게 실시간으로 혹은 방과 후에 피드백을 준다. 한 기수는 120명부터 시작하며 프로그램이 진행될수록 인원이 증가한다. 학생들은 입학 첫 해를 샌프란시스코에서 보내면서 학교 측이 임대하여 기숙사로 사용하는 최신식 레지덴셜 호텔에서 머문다. 나머지 여섯 학기는 베를린, 부에노스아이레스, 하이데라바드, 런던, 서울, 타이페이까지 다른 도시에서 한 학기씩 보내는데, 각지에 있는 임대 기숙사나 호스텔에서 함께 거주하면서 집중적이고 집단적이며 생생한 경험을 나눈다. 이와 같은 4년 학제 등록비는 학생들이 전통적인 미국 대학교 학위를 따기 위해 지불하는 돈에 비하면 상당히 적은 편인데, 미네르바스쿨 홈페이지에서 그 이유를 다음과 같이 설명한다. "상위권 대학에서 찾아볼 수 있는 값비싼 건물과 캠퍼스 시설, 편의 시설 등을 유지하는 데 투자하는 대신, 미네르바스쿨은 전 세계 주요 도시의 풍부한 자원을 인프라로 사용합니다."

내가 샌프란시스코 다운타운에 위치한 미네르바스쿨 본교를 처음 방문한 것은 2017년 봄, 두 번째 학년도가 끝나갈 무렵이었다. 미네르바스쿨의 최고제품관리자 조너선 카츠먼Jonathan Katzman은 자신이 이끄는 팀이 미네르바스쿨의 인프라스트럭처를 현대적인 생활양식 및 학습 스타일에 적합하도록 설계했다고 설명했다. "저희는 두 가지 원칙을 고수했습니다. 첫째, 학생들을 도시에 거주시킨다면, 해당 도시의 특징과 편의 시설들을 적극 활용할 것. 학생들은 각 시에 있는 도서관에서 공부해야 합니다. 동네 카페도 괜찮죠. 연주회장이나 극장, 운동 시설 등을 학교가 따로 지을 필요도 없습니다. 저희 학생들이 가는 도시마다 그런 건 다 갖추어져 있으니까요. 학생들이 도시 인프라를 사용하도록 돕기도 합니다. 이곳에 있는 문화 관련 주요 기관에는 봉사 활동 및 교육을 담당하는 직원들이 있습니다. 저희 학생들은 샌프란시스코 오페라하우스에서 오페라 공연을 하는 법을 배웁니다. A.C.T.극장에서 연극 공연을 하기도 했습니다. 노숙자를 돕는 일이나 공중 보건 영역 등 다양한 분야에서 봉사 활동도 합니다. 학생들은 매일매일 진짜 도시와 교류하고 있습니다." 미네르바스쿨에서 사용하는 사회적 인프라는 확실히 누군가 비용을 대고 있는 인프라이긴 했지만, 그게 학생들은 아니었다.

신설 대학교임에도 불구하고 미네르바스쿨만은 이 다양한 사회적 인프라 위에 덧입힐 미네르바스쿨만의 의례와 전통을 정립하려 노력하고 있다. "이미 굵직한 전통 몇 가지가 생겨나고 있어요." 도시 경험 관리자 캐프리 라로카Capri LaRocca의 설명이다. "저희 학교에는 레거시 그룹legacy groups이라는 게 있어요. 해리포터에서 마법의 분류 모자가 배정해주는 기숙사와 비슷한 개념이죠. 각 그룹의 이름은 샌프란시스코에 있는 것들로부터 따왔어요. '바다', '게이트', '타워' 같은 걸로요. 학생들은 각각 특별한 장소에서 모임을 가지고, 비디오를 촬영하고 이야기를 만들어서 다음 기수에게 물려줘요. 또 다른 전통은 '10시 1분'이라고 불러요. 모든 과제 제출을 일요일 밤 10시에 마감하기 때문에, 그 시간이 지나면 매주 모든 학생들이 모여서 식사를 하기 시작했어요. 저희 학교 학생들은 전 세계 곳곳에서 온 친구들이기 때문에, 매주 한 나라나 지역을 정해 그곳 출신 친구들이 음식을 준비하고 문화 이벤트를 진행해요. 대개 마지막은 학생들이 제일 좋아하는 파티 음악을 틀어놓고 밤늦게까지 모두 함께 춤추고 놀면서 마무리되죠."

미네르바스쿨은 대학 문화의 사회적 측면을 중시하지만, 한편으로 지도자들은 학교가 수업 측면에서 명성을 얻기를 바라면서 이를 지탱할 인프라를 구축했다. 카츠먼은 학교를 설계하며 그들이 고수했던 두 번째 원칙을 설명했다. 수업용 포털은 이를 이용하는 학생들이 얼굴을 직접 마주 보면서 진행하는 일반적인 세미나에서만큼 좋은, 가능하다면 그보다 더 좋은 교육적 경험을 가져가도록 하는 것이었다. "저희 학교에는 전 세계의 훌륭한 교수들과 교직원들이 있습니다. 저희의 기술 덕분에 이곳에서 수업하실 수 있죠." 카츠먼의 설명이다. "또한 우리는 대규모 강의가 아니라 소규모 세미나로만 수업을 진행합니다. 그게 학생들이 학습하는 데 가장 좋은 방법이니까요." 이들의 온라인 수업은 실시간으로 진행되며, 쌍방향 교류가 매우 활발하게 이루어지고, 수업 정원은 대개 열두 명에서 열여덟 명에 불과하다.

나는 평생 모니터가 아니라 얼굴을 보면서 학생들을 가르쳐왔기 때문에 자연스럽게 이에 대한 회의감을 드러내 보였다. 그러자 카츠먼이 반박했다. "솔직히 말씀드리자면 이곳에서 진행되는 수업은 선생님이 경험하셨던 그 모든 수업들 중에서 가장 열정적인 축에 속할 겁니다. 저희의 테크놀로지도 여기에 일조하죠. 모니터를 통해 모든 학생들의 얼굴을 실시간으로 볼 수 있기 때문입니다. 교수님이 학생들을 그룹이나 여타 형태로 나누지만 않는다면 말이죠. 모든 사람들이 동등한 선에서 수업을 듣습니다. 뒷줄 같은 것도 없고, 조용히 사라질 구석 같은 데도 없죠. 학생들 사이에서, 또 학생들과 교직원 사이에서는 놀라운 만큼 활발한 교류가 이루어집니다. 또한 모든 수업을 녹화하기 때문에, 누군가 수업을 잘 따라가지 못한다면 왜 그런 문제가 생겼는지를 교수가 말 그대로 되짚어볼 수 있죠. 여느 전통적인 교실에서라면 불가능했을 종류의 피드백을 줄 수 있는 겁니다."

최근 미네르바스쿨은 이를 뒷받침하는 데이터들을 공개했다. 2016년과 2017년, 미네르바스쿨은 대학교 학생들을 대상으로 한 학년 동안 얼마나 많은 것들을 배웠는지 평가하는 표준화된 시험인 CLACollegiate Learning Assessment를 실시했다. 학기 초인 가을, 미네르바스쿨 신입생들은 타 학교 신입생들과 비교하여 상위 5퍼센트를 기록했다. 또한 입학 경쟁이 치열했고 신입생들의 입학 당시 실력도 상당히 준수했기 때문에, 다른 학교의 졸업반 학생들과 비교해서도 상위 22퍼센트를 차지했다. 이후 8개월 동안 미네르바스쿨에서 강도 높은 교육을 이

수한 신입생들은 타 대학교 신입생뿐만 아니라 미국 전역의 졸업반 학생들과 비교해서도 상위 1퍼센트를 기록했다. "1학년 봄 학기가 끝날 무렵 저희 학생들의 평균 점수는 같은 시험을 시행한 다른 어느 대학교의 졸업반 학생들보다도 더 높았습니다." 미네르바대학교를 설립한 학장이자 최고연구관리자인 스티븐 코슬린이 말했다.

"미네르바스쿨이 일군 성취는 CLA 역사상 유일무이합니다." 이 신설 대학교는 이미 자신들이 가장 중시하는 가치인 '학생 학습 지원' 부문에서 1위를 차지한 셈이다.

나는 미네르바대학교 측에 학생들과 인터뷰를 하게 해달라고 요청했고, 이에 학교 측은 이제 막 1학년을 마치는 세 명의 학생을 소개해주었다. 세 명 모두 내가 맨해튼에서 가르쳤던 일반적인 신입생보다는 좀 더 나이가 있고 성숙해 보였는데, 이는 그다지 놀랄 일이 아닐지도 모른다. 2022년 졸업 대상자 160명을 선발하는 데 2000명이 지원한 건 사실이지만, 그럼에도 이곳에 선발되어 다른 전통적인 대학교를 뒤로한 채 미네르바를 선택한 학생들이라면 확실히 전형적인 신입생들과는 다를 게 분명하기 때문이다.

그러나 어떤 면에서 보자면 이들도 그냥 평범한 대학교 학생들이다. 이들은 새로운 것을 발견하고자 하며, 새로운 관계를 구축하려고 하고, 남은 평생에 영향을 미칠 경험들을 하고자 하는 이들이었다. "저희는 끈끈한 공동체를 형성하고 있어요. 거의 모든 학생들이 서로서로를 알고 지내죠." 서던캘리포니아 출신으로 나이보다 어른스러운 열여덟 살인 제인이 말했다. "하지만 그 속에는 엄청나게 다양한 사람들이 있어요. 만약 저도 제 고등학교 친구들을 따라 UCLA에 갔다면 제 인생은 정말 뻔했을 것 같다는 생각을 해요. 저는 계산수학을 전공했을 테고, 원래 알았던 친구들이랑 다니고, 계속 캘리포니아나 LA 주변에만 살았겠죠. 하지만 지금 이건 모험이에요. 모든 것이 가능하고, 모든 것이 불확실하죠. 저는 장소가 사람을 만든다고 굳게 믿어요. 그러니까 저는 전 세계를 돌아다니면서 다양한 장소와 문화 들을 알아갈 거예요. 이미 저는 이곳에 머무는 것만으로 제가 이전과 아주 다른 사람이 되리라는 사실을 알고 있어요. 믿기 어려울 만큼 많은 걸 배우고 있으니까요."

집단 인터뷰가 끝나자 제인은 나에게 주차장까지 가는 동안 잠시 조언을 구할 수 있겠냐고 물었다. 우리는 미네르바대학교 사무실을 벗어나 마켓가로 걸어간 뒤 길을 건너 샌프란시스코 관청가로 갔다. 그곳에서 우리는 또 다른 학생을 마주쳤고, 그 학생과 제인은 서로에게 다가가 하이파이브를 하며 다음에 보자는 인사를 나누었다. 우리는 거리에서 플라스틱 바구니를 엎어두고 드럼처럼 연주하는 남자를 마주쳤는데, 그걸 본 제인은 자신이 여름방학 동안 뉴욕에서 머물면서 드럼 서클에 관한 자율 연구를 진행하고 싶다고 말했다. "저는 바텐딩을 할 줄 알아요. 카우치서핑도 해봤고요. 뉴욕에도 미네르바 학생들이 좀 있는데, 제가 가면 아마 도와줄 거예요. 말씀드렸다시피 저희는 꽤 끈끈하거든요." 그가 조언을 구하고 싶다던 문제는 학업이나 연구에 관한 문제가 아니었다. 그저 뉴욕에 자기가 머물 공간을 내어줄 만한 내 친구나 학생이 있는지를 물어보려던 것이었다.

우리는 횡단보도에 서서 신호를 기다리며 눈앞에 있는 광장을 훑어보았다. 그곳에는 재킷을 입고 넥타이를 맨 공무원들, 유럽인 관광객들, 도서관 쪽으로 걸어가는 노숙자들, 자전거를 타고 휙 지나가는 사람들이 있었다. 깊게 숨을 들이마시는 제인은 마치 집에 온 듯 편안해 보였다.

...

미네르바스쿨 학생들은 다른 모든 대학교 학생들과 마찬가지로 도서관 주변에 살지만, 차이점이 있다면 이들이 이용하는 도서관은 학교가 아니라 샌프란시스코에서 운영한다는 점이다. 꽤나 적절한 배치다. 사람들에게 학습 의욕을 불어넣는 데 가장 많은 역할을 담당하는 기관을 하나 고르라고 한다면 다른 많은 현대 도시와 마찬가지로 샌프란시스코에서도 도서관을 꼽을 수 있기 때문이다. 내가 뉴욕 수어드파크 공공 도서관에 현장 조사를 나갔을 당시, '모든 이들을 위한 궁전'이 더 많아져야 한다고 주장했던 도서관 직원 앤드루는 아이들에게 세상에 배울 것이 얼마나 많은지를 가르쳐주는 일이 자신이 맡은 업무 중 가장 보람찬 일이라고 말했다. "지난 3년간 저는 이 동네 아이들이 자라나는 모습을 지켜봤어요." 앤드루가 말했다. "아이들이 자라나 글자를 읽기 시작하는 모습, 십 대 아이들이 도서관 단골이 되는 모습을 봤죠. 몇몇 아이들이 문제를 일으키다가 완전히 개과천선하는 모습도 봤어요. 사람들의 성장을, 아이들이 어른으로 자라나는 모습을 목격한다는 건 정말 멋진 일입니다."

나 또한 많은 공공 도서관에서 이를 직접 관찰한 바 있다. 수어드파크 도서관의 하루는 대개 주변 어린이집이나 초등학교에 다니는 아이들이 손에 손을 잡고 줄지어 도서관에 입장하면서부터 시작된다. 아이들은 곧장 2층 어린이 도서 코너로 향하며, 그곳에는 도서관 사서들과 수천 권의 책들이 아이들을 기다리고 있다. 차이나타운에서는 부모들 대부분이 이민자 출신이며 영어를 잘 모르거나 책을 살 여유가 없는 경우도 많기 때문에 아이들이 글자를 떼는 데 도서관이 매우 중요한 역할을 한다. 도서관 사서들은 아이들과 부모들, 양육자들을 위한 클래스를 시간대별로 하루 종일 진행한다. 내가 참석했던 프로그램으로는 이야기 읽어주기, 이중 언어 노래 따라 부르기, 책 읽기, 미술과 공작, 기초 컴퓨터, 리서치 방법, 숙제 도우미, 대학 준비반 등이 있었다. 공교육 예산 삭감으로 자체 도서관을 갖추지 못한 주변 초등학교 교사들이 반 아이들을 데리고 수어드파크 도서관에 와 특별 수업을 하거나 책을 빌려가는 모습도 보았다. 오후 시간에는 길거리에 나가 있는 것보다 도서관에서 노는 게 더 낫기 때문에 청소년 전용구역에서 놀거나 공부하거나 게임을 하는 고등학생들을 볼 수 있었다. 부모가 감옥에 가면서 생긴 수치심과 외로움 때문에 학업에 집중하거나 교우 관계를 맺기 어려워하는 아이들이 다른 아이들과 어울릴 수 있도록 어린이 도서 담당 사서가 특별 프로그램을 준비하는 모습도 보았다. 나와 이야기를 나눈 몇몇 청소년들은 도서관 바깥 세상에서는 온갖 제약과 마주치지만 도서관 안에서는 무엇이든 얻을 수 있다는 허락과 넉넉함을 마주할 수 있다고 말하기도 했다.

나는 도서관에서 어린 시절을 보낸 사람들 수십여 명을 인터뷰하면서 도서관에서 경험한 일들이 그들에게 어떠한 영향을 미쳤는지를 알게 되었다. 그들은 사서들이나 서가 혹은 소장 비디오들이 아니었다면 영영 찾지 못했을 관심사들을 발견했다. 자유와 책임과 지성을 느끼기도 했다. 새로운 인간관계를 맺고, 기존의 관계를 더욱 돈독하게 만들었다. 또한 때로는 인생 최초로 소속감을 느끼기도 했다.

퀸스 출신인 샤론 마커스 이야기를 예로 들어보자. 노동자 계층이었던 그녀의 가족들은 늘 바쁘고 돈에 쪼들렸다. "집은 평화로운 곳이 아니었어요." 그녀가 회고했다. "제가 한동안 시간을 보내던 공원도 참 요란스러웠죠. 가만히 혼자 앉아서 쉴 자리가 사실상 없었어요. 저는 소심한 아이였고, 아무와도 이야기하지 않아도 되는 장소가 필요했어요. 제가 원하는 만큼 책을 읽을 수 있는 공간이 필요했죠. 시간과 에너지를 오롯이 제 마음대로 쓰고, 제가 택하는 곳에서 제가 원하는 시간만큼 주의를 기울이고 싶었어요. 도서관은 제가 다른 사람들이 보이지 않는 양 굴 수 있는 곳이기도 했지만, 정말로 혼자이지는 않음을 알려주는 장소이기도 했어요. 저희 가족은 휴가도 안 갔고 여행도 다니지 않았어요. 도서관은 제가 그 모든 것으로부터 탈출하기 위해 가는 곳이었고, 더 나은 현실을 엿볼 수 있는 장소였어요."

샤론은 당시 공공 도서관에서 읽은 책들을 생생하게 기억했다. 처음에는 그녀와 전혀 다른 삶을 사는 뉴욕의 평범한 어린아이들에 관한 이야기들을 읽다가, 나중에는 여성 배우들과 영화계 스타들의 삶을 다룬 책들에 흥미를 가지기 시작했다. "왕비와 성녀로 살았던 여자들에 관한 전기를 잔뜩 발견했던 기억이 나요. 지금도 이 건물 어느 위치에 그 서가가 있었는지 정확하게 짚을 수 있어요. 제가 왕비들한테 관심을 가졌던 건, 글쎄요, 그러지 않을 이유가 있나요? 왕비들은 무언가 대단한 일을 해낸 사람들 같았어요. 그때 저는 엘리자베스 1세의 이야기가 궁금했어요. 헨리 8세의 딸이었으니까요. 카드 카탈로그를 이용해서 책 한 권을 찾았는데, 그옆에는 다른 '엘리자베스'들에 관한 책들도 있었어요. 일부러 나병에 걸렸다던 헝가리의 미친 성녀 이야기를 다룬 책도 있었죠. 그 책도 읽은 기억이 나요. 어떤 기준으로 책을 정리했는지는 모르겠지만, 기본적으로는 무언가를 해낸 여자들에 관한 책들이 쭉 꽂혀 있었어요. 한동안 그 책들에 푹 빠져 살았죠."

청소년기에 접어들면서 도서관은 샤론에게 더 중요한 장소가 되었다. "도서관에서 마이크로필름으로 옛날 신문을 읽을 수 있고, 또 옛날 영화도 볼 수 있다는 걸 알았을 때는 정말 신이 났어요. 도서관 사서들은 늘 제가 요청한 걸 보여주시면서도 별다른 질문을 하지 않았어요. 그게 중요한 포인트였죠." 샤론이 내게 말했다. "저에게 '그런 게 왜 하고 싶니?'라거나 '너는 너무 어려서 기계를 만지게 해줄 수 없단다' 따위의 말을 하는 사서들은 단 한 번도 마주치지 않았어요. 저는 수줍음이 많았지만, 사서들은 결코 저를 이상한 아이처럼 취급하지 않았죠. 그렇다고 해서 저를 특별한 아이라거나 엄청나게 똑똑한 아이처럼 취급하는 사람들도 없었어요. 그저 중립적이셨죠. 그게 정말 좋았던 것 같아요. 바로 그 점 때문에 도서관은 격려랍시고 등을 떠미는 곳이 아니라 허락의 공간이 되었죠. 사람들이 계속 저를 예의 주시하다 마지못해 허락하는 곳이 아니라, 정말로 제가 원하는 것을 할 자유가 있는 공간 말이에요."

샤론의 삶 속에는 이러한 역할을 하는 장소가 달리 또 없었다. 집에서는 부모님이 그녀를 사사건건 감시했고, 유대교 회당에서는 엄청난 도덕적 압박만 느꼈을 뿐 소속감은 느끼지 못했다. 학교에서도 교직원들은 제멋대로 그녀를 판단하기 일쑤였다. 샤론은 도서관이 그녀가 하고 싶어 했던 거의 모든 일에 안성맞춤인 공간임을 깨달았다. 특히 동네를 벗어나 중심가의 퀸스 도서관이나 맨해튼 42번가와 5번가 교차 지점에 있는 훌륭한 중앙 도서관을 방문했을 때에는 더더욱 그러했다. "고등학생 때 중요한 과제를 하려고 처음으로 중앙 도서관에 갔던 날이 생각나요. 인터넷이 없던 시절이었기 때문에 자료를 찾는 데 지금보다 훨씬 더 많은 수고가 들었죠. 그때 정말로 기분이 좋았던 기억이 나요. 어린이 도서 코너와도 전혀 다르고, 심지어는 저희 동네에 있던 작은 공공 도서관하고도 전혀 달랐죠. 곧 저는 세상사에 관하여 제가 알고자 했던 모든 것들이 그곳에 있고, 그곳에서라면 책과 글을 통해 해답을 구할 수 있음을 깨달았어요." 그녀는 오늘날까지도 도서관 단골로 남아 있지만, 이제는 컬럼비아대학교의 영문학 및 비교문학과의 교수가 되었기 때문에 어릴 때만큼 자주 방문하기는 쉽지 않다고 했다.

1970년대 퀸스의 홀리스에서 어린 시절을 보낸 젤라니 코브 역시 당시에 받았던 교육 가운데 가장 중요한 교육은 동네 도서관에서 이루어졌다고 믿는다. 조지아 남부에서 이주해 온 그의 아버지는 아홉 살 때부터 일을 시작한 전기 기사로 학교는 초등학교 3학년까지만 다닌 사람이었고, 앨라배마 출신의 어머니는 고등학교를 졸업한 사람이었다. "이게 대체로 남부 억양을 쓰는 이민자 세대 사람들이 다수 섞인 중산층 아프리카계 미국인 공동체의 모습이었습니다. 이들은 도시에서 발판을 마련한 뒤 스스로 발전해나가기 시작했어요. 공교육을 받으며 자라지는 못했지만, 그럼에도 교육을 매우 중요하게 생각했습니다. 매일 신문을 읽고, 도서관에 가고, 책을 읽으며 어린 시절에 다하지 못한 일들을 하면서 상당한 자부심을 느꼈죠."

젤라니는 처음으로 도서관 카드를 만들었던 날을 기억하고 있었다. "당시 저는 아홉 살이었고 새 학교에 전학을 간 날이었어요. 집으로 오는 길에 저희는 204번가와 홀리스가가 만나는 곳에 있는 공공 도서관에 들렀죠. 어머니는 저에게 카운터 직원에게 가서 뭐가 하고 싶은지 말하라고 하셨어요. 저는 도서관 카드를 만들고 싶다고 말했지만, 제 말이 잘 안 들렸는지 직원이 살짝 일어나서 저에게 몸을 기울이셨어요. 그러자 어머니가 직원에게 괜찮다고, 다시 앉으시라고 말씀하시고는 저한테 더 크게 말하라고 하셨죠."

"그래서 그렇게 했어요. 도서관 카드를 만들고 싶다고 말했죠. 저는 자기 이름으로 서명할 줄 아는 나이가 되면 도서관 카드를 만들 수 있다고 생각했어요. 그리고 직원께서는 제가 직접 서명을 할 수 있게 해주셨죠. 직접 서명해서 카드를 만든 거예요!"

젤라니가 처음으로 빌린 책들 중에는 토머스 에디슨Thomas Edison에 관한 책도 있었다. 책에서는 에디슨이 어린 시절에 매주 무릎께까지 책을 쌓아두고 읽었다는 이야기가 나왔다. "저도 똑같이 하겠다는 마음을 먹었어요. 물론 그렇게 하지는 못했죠." 젤라니가 회고했다. "하지만 이를 계기로 평생 독서하는 데 많은 시간을 쓰는 습관이 생겼어요. 아주 좋은 습관이죠. 어린아이 혼자서도 도서관에서는 읽고 싶은 것들을 마음껏 읽을 수 있다는 사실에 푹 빠졌던 기억도 나요. 모두 서가에 꽂혀 있었으니까요! 책들은 마치 '사람들이 이건 알까? 이건 벌써 들킨 거 아니야?'라고 말하는 듯했어요. 저는 사람들이 이곳에서 무슨 일이 일어나고 있는지를 눈치 채고 도서관 문을 닫아버릴까 걱정했죠!"

젤라니와 그의 어머니는 도서관에서 많은 시간을 함께 보냈다. 젤라니가 어느 정도 크자 어머니는 다시 학교로 돌아가 학사 학위를 마친 뒤 뉴욕대학교에서 석사학위까지 취득했다. "한번은 어머니가 얇은 책한 권을 꺼내 오셨어요. 30페이지 남짓한 책이었는데, 어른용 책이 그렇게 얇다니 믿기 어려웠죠. 어른들은 무진장 두꺼운 책만 읽는 줄 알았거든요. 그래서 그 책에 흥미가 생겼어요. 읽어보고 싶었지만 어머니는 어른들이 읽는 책이라 안 된다고 하셨죠."

"저는 고집을 부려서 결국 그 책을 읽었어요. 금이 든 주머니를 가진 한 남자의 이야기였죠. 남자는 금 주머니를 가지고 돌아다니는데 수영을 하려고 해도 못 하겠고, 다른 걸 하려 해도 못 하겠고, 그때마다 금주머니가 방해만 됐어요. 결국에는 금 주머니를 잃어버리게 되는데, 찾으려고 돌아다니다 보니까 지금까지 못 했던 일들을 아무렇지도 않게할 수 있는 거예요. 꽤 괜찮은 스토리라고 생각했죠. 어머니께서 저한테 이해가 가냐고 물어보시길래 그렇다고 대답했어요. 남자가 금 주머니를 잃어버렸고, 이것도 하고 저것도 하고, 하지 않았냐고요. 그러자어머니께서 말씀하셨어요. '얘야, 이런 걸 바로 비유라고 한단다.' 저는그때 비유가 무엇이고 문학작품 안에서 비유가 어떻게 사용되는지를배웠다는 걸 또렷하게 기억해요. 어머니는 그 책이 짧으면서도 어른용인 이유는 더욱 깊은 메시지를 전하는 이야기라서 그렇다고 말씀하시면서, 많은 책들이 표면에 드러난 이야기보다 더 많은 의미를 담고 있다고 설명해주셨어요. 그날 저는 꽤 중요한 걸 배운 거죠!"

젤라니 또한 도서관에서 홀로 많은 시간을 보내면서 정치와 예술, 문학 책들을 잔뜩 읽었다. 때로는 집이나 교회에서 논쟁적인 주제로 대화를 나누다가 의구심이 생기면 도서관에 들러 해소하기도 했다. "저는 가톨릭 집안에서 자랐어요. 열다섯 살 즈음 저는 왜인지 안락사에 관심이 생겼고, 그에 대한 의견을 가지기 시작했어요. 학교에서 이를 주제로 보고서를 쓸 일이 있어서 저희 동네 신부님을 인터뷰했습니다. 제가 세례를 받은 신부님이기도 하셨죠. 그분은 우리가 가톨릭 교인이니까 안락사에 반대해야 한다고 말씀하셨고, 저는 뭐, 알겠다고 했죠. 저는 도서관으로 가서 관련 책들을 찾아 읽기 시작했어요. 그러다 보니 제가 신부님 말씀에 반대한다는 걸 깨달은 거예요! 사람들은 자신이 언제 세상을 떠날지 정할 권리를 가져야만 합니다. 오늘날까지도 저의 의견은 변하지 않았어요. 솔직히 말씀드리자면, 만일 제가 자발적으로 그 주제에 관심을 두지 않았거나 실제로 도서관에 가 책들을 읽어보지 않았더라면 아마 저는 별생각 없이, 그냥 가톨릭 교인이라 반대한다고 말했을 겁니다." 도서관은 그를 온전한 한 사람으로 만드는 데 일조했고, 자유롭게 권위에 의문을 제기하고 스스로 생각하는 사람으로 만들어주었다. 이때 기른 스킬들은 《뉴요커The New Yorker》 전속 작가이자 컬럼비아대학교 저널리즘 교수가 된 지금까지도 잘 사용하고 있다고 한다.

2011년 어머니가 세상을 떠나자 젤라니는 도서관에 대한 어머니의 사랑과 그곳에서 두 사람이 보낸 시간들을 기릴 방법을 찾기 시작했다. "어머니가 세상을 떠나신 해에 저희 동네 퀸스 공공 도서관의 컴퓨터 한 대를 구매했습니다. 어머니가 저를 데리고 가 첫 도서관 카드를 만들어주셨던 자리에 있는 컴퓨터였죠. 그러고는 컴퓨터에 '메리 코브를 위하여'라고 쓴 작은 명패를 붙였습니다. 저희 어머니가 소중하

게 여기셨던 장소에 제가 조금이라도 기여하는 셈이 되리라고 생각했
어요. 그곳이 저희 두 사람에게 너무나도 중요한 곳이었기에 그렇게 하
는 게 맞다고도 생각했습니다. 제가 하는 모든 일들은 사실 제가 아홉
살, 열 살 무렵 그곳에서 책을 읽었기 때문에 가능했던 일들이니까요."

젤라니와 마찬가지로, 오늘날 우리 주변에는 자기 자신과 앞으로
물려받을 세상에 관한 배움이 이루어지는 장소에서 자신의 미래를 쌓
아나가기 시작할 어린이들이 수도 없이 많다. 이들에게는 궁전이 있
어야 마땅하다. 그리고 그 궁전을 마련하는 일은 우리에게 달려 있다.

건강한 유대

녹지와 텃밭에서
보내는 시간

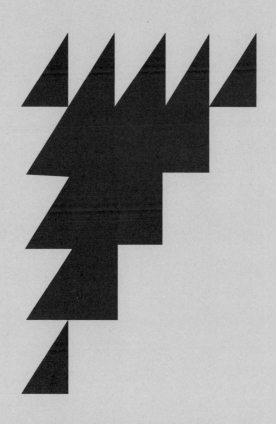

부유하다고 해서
형편없는 환경이 초래하는
위험으로부터
안전한 것은 아니다.

미국토목공학협회American Society of Civil Engineers, ASCE는 4년에 한 번씩 국가 인프라스트럭처를 평가하여 등급을 매기는데, 만약 미국 연방 정부가 고등학생이었다면 아마 이들이 발표한 보고서를 보고 집에 가는 길에 울었을 테다. 2017년 미국 내 인프라스트럭처에 대한 전반적인 점수는 D+였다. 사실 이마저도 감지덕지한 점수였다. 앰트랙Amtrak의 노스이스트 코리도(워싱턴-뉴욕-보스턴을 잇는 철도 노선으로 미국에서 가장 많이 사용되는 노선_옮긴이)와 뉴욕 지하철 시스템이 끔찍하기로 악명을 날리고 있음에도 불구하고, 미국 철도망은 B를 받았다. 유해 폐기물 처리 시설, 제방, 항구, 학교, 하수도 등을 포함하는 일곱 개 시스템은 지난 2013년 평가 때보다 약간 높은 점수를 받았다. 공원, 대중교통, 고형 폐기물 처리 시설 등은 저번보다 낮은 점수를 받은 한편, 항공(D), 도로(D), 식수도(D), 에너지(D+) 등은 형편없이 낮은 점수를 유지했다.

　사회적 인프라는 최근 들어서야 자리 잡기 시작한 개념이므로 이를 ASCE가 평가하지 않았다고 해도 그다지 놀랍지는 않다. 그러나 다른 어느 핵심 시스템만큼이나 우리의 행복에 필수적인 보건 및 식량 인프라스트럭처에 ASCE가 점수를 매기지 않는다는 점은 다소 이상한 일이다. 도심 공공병원에서 치료를 받아봤거나, 쇠락한 산업도시나 궁핍한 시골 지역을 방문해보았거나, 소득이 낮은 동네에서 신선 식품을 사봤다면 누구라도 알 수 있듯, 건강한 삶을 가능케 하는 장소들 또한 황폐화되어 있다. 대중교통, 전기, 에너지, 태풍 대비 설비 등 낙후한 국가 시스템에 대한 투자가 시급하다는 데 의문을 제기하는 사람은 아무도 없다. 그러나 과연 조잡한 사회적 인프라에서 비롯한 심각한 보건 문제가 다소 덜 시급하거나 덜 위험한 문제라고 할 수 있을까?

예를 들어 미국에서 후천성면역결핍증HIV/AIDS 이래 가장 심각한 공중 보건 위기인 오피오이드(마약성 진통제의 통칭_옮긴이) 위기를 살펴보자. 1990년대 말부터 미국 내에서 헤로인과 같은 길거리 마약은 물론 코데인이나 히드로코돈 등 마약성 진통제 판매와 사용, 처방 남용 등이 급증했다. 이로 인해 수십만 명이 사망했으며 소도시와 시골 지역을 중심으로 무수히 많은 지역사회가 파국을 맞았다. 2016년에 발표된 한 연구는 오피오이드 위기가 미국 경제에 거의 800억 달러 규모의 타격을 입혔다고 추산했다.

오피오이드 위기가 낳은 가장 심각한 결과는 과다 복용으로 인한 사망자가 급격하게 증가하고 있다는 점이다. 2016년 한 해 동안 과다 복용으로 사망한 미국인은 2000년의 세 배인 6만 4,000명에 달하며, 그중 대부분이 오피오이드 남용과 관련되어 있다. 비교하자면 한 해 동안 과다 복용으로 사망한 미국인이 베트남전쟁 전 기간에 걸쳐 사망한 미국인 전사자보다 더 많다는 뜻이었다. 게다가 문제는 점점 더 악화하기만 하는 듯하다. 보건 당국은 대대적인 조치를 취하지 않는다면 앞으로 10년 동안에만 50만 명의 미국인이 오피오이드로 사망할 것이라고 보고 있다.

오피오이드 위기를 초래한 원인으로 한 가지만 꼽을 수는 없지만, 사회적 응집성과 사회적 지지 결여가 중요하면서도 간과된 요인이었음을 뒷받침하는 증거가 점차 쌓이고 있다. 2015년, 프린스턴대학교 경제학자 앤 케이스Anne Case와 앵거스 디턴Angus Deaton은 중년의 나이에 사망하는 미국 백인이 전례가 없을 만큼 증가했음을 발견했다. 주로 약물 남용과 알코올 남용은 물론 자살에 따른 사망으로, 케이스와 디턴은 이를 가리켜 "절망의 죽음deaths of despair"이라 통칭했다. 자살을 심각한 사회적 분열이 몰고 온 결과라고 본 프랑스 사회학자 에밀 뒤르켐에게 영향을 받은 두 사람은 이와 같은 사망자 추세가 대규모의 경제적·사회적 변화와 연관되어 있다고 주장했다. 교육 수준이 낮은 백인들은 일자리 감소 추세와 맞닥뜨렸음은 물론이며, 나아가 오랫동안 사회적 지지의 원천이었던 전통적 의례와 사회적 제도들의 약화 또한 경험했다. 혼인율은 낮아졌고 이혼은 흔한 일이 되었다. 가족들은 파편화되었으며, 지역 정부 관청들은 자금난에 시달리고 있다. 도서관과 어린이집은 운영시간을 줄였고, 교회는 새로운 문제와 부담을 감당하느라 진을 빼고 있다. 이러한 변화들은 사람들이 커리어, 종교 그리고 가족생활의 본질을 결정할 때 의지할 만한 질서들을 약화한다. 선택이 성공으로 이어진다면 해방될 수 있겠지만, 실패로 이어진다면 개개인이 스스로를 돌볼 수밖에 없다. 최악의 경우에는 뒤르켐식 자살이 나타날 수 있다.

어째서 공동체 약화가 진통제 사용을 늘린다는 걸까? 흥미롭게도, 오피오이드가 사회적 연결과 화학적으로 매우 유사함을 보여주는 신경학 연구 결과가 점점 늘어나고 있다. 한 실험 연구에서는 체내에서 생성되는 자연 오피오이드를 차단하는 날트렉손을 피실험자에게 주입했다. 그러자 자연 오피오이드가 부족한 상태에 놓인 피실험자가 다른 사람과 사회적으로 더 단절된 기분을 느꼈다고 응답했다. 오늘날 미국 사회에 대혼란을 불러일으킨 합성 오피오이드가 육체적·심리적 괴로움은 물론 사회적 단절이 야기한 고통까지 완화해준다는 점을 알려주는 대목이다.

오늘날 사회적 고립과 오피오이드 중독 간의 연관성을 뒷받침하는 증거들은 대부분 심증에 가까우며, 일자리 혹은 소속감을 잃은 후 약물 중독에 빠졌다는 오피오이드 사용자들의 진술이 주를 이룬다. 펜실베이니아의 공업 도시 매키즈포트에 사는 어느 헤로인 중독자는 사회학자 캐서린 매클레인Katherine McLean과의 인터뷰에서 매키즈포트의 분열된 사회구조가 마약 문제를 일으킨 직접적인 원인이라고 말했다. "이곳에는 공동체라는 개념 자체가 없어요. 그런 건 눈곱만큼도 찾아볼 수가 없죠. 그러니까 완전히 알아서 해야 한다는 거예요. 술 마시고 약하는 사람들은 계속 술을 마시고 약을 할 거예요. 그거 말곤 아무것도 할 게 없거든요."

그러나 심증만 있는 것은 아니다. 지역사회 내 사회관계의 강도와 오피오이드 남용을 견뎌내는 능력 간의 명백한 상관관계를 정립한 실증적 연구 결과가 등장했기 때문이다. 2017년, 하버드대학교 대학원생 마이클 주로브Michael Zoorob가 수행한 연구는 사회단체의 밀집도와 주민들의 투표율 등으로 가늠했을 때 더욱 튼튼한 사회적 자본을 갖춘 지역사회가 여타 비교적 취약한 지역사회에 비해서 오피오이드 위기를 덜

겪을 가능성이 높음을 밝혔다. 소득, 교육 수준, 진통제 처방 비율 등 여타 요인을 통제했을 때에도 같은 결과가 나왔다. 이러한 결과는 견고한 지역사회에 사는 사람들이 마약에 중독될 가능성이 낮다는 점을, 나아가 약물 사용자들이 사회적으로 고립될수록 약물로 사망할 가능성이 높아진다는 점을 나타낸다고 볼 수 있다. 주로브의 연구 결과 중 가장 흥미로운 점은 과다 복용으로 말미암은 사망률이 (폭염으로 인한 사망률과 마찬가지로) 사회 연결망이 약한 사람들에게서 더 높게 나타났을 수 있다는 점이다. 많은 이유가 있겠지만, 누군가 혼자 있을 때 약물을 과다 복용한다면 다른 사람이 그를 발견하고 구급 요원을 불러주지 못한다는 점도 한 요인이 되겠다.

망가진 사회적 인프라를 회복하는 일은 중요한 장기 프로젝트인 한편, 미국의 수많은 도시와 지역에서는 과다 복용에 따른 사망자 수를 줄이기 위해 지금 당장 무엇을 할 수 있는지를 고심하고 있다. 이 질문에 답하기 위해서 과거 한때 이러한 문제를 겪은 바 있는 또 다른 국가, 스위스를 살펴보자.

1970년대부터 스위스의 헤로인 중독자 수가 우려스러울 정도로 증가하기 시작했다. 초기에는 스위스 또한 미국의 전통적인 마약 대책처럼 더욱 강력한 법적 제재로 대응하고자 했다. 법원에서는 마약 사용자 및 딜러에게 더 무거운 형을 선고했으며, 경찰은 공공장소에서 마약을 하는 사람들을 해산했다. 그러나 문제는 더욱 심각해질 뿐이었다. 팔뚝에 주사기를 꽂는 젊은이들이 더욱 늘어난 데다, 재산 범죄와 HIV 감염률, 과다 복용에 따른 사망이 무서울 정도로 늘어났다.

1987년, 취리히 당국은 거의 자포자기하는 심정으로 정반대 접근법을 시도했다. 중독자들에게 중대한 처벌을 가하는 대신, 플라츠 피츠 공원이라는 정해진 구역에서만 공개적으로 마약을 할 수 있도록 허용한 것이다. 드라마 〈더 와이어The Wire〉를 본 사람이라면 이들의 전략이 극중 볼티모어의 가상 마을 '함스테르담'에서 취한 조치와 비슷하다는 사실을 눈치 챌 테다. 함스테르담에서도 그러했듯, 이 접근법은 중독 문제를 해결하는 데 별다른 효과를 보이지 못했으며, 공원 주변 범죄율을 상승시키는 등 강력한 파급 효과만 몰고 왔다. 한편 법제화 또한 과다 복용자 수를 줄이는 데 별다른 효과를 나타내지 못했다.

스위스는 특별히 진보적인 국가가 아니다. 예컨대 스위스 여성들은 1971년이 되어서야 투표권을 획득했다. 그러나 스위스는 은행가들의 나라답게 지구상 그 어느 국가보다도 실용주의적이다. 좌절한 취리히 당국은 이제 극단적이지만 동시에 완벽하게 상식에 근거한 계획 하나에 착수했다. 당국은 헤로인 사용 자체가 아니라, 안전하지 않은 환경에서 홀로 헤로인을 사용함으로써 사망자가 발생한다는 점을 간파했다. 스위스 정부는 결국 헤로인을 공급하는 것이 사용자들을 보호하는 최선의 방안이라고 결론지었다. 단, 이 경우 헤로인은 중독자들이 관리 감독을 받을 수 있는 클리닉에서만 관리하고 제공했으며, 다른 미지의 치명적인 첨가물을 포함하지 않은 의료용 등급의 약물만을 취급했다. 또한 사용자들이 금단증상을 겪지 않고 생활할 수 있는 동시에 환각 증세가 나타나지는 않을 만큼 적당한 용량을 제공했다. 이 프로그램은 다른 평범한 의료 기관과 똑같이 운영되었으며 사용자들을 여타 환자들과 똑같이 대했다. 심지어 이 프로그램에 참여하려면 의료보험에 가입해야만 했다.

한때 헤로인 중독자였던 사람들은 더 이상 어떻게 약을 구할지 걱정할 필요가 없는 상황이 오자 대부분 스스로를 마약 중독으로 몰고 간 더 큰 문제들을 해결하는 데 집중하기 시작했다. 사회복지사들 또한 마약 사용자들과 신뢰 관계를 형성하고 구직을 돕거나 상담을 해주었다. 이처럼 스위스 정부는 헤로인에 대한 오명을 제거하고, 마약 사용자들과 상담자들이 처벌에 대한 걱정 없이 한데 모일 수 있는 물리적 장소를 만듦으로써 마약 사용자들을 다시금 사회로 편입시킬 수 있었다.

어떤 경우든, 약물 남용에서 회복하는 데에는 가족, 친구, 치료사 혹은 12단계 회복프로그램과 같은 공동체의 지지가 필요하다. 중독 치료 전문가들은 이러한 종류의 사회적 관계를 가리켜 '회복 자본recovery capital'의 한 요소라고 말한다. 스위스 정부가 운영하는 헤로인 관리 구역은 단순히 마약 주입을 위한 장소가 아니었다. 오히려 그곳은 사회적 인프라였으며, 건강에 좋다고 하기는 어렵지만 그럼에도 최대한 건전한 환경에서 중독자와 상담자, 의료인이 정기적으로 교류할 수 있는 장소였다.

1991년부터 2004년 사이, 스위스에서 약물 과다 복용으로 사망하는 사람은 50퍼센트가량 감소했다. 정부가 관리하는 주입 구역에서도 여전히 많은 이들이 약물을 과다 복용했지만 사망자는 단 한 명도 없었다. 반면 헤로인을 시작하는 사람들은 줄어들었다. 1990년부터 2002년 사이 신규 헤로인 사용자는 80퍼센트 감소했으며, 이에 따라 HIV 감염률도 급감했다. 이 프로그램은 약물을 사용하지 않는 사람들에게도 긍정적인 영향을 미쳤다. 대표적으로는 헤로인 관련 재산 범죄가 90퍼센트 감소한 측면을 들 수 있겠다. 2008년 실시한 국민 투표에서 스위스 시민들은 오피오이드 중독에 대한 보건 정책을 그대로 유지하는 데 압도적인 찬성표를 던졌으며, 그 결과 오늘날 이 정책은 스위스 국법의 일부가 되었다.

스위스의 헤로인 관리 구역은 논쟁적일지는 몰라도 효과적이며 실제로 목숨을 구했다는 증거 자료를 갖춘 사회적 인프라로서 전 세계에 귀감이 된 사례이기도 하다. 호주와 영국은 안전한 마약 복용 클리닉을 성공적으로 시범 운영했다. 깨끗한 주삿바늘을 무료로 제공하는 제도를 가장 먼저 시행한 캐나다 밴쿠버는 2014년 북미 최초로 완전히 합법적인 헤로인 및 메타돈 관리 시설을 개원했다. 효과는 즉각적이었다. 개원 2년 만에 클리닉과 연접한 지역 내 과다 복용 사망률은 35퍼센트 감소하였으며, 도시 내 나머지 지역들의 사망률 또한 10퍼센트 미만으로 감소했다. 다른 도시와 마찬가지로 밴쿠버에서도 반대자들은 합법적 마약 주입 구역이 설치되면 더 많은 사람들이 헤로인 복용을 시도할 것이라고 예상했지만, 뒤이은 연구에 따르면 아직까지 그런 일은 발생하지 않았다. 스위스에서 드러났듯, 안전하지만 시시한 사용 구역을 사용자들에게 한해 운영할 경우에는 마약 복용에 흥미가 떨어졌을 뿐만 아니라 신규 투약자 또한 타 지역과 비교하여 훨씬 적었다.

미국의 도시들은 오피오이드 관리에 스위스 모델을 받아들이길 꺼려했지만, 몇몇 지역은 이 아이디어에 한발 다가가고 있다. 미국에서 오피오이드 과다 복용 사망자가 가장 먼저 급증한 도시 중 하나이자 지금까지도 그 문제를 해결하지 못한 보스턴은 인구밀도가 낮은 사우스엔드, 록스베리, 뉴마켓 등지의 가장자리 구역에 보스턴의 '메타돈 마일Methadone Mile'을 개발하도록 허가했다. 완전히 합법적으로 보호받는 마약 사용 구역은 아니지만, 93번 주간고속도로를 낀 채 별다른 상행위도 이루어지지 않았던 이 지역에는 이제 야외 약물 시장과 노숙자 보호소, 중독 치료 클리닉 그리고 뉴잉글랜드에서 가장 큰 사회 안전망 병원이자 트라우마센터인 보스턴 메디컬센터가 들어섰다. 다양한 시설이 밀집되어 있기 때문에 뉴잉글랜드 전역의 오피오이드 중독자들이 이곳에 모여들었는데, 그중에는 치료를 받으러 온 사람도 있었고 단순히 안전하게 마약을 할 곳을 찾아온 사람들도 있었다.

보스턴은 몰려드는 수요를 감당하기 위해 최근 새로운 클리닉을 건립했다. 저널리스트 수전 잘카인드Susan Zalkind는 오피오이드 사태와 관련한 인프라스트럭처를 다룬 기사에서 클리닉이 마치 도서관처럼 방문자에게 이름이나 신분증을 요구하지 않는 방식으로 운영된다면서 '아무런 질문도 하지 않는 참여 공간'이라고 칭했다. 클리닉은 중독자들과 마약 남용자들이 더 이상 길거리를 전전하지 않고 치료 프로그램에 참여하도록 함을 목표로 한다. 바로 옆에 위치한 '관찰 및 치료를 위한 지지적 공간the Supportive Place for Observation and Treatment, SPOT' 또한 마찬가지다. 이곳은 마약 사용자들을 주시하여 과다 복용을 예방하고 사용자들, 특히 여성 사용자들을 폭행으로부터 보호한다. 두 프로그램 모두 금세 성과를 거두었다. 잘카인드의 기사에 따르자면, SPOT은 개원 몇 달 만에 약 500명의 사용자들과 3800회 이상 교류했으며, 그중 10퍼센트는 치료에 들어갔고, 총 100회 이상의 병원 투어를 예방했다. 잘카인드가 인터뷰한 중독자들은 이곳에서 새로운 인간관계를 맺었다고 말했다. "무슨 일이 생기면 누구든 분명 저를 챙겨주리라는 걸 알 수 있어요." 한 남자가 잘카인드에게 한 말이다. 이곳에는 공동체가 존재하며, 이곳에 존재하는 신뢰는 길거리 오피오이드 사용자들 사이에서 찾아보기 어려운 수준이다.

그러나 모든 이들이 이 프로젝트에 환호를 보낸 것은 아니었다. 메타돈 마일이 오피오이드 중독자들의 건강과 안전을 향상했음은 명확해 보이지만, 전과자를 포함한 취약 계층과 환자를 위해 고안한 사회적 인프라는 대개 기존에 있던 주거지역이나 상업지구와 깔끔하게 융화하지 못한다. 잘카인드는 이 동네를 돌아다니다 보면 "사람들이 (마약 사용) 구역으로 곧장 걸어 들어간 뒤 몽롱한 듯한 걸음으로 나오는 모습을 볼 수 있다"고 썼다. "백팩을 맨 남자가 길을 걷는 당신에게 다가와 '센 거'라며 속삭이기도 한다. 또한 수많은 사람들이 의료용 신분증을 목에 걸고 다니는 모습도 볼 수 있다." 다른 구역에 사는 사람들이라면 이처럼 마약 사용 및 치료를 목적으로 하는 지정 구역을 건설함에 따른 장점을 마음 편히 칭찬할 수 있겠지만, 해당 구역 부근에 거주하거나 일하는 사람이라면 어쩔 수 없이 불만을 가지기 마련이다.

메타돈 마일을 위해 일하는 보스턴 공무원들과 비영리단체 및 의료 시설 관리자들은 마약 사용 구역의 파급효과로 문제가 생길 것을 우려하는 지역 주민들과 가게 주인들을 안심시키기 위해 노력을 기울이고 있다. 보안을 강화하는 한편, 치료 및 의료 시설들을 나머지 지역과 분리하는 설계 방안을 도입하려 실험하고 있다. 다행스럽게도 보스턴과 같은 옛 산업도시에는 버려지거나 미개발된 부지들이 많아 마약 관리 구역이 누군가의 안뜰과 맞닿을 일은 없다. 여기서 프로젝트가 성공한다면 얼마든지 전국으로도 확산할 수 있다. 메타돈 마일이 자리 잡을 만한 곳은 수백 곳도 더 있다. 보스턴 프로젝트의 성과를 평가하기에는 아직 너무 이르지만, 지금까지의 결과만 본다면 과다 복용이 초래하는 위험을 완화하고 사용자들이 중독 치료를 받는 데 일조하는 듯하다. 또한 공공병원에서 과다 복용자를 관리하느라 도시가 지출하는 비용을 덜어주기도 한다. 그리고 가장 중요하게도, 이 프로젝트는 사람들의 목숨을 살리고 있다.

. . .

오피오이드 위기도 엄청나지만, 미국의 공중 보건을 위협하는 사건은 이뿐만이 아니며 그보다 더 심각한 일들도 있다. 실제로 인종 분리가 극심하게 나타나는 다수의 빈곤층 아프리카계 미국인 거주 지역에서 가장 시급한 문제들은 다른 미국인들이라면 당연하게 여기는 기본적인 재화와 서비스가 제대로 공급되지 않는 데에서 기인한다. 여기에는 상행위의 가장 기초적인 형태인 신선 식품 거래 또한 포함된다.

엥글우드를 예로 들어보자. 시카고 사우스사이드 지역에 속하는 엥글우드는 폭염 사태 당시 수많은 사상자가 발생한 동네이자, 기대 수명이 도시 평균에 한참 못 미치는 곳이다. 버려진 주택과 셔터를 내린 상점가, 풀숲이 우거진 공터와 나무만큼 높이 자란 잡초들은 이곳에 오려는 사람들도 쫓아내며, 부서지고 황폐화한 도시 곳곳에서는 강력 범죄 발생율이 놀라울 정도로 높게 나타나고 있다. 이곳에서 50년 가까이 살았다는 코르디아 퓨는 "여기에서 너무나 많은 사람들을 잃어서 이제는 세기를 그만뒀다"면서 "감당하기 힘들 정도로 많다"고 말했다.

퓨는 동네의 마약과 폭력 조직, 총기 문제를 우려하고 있었으며,

길거리에서 싸움이 벌어지는 소리가 들릴 때마다 깜짝깜짝 놀란다고
했다. 그러나 지난 수십 년간 그녀와 그녀의 이웃들이 매일같이 마주
하며 가장 절망했던 문제는 바로 동네 마트와 슈퍼마켓에서 고기와 농
작물을 제대로 찾아보기 어렵다는 점이었다. "우리 집은 4대째 농부 집
안이에요." 퓨가 설명했다. "내 아버지의 아버지의 아버지 때부터 미시
시피에서 농사를 지었지요. 대대로 그렇게 했어요. 유산이죠. 흑인 대
이동이 일어나서 저희 아버지도 1930년대에 북부로 올라왔어요. 제가
여섯 살 때인 1959년에 시카고로 이사를 왔는데, 그전에는 지금의 포
드하이츠라는 동네에 살았습니다. 말해두겠는데 그때만 하더라도 미
시시피주만큼이나 시골 같던 동네였어요. 돼지 농장, 소 농장도 있었고
온갖 채소도 키웠죠. 남부에서 자라지 않았다면 아마 모를 겁니다." 퓨
의 가족이 처음 이사를 왔을 때만 해도 엥글우드에서는 좋은 식품을 쉽
게 찾을 수 있었다. "돌이켜 보면 그때는 (인종적으로) 꽤 섞여 살던 동네
였어요." 퓨가 회상했다. "코너마다 온갖 종류의 가게들과 식료품점들
이 있었고, 별일이 다 벌어졌죠. 저도 걸스카우트 활동을 했고 동네의
소년소녀클럽에도 참여했어요. 학교 수업을 마치고 나면 YMCA에 갔
죠. 카데트(음악과 행진을 배우는 프로그램)도 했어요. 좋은 시절이었죠. 하지만
1970년대가 되어 갑작스레 모든 게 무너지기 시작했어요. 백인들이 모
두 떠났죠. 마틴 루서 킹Martin Luther King이 살해당한 뒤에는 폭동이 이어
졌어요. 도시에 투자가 뚝 끊겼고, 아이들을 위한 프로그램들은 증발해
버렸죠." 식료품점 또한 함께 사라져버렸다.

퓨의 말을 빌리자면, 1980년대에 이르러 엥글우드는 "시카고 식품
사막food desert의 중심"이 되었다. 식품사막이라는 용어는 주민들이 슈퍼

마켓, 할인마트 혹은 대형 식료품점 등을 이용하기 어려운 도시 지역을 지칭하기 위해 미국 농무부가 사용하는 용어다. 농무부 보고서에 따르자면 인구 조사 표준에 따른 저소득 지역의 약 13퍼센트가 식품사막에 해당하며, 해당 지역에서는 건강한 식품의 부재가 폭력 조직이나 총기의 존재만큼이나 위험하다고 밝혔다. 미국 국립과학아카데미에 따르자면 식품사막은 비만 및 식생활과 관련한 여러 만성 질병과 연관성을 가진다. 아이들을 포함한 식품사막에 사는 주민들은 소금, 설탕, 합성 보존료를 더 많이 함유한 가공식품과 탄산음료를 더 많이 소비할 가능성이 높다. 이는 당뇨병 및 심장질환과도 이어진다. 또한 퓨 같은 사람들에게는 끼니 때마다 즐거운 식사를 하기보다는 마음에 들지 않는 음식을 먹어야만 한다는 의미이기도 했다.

엥글우드 같은 곳에서 살면서 동네가 지닌 장점을 발견하는 일은 흔치 않지만, 퓨는 그중 하나를 이야기해주었다. 동네에 공터가 많아서 농사를 짓기에 안성맞춤이라는 말이었다. 실제로 모든 블록에는 공터가 한 개 이상 있었고, 여러 개가 있는 블록도 많았다. "그게 눈에 들어오기까지 좀 시간이 걸렸죠." 퓨가 설명했다. "하지만 조금 지나니 우리는 엥글우드에서도 미시시피에서처럼 농사를 지을 수 있다는 걸 깨달았습니다." 그곳은 공동체 텃밭을 개발하기에도 좋았고, 잠재적으로는 대규모 도시 농업도 가능한 이상적인 장소였다.

이 가능성을 포착한 건 퓨만이 아니었다. 1992년, 시카고홈리스연대Chicago Coalition for the Homeless 설립자 레스 브라운Les Brown은 도시 직업 훈련 프로그램을 농업 중심으로 구상해야 한다고 주장하고 나섰다. 대담하지만 다소 시기상조인 아이디어이기도 했다. 도시 농업이라는 개념이 정립되기 전이었던 데다가 시카고의 공터를 농업 생산의 현장으로 탈바꿈하려는 그의 비전에 공감하는 사람이 거의 없었기 때문이다. 그러나 브라운과 그의 동료 해리 로즈는 계속해서 노력했으며, 이들이 조직한 단체 그로잉 홈Growing Home은 1998년 마침내 시카고에서 약 120킬로미터 떨어진 일리노이주 마르세유에서 부지를 사들이고 농장을 세워 생산 보조원들을 훈련했다. 브라운은 2005년에 세상을 떠났지만, 같은 해 로즈는 엥글우드 지역 시민 단체 한 곳과 함께 시카고에 있는 공터를 동네 농경지로 바꾸는 일을 돕게 해달라며 시 당국을 설득했다. 결국 이들은 부지를 배정받았는데, 이곳은 갱 조직 세 곳이 관리하는 구역들의 교차 지점이었던 데다가 폴리염화바이페닐PCB에 오염되어 있었다. 그러나 트럭 수십 대 분량에 달하는 흙을 채워 넣고, 주변 주민들과 좋은 관계를 형성하며, 시 당국을 설득하여 용도지역 조례를 개정하는 등 4년에 걸쳐 복원 작업을 진행한 그로잉 홈은 마침내 시카고 최초 유기농 도시 농장인 엥글우드 우드스트리트 도시 농장을 세웠다. 이로부터 2년 후에는 근방에 오노레스트리트 농장도 세웠다. "저희의 목표는 엥글우드를 식품사막이 아니라 식품 자급자족지역food destination 이 되도록 만드는 것입니다." 로즈가 내게 한 말이다.

로즈는 그 과정이 매우 길고 고단하리라는 사실을 잘 알고 있었다. 또한 그는 농장 프로젝트 초창기에 상황이 얼마나 나빴는지도 생생하게 기억하고 있었다. "우리가 엥글우드에 자리 잡기 이전에는 대부분의 주민들이 신선 식품을 접할 수 없었습니다." 로즈의 설명이다. "주민들은 지역 슈퍼마켓인 월그린Walgreens에서 먹을거리를 사오거나 동네 주유소 편의점에서 장을 보았습니다. 신선 식품이 정말로 먹고 싶은 사람들은 사우스루프에 있는 홀푸드Whole Foods나 하이드파크에 있는 식품협동조합까지 가서 장을 봤지만, 대부분은 그럴 시간이나 돈이 없었죠. 왜 모두가 건강하지 않은 식사를 하는지 쉽게 파악했어요. 좋은 음식을 구하기 어려웠기 때문이죠."

"2006년 당시, 엥글우드의 형편은 확실히 어려웠습니다." 로즈가 말을 이어나갔다. "하지만 수많은 가구들이 잘 버텨주고 있었어요. 반상회도 활발했고, 거주자들도 점점 늘어나고 있었죠. 변화가 생기기 시작했어요." 그러던 무렵 대침체기가 시작되었고, 담보권 행사에 따른 부동산 압류 사태가 시카고 내 모든 아프리카계 미국인 거주 지역을 휩쓸면서 엥글우드에 특히 더 큰 타격을 입혔다. "순식간에 일어난 일이었어요." 로즈가 그때를 돌이켰다. "집들이 줄줄이 압류되었죠. 정신을 차리고 보니 현관을 판자로 막아놓은 집이 블록마다 서너 곳씩 생겨 있었죠. 10년이 지난 지금까지도 몇몇 블록은 절반 가까이 되는 집들이 아직까지 빈 채로 남아 있어요. 공터는 더 많죠. 폭력도 더 늘어났습니다."

그로잉 홈과 같은 시민 단체가 지난 10년 동안 노력한 덕분에, 이제 시카고에는 식별 가능한 공동체 텃밭과 도시 농장이 800여 개 존재하며, 운 좋게도 이 텃밭과 농장 주변에 거주하는 주민들은 실제로 혜택을 얻고 있다. 최근 자연이 보건에 미치는 영향을 평가하는 방안에 관한 학술 문헌을 검토하고 정책 언명을 발간한 미국공중보건학회 APHA에 따르자면, 공동체 텃밭은 과열된 도심의 온도를 낮추고 그늘을 제공하는 것 외에도 수많은 이점을 가져다준다. 세대 내 그리고 세대 간 교류를 활성화해 사회적 고립을 완화하고 응집력과 사회참여를 증진하며 동네에 대한 애정도 키워준다. 공동체 텃밭을 자주 방문하거나 지나쳐 가는 사람들의 스트레스 수준을 낮추기도 한다. 아이들에게 자연에 대한 긍정적인 생각을 심어주며, 과학 학습 현장이 되어주기도 한다. 또한 건강한 식품을 조달한다. 시카고 내 500곳이 넘는 도시 농장 및 정원에서 과일과 채소를 생산하는데, 그중 대부분이 신선 식품을 접하기 어려운 지역에 있는 농장들이다. 시카고에는 여전히 2,000개가 넘는 공터가 존재하며 대부분은 저소득층 및 인종 분리 지역에 있으므로, 시 당국은 얼마든지 이를 활용하여 더 많은 소규모 녹지를 조성할 수 있다. 그러나 이는 시카고의 정계 지도자들과 주요 자선가들이 다른 핵심 인프라스트럭처, 이를테면 시카고 시청에 조성한 으리으리한 옥상정원 같은 데에 자원을 모두 투자한다면 이루어지지 못할 일이다.

250만 달러를 투자하여 조성한 약 590평 규모의 시청 옥상정원은 세계에서 가장 거대하고 비싼 옥상정원 중 하나다. 2000년에 조성하기 시작한 시청 옥상정원은 150여 종, 약 2만 개에 달하는 식물들을 자랑하며 각 식물들은 온도를 낮추고 태풍 발생 시 빗물을 흡수하는 역할을 한다. 시카고시는 무더운 날 시청 옥상 온도가 일반 건물 옥상 온도와 비교하여 17도가량 낮으며, 덕분에 매달 수천 달러에 달하는 에너지 비용을 절감한다고 보고했다. 물론 대규모 옥상정원은 인상적인 녹색 인프라스트럭처이며, 크게 보았을 때 전 세계적인 기후변화 위기에 대처하여 각 도시들이 추진해야 할 올바른 종류의 프로젝트라고 할 만하다. 심미적으로도 좋고, 생태학적으로도 적절하다. 전 세계에서 온 여행객들은 물론 지역 부동산 개발자들을 고무하여 시카고 빌딩 수십 곳에서 옥상정원 조성이 시작되기도 했다. 그러나 이러한 옥상정원은 사회적 인프라가 아니다. 옥상정원은 시카고 지역사회 주민들을 정기적으로 서로 연결하는 데 아무런 도움도 주지 못했다. 사방이 아스팔트인 지역에 사는 주민들로서는 공기 질이 개선되지도 않았고, 편하게 찾을 공원이 생긴 것도 아니었다. 기상이변에 취약한 사람들을 더 안전하게 보호하지도 못하며, 그 사람들이 사는 곳을 더 건강하게 만든 것도 아니었다. 이 모든 일들을 해내고 싶었다면 시카고시는 옥상정원보다 덜 화려하지만 훨씬 더 접근이 용이한 녹지, 즉 공동체 텃밭과 도시 농장들에 투자했을 것이다.

오랜 기간 민간 부문에서 일하다가 자선 사업에 뛰어든 코르디아 퓨는 엥글우드의 농장 및 텃밭 조성 운동에 그토록 열심히 참여하는 이유가 이러한 방안이 효과가 있다는 증거를 확립하기 위해서이기도 하다고 말했다. 퓨는 직접 텃밭 한 곳을 조성하기도 했으며, 그로잉 홈과 협업하여 허미티지 커뮤니티 가든Hermitage Community Garden과 엥글우드 베터런스 가든Englewood Veterans Gardens이라는 이름의 도시 농장 두 곳을 개발했다. 이렇게 조성한 녹지들은 신선 식품 그 이상의 것들을 가져다주었다. "사람들은 평화로운 곳을 찾아 저희 농장과 텃밭을 방문합니다." 퓨의 설명이다. "젊은이들부터 나이 지긋한 사람들까지 다양하죠. 때로는 다른 동네에서부터 사람들이 찾아오기도 해요. 다른 좋은 사람들과 함께 야외에서 농지를 일군다는 게 참 재미있는 일이니까요. 우리에겐 바로 이런 게 필요합니다. 공동체 공간이 없다면 공동체도 없을 테니 말입니다."

퓨는 이러한 농장과 텃밭이 단순히 공동체 공간에 그치지 않는다고도 덧붙였다. "이곳은 안전한 피난소이기도 합니다. 폭력배들도 우리가 하는 일은 존중하죠." 결국 그들의 부모와 조부모도 이 동네에 살고 있으며, 모두 신선 식품을 감사하게 여기고 있기 때문이다. "싸움을 벌일 때에도 텃밭에는 들어가지 말라고 말하더라고요. 그 사람들도 우리가 무언가 좋은 일을 하고 있다는 걸 알아요. 사실 그들의 친척 누군가가 여기에 나와서 일했을 확률도 꽤 높죠!"

"저희가 우드가에 처음 왔을 때에는 갱들 간의 영역 싸움이 한창이었습니다." 로즈가 말했다. "건물들이 죄다 문을 닫은 상황에서 저희 건물만 새로 짓고 있었기 때문에, 아이들이 와서 기물을 파손하고 유리창을 깨는 일도 있었죠. 하지만 저희는 계속해서 지역사회단체 및 주민들과 긴밀하게 협력했고, 시간이 지나자 주민들도 차츰 저희를 지역 자원으로 바라봐주셨습니다. 저희가 무언가 혜택을 드릴 수 있으리라고 생각하셨죠. 그 이후로 이곳의 평화가 깨진 일은 딱히 없었어요. 텃밭은 그저 아름다운 장소지요. 저희는 새로운 텃밭을 하나 더 조성하려고 노력하고 있어요. 동네에 텃밭이 더 있어야 한다는 건 너무나 명백하니까요."

엥글우드는 여전히 식량 자급자족 지역이라고 말하기엔 갈 길이 멀었지만, 그럼에도 그로잉 홈의 도움으로 식량사막에서 벗어나고 있다. 그로잉 홈이 조성한 도시 농장 두 곳은 신선 식품을 한결같이 공급하며, 매주 파머스 마켓과 쿠킹 클래스를 연다. 최근 또 다른 시민 단체 두 곳도 이 부근 공터에 농장을 지었으며, 지역 비영리 단체에서 운영하는 카페 쿠사냐Kusanya도 이곳에 문을 열었다. 오랫동안 도시 폭력의 온상이라는 오명을 달고 살았던 동네는 이제 도시 농업을 위한 특별한 공간으로서의 명성을 조금씩 얻어가고 있다. 이처럼 동네의 지위가 변화하자 지역의 경제 발전에도 긍정적인 영향이 미쳤다. 2016년 9월에는 스타벅스, 대형마트 홀푸드, 멕시코 음식 체인점인 치포틀레Chipotle 등이 입점한 쇼핑센터가 엥글우드에 문을 열었으며, 주요 언론들은 이를 가리켜 "식품사막의 종언"이라고 보도했다. 모두가 쇼핑센터에 있는 상점들을 이용할 만큼 경제적으로 여유가 있지는 않기에 그렇게까지 말하는 건 아직 시기상조일지도 모른다. 그러나 엥글우드 주민들은 쇼핑센터 오픈 당일 기나긴 줄을 서서 기다려 홀푸드에서 장을 보았는데, 이들이 이 고급 식료품 기업에 이끌린 이유는 반쯤은 주요 생필품을 할인한 가격에 제공한다고 약속했기 때문이었고, 반쯤은 지역 주민들 다수를 고용하겠다고 약속했기 때문이었다.

그로잉 홈은 직업훈련과 경제 발전에 이바지하겠다는 본래의 약속을 잘 지켜나가고 있다. "지역사회 구성원들과 이야기를 나누어보면서 저희는 가난에서 감옥으로, 또 감옥에서 가난으로 이어지는 순환 고리를 끊을 수 있도록 사람들을 돕는 일이 이곳에서 엄청나게 중요함을 깨달았습니다." 로즈가 내게 말했다. "그래서 저희는 막 감옥에서 나온 출소자들을 대상으로 하는 프로그램을 개발했습니다. 형을 마치고 나온 징역수에게 14주간 생산보조직으로 일할 기회를 주고, 그 기간이 끝나면 정규직 일자리를 찾는 과정을 돕는 프로그램이죠." 출소자 대상 프로그램이 자리를 잡고 난 후, 그로잉 홈은 지역사회 발전이라는 사명 또한 공식적으로 단체의 사명에 추가했다. "좋은 먹거리를 생산하는 장소를 갖추고 다양한 사회적 연결이 이루어지도록 돕는 것만으로 많은 것이 달라졌습니다. 앞으로도 저희는 엥글우드를 한층 더 건강한 곳으로 만들기 위해 여러 방안을 시도할 겁니다."

인프라스트럭처 기금을 도시 농장과 공동체 텃밭을 조성하는 데
지원하도록 공무원들을 설득하는 데에는 수년이 걸렸으며, 이를 위해
오래도록 방치된 도시 내 토지를 일구어 보이느라 엄청난 노고가 들기
도 했다. "처음에는 시 당국이 저희를 거의 비웃었죠 뭐." 로즈가 회상했
다. "'엥글우드에 농장이라고요! 글쎄요'라고 하시더라고요. 이제는 그
게 좋은 생각이었음을 다들 알고 있어요. 얼마 안 있으면 오노레 농장
옆에 있는 부지를 새롭게 매입할 예정인데, 실제로 그 부지는 시에서
환경 정화 작업과 울타리 치기 등을 도맡아 하기로 했어요. 10년 전에
비하면 지원이 훨씬 늘어났다고 봐야죠. 더 체계적인 지원이 이루어진
다면 좋겠지만요. 하지만 시에서도 저희가 어떤 변화를 만들어내는지
알고 있으니, 언젠가는 체계적인 지원을 받을 날도 올 테죠."

이러한 체계적인 지원은 사회적 인프라 구축을 통해 도시 보건을
증진한다는 새로운 개념에 미국공중보건학회가 좀 더 영향을 미친다
면 가능해질 것이다. 자연에 관해 공중보건학회가 작성한 보고서가 있
는데 여기에 실린 주요 정책 권고안에서는 다음과 같이 말하고 있다.
"공동체 텃밭을 마스터플랜의 일환으로써 기본적이고 영구적인 노지
활용 방안으로 고려해야 한다. 또한 공동체 텃밭을 지역사회 재개발 프
로젝트에 따르는 부수 결과물로 여길 것이 아니라 처음부터 국토 계획
의 일환으로 고려하여 개발해야 한다."

정책 입안자들은 지금까지 이 권고안을 무시했지만, 이제는 그래
서는 안 될 것이다. 결국 안정적인 에너지 수급과 깨끗한 식수, 원활한

교통, 저렴한 식량, 회복력 강한 체계 등을 위해 구축한 현대적 인프라스트럭처는 공중 보건을 개선하는 데 의학을 비롯한 다른 그 어떤 현대적 발명들보다 더 큰 영향을 미쳤다. 도시 황폐화 복원 작업의 강력 범죄 감소 효과를 연구한 찰스 브라나스와 존 맥도널드는 연구를 확장해 그러한 작업이 공중 보건 개선에도 영향을 미치는지를 검토하면서 다음과 같이 말했다. "20세기 초 보건과 안전 측면에서 이루어진 거대한 변화들은 오늘날 다소 이상하거나 특이하게 느껴질 조합인 의사와 도시계획자, 위생학자와 토목기사들 간의 협업으로 발생했다. (중략) 소수의 사람들을 단편적으로 취급하는 한편 그들의 거주지 주변이 사회적으로나 환경적으로나 명백하게 유해하다는 사실을 무시함으로써 우리가 내놓은 대책들이 현실화되는 것을 방해했으며 조치들이 저해되었으며 국가 보건 발전이 상당히 더디어졌다." 세계가 점점 더 도시화하고 불균형이 심화하는 오늘날에는 더욱 건강한 장소를 건설하는 일이 시급하며, 그 열쇠는 사회적 인프라가 쥐고 있다.

브라나스가 이끄는 필라델피아 연구 팀은 흥미로운 연구를 통해 도시 지역 빈곤층 거주 지역 내 소규모 녹지가 공중 보건을 개선함을 보였을 뿐만 아니라 나아가 그 과정까지 밝혀냈다. 펜실베이니아주립대학교 응급의학과 교수 유지니아 사우스Eugenia South가 주도하여 필라델피아 연구 팀이 수행한 연구는 다음과 같다. 먼저 참가자 열두 명을 모집하여 집에서 두 블록 이내를 산책하는 동안 스마트워치를 통해 계속해서 심장 박동 수를 측정하도록 했다. 참가자들은 남성이 여덟 명, 여성이 네 명이었으며 모두 아프리카계 미국인이었고, 대부분 고령이었으며, 대다수가 연간 소득이 1만 5,000달러 이하인 사람들이었다. 이들은 몇 달 간격을 두고 두 개의 산책 루트를 따라 산책했다. 첫 번째 루트는 버려진 공터를 지나가는 루트였는데, 도시 황폐화 현상의 일종인 이러한 공터는 브라니스의 선행 연구에 따르자면 범죄를 일으키는 경향이 있다. 두 번째 루트는 공터를 복원하여 나무와 풀을 심어 가꾼 작고 편안한 정원을 지나는 루트였다. 연구자들이 말하기를 심장 박동 수가 스트레스 반응을 명백하고 역동적으로 나타내는 지표이므로, 황폐화한 공터와 복원한 공터를 지나쳐 산책하는 동안 실험 참가자들의 심장 박동 수 변화를 측정해보면 잘 관리한 녹지에 머무는 것이 인간 건강을 좌우하는 결정적인 요소에 영향을 미치는지 여부를 판단할 수 있을 터였다.

연구 결과는 명백했다. 주민들은 관리되지 않은 공터를 지나갈 때면 심각한 스트레스 때문에 평균 심장 박동 수가 1분당 9.5회 증가했다. 해당 공터가 오래 전부터 그 자리에 있었으며 실험 참가자들이 이미 익숙하게 보아온 풍경이었음에도 불구하고 도출된 결과였다. 심장 박동 수가 1분당 9.5회 증가했다는 사실이 그다지 위험한 일처럼 들리지 않을지 모르지만, 브라니스 연구 팀은 이것이 우려스러운 수치라고 설명했다. 도시 내에서 황폐화한 공간 가까이에 사는 것만으로 스트레스 급증이 반복되며 "여기에 반복적으로 노출되는 사람이라면 영구적인 심혈관계, 신경계, 내분비기관 조절 장애와 염증 반응"이 나타날 수 있음을 시사하기 때문이다. 산책은 사람들이 건강을 증진하고 신체를 단련하기 위해 반드시 해야 하는 일이지만, 이와 같은 경우라면 건강은커녕 불안의 원인이 될 수 있다.

실험 참가자들이 녹지로 탈바꿈한 공터를 지날 때에는 이와 정반대 결과가 나타났다. 사우스와 동료 연구자들은 실험 대상자가 "녹지화한 공터와 가까이 있는 경우는 녹지화하지 않은 공터와 가까이 있는 경우와 비교했을 때 심장 박동 수를 낮춘다는 사실이 연구 결과 드러났다"고 결론지었다. 이와 같은 심장 박동 수 감소는 공터 녹지화와 실제 스트레스 완화 사이에 상관관계가 있음을 암시한다. 좀 더 실질적으로 말하자면, 본 연구 결과는 공터에 포켓파크를 조성하는 일만큼 비용 부담이 적은 방안을 포함해 물리적 환경 개선이 건강에 광범위하게 긍정적 영향을 미친다는 점을 시사한다. 미국공중보건학회와 마찬가지로 이들 또한 정부가 동네 환경을 체계적으로 개선하는 일을 "까다로운 도시 문제를 해결하기 위한 방안으로 가장 먼저 고려해야 한다"고 촉구하고 있다. 이처럼 활기찬 녹색 장소들이 스트레스를 줄이고 건강을 증진하며 특히 가장 취약한 계층 사이에서 더욱 큰 효과를 발휘한다는 증거들은 필라델피아를 비롯한 전 세계 각지에서 무시하기 어려운 수준으로 나타나고 있다.

• • •

시카고 폭염 사태를 연구하기 시작했을 때부터 내가 특히 관심을 두고 지켜보는 취약 집단이 있다. 바로 급격하게 늘어나는 고령자 집단이다. 오늘날 전 세계 만 65세 이상 인구는 6억 명에 육박하며, 국제연합UN은 "독립적으로 생활하는(즉 가족이나 기관으로부터 도움을 받지 않고 사는) 여성 중 절반 가까이가 혼자 살고 있다"고 추산했다. 앞으로 수십 년 동안 인구 고령화가 진행됨에 따라 이 수치 또한 급격하게 늘어나리라 전망한다. 세계보건기구WHO와 미국 연방정부가 공동으로 발표한 보고서에 따르자면 만 65세 이상 인구는 2050년 15억 명으로 늘어나 전 세계 인구의 16퍼센트를 차지할 전망이다.

나는 나의 또 다른 저서 『고잉 솔로 : 싱글턴이 온다Going Solo』의 바탕이 된 연구 프로젝트에서 혼자 사는 사람들이 증가하는 현상이 현대 역사상 가장 중요하지만 가장 덜 분석된 인구통계학적 변화라고 주장한 바 있다. 1인 가구 증가는 수명 연장 및 여성의 지위 향상 등 여러 긍정적인 변화에서 비롯한 결과이긴 하지만, 한편으로는 너무나도 우려스러운 사회문제 한 가지를 유발하고 있다. 집 밖으로 나오지 못하고 고립될 위험에 놓인 고령자 수가 크게 늘고 있다는 점이다. 정신적·신체적으로 건강이 좋지 못한 고령자라면 문제가 한층 더 심각하다. 공공 정책을 통해 전문 간병인을 두는 방법도 이 문제를 해결하는 데 도움이 될 수 있다. 그러나 고령자들의 건강 및 활력 유지를 도와줄 더욱 유익하고 훨씬 저렴한 방법이 하나 더 있다. 바로 사회적 인프라에 투자하고 공적 영역에서의 교류와 활동적인 라이프스타일을 촉진할 장소들을 건설하는 방안이다.

미국에서는 고령자들이 활동적인 삶을 유지하는 데 공공 도서관이 큰 도움이 되고 있다. 스크린 볼링, 북클럽, 노래자랑 등의 프로그램을 운영하는 공공 도서관이라면 더더욱 중요한 역할을 담당한다. 지정 노인복지관 역시 고령자들을 집에서 사회적 세계로 이끌어내는 데 일조하지만, 한편으로는 이곳에서는 비슷한 나이대의 고령자들만 만날 수 있다는 오명 또한 존재한다. 사회보장제도와 메디케어(사회보장세를 20년 이상 납부한 만 65세 이상 노인과 장애인에게 연방정부가 의료비의 절반을 지원하는 미국

의료보험제도_옮긴이) 덕분에 미국에 거주하는 고령자들은 노년의 금융 문제를 덜어줄 기본적인 지원을 받고 있긴 하나, 미국은 고령자들 사이에서 신체적·사회적 활동이 활발히 일어나게 하는 데에는 별다른 노력을 기울이지 않는다. 예를 들어 각지에 있는 공원에서 때때로 고령자들을 위한 프로그램이 진행되기도 하지만, 노령 인구에 알맞게 설계한 공원은 거의 찾아보기 어렵다. 대부분의 도서관과 공공 주택 시설 또한 마찬가지다. 그러나 다른 몇몇 국가들은 이미 고령자의 활발한 활동을 도울 사회적 인프라에 더욱 대규모로, 또 한층 사려 깊게 투자하고 있다. 대중은 이러한 프로젝트들에 거의 관심을 보이지 않지만, 세계 고령화 인구의 건강을 증진하는 일이 주요 사회적 과제로 떠오르고 있으므로 그 프로젝트들이 어떻게 작동하는지를 이해할 필요가 있다.

오래 전부터 나는 고령자의 신체적 건강과 사회적 활력을 유지하는 데 도움을 주는 장소들을 찾아다녔다. 이 과정에서 발견한 가장 인상적인 사례가 바로 싱가포르다. 싱가포르 국민의 기대 수명은 83.1세로 전 세계에서 세 번째로 높다. 1위는 일본 83.7세, 2위는 스위스 83.4세이며 영국은 81.2세로 12위를 기록했고, 미국은 79.3세로 31위에 머물고 있다. 싱가포르는 국가에서 공공 주택을 건설하고 상당한 국가보조금을 지원해 국민들이 공공 주택을 매입하고 거주할 수 있도록 하는데, 싱가포르 국민 중 80퍼센트가 이러한 공공 주택에 거주하며 그 비율은 고령자층에서 훨씬 더 높아진다. 공공 주택 복합시설 주변에는 대부분 운동 시설을 갖춘 공원과 널따란 만남의 광장, 대개 건물 1층을 차지하는 저렴한 식당가 '호커 센터' 등 활발한 공공장소가 있어 편히 오갈 수 있다. "이러한 장소들은 늘 사람들로 붐벼요." 내가 싱가포르의 "살고싶은도시만들기센터Centre for Liveable Cities"에 연구 차 방문했을 때 나와 함께했던 웨이 다 림이 한 말이다. 당시 우리는 토아파요Toa Payoh 단지 1층에 위치한 북적이는 호커 센터에서 락사(코코넛밀크를 넣은 쌀국수로 말레이 반도의 기본 음식_옮긴이)를 먹으며 대화를 나누고 있었다. "물론 고령자 분들도 많이 나오시죠. 싱가포르에는 고령자 인구가 많거든요." 오늘날 싱가포르 인구의 12.5%가 만 65세 이상이며, 2030년에는 20%에 이를 것으로 전망한다. "그중 많은 분들이 혼자 살고 계세요. 이곳은 그 분들이 언제든지 나와서 아는 사람들을 만날 수 있는 장소죠."

토아파요는 전형적인 싱가포르식 주택단지다. 고층 타워들이 줄지어 늘어서 있고, 돌이 깔린 산책로와 인도가 건물들을 잇고 있으며, 곳곳에는 소규모 정원들이, 1층에는 옥외 고급 쇼핑몰이 들어서 있다. 나는 싱가포르에 머무는 동안 각기 다른 동네에 있는 주택단지 다섯 곳을 방문했는데, 모두 설계는 달랐지만 하나같이 사교 이벤트 및 프로그램을 상당수 주최했고, 야외에는 편히 쉬기 좋은 파릇파릇한 녹지가 있었으며, 쇼핑부터 식당가까지 다양한 상업 시설이 있어서 세대를 막론하고 많은 사람들이 찾아왔다. 공공구역에는 수많은 사람들이 오갔지만 바닥은 깨끗했고 시설도 잘 관리되고 있었다. 물론 범죄를 우려하는 사람들도 많았다. 몇몇 단지에서는 대형 전광판을 세워두고 최근에 발생한 사건 사고를 공지하기도 했다. 범죄율은 그 어느 기준에 비추어 보아도 낮은 편이며(토아파요의 '범죄 발생 경고' 전광판에는 아무런 말도 적혀 있지 않았다) 발생한다 하더라도 대부분이 경범죄였지만 말이다. 고령자들은 마치 자기 집에서처럼 편안한 모습으로 공공장소에서 산책하고 쇼핑했다. 한번은 한 고령자가 그늘진 벤치에서 낮잠을 청하며 길고 습한 오후 시간을 보내는 모습도 보았다.

싱가포르 정부는 철저한 사회계획을 실시했으며, 각 복합단지에 다양한 인종과 소득 계층의 사람들이 살도록 아파트를 배정했다. 그러나 급격한 인구 고령화에 대한 대책은 이제 막 걸음마를 뗀 수준이다. 내가 방문한 살고싶은도시만들기센터는 정책 입안자들과 긴밀하게 연결된 정부 산하 연구기관이었으며, 싱가포르에 머무는 동안 나는 수많은 시 공무원들을 만날 수 있었다. 몇몇 공무원들은 에이징 인 플레이스(AIP, 노년이 되어도 본래의 거주지에서 자립적인 생활을 한다는 개념_옮긴이) 상태인 고령자들이 점점 더 고립될 것이며 자녀와 손주와도 한층 더 멀어질 것이라고 우려한다. 주택 공급량이 빠듯해서 다양한 세대의 가족들이 한 동네에 모여 살기 어렵기 때문이다. 다른 몇몇 공무원들은 대가족 거주용으로 설계한 대형 아파트에 그 공간을 모두 활용하지는 않는 고령자 부부와 독신자가 살게 되면서 가뜩이나 지구상에서 가장 인구밀도가 높고 좁은 이 나라의 주택난을 한층 더 심화할까 우려한다. 싱가포르 정부의 사회계획은 여러 한계를 내포하며, 주택 소유자들이 본인이 소유한 주택에서 살 권리를 존중한다. 그러나 주택개발청은 고령자들이 자녀들과 다시금 가까이 지낼 수 있도록 젊은 가족들과 고령 독신자를 위한 다양한 형태의 주거 공간이 한데 모인 다세대(多世代) 대형 주택 혹은 복합단지를 건설하는 방안을 고려하고 있다.

이 개념은 다른 나라에서도 찾아볼 수 있다. 인구 중 독신자 비율이 다른 국가보다 월등하게 높은 스웨덴에서는 가족이나 친척이 아닌 사람들이 다세대 주거공동체에 모여 살면서 활발하고 사회적이며 상호 지지적인 환경을 일구기도 한다. 40세 이상을 위한 코하우징Co-Housing 프로젝트 페르드크네펜Färdknäppen 거주자들은 각자에게 주어진 공간을 사유하면서도 건물 내에 있는 다양한 공용 공간과 프로그램을 이용한다. 예를 들면 이곳에는 대형 공용 부엌과 야식 타임이 있어서 거주자들이 원하는 곳에서 함께 요리를 하고 식사를 한다. 미국에서도 고령자 부모나 조부모 세대와 젊은 자녀 세대가 한 건물을 공유하면서도 분리된 주거 공간에서 살 수 있는 다세대 주택이 실험적으로 운영되고 있다. 부동산 개발업자가 이를 주도하는 경우도 있고, 노인 돌봄을 개인적인 문제로 여기는 가족들이 직접 시도하기도 한다. 공공 부문보다는 민간 부문과 자선 부문에서 먼저 등장한 이런 주거공간은 아직까지 흔히 찾아보기는 어렵다. 그럼에도 이는 더 나은 거주지를 마련하려는 이들의 증가 추세가 사회적 이목을 끌고 있다는 신호로 볼 수 있다.

내가 싱가포르 방문에서 가장 놀란 점은 부동산 정책 자체의 구조와 그 정책으로 형성된 사회질서 덕분에 고령자에 관한 문제를 이미 다른 대부분의 국가들보다 잘 해결하고 있음에도 싱가포르 정부 공무원들이 여전히 고령자 문제를 심각하게 여기고 있다는 점이었다. 싱가포르는 다른 민주주의 국가에서 찾아보기 어려운 수준의 권위주의 정부와 사회 개입 규범 덕분에 사회가 유달리 부유하고 교육 수준이 높다. 그러나 현재 싱가포르가 고령자의 건강과 복지를 증진하기 위하여 활용하고 있는 도시계획 모델은 다른 수많은 국가들과 마찬가지로 활발한 식당가와 지역 상인을 중심으로 하는 상업 시설, 동네 공원, 활기찬 공공장소 등을 강화하는 데 주력한다. 대부분의 국가들이라면 정부의 핵심 가치와 체계까지 건드리지 않더라도 고령자를 위해 더욱 건강한 장소를 건설할 수 있지만, 그렇게 하려면 우선 사회에서 나타나는 두

가지 주요 변화를 직시해야 한다. 첫째, 고령 인구는 유례없이 많은 수를 기록하고 있으며, 둘째, 주택 수요를 감당하지 못하여 발생하는 주택 부족 또한 이토록 심각했던 전례가 없다. 두 가지 변화에 진정으로 대처하고자 하는 국가들은 지금까지 거의 없었다. 급격하게 고령화하고 도시화하는 전 세계 각지의 사회 설계에 오늘날 싱가포르가 개발 중인 종류의 대규모 주택 및 상업 복합시설 등이 포함되는 것은 시간문제다. 그러나 그 전까지 우리는 여러 방법을 통해 우리가 살고 있는 곳을 조금씩 개선해 고령자들의 건강한 생활을 도모할 수 있다.

UCLA의 도시계획학과 교수 아나스타시아 루카이토-시더리스Anastasia Loukaitou-Sideris는 정책 연구 팀과 함께 저서 『고령화 인구를 위한 장소 만들기Placemaking for an Aging Population』에서 고령자를 위해 고안한 세계 각지의 혁신적인 사회적 인프라를 집중 조명했다. 공원과 녹지를 이용한 사례가 가장 흔했는데, 이러한 장소들은 고령자 주민들의 활발한 이용과 세대 간 교류를 촉진하게끔 재건하기에 비교적 용이하기 때문이다. 예를 들어 중국에서는 오래 전부터 고령자들이 공립 공원에 나와 춤을 추거나 경보와 태극권 등을 하며 집단적으로 운동하는 문화가 있었다. 2000년대 들어 중국 정부는 2008베이징올림픽을 준비하면서 고령자들에게 활발한 활동을 한층 더 독려하기 시작했으며, 그 일환으로 고령자용 저강도 운동기구를 갖춘 공원 및 도심 공간 수천 곳을 새로이 건설했다.

루카이토-시더리스와 동료 연구진은 고령자에게 초점을 맞춘 여가 공간을 스페인이 다른 유럽 국가들과 비교해 월등하게 많이 조성했다고 보고했다. 스페인 말라가주에는 이러한 '노인 공원geriatric park'이

32개 있으며, 대부분이 대규모 녹지를 끼고 있다. 거의 모두가 평형대와 페달, 계단, 경사로, 회전바퀴 등의 운동 시설과 단체 활동 공간을 갖추고 있으며, 가까운 곳에 다양한 세대가 이용할 수 있는 운동 시설을 추가로 조성해두었다. 2009년, 런던은 하이드파크에 이와 비슷한 시설을 갖춘 '시니어 놀이터'를 조성했고, 중년 이상에게 이용을 추천하는 동시에 15세 이하 어린이의 출입을 제한하고 있다. 맨체스터 블래클리에 거주하는 주민들 또한 비슷한 시기에 시니어 공원을 직접 조성했는데, 다른 점이 있다면 이곳은 근처 공터를 놀이터 삼아 놀던 어린이 사용자들에게도 문을 열어주는 편을 택했다는 것이다.

야외 놀이터를 활용해 세대 간 교류를 독려하려는 사례 중 가장 야심 찬 시도는 핀란드에서 찾아볼 수 있다. 놀이터 설비 생산 업체인 라프셋Lappset이 지자체와 협업하여 '삼대(三代)를 위한 놀이 공간'을 조성한 것이다. 라프셋이 조성한 공원은 나이와 관계없이 사용할 수 있도록 설계된 그물망, 정글짐, 그네 등을 갖추고 있다. 이러한 시설들이 자리를 잡으려면 약간의 위험부담과 문화 적응을 감내해야 한다. 중년이나 노년 사용자들로서는 어릴 때나 사용하던 놀이기구를 이용하기가 어색하고 불편하게 느껴질 수 있기 때문이다. 시장조사에 따르자면 놀이터 시설을 사용하며 놀기를 가장 꺼려하는 사람들은 프랑스인들이고, 독일과 북유럽 사람들은 이러한 다세대 놀이 공간에 가장 열정적으로 참여한다. 그러나 고령자들이 이러한 놀이 시설을 이용하기 시작한다면 그 효과는 어느 나라에서든 빠르게 드러난다. 예컨대 로바니에미 응용과학대학교의 연구 결과에 따르자면 65세에서 81세 사이의 실험 참가자 40명이 3개월 동안 공원 놀이터에 설치된 운동 시설에서 운동한 결과 평형감각과 스피드, 신체 조절 능력이 향상되었으며 평상시에 넘어질 위험성도 줄어들었다. BBC와 인터뷰한 어느 63세 여성이 말한 바에 따르자면, 그녀는 놀이공원에 놓인 평형대를 처음 사용할 때만 하더라도 "코끼리가 외줄 타기를 하는 기분"이 들었지만 3개월이 지나자 1분이 넘게 걸리던 것을 17초 만에 건너갈 수 있게 되었다. 그보다 더 좋았던 점은 놀이터 바깥에서 드러났다. 이제는 젊었을 때만큼 힘차고 자신감 있게 길거리를 걸어 다닐 수 있게 된 것이었다.

...

물론 편하게 이용할 수 있는 공원 및 여타 여가 시설을 더 많이 필요로 하는 사람은 고령자뿐만이 아니다. 우리 모두가 그러하다. 야외 놀이 시설은 어린이들의 신체적 건강 및 사회성 발달과 직결된 문제이기 때문에 어린이들에게 특히 중요하다. 그러나 뉴욕시립대학교 어린이환경리서치그룹의 저명한 환경심리학자 로저 하트Roger Hart와 연구진들이 내놓은 연구 결과가 말해주듯, 선진국에서는 어린이들이 놀 만한 야외 공간이 지난 수십 년에 걸쳐 꾸준히 줄어들고 있다. 또한 하트는 어린이들의 신체 및 심리 발달에 놀이터가 도움을 주기 어렵게끔 만드는 여러 제약 또한 생겨나고 있다고 주장했다. 뉴욕시립대학교 연구진은 야외 활동 공간이 감소하는 이유를 다음과 같이 분석했다. 우선 공원과 여가 시설에 대한 공공 투자가 급감했고, 폭력에 대한 우려가 커졌으며, 아이들을 어른이 계속해서 주시해야 한다는 시각이 새로이 대두되었다. 학업에 대한 부모의 압박 또한 커졌고, 전문적으로 관리하는 방과 후 프로그램이 출현했으며, 비디오게임과 앱, 소셜 미디어 등 전자기기를 기반으로 하는 문화가 계층과 지역을 막론하고 청소년 여가 활동의 주요 기반으로 자리를 잡았다. 이렇게 야외 활동 공간이 감소하자 청소년의 비만율과 스트레스 수준이 높아졌으며, 하트의 주장에 따르자면 청소년의 국민 생활 참여 역량 또한 줄어들었다.

시민으로서의 역량 감소가 우려된다는 말은 다소 놀랍게 들릴지도 모른다. 그네와 미끄럼틀 혹은 모래밭에서 보내는 시간을 곧 민주주의에 참여할 준비 과정이라고 생각하는 사람들은 많지 않기 때문이다. 그러나 하트와 연구진들은 놀이터 활동을 연구하면서 거의 모든 부모들이 부차적이라고 여길 행동들에 주목했다. 아이들은 다음 차례를 기다리는 아이에게 언제 그네를 넘겨줄지를 어떻게 결정하는가? 기다림이 너무 길어지는 듯할 때에는 어떤 일이 벌어지는가? 낯선 사람을 놀이에 끼워줄 때에는 어떻게 행동하고, 어떨 때 선을 긋는가? 의견 충돌이나 다툼이 생기면 어떻게 해결하는가? 전후 사정도 고려해야 한다. 하트와 동료 연구진들은 아이들이 정기적으로 방문하는 학교나 동네 놀이터에서 일어나는 일들에만 연구를 한정 짓지 않았다. 아이들이 새로운 공간을 탐색하고 색다른 사람들이나 집단과 마주할 때 아이들 간의 사회적 동역학이 변화하리라고 생각했기 때문이다. 특히 아이들은 '낯선' 장소를 헤매고 다니며 새로운 사회적 상황을 스스로 헤쳐나가야 할 때 훗날의 시민생활에도 도움이 될 대인 관계 기술을 발달시킬 가능성이 높다. 하지만 오늘날에는 부모들이 아이들을 하루 종일 지켜보고 보살피기 때문에 아이들이 동네를 혼자 배회할 기회는 많지 않다.

하트의 동료 학자인 패멀라 릿트Pamela Wridt는 최근 구전 역사, 아동기 자서전, 기록 연구를 통해 뉴욕 시민이 공적 공간을 이용하는 양상이 세대를 거치며 어떻게 달라졌는지 1930~1940년대생, 1970년대생, 2000년대생 총 세 세대로 나누어 분석했다. 1930~1940년대 출생자들은 동네 인도를 주된 놀이터로 삼았다. 1940년대에 이스트 할렘과 요크빌에서 자라난 이탈리아계 미국인 빅토리아는 당시를 다음과 같이 회고했다. "블록 전체에 아이들이 바글바글했다. 거의 모든 활동들이 야외에서 이루어졌다. 아이들은 인도에 나와서 바닥에 (분필로) 땅따먹기 판을 그리고 잭스 게임이나 보틀톱 게임(두 가지 모두 공기놀이와 비슷한 놀이_옮긴이)을 했다." 릿트의 설명에 따르자면 당시 엄마들도 아이들이 늦은 저녁까지 밖에서 놀게 해주었는데, 이는 "동네 사람들이 동네 아이들을 늘 사려 깊게 지켜보고 있음을 부모들도 알고 있었고, 테너먼트 창문 너머로 쉽게 아이들을 살펴볼 수도 있었기 때문이다." 야외 놀이에는 약하게는 다른 아이들이나 어른들과 실랑이가 벌어질 가능성부터 심각하게는 폭력배에게 휘말리거나 차에 치일 가능성까지 다양한 위험이 존재하는 것도 사실이다. 개혁 단체들은 놀이터 등 아이들을 좀 더 보호하는 놀이 공간을 조성하라며 시 당국에 로비를 벌였다. 그러나 빅토리아 같은 아이들이 나쁜 일을 당하는 경우는 드물었다. 인도는 아이들에게 피난처였으며 성장의 터전이었다.

1970년대에 태어난 뉴욕 시민 대부분은 이와 사뭇 다른 기억을 가지고 있다. 릿트가 설명하기를 당시 범죄율이 증가함에 따라 부모들은 아이들이 길거리와 인도를 옛날처럼 마음껏 돌아다니도록 놔두길 꺼려하기 시작했고, 놀이터와 운동 시설 등 잘 관리된 장소들도 예전보다 대중화되어 있었다. 그러나 재정 위기에 맞닥뜨린 시 당국은 공원과 놀이터에 들어가는 예산을 삭감했다. 전문 관리인이 자취를 감추었고, 시설 여건이 급격히 나빠졌다. 폭력단과 마약 거래상들이 공공장소를 점령했다. 이즈음 이스트할렘과 요크빌에서 자라난 아프리카계 미국인 레지는 릿트와 함께한 인터뷰에서 당시 인종 간 갈등이 빈번하게 발생했으며, 흑인과 라틴계 어린아이들은 지켜보는 어른이 없는 장소에서 자주 괴롭힘의 타깃이 되었다고 말했다. 십 대 청소년이었던 그는 그래도 친구들과 함께 거리를 돌아다니면서 공원과 놀이터에서 열리는 즉흥 공연에도 가끔 참석했고 음악과 춤을 함께하며 우정을 쌓기도 했다. 그러나 더 어린 아이들에게 이 구역은 차츰 출입할 수 없는 곳이 되어갔으며 특히 해가 지고 난 다음에는 더더욱 그러했다. 점점 더 많은 부모들과 양육자들이 실외 공공장소를 꺼려하면서 아이들을 집 안에만 머물게끔 했다.

2000년대에 접어들면서 실외 공공장소에 대한 아이들의 접근성은 한층 더 제한되었다. 레지가 살았던 바로 그 주택단지, 이삭하우스Isaacs House에 사는 열세 살의 이탈리아계 미국인 노엘은 릿트와의 인터뷰에서 부모님이 이삭하우스 단지 내에 있는 놀이터에서는 놀게 해주지만 다른 동네 공원에는 못 가게 한다고 말했다. 릿트는 노엘의 부모가 "노엘을 극도로 보호했으며, 딸의 일상을 지켜보느라 상당한 에너지를 소비했다"고 썼다. 노엘은 가끔씩 부모님의 허락을 받아 친구들과 함께 부유한 옆 동네 86번가에 있는 영화관과 쇼핑몰에 놀러 가기도 했고, 오늘날 중산층 및 부유층 지역사회에서 흔히 보이는 영리단체 주관 방과 후 활동이나 여름학교에 참석하기도 했다. 그러나 노엘은 스스로가 마음대로 이동하지 못한다고 말했으며, 그렇기 때문에 거의 모든 자유 시간을 그 나이 또래 아이들과 마찬가지로 온라인에서 보낸다고 말했다. "인터넷은 매일 해요." 노엘이 말했다. "이메일은 별로 안 쓰고, 인스턴트 메시지를 써요. 텔레비전도 늘 켜놓고, 컴퓨터도 늘 켜놔요. 핸드폰으로 문자메시지도 보내요." 이 또한 사회적 행동이긴 하지만, 이를 통해 몸을 움직이는 활동을 하거나 실외 녹지에서 시간을 보낼 일은 거의 없다. 노엘은 폭력으로부터 안전하게 보호되긴 하겠지만, 지난 세대에게는 훨씬 드물었던 비만이나 스트레스, 주의력결핍장애 등 여러 건강 리스크에 노출된다.

노엘의 부모는 동네에 있는 낙후한 공립 놀이터에 아이가 가지 못하도록 막는다. 하지만 다른 면에서 보자면 이들을 포함한 뉴욕 시민들은 어쨌든 나갈지 말지를 선택할 실외 시설을 근처에 두고 있는 셈이므로 미국 다른 지역에 사는 수많은 가족들보다는 사정이 나은 편이다. 미국과 영국을 포함한 대부분의 산업국가에서는 사회적 계층에 따라 자연 및 실외 놀이 공간 접근성에서 상당한 격차가 발생하며, 몇몇 경우에는 격차가 매우 크게 벌어지기도 한다. 예를 들어 사계절 내내 화창한 날씨 덕에 아이들이 모두 밖에 나와서 놀 것만 같은 로스앤젤레스에서는 저소득층 가구의 절반 가까이가 근처에 공원이나 놀이터가 없는 지역에 거주한다. 비만과 스트레스 간의 관계를 연구한 UCLA의 신경과학자 빌리 고든Billi Gordon은 근방에 실외 놀이 공간이 있는 주거지들도 대부분 고속도로와 인접한 탓에 사람들은 결국 매연을 피해 집 안에만 머무른다고 보고했다.

로스앤젤레스에는 다른 선택지도 있었다. 1930년대, 조경사 프레더릭 로 옴스테드 주니어Frederick Law Olmsted Jr.는 상공회의소 산하 위원회와 함께 펴낸 「로스앤젤레스의 공원, 놀이터 및 해수욕장Parks, Playgrounds and Beaches for the Los Angeles Region」에서 로스앤젤레스 카운티 내에 공원과 놀이터, 해수욕장, 숲으로 이루어진 네트워크를 조성하자는 정교한 구상안을 선보였다. 녹지에 대한 평등한 접근권을 추구하는 시민 단체 시티프로젝트City Project의 말을 빌리자면, 옴스테드가 작성한 보고서는 "저소득층이 대부분 사람들이 선호하지 않는 지역에 거주하며 여가를 누릴 기회도 적다는 사실을 인지하고 있었고, 공원과 여가 시설을 구상할 때 가장 먼저 고려되어야 한다는 점도 알고 있었다." 보고서에 포함된 권고 사항으로는 '공립 해수욕장 증설', '로스앤젤레스 및 샌가브리엘 강가 녹지화', '지역 공원 시스템에 주변 숲 지역 및 산지 통합' 등이 있었다. 계획은 상당한 호평을 받았지만, 로스앤젤레스의 실세들은 옴스테드의 주요 제안들을 하나씩 묵살했다. 게다가 이후로 수십 년간 도시 발전의 주체들이 인종차별적 계약과 토지사용제한법을 시행하며 로스앤젤레스의 분열과 불평등을 옴스테드가 문제를 해결하고자 했던 시절보다 한층 더 심화해버렸다. 오늘날 로스앤젤레스에는 미국에서 가장 호화로운 주택과 해수욕장, 컨트리클럽 등이 모여 있으며, 로스앤젤레스에서도 부유한 동네에 사는 주민들은 전 세계에서 가장 아름다운 자연경관에 둘러싸여 살아가고 있다. 빈곤층 거주 지역에는 공원조차 부족하다.

로스앤젤레스는 재정 사정 또한 좋지 않다. 로스앤젤레스가 건강하고 접근이 용이한 녹지 조성에 투자하기를 거부한 것은 비단 1930년대만의 일이 아니다. 수십 년에 걸쳐 대규모 도시화를 거친 오늘날의 로스앤젤레스 카운티는 지역 내 공원들을 보수하는 데에만 약

120억 달러가, 또 시스템 개선에 215억 달러가 필요할 것으로 추산하고 있다. 수많은 미국 도시들과 마찬가지로 로스앤젤레스 또한 정치적으로 분열되어 있으며, 공적 자금이 부족한 탓에 몇몇 지역구 당국은 공원과 놀이터, 수영장, 시니어센터 등에 쓸 기금을 직접 모금하기도 했다. 그러나 이는 도시의 환경적 부조리를 악화할 뿐이었다. 로스앤젤레스 시 당국은 일련의 회계감사를 시행한 뒤, 이미 모두가 알고 있던 사실을 공식적으로 발표했다. "저소득층 지역사회보다 부유층 지역사회에서 더 많은 양질의 여가 프로그램에 참여할 수 있으며, 공공 기금을 분배하는 정책 및 공식 들은 불평등을 완화하기보다는 악화하고 있다." 지역사회 지도자들은 이 문제를 지난 수십 년간 인지하고 있었으나, 시티프로젝트가 말하듯 "시 당국은 모든 동네의 공원을 개선하라는 권고안을 이행하지 못했으며 이행하려 하지도 않았다."

그러나 최근 로스앤젤레스의 유권자들은 시 당국이 공원과 해수욕장 및 공공용지를 형편없이 관리하는 데에 압도적인 실망을 표출했다. 2016년 11월, 1제곱피트당 1.5센트의 부동산세를 부과하여 도시 내 공원 건설 및 유지에 사용하는 법안이 유권자 75퍼센트에게 찬성표를 받아 통과되었다. 연간 1억 달러 미만의 자금이 모일 것으로 예상되므로 엄밀히 말하자면 아주 대대적인 조치는 아니지만, 시행 종료일을 따로 두지 않았으므로 도시 내 공원과 공공장소에 지속적인 자금 지원을 약속하는 셈이다. 그러나 이 기금이 정말로 필요한 사람과 지역에 투자될지는 지켜보아야 할 문제로 남아 있다. 로스앤젤레스가 지나온 역사로 미루어 빈곤층 소수자가 거주하는 지역의 실외 편의 시설에 공공기금 투자를 유치하겠다는 것은 곧 기나긴 싸움을 벌이겠다는 뜻과도 같다고 볼 수 있다.

. . .

　환경적 불평등에 관한 연구들은 어느 인종과 계층에 속하는지가 자연에 대한 접근권에 영향을 미친다는 사실을 명백하게 드러내 보인다. 그러나 녹색 사회적 인프라와 멀리 떨어져 산다는 것은 빈곤층뿐만 아니라 모든 사람들에게 힘겨운 일이다. 중산층과 부유층 또한 신록이 우거진 환경에서 시간을 보낼 필요가 있으며, 그러지 못하는 사람들은 큰 대가를 치르게 된다. 적어도 지리학자 제이미 피어스Jamie Pearce가 주도하는 영국의 어느 연구진이 발표한 흥미로운 논문은 이와 같은 결론을 내린다. 연구진은 어떠한 환경적 특성들이 영국 내에서 건강 불균형을 유발하는 데 일조했는지를 알아보고자 했다. 이들은 다양한 생태학적 '불편성'을 반영하는 '다중환경박탈지수'를 개발하여 영국 전역의 지역구를 평가했다.

　국가적인 차원에서, 이 새로운 지수는 피어스와 연구진이 기대한 바를 입증했다. 빈곤한 동네는 부유한 동네보다 평균적으로 훨씬 더 적은 생태학적 편의 시설을 갖추고 있으며, 그 영향은 쉽게 확인할 수 있다. 지역구별 사망자 수는 환경 박탈이 건강에 상당한 영향을 미친다는 사실을 보여준다. 지역구별 나이와 성별, 사회경제적 지위 등의 요소를 통제했을 때에도 같은 결론이 도출된다. 이들의 상관관계 또한 간단명료하다. 물리적 환경 박탈이 심각할수록 지역사회의 건강은 악화한다. 이는 피어스와 동료들에게 매우 중요한 발견이었다. 최근까지만 해도 환경 박탈 지역에 사는 주민들보다 녹지로 둘러싸인 지역에 거주하는 주민들이 더 건강한 이유를 사회적 계층 등의 교란인자로 더 잘 설명할 수 있다고 여기는 학자들이 있었기 때문이었다. 피어스 연구진의 일원이자 유행병학자인 리처드 미첼Richard Mitchell 또한 그중 하나였다. 그러나 연구진은 결국 신뢰성 높은 포괄적 국가 데이터를 이용하여 환경 박탈이 영향을 미친다는 사실을 명백히 밝혔다.

피어스가 진행한 연구에서 무엇보다 놀라운 점은 바로 가장 부유한 지역에 사는 사람들의 건강상태와 수명에 환경 박탈이 미치는 영향이었다. 학자들은 미국을 중심으로 진행한 선행 연구에서 저소득층 지역일수록 환경 박탈이 주민 건강에 '한층 더 해로운' 영향을 미친다는 사실을 발견했다. 그러나 피어스가 발견한 바에 따르자면 영국에서는 다중 환경 박탈은 소득 측면에서 가장 덜 궁핍한 사람들에게 가장 큰 악영향을 미쳤다. 예를 들어 런던에서는 이즐링턴과 클러큰웰 등 인구 밀도가 높으며 아스팔트로 뒤덮여 있고 녹지와 멀리 떨어진 부자 동네 주민들은 나이츠브리지와 베이스워터 등 유사한 동네에 살면서 하이드파크를 편하게 이용하는 사람들보다 건강 측면에서 더 큰 위험에 직면해 있었다. 적어도 영국에서만큼은 부유하다고 해서 형편없는 환경이 초래하는 위험으로부터 안전하지는 않은 것이었다. 건강을 유지하기 위해서는 누구에게나 녹지가 필요하다.

제 5 장

공동의 발판

나와 다른 사람들과
의미 있는 관계를 형성하는 일

심각한 차별에 직면한
모든 집단에게는
지지와 응집력을 강화해줄
공간이 필요하다.

나의 고조부 에드워드는 1890년 프라하 교외의 작은 마을에서 시카고로 이주해왔으며, 몇 년 만에 시카고 사우스사이드에 자리를 잡았다. 바로 그해, 가까운 곳에 시카고대학교가 설립되었다. 하지만 고조부는 미국에 유학을 온 것도 아니었고, 대학 공부는 후손들이나 누릴 사치라고 생각했다. 당시 시카고에는 이미 소규모 유대인 마을이 형성되어 있었다. 마을 사람들은 유대교 회당과 학교, 코셔 마켓 등 유럽 내 유대인 거주 지역에 있었던 모든 시설들을 이곳에도 갖춰두고선 끈끈한 공동체를 형성하며 살고 있었다. 그러나 고조부에게는 필요 없는 것들이었다. 그는 오스트리아-헝가리제국의 군대 징집을 피하느라, 또 미국 땅이 선사하는 기회들을 온몸으로 경험하느라 여념이 없었다. 그에게 주어진 첫 번째 임무는 입에 풀칠을 하는 것이었고, 길거리 한구석에서 소포장 석탄을 팔아 이 임무를 완수했다. 곧 고조부는 도시 남쪽에 위치한 농경 마을에서부터 마구잡이로 확장하고 있던 시카고 가축수용소까지 소 떼를 몰고 오는 일을 찾아 위대한 중서부에서 몇 안 되는 유대인 카우보이 중 하나가 되었다. 일리노이주와 인디애나주 경계

지역을 가로지르는 동안, 고조부는 당시 풍경을 하루가 다르게 바꾸어 놓던 대규모 제철소와 제조 공장 들을 보면서 경외심을 느꼈다. 독일·아일랜드·스코틀랜드·세르비아·크로아티아·폴란드·이탈리아 등 각지에서 이민자들이 이 지역에 몰려들어와 공장에 일자리를 얻거나 직접 소규모 사업을 시작하는 모습에도 주목하지 않을 수 없었다. 훗날 시카고 남부라는 이름으로 알려질 이 지역은 고조부가 오랫동안 꿈꿔왔던 바로 그곳이었다.

고조부는 평생의 대부분을 시카고 사우스사이드에서 보내셨으며, 다양한 인종이 사는 너무나도 미국적인 동네에서 열한 명의 아이들을 길렀다. 시카고대학교의 선도적인 사회학자 찰스 쿨리Charles Cooley는 한 개인이 가장 깊고 오랜 유대 관계를 유지하는 가까운 친구들과 가족들을 가리켜 '제1차 집단'이라고 불렀는데, 고조부의 경우는 특정 종교집단에 본인을 한정하길 거부하셨음에도 불구하고 대체로 보헤미안과 유대인 등 비슷한 배경을 갖고 있는 제1차 집단과 어울렸다. 이러한 '동족 선호'는 당시는 물론 오늘날에도 뚜렷하게 나타난다. "사람들은 자신과 닮은 사람을 사랑한다"는 아리스토텔레스의 말은 너무나 유명하고, 플라톤 또한 "유사성은 우정을 낳는다"고 믿었다(다만 두 사람 모두 다른 글에서는 반대가 이끌리는 법이라고도 말한 바 있다). 오늘날처럼 다채로운 사회에서도 대부분의 사람들은 무언가 중요한 포인트에서 자신과 닮은 사람을 찾아다닌다. 닮은 사람을 발견했다면 그다음부터는 먹고 마시고 기도하고 놀고 배우는 등의 활동들을 반복적으로 함께하면서 '유유상종 기질'을 한층 더 굳힌다.

고조부가 계속해서 유럽 고향 마을에 머물렀더라면 아마 평생을 제1차 집단에 속하는 구성원들하고만 보냈을 테다. 그러나 시카고에 온 고조부는 가벼운 관계의 친구들과 직장 동료, 지인 등 '제2차 집단'을 형성하고 그들과 상당한 시간을 함께했다. 고조부가 맺은 인간관계 중 상당수는 사업차 맺은 관계였다. 그곳은 산업을 중심으로 굴러가는 지역이었고, 산업 중심의 생활양식이 공장 현장과 시장에서부터 시작되어 동네의 모임 장소와 술집, 식당, 정치단체에까지 뻗어나가 지역 내에서 이루어지는 사회적 교류 대부분의 기초가 되었다. 각종 종교 시설과 특정 주거 구역에는 각각의 인종 집단이 모여들었다. 사람들은 대체로 본인과 소속이 같은 사람들과 결혼했다. 그러나 그때까지만 하더라도 시카고 남부에서는 인종 분리 현상이 뚜렷하지 않았으며, 지역 주민들은 본인이 속한 인종 공동체 구성원들과 결속을 이루는 동시에 집단 간 경계를 초월하는 다리를 놓았다. 다양한 인종의 공장 노동자들은 제철소에서 길고 고된 하루를 보내며 서로서로를 도왔다. 이들은 노동조합에 가입하고, 지도자를 선출했으며, 집단으로서 교섭하는 방법을 깨우쳐나갔다. 또 서로 술자리를 같이했고, 스포츠 경기에서 서로서로 경쟁했으며, 아내를 데리고 동네 뮤직홀에서 춤을 췄다. 서로의 가족들과도 알고 지냈으며, 서로의 아들들이 나이가 차면 일자리를 구하는 데 도움을 주기도 했다. 동네에서 열리는 정치적 모임에도 참여했다. 늘 그랬던 것은 아니지만, 대개 이들은 같은 편에 서서 싸움을 이어나갔다.

1960년대, 사회학자 윌리엄 콘블럼William Kornblum은 시카고 남부의 사회적 동역학을 이해하기 위하여 그곳의 블루칼라 지역사회로 이주한 뒤 공장에 일자리를 얻었다. 당시 이곳에는 멕시코인과 아프리카계 미국인 등 비유럽 출신이 자리를 잡은 상태였으며, 이들을 대상으로 한 편견과 차별 때문에 시카고의 악명이 드높아지고 있었다. 백인 공장 노동자들은 멕시코 출신 미국인들이 시카고 남부로 이주해오자 그들과 흔쾌히 어울렸지만, 흑인들에 대해서는 이야기가 달랐다. 동네에 그려진 비공식적인 인종 경계를 아프리카계 미국인이 넘기라도 하는 날이면 인종 폭동이 일어났다. 백인들은 인종 분리 경계선을 지킬 것을 엄격하게 강요했으며, 흑인들은 그들만의 주거 공동체를 꾸려야만 했다. 콘블럼은 이러한 분열이 공장과 사회적 환경에까지 확장했으리라 예상하며 시카고 남부에 찾아왔다. 그러나 그는 각기 다른 집단 구성원들이 놀라운 수준의 신뢰와 친밀한 관계를 나누고 있는 모습을 발견했다. "인종을 초월한 노동자 집단 구성원들은 공장에서 삶을 살아가는 기간 동안 일상적으로 서로의 가족 장례식, 퇴임식, 결혼식 및 다양한 가족 행사를 함께했다." 콘블럼의 말이다. "또한 서로 다른 인종의 동료들이 이처럼 교류함으로써 흑인 또한 동료에게서는 물론이고 동료 간 경쟁에서의 지도자로 여겨질 가능성도 있었다."

술집, 운동 경기장과 정치적 모임은 특히 중요한 사회적 유대 관계의 장이었다. 어느 한 민족 사람들만 모이는 장소도 있었지만, 백인 민족들과 멕시코인, 아프리카계 미국인들이 정기적으로 모여 대화를 나누고, 함께 생활하고, 서로 경쟁하는 곳들도 많았다. 이들의 대화는 때때로 공장 현장에서 일어난 일에 집중되기도 했지만, 그보다는 동료와 이웃 들이 서로의 가족이나 스포츠·여행·정치 그리고 온갖 개인적인 일들에 관한 이야기를 나누면서 사회적인 시간을 가질 때가 더 많았다. 노동조합 소식지와 지역신문은 시카고 남부에 사는 주민들에게 공동체를 꿈꿀 수 있도록 도와주었고, 동네의 사회적 인프라는 이들이 공동체를 형성할 수 있도록 만들어주었다.

인종이 분리된 동네와 일터는 서로에 대한 편견과 의심이 자라나는 근간이 되기 마련이다. 그러나 산업화한 시카고 남부의 공장에서는 노동자들이 서로서로 살을 맞대고 지내는 친밀한 관계를, 때로는 열기를 띠지만 대개는 쾌활한 관계를 형성하고 살았다. "백인 민족 철강노동자가 사우스사이드 게토 출신 흑인 옆에서 일하고, 밀게이트 출신 멕시코인 노동자가 슬래그밸리 출신 세르비아 철강노동자들과 라커룸을 함께 사용한다." 콘블럼의 말이다. 일이 끝나면 "시카고 남부 사람들은 인종이 분리된 각자의 민족적·문화적 세계로 갈라져 들어가기도 했고, 다양한 집단으로 구성된 동네 친구들과 어울리기도 했지만, 어떤 경우든 철강 산업계의 압연기·용광로·코크스로·광석 도크·조차장 등지에서 벌어지는 더욱 보편적인 생활 경험 덕분에 인종 분리의 정도가 제한되었다." 물론 집단 간 분열이 아예 없지는 않았다. 교회와 사교 모임 그리고 특히 친밀한 인간관계 등은 대부분 배타적인 사정이었다. 민족 간 긴장이 늘 수면 바로 아래에 도사리고 있었으며 때로는 수면 위로 터져서 폭력적 충돌이 빚어지기도 했다. 그러나 이러한 사회적 환경에서라면 서로에 대한 편견이 오래도록 살아남기는 어려웠다.

불행하게도 시카고와 디트로이트·밀워키·세인트루이스·피츠버그·버펄로·캔자스시티 등지에서 발달했던 산업 공동체 또한 오래도록 살아남지는 못했다. 제철소가 형성해준 사회적 세계는 1960년대 말~1970년대 초 들어 이미 무너지고 있었다. 대규모 탈산업화가 미국과 유럽 도시를 강타했으며 20세기 후반 수십여 년 동안 계속되었다. 공장들이 문을 닫자 노동조합 강당과 술집, 식당, 그리고 다양한 집단을 한데 묶어주었던 시민 단체들도 문을 닫았다. 돈도, 일자리도 없고 새로운 기회도 찾지 못한 사람들은 다른 곳으로 이사를 갔다. 1970년부터 1990년 사이, 60만 명 가까이가 시카고를 떠났다. 대부분은 나의 고조부가 한 세기 전 자리를 잡았던 산업화 지역에서 온 사람들이었다.

사회학자들은 탈산업화가 어떻게 각 지역사회를 황폐화하고 미국 전역의 도시와 교외에서 인종 및 계층 간 분리 현상을 더욱 심화했는지를 철저하게 연구했다. 그러나 탈산업화와 블루칼라 공동체의 쇠퇴가 한 국가의 정치적 통일체body politic에 어느 정도로 피해를 입혔는지, 또 사회의 분열과 불신을 얼마나 악화했는지는 이제 막 논의되기 시작한 수준이다.

2016년 미국 대통령 선거와 그 유세 과정은 결코 미국 내에 팽배한 사회적·정치적 양극화가 드러난 최초의 사건이 아니었으며, 탈산업화도 절대 양극화를 일으킨 유일한 원인이 아니다. 그러나 최근에도 주요 여론분석학자들은 전문가들과 엘리트 정치인들이 일반 유권자보다 더욱 양극화되어 있음을 보였다. 스탠퍼드대학교의 정치학자 모리스 피오리나Morris Fiorina가 2005년에 주장한 바에 따르자면, 미국은 '심각하게 분열deeply divided'된 것이 아니라 '미세하게 분열closely divided'되어 있다. 당시 미국 시민들은 양대 정당 중 하나와 완전히 뜻을 같이하거나 극렬하게 달리하는 듯 말했지만, 사실은(낙태·성 도덕·사형 제도와 같은 몇몇 이슈를 제외한다면) 거의 모든 주요 정책 이슈에 그다지 확고하거나 극단적인 견해를 가지고 있지 않았다.

그러나 이 또한 지난 수십 년 동안 변화했다. 사회적 불평등과 계급 분리가 심해졌고, 이념적 노선을 초월한 전국 뉴스 프로그램 시청자 수가 줄어들었으며, 인터넷에서는 믿음을 확고하게 해줄 사실과 의견 등을 어떻게든 찾아낼 수 있는 '필터 버블(검색 사이트 이용 시 알고리즘을 통해 사용자의 속성에 따른 맞춤 결과만 제공되기 때문에 결국 시야가 좁아진다는 개념_옮긴이)'이 출현했다. 이 모든 현상들은 사회과학자들이 '결속적 사회자본'이라 부르는 집단 내 유대 관계를 강화하지만, 우리가 함께 살아가는 데 필요한 '교량적 사회자본'은 약화한다.

2008년 이래 미국 사회는 다양한 이슈에 걸쳐 깊이 분열되었다. 기후변화와 형사 사법, 이민 등 일부 이슈에 대해서는 주요 정치 관료와 각 미디어의 유명 인사 들이 주류 과학적 발견들보다 '대안적 사실'을 더 적극적으로 옹호한다. 게다가 사회학자 마이크 하우트Mike Hout가 발견한 바와 같이, 오늘날에는 어떠한 태도나 정체성을 취한다고 하면 그게 무엇이든 어느 정도는 정치색을 가지게 된다는 말이며, 아무런 의도도 없는 듯해 보이는 무언가를 믿거나 무언가를 믿지 않는 것만으로도 둘 중 한 진영에 완전히 소속하게 된다. 2015년, 정치학자 샨토 아이옌가르Shanto Iyengar와 숀 웨스트우드Sean Westwood는 연구를 통해 "미국 유권자의 양극화가 극적으로 심화"했으며, "한 당파가 반대 당파를 차별하는 정도가 인종차별을 능가하는 정도"에 이르렀다고 보고했다. 이처럼 격렬한 당파 간 갈등은 2016년 대선 당시 가시적으로 드러났다. 민주당 지지자 가운데 55퍼센트가 공화당 때문에 '두렵다'고 말했으며, 공화당 지지자 가운데 49퍼센트 또한 민주당을 향해 같은 반응을 보였다. 또한 양당 지지자의 각 40퍼센트 이상이 상대 정당이 그리고 있는 정책을 가리켜 "국가의 안녕을 위협한다"고 말했다. 양극화는 집단 모임에서 한층 더 명백하게 드러났다. 한 예시로 2017년 민주당 캘리포니아주 전당대회에서는 의장이 가운데 손가락을 들어 올려 보였으며 참가자들에게 "도널드 트럼프 꺼져라!"라는 노래를 부르도록 유도했다. 2016년 공화당 전당대회에서는 온 아레나가 "힐러리를 잡아가라!"고 노래를 불렀다.

미국인들은 늘 정치와 정책을 놓고 서로 반대해왔지만, 오늘날에는 믿음이 한층 더 굳어졌으며 그에 따라 각자가 서로 반대하는 이들을 바라보는 부정적인 시각도 한층 굳어졌다. 60년 전에도 미국은 분열되어 있었다. 그러나 그때는 일자리를 가진 미국인 중 약 4분의 1이 공장 노동자였고 3분의 1이 노동조합에 소속된 비농업 부문 노동자였으며, 시카고 남부 같은 동네가 미국 전역에 흔했다. 사회학자 피터 베어먼Peter Bearman과 델리아 발다사리Delia Baldassarri의 말에 따르자면 "사회계층·인종·민족·종교 측면에서" 훨씬 다양한 자발적 결사체가 존재했다. 또한 더욱 다양한 사람들 간에 결혼이 성사되었다. 오늘날 미국과 유럽에서는 서로 다른 인종적 배경을 가진 사람들이 만나서 결혼할 가능성이 높아진 한편, 같은 사회계층에 속한 사람들끼리 결혼할 가능성도 그만큼 높아졌다. 과거의 미국은 분리되고 불평등하긴 했지만, 사회적 인프라만큼은 경험을 함께 나눌 수 있도록, 다양한 집단이 서로 섞일 수 있도록 뒷받침했다. 두 가지 모두 오늘날에는 경험하기 어려운 것들이다.

"우리는 서로 다른 정치적 세상에 살고 있다." 하버드대학교 정치학자이자 법학자인 캐스 선스타인Cass Sunstein의 말이다. "물론 혼합 집단이 만병통치약은 아니다. 그러나 혼합 집단은 두 가지 바람직한 효과를 보인다고 증명된 바 있다. 첫째, 상충하는 위치에 노출되면 대개 정치적 관용을 기를 수 있다. 둘째, 집단이 혼합하면 사람들이 상대방이 갖고 있는 논리적 근거를 알게 될 가능성이 높아지며, 본인의 논리가 설득력 있는 반박에 부딪힐 수도 있음을 보게 된다." 선스타인은 저명한 연구와 실험 연구를 인용하여, 산업 전성기에 시카고 남부가 그랬듯, 본래의 사회적 경계를 넘어 다른 사람들과 교류할 경우 집단 내에 고착하는 현상과 타 집단에 가지는 편견이 줄어든다는 점을 보였다. 선스타인은 우리가 우리와 다른 사람들 혹은 상대 입장에 정기적으로 노출될 때 민주주의 정치가 더욱 잘 작동한다고 주장했다. 시민 사회 역시 마찬가지다.

선스타인의 저서 『#공화국#Republic』은 인터넷과 소셜 미디어에 초점을 맞추면서, 그 '아키텍처'가 우리를 반향실에 가두고 집단 정체성만 강화한다고 경고했다. 나 또한 디지털 격차(디지털 활용도에 따라 발생하는 격차_옮긴이)를 우려하지만, 이는 문제의 일부일 뿐이다. 분열의 아키텍처는 스크린 너머로 뻗어 나와 우리가 일상적으로 공동체를 형성하고 해체하는 현장인 길거리와 공공장소에까지 마수를 뻗친다. 또한 사회적 인프라 전반을 잠식하고 있으며, 함께 딛고 설 기반을 다져야 하는 이 시점에서 우리를 양극화하고 있다.

그러나 모종의 곳에서 새로이 건설되고 있는 인프라스트럭처 이면의 정신을 가리켜 "장벽을 쌓자!"라는 말로 대변할 수 있다면, 또 다른 어느 곳에는 "연결만이 답이다!"라는 정신이 남아 있다. 통합된 블루칼라 공동체는 오늘날 대규모 개발에 적용하기엔 어려운 모델일지는 몰라도, 세상에는 여전히 수많은 규모와 역사를 막론한 모범적 형태의 사회적 인프라들이 우리가 함께 살아갈 수 있는 더 나은 방법을 알려주고 있다. 그러므로 그 인프라들을 이해하는 일이 매우 시급하다.

. . .

아이슬란드는 작고 동질적인 국가다. 미국이나 영국 등지에서 시민생활을 까다롭게 만드는 인종, 종교, 지역 간 치열한 분열을 이곳에서는 찾아보기 어렵다. 그렇다고 해서 사회적 문제와 분열이 아주 없지는 않다. 그중 대부분은 2008년 국가 경제위기 이후로 한층 심화했다. 아이슬란드는 연중 대부분이 춥고 어둡다. 지난 수십 년간 온기와 친밀감 그리고 세대와 계층 간 경계를 넘어서 활기찬 교류가 이루어지는 장소를 꼽으라면 단연 공공 수영장, '쉰드뢰이그sundlaug'를 꼽을 수 있다. 대형 수영장과 성인용 노천온천, 수심이 얕은 어린이 풀 등을 갖춘 이 쉰드뢰이그들은 비교적 최근에 등장한 시설이다. 한 가이드북에 따르자면 1900년까지만 하더라도 수영을 할 줄 아는 아이슬란드인은 1퍼센트가 채 되지 않았다. 그러나 전국 구석구석 뻗어 있는 지열 난방 시스템과 주민들이 추운 날씨에도 한데 모여 지낼 수 있도록 독려한 여러 종류의 사회적 인프라 프로젝트 덕분에, 오늘날 인구 33만 명인 아이슬란드에는 120개의 공용 수영장이 존재한다. 인구 2,750명당 하나 꼴이다. 아이슬란드 주민들 대부분이 수영장 가까이에 거주하면서 1년 내내 밤낮으로 수영장을 이용한다. 이곳은 친구들이나 가족들과 모이는 사회적 공간이자, 낯선 사람들과 일상적인 대화를 나누거나 정치적인 토론을 벌이는 곳이 된다. 기본적으로 누구나 자유롭게 수영장을 이용할 수 있는데, 거의 모든 노천 온천이 무료이며 몇몇 유료 수영장 또한 입장료가 저렴하기 때문이다. "모든 계층의 사람들이 수영장에 간다." 민속학자 발디마르 하프스테인Valdimar Hafstein의 말이다. "말하자면 교수든 학생이든, 건설 노동자든 회사원이든, 억만장자든 자동차 판매원이든 상관없이 같은 지역에 살고 있는 사람들끼리 모두 한데 모여 같은 노천 온천에 몸을 담그게 된다는 말이다."

이처럼 다양한 사람들이 사용하는 데다가, 온천에 입장하기에 앞서 공공 샤워 시설에서 벌거벗은 채로 몸을 씻어야 한다는 규칙 덕분에 수영장은 아이슬란드 사회에서 평등을 일구어내는 역할을 한다. 대화 내용 또한 마찬가지다. 작가 댄 코이스Dan Kois는 시민 문화에 관한 이야기를 구상하고자 아이슬란드를 여행하면서 작은 마을 여러 곳에서 이민자들을 만났다. 그들은 공공 수영장이 이웃을 만나거나 지역 관습을 배우기에 가장 적합한 장소라면서 초보 부모들도 팁과 조언을 듣기 위해 온천에 간다고 이야기해주었다. 젊은 여성들은 수영장에서 다른 여성들의 다양한 몸을 보는 것이 스스로의 몸을 더욱 편안하게 생각하고 안정감을 느끼는 데 도움이 된다고 그에게 말했다. 또한 레이캬비크에서 알게 된 것은, 지방의회 의원들 또한 수영장에 가서 유권자들과 비공식적으로 이야기를 나눈다는 사실이었다. 귀가 따갑도록 불평만 듣는다 해도 개의치 않았다. "공공 수영장은 시 당국에서 집행한 평범한 투자 그 이상이며, 아이슬란드를 이루는 화산지형이 우연하게도 이 나라에 선사한, 시민을 위한 특혜 그 이상이다." 코이스의 말이다. 그는 아이슬란드를 떠날 때 즈음에는 "아이슬란드의 놀라우리만치 높은 행복도는 살갗을 에는 추위에서 벗어나 다른 국민들과 함께 따뜻한 물에 몸을 담근다는 경험과 불가분의 관계를 맺고 있다"는 확신을 가지게 되었다.

　그러나 수영장을 비롯하여 집단 간 경계를 넘어서는 지속적이고 친밀한 교류를 증진할 잠재력을 가진 사회적 인프라는 자칫 집단을 분리하는 데에도 용이하게 사용될 수 있다. 매력적인 장소도 결국은 좋은 사회적 인프라를 구성하는 요소 가운데 하나일 뿐이며, 이를 바탕으로 이루어지는 프로그램 설계 또한 마찬가지로 중요하다. 프로그램에 따라 포용적일 수도, 배타적일 수도 있고 사람들을 반길 수도, 밀어낼 수도 있는 것이다. 역사학자 제프 월츠Jeff Wiltse가 저서 『경쟁하는 물Contested Waters』에서 우아하게 설명했듯, 현대 미국 시립 수영장 역사를 살펴보면 공동체 자원이 어떻게 분열의 도구로 바뀌는지를 객관적으로 알아볼 수 있다.

　월츠는 수영장이 응집과 갈등의 주요 장소가 된 이유는 "사람들이 공동체를 형성하고 공동체 생활의 사회적 경계를 정의하는 곳이었기 때문"이라고 주장했다. "다른 이들과 함께 하나의 풀장에서 헤엄친다는 경험은 매우 친밀하고 사교적인 교류가 오갔다는 이유만으로 그들을 같은 공동체에 속한 일원으로 받아들인다는 의미다. 반대로, 어느 개인 혹은 집단을 수영장에서 배제한다면 사실상 그들을 사회적 타자로 정의하는 것이나 매한가지다."

　19세기 말, 보스턴과 필라델피아 같은 북부 도시들은 이민자와 빈곤층이 사는 슬럼가를 중심으로 소박한 수영장들을 건설했다. 수영장은 모든 노동자 계급에게 문을 열어주었으며 격일로 번갈아가며 하루는 남자 전용, 다음 날에는 여자 전용으로 운영되었다. 월츠는 "이 수영장들에는 샤워 시설이 부족했다. 실은 풀장 자체가 몸을 씻는 수단이었기 때문이다." 그럼에도 불구하고 수영장의 인기는 식을 줄을 몰랐다. 수영장이 민족적·인종적 차별 정책을 펼쳐도 달라지지 않았다. 19세기가 끝날 무렵에는 필라델피아에 있는 시립 수영장 아홉 곳에 하루 1500명이 찾아왔으며, 흑인과 백인은 비교적 평화로운 분위기에서 함께 수영했다.

미국의 지자체들은 1920년대와 1930년대를 거치면서 수천 개의 공공 수영장을 건설했다. 공공 수영장은 소규모 목욕탕에서 시작하여 공동 여가를 위한 대규모 장소로 거듭났으며, 대개는 중산층이 온종일 시간을 보낼 수 있게끔 주변에 잔디밭과 테라스, 식당, 벤치 테이블 등을 두었다. 사회 활동의 새로운 중심지가 된 이 수영장들에 수백만 명이 몰려들었으며, 사회적·성적 분위기가 누그러지면서 성별 간 경계를 넘어서서 남녀가 한 번에 수영장을 이용할 수 있도록 개방했다. 월츠는 이러한 성별 통합을 계기로 집단 간 접촉, 특히 흑인과 백인 간의 접촉에 관한 불안이 커졌다고 밝혔다. 어쨌든 수영장은 거의 옷을 입지 않은 수많은 사람들이 신체적으로 가깝게 접촉하게 되는 장소다. 백인들은 오염과 성폭행, 부적절한 관계에 대한 우려를 표출했다. 그러자 시당국 지도자들은 주로 미국 남부지역과 관련이 있는 정책 도구를 꺼내들었다. 인종에 따라 시설을 분리한 것이다. 비공식적인 분리였지만 그 힘은 결코 무시하기 어려웠다.

1950년대에 이르자 북부 전역의 수영장들은 인종 분리와 노골적인 폭력의 온상으로 전락했다. 남부에는 흑인들을 위한 수영장이 거의 없었으며, 존재한다고 해도 경찰력을 동원하여 공식적으로 인종 분리 정책을 시행했다. 월츠는 오하이오주 영스타운의 리틀리그 야구팀이 겪었던 일화를 들려준다. 1951년 시 야구대회에서 우승한 리틀리그 야구팀은 이를 축하하기 위해 사우스사이드 파크에 있는 아름다운 시립 수영장에 단체로 놀러갔다. 팀에는 알 브라이트라는 아프리카계 미국인 선수가 있었는데, 수영장 구조 요원은 다른 선수들이 수영을 하는 동안 알 브라이트가 수영장 둘레에 친 울타리조차 넘어가지 못하게 막아섰다. 몇몇 학부모들이 항의하자 수영장 관리자는 알이 몇 분간 수영장 풀에 '입장'하기를 허가했지만, 말이 좋아 입장이었지 사실은 다른 이들이 모두 풀장 밖으로 나온 상태에서 고무보트에 탄 채로 물 위에 떠 있게 한 것이었다. 구조 요원은 모든 사람들이 쳐다보는 가운데 알이 탄 고무보트를 밀치며 소리쳤다. "뭘 하든 물은 건드리지 말아라!"

이는 단발적인 사건이 아니었다. 미국 내 일부 지역에 국한된 일도 아니었다. 2년이 지나 1953년, 유명한 아프리카계 미국인 영화배우 도로시 댄드리지Dorothy Dandridge는 라스베이거스의 라스트프론티어 호텔이 연기자로서의 그녀를 반기면서도 그녀를 비롯한 다른 흑인들이 물에 들어가는 것을 금지하자 화가 나 수영장 풀에 발가락 끝을 담갔고, 이에 호텔 측은 수영장 물 전체를 배수하는 것으로 응수했다.

인권 변호사들은 인종 분리형 수영장의 합법성에 의문을 제기했지만, 사회적 시설에서의 인종 통합을 일구어내기란 학교에서의 인종 통합을 구하는 일만큼 혹은 그 이상으로 어려운 일임이 판명되었다. 한 예시로 브라운 대 교육위원회 사건(공립학교 내 인종 분리를 불법으로 판시한 연방 대법원 판례_옮긴이) 직후, 볼티모어의 한 연방 판사는 시 당국이 나서서 공공 수영장 내 인종 통합 정책을 펼쳐야 한다고 흑인지위향상협회NAACP가 요구한바 "수영장은 사용에 동반하는 시각적·육체적 친밀도 때문에 '학교보다 더 민감한' 곳"이라는 근거를 들어 시 당국의 손을 들어주었다. 제4순회고등법원은 항소심에서 판결을 뒤집고 볼티모어가 모든 공공 수영장에서 행해지고 있는 인종 분리를 철폐해야 한다고 판결했다. 시 당국은 조치에 저항하여 마지막으로 대법원에 상고했지만 미 연방대법원이 사건 심리를 기각하면서 마무리되었다.

볼티모어뿐만이 아니었다. 북부와 남부의 많은 도시들이 인종 분리 철폐 명령에 공공시설을 포기하거나, 새로운 사설 클럽을 건설하거나, 시립 수영장 자체를 폐쇄하는 등의 방식으로 대응했다. 그보다 더 창의적인 계략을 쓰는 도시들도 있었다. 세인트루이스는 다시금 성별 분리 정책을 도입하여 흑인 남성과 백인 여성이 절대로 같이 수영하지 못하도록 했다. 법원이 인종 통합을 명령한 텍사스주 마셜에서는 도시 여가 시설을 민간에 판매하는 방안에 시 공무원들이 압도적으로 찬성표를 던졌다. 이 수영장은 라이온스클럽Lions Club이라는 회사에 넘어가 백인 전용 수영장으로 운영되었다. 앨라배마주 몽고메리는 수영장을 닫는 일로 끝내지 않았다. 1959년, 지역 공무원들은 모든 공립 공원과 시립 동물원의 문을 닫아 소송을 걸 여지를 차단했다. 그러나 지역 YMCA는 1960년대 내내 인종 분리 정책을 고수했으며, 백인 전용 수영장을 운영하면서 시 당국에서 세금을 면제받았을 뿐만 아니라 무상으로 물과 공원을 사용했다. 비밀 거래는 1970년까지 유지되다가 누군가 이 사실을 고발하고 법원이 YMCA에 인종 분리 철폐 명령을 내림으로써 막을 내렸다.

그러나 백인 가족들은 인종 분리 철폐 강제에 또 다른 개인적인 방식으로 대응했다. 공공장소에서 물러나 자기 집 뒤뜰에 수영장을 짓기 시작한 것이다. 1950년부터 1975년 사이 미국 주거 공간 내 지상 수영장 수는 약 2500개에서 400만 개 이상으로 증가했다. 물론 인종차별주의가 수영장 건설 붐을 일으킨 유일한 도화선은 아니었지만, 그럼에도 집단적 생활을 지탱해왔던 공공 부문의 사회적 인프라가 무너지는 데 중요한 역할을 담당했음은 부정하기 어렵다. 오늘날에는 1990년대 중반보다 더 적은 수의 공공 수영장만이 존재한다. 테라스와 식당과 여타 편의 시설을 갖춘 리조트 스타일의 수영장 풀은 거의 자취를 감추었다. 미국에서 이러한 스타일의 수영장은 주로 중산층이나 저소득층이 이용하기 어려운 프라이빗 클럽이나 리조트 내에 존재한다.

　아프리카계 미국인들과 시민권 운동가들은 1960년대가 한참 지나서야 이러한 형태의 불평등에 항거하기 시작했다. 예를 들어 1962년부터 한 공공 수영장 바깥에 "개와 검둥이 출입 금지" 표지판을 대놓고 붙여놓았던 피츠버그에서는 1975년 아프리카계 미국인 이용자가 주를 이루었던 수영장 폐쇄 명령이 떨어지고 나서야 흑인들이 일어나 "수영장은 우리 삶의 한 방식"이라고 외치며 항거하기 시작했다. 1971년, 대법원은 인종통합 명령에 대응하여 수영장 문을 닫는 행위가 차별적인 의도에서 비롯되었다 하더라도 백인과 흑인에게 동등한 영향을 끼치므로 헌법을 위배하지 않는다는 한정적인 판결을 내렸다. 판결이 불러올 파장을 감지한 듯, 대법원은 본 판결이 수영장을 '편의 혹은 사치' 시설로 간주하고 내린 판결이므로 공립학교와 같은 '필수' 시설에는 적용되지 않는다고 명시했다. 물론 학교가 필수 시설이라는 데에는 논쟁의 여지가 없지만, 이 논리는 여타 공공시설에서 일어나는 인종 분리가 시민생활과 문화에 어떠한 영향을 미칠지를 파악하지 못한 논리였다.

오늘날까지도 미국인들의 수영 능력은 인종에 따라 상당한 격차를 보인다. 백인들이 수영을 할 줄 아는 확률은 흑인이 수영을 할 줄 아는 확률보다 두 배나 높으며, 의도치 않게 물에 빠졌을 때 흑인 아이들이 익사할 가능성은 세 배나 더 높다. 윌츠는 수영장을 이용할 권리에 불평등이 존재하는 이상 수영은 결코 아프리카계 미국인 문화에서 주요한 일부분으로 자리 잡지 못하리라고 말했다.

수영장은 여전히 차별과 갈등이 존재하는 유료 시설로 남아 있다. 2015년 6월, 텍사스주 맥키니에서는 프라이빗한 지역사회 수영장에서 발생한 갈등에 지역 경찰이 연루되면서 세간의 주목을 받았다. 해당 수영장에서 벌어진 파티에 참석한 흑인 청소년 몇 명과 지역 경찰이 대화하던 중 한 경찰이 어느 여학생에게 특히 강압적인 태도를 취하는 모습을 누군가 핸드폰 카메라로 찍어 유튜브에 업로드하면서 아프리카계 미국인에 대한 경찰권 남용이 국가적인 논쟁을 불러일으켰다. 엄밀히 말하자면 해당 수영장은 게이티드커뮤니티에 사는 주민들만이 사용할 수 있는 곳이었으며 그날은 동네 주민이 수영장 전체를 이용하여 파티를 주최하고 있었다. 이곳에 흑인 청소년들이 찾아오자 백인 주민들은 그들에게 다가가 사유지 무단 침입이라고 비난하면서 "너희 집인 제8구역"으로 돌아가라고 요구했다. 미디어의 관심이 집중되자 마을은 해당 사건에 연루된 경찰관에게 행정 휴직 조치를 취했으며, 이에 주민들은 곧바로 "저희를 안전하게 지켜주시는 맥키니 경찰관들께 감사드립니다"라고 쓴 표지판을 붙였다.

. . .

    이와 같은 일화들은 편견과 차별, 폭력의 대상이 되는 집단에게 피난처가 되어주는 사회적 인프라가 왜 인기 있는지(혹은 왜 필요한지)를 설명하는 데 도움이 된다. 억압받는 공동체는 대부분 안정적이고 지속적인 관계 형성을 저해하는 극도의 사회적·경제적 압박을 받는다. 하버드대학교 사회학자 올랜도 패터슨Orlando Patterson이 주장했듯 미국에서는 노예제와 게토화, 인종 분리, 대량 투옥으로 점철된 역사를 지나면서 흑인 공동체 내에서 높은 수준의 불안정성이 자리 잡았다. "아프리카계 미국인 집단은 미국에서 가장 외부와 동떨어져 있고 가장 고립된 집단이다. 세계에서도 손꼽힐 가능성이 상당히 높다." 패터슨의 말이다. 흑인 미국인들을 비롯하여 심각한 차별에 직면한 모든 집단에게는 지지와 응집력을 강화해줄 공간이 필요하다.

    여성, 노예, 소수 민족, 게이, 레즈비언 등 억압받는 집단들은 고대 시대부터 지배적인 집단의 감시로부터 자유로이 한데 모여 자신들의 상황을 이해하고 대처 방안을 계획할 수 있게끔 그들만의 특별한 장소와 기관을 건설했다. 정치 이론가 낸시 프레이저Nancy Fraser와 마이클 워너Michael Warner는 이러한 사회적 공간을 가리켜 '대항적 공론장counterpublics'이라고 명명했으며, 비록 폐쇄적이긴 하지만(어느 정도는 그러한 폐쇄성 덕분에) 소외 집단이 다른 집단과 교류하기에 앞서 사용할 사적 포럼을 제공하므로 그러한 공간들은 불공평한 사회에서 시민참여의 핵심 수단으로 작동한다고 논했다.

    역사를 들여다보면 이처럼 보호된 사회적 인프라의 사례를 수도 없이 찾아볼 수 있다. 오래 전부터 미크바(mikvahs, 유대교 목욕 시설_옮긴이)에서는 규율을 중시하는 유대교 여성들이 회합하여 서로를 지지했고, 20세기 대부분의 기간 동안 게이 남성들의 사교 생활은 안심하고 친밀감을 나눌 수 있는 공중목욕탕을 거점으로 이루어졌다. 그러나 대항적 공론장을 지탱했던 곳들은 대체로 지나다니는 모든 사람들이 볼 수 있는 공개적인 장소였다.

현대 미국에서 활발한 대항적 공론장을 지탱하는 가장 주요한 사회적 인프라로 흑인 교회와 흑인 이발소가 있다. 흑인 이발소는 최초의 흑인이 북아메리카 대륙에 도착했을 때부터 아프리카계 미국인 문화와 상업에서 중요한 역할을 담당했다. 백인들이 흑인의 머리칼을 다듬는 방법을 전혀 몰랐으며 배우려는 의지도 별로 없었던 것도 한 가지 이유였다. 멀리사 해리스-레이스웰Melissa HarrisLacewell은 인종차별과 인종 분리, 인종 간 불평등의 맥락에서 흑인 남성들의 이발소라는 안식처가 장기적 차원에서 미국인의 시민생활을 의외로 다양하고 풍요롭게 만들어주는 귀중한 자원이라고 설명했다. 윌리엄 그리어William Grier와 프라이스 콥스Price Cobbs는 저서 『블랙 레이지Black Rage』에서 "흑인에게 이발소란 길 가다 들르는 곳이자 연락 거점 그리고 만인의 집이나 다름없는 곳"이라고 썼다. "이곳에 가면 늘 반겨주는 사람이 있다. 자기 이야기를 늘어놓으면 다정하게 들어주는 사람이 있고, 이 동네에서 어떻게 처신해야 하는지 일러주는 토박이도 있다." 시카고 내 아프리카계 미국인에 관한 획기적인 연구 논문 「블랙 메트로폴리스Black Metropolis」에서 사회학자 세인트 클레어 드레이크St. Clair Drake와 호러스 케이튼Horace Cayton은 1938년 기준 흑인이 운영하는 사업체 중 가

장 인기 있는 형태는 단연 미용실이었으며, 시카고 전역에 걸쳐 흑인
이 운영하는 미용실이 494곳, 식료품점이 257곳, 식당이 145곳, 술집
이 70곳이었다고 밝혔다.

최근 여러 민족지학 연구에서는 흑인 이발소가 흑인 발전을 도모
하는 데 정확히 어떻게 도움을 주었는지를 밝혔다. 멀리사 해리스 레이
스웰은 가게 주인이 흑인 남성 손님만 입장을 허락하는 시카고 이발소
한 곳을 좀 더 자세히 관찰하기 위하여 남학생 한 명을 동원한 결과, 이
처럼 폐쇄적인 미용실들은 평상시 방어적인 태세로 살아가는 사람들
이 특히 인종차별에 관한 논쟁에 잠시라도 경계를 늦출 수 있게끔 해준
다는 점을 발견했다. 또한 다양한 세대의 사람들이 만날 수 있는 공공
의 장을 제공하여 젊은이와 고령자 남성들 사이에 생산적이고 열띤 대
화가 오갈 수 있도록 해주었다. 해리스 레이스웰의 말에 따르자면 "이
발소와 미용실은 교회나 학교 혹은 라디오보다도 흑인들이 동료로서
더 많이 교류하는 곳이자, 그 무엇이라도 대화 주제가 될 수 있는 곳이
고, '해결'이라는 진지한 작업이 진행되는 곳"이다.

해리스 레이스웰은 이발소에서 들은 대화를 소개했다. 젊은 남성
손님이 아프리카계 미국인이 교통 딱지를 더 많이 뗀다면서 경찰이 갖
고 있는 편견을 비난하자, 다른 나이 지긋한 손님이 편견 때문이 아니
라 음악을 너무 크게 틀고 의자를 뒤로 너무 젖힌 채로 달려서 그런 거
라고 핀잔을 주었다. 해리스 레이스웰은 그 손님이 "백인들에게 매우
비판적이었으며 현대에 만연한 인종차별주의를 뼈저리게 알고 있었
다. 그럼에도 아프리카계 미국인들이 마주한 문제들에서 백인들만을
비난하려는 태도는 거의 보이지 않았다"고 말했다. "시카고 경찰과 시

카고 흑인 주민 사이는 역사적으로 또 현대적으로 매우 경색된 관계였음에도 불구하고, 이 남성들은 결코 경찰의 행동 모두를 싸잡아 비난하려 하지 않았다."

이발소는 남자들이 입씨름을 연마하는 장소가 되기도 한다. 이곳에서는 종종 잔인하리만치 솔직한 말들이 오가며, 그 결과 열띤 말싸움이 벌어지기도 한다. 블록버스터 영화 시리즈 〈우리 동네 이발소에 무슨 일이Barbershop〉에서와 같이 매우 웃긴 상황이 연출되기도 한다. 극중 세드릭 더 엔터테이너Cedric the Entertainer가 연기하는 이발사 에디는 인상적인 어느 장면에서 손님들에게 이렇게 말한다. "백인들 앞에서는 이렇게 말하면 안 되겠지만 말이야, 너희들 앞이니까 그냥 솔직하게 말할게. (중략) 첫째, 로드니 킹은 잔뜩 취해서 현대차 몰고 달렸으니까 맞아도 싸.(1931년 LA 흑인 폭동의 도화선이 된 로드니 킹 사건. 흑인 로드니 킹이 과속 단속 과정에서 경찰에게 무차별 폭행을 당했으며, 사건 당시 현대자동차를 타고 있었다_옮긴이) 둘째, OJ가 죽였지 뭐.(1995년 O.J. 심슨 무죄 판결 사건. 백인 아내가 살해되자 흑인 남편인 OJ가 유력 용의자로 지목되었지만 인종차별이라 주장하여 무죄 판결을 받았다_옮긴이) 셋째, 로자 파크스 그 양반도 그냥 엉덩이 떼고 일어났어야 했어.(1955년 로자 파크스는 백인 승객에게 자리를 양보하라는 버스 운전사의 지시를 거부하다 체포되었고, 이를 계기로 대대적인 흑인 인권 운동이 벌어졌다_옮긴이)" 그러고선 모든 손님들에게 뭇매를 맞았다. 극중에 이런 대사가 등장한다고 해서 극작가나 감독이 이런 생각을 가지고 있다는 뜻은 아니다. 중요한 건 대사 내용이 아니다. 중요한 것은 손님들이 이발소에서 논쟁의 여지가 있는 생각들을 입 밖에 내고 서로 언쟁을 벌이며, 이를 통해 모든 이들은 자신이 누구인지, 왜 현재의 상황에 처해 있는지, 그리고 스스로 무엇을 믿는지를 더욱 잘 이해하게 된다는 점이다. 이발소에서 시간을 보낸 사람들은 이발소가 문을 닫은 이후에도 스스로가 고독하거나 취약하다는 기분을 덜 느끼게 된다. 이들이 형성하는 유대는 훗날 사회적 교량을 건설할 힘을 주며, 바깥 세계와의 교류도 좀 더 잘 준비하도록 해준다.

. . .

인종 분리가 극심한 사회에 다리를 놓는 일은 매우 어려운 일이지만, 산업부흥기 당시 시카고에서 그러했듯, 몇몇 사회적 인프라는 우리가 집단 간 경계를 넘어설 수 있도록 도와준다. 최근 몇 년간 사회과학자들은 지역사회단체와 비영리단체들이 이웃들을 하나로 모으고 신뢰와 시민참여를 증진하며 심지어는 강력 범죄를 줄인다는 사실을 밝혀내고 있다. 운 좋게도 지역사회단체들이 많이 몰려 있는 동네라면 그 단체들 덕분에 주민들의 시민생활과 문화생활이 한층 더 활성화한다. 이 단체들이 핵심 사회적 인프라인 이유는 사람들이 정기적으로 모여 활동할 수 있는 물리적 장소와 프로그램을 제공하는 동시에 지역사회를 위해 목소리를 낼 지역 지도자들을 배출하기 때문이다. 사람들이 공동체 텃밭에서 자원봉사를 하고, 아이들에게 글 읽기를 가르치고, 교회 소풍에 참석하고, 공기 질 개선을 촉구하는 시위에 나서면서 사회적 응집성을 강화하려는 의도를 갖고 있었다고 보긴 어렵다. 그러나 이 같은 활동을 하는 과정에서 사회적 유대는 필연적으로 생겨나거나 단단해진다.

한 예시로 퀸스의 엘름허스트-코로나 동네를 살펴보자. 1960년

만 하더라도 주민의 98퍼센트가 백인이었던 이 동네는 이후 수십 년 간 급격한 변화를 겪었다. 1990년에 이르자 라틴계가 45퍼센트, 아시아계가 26퍼센트, 아프리카계가 10퍼센트를 차지했다. 변화의 초기 단계는 예상하다시피 논쟁적이었다. 새로 둥지를 튼 주민들과 오랜 토박이들은 그들의 이웃을 상대로 강한 고정관념과 편견을 쌓았다. 1960년대와 1970년대에는 불신이 지역사회를 분열했으며, 갈등과 오해가 판을 쳤다. 게다가 지역사회가 해결해야 할 진짜 문제는 따로 있었다. 이주자들이 들어오며 주택 수요가 증가하자 집주인들이 수익을 늘리기 위해 주거 단위를 세분화하기 시작한 것이다. 주거 구역과 건물들이 점점 더 혼잡해졌으며, 지역 학교 또한 마찬가지였다. 청소년 프로그램들이 자취를 감추었으며, 주차 자리도 부족했고, 범죄율은 증가했다. 사상 최악의 재정난에 시달리던 도시 당국은 지역별 서비스에 책정한 예산을 삭감했고, 경찰의 대응은 느려졌다.

이 기간을 거치며 백인들은 거의 모두 동네를 떠났으며, 남아 있던 이들도 동네의 상업 시설 및 종교 시설에서 드러나는 급격한 변화에 매우 혼란스러워했다. 몇몇은 이곳에 이주해 온 라틴계와 아프리카계 미국인들이 복지 제도의 수혜자라며 공공연하게 언성을 높였지만, 사실 정말로 혜택을 입은 이주민들은 거의 없었다. 흑인과 백인 들은 라틴계 이주자들을 가리켜 "불법 체류자"라고 불렀지만, 사실 대부분이 그렇지 않았다. 1974년 지역사회 이사회 의장은 공개회의 도중 이민자들을 가리켜 "인간 공해"라고 일컬으면서 미국 이민귀화국INS이 그들을 근절하기를 바란다고 말했다. 다른 민족을 얕잡아 보며 비하하는 표현들이 난무했고, 동네 사람들은 그런 단어들을 입버릇처럼 사용했다.

엘름허스트-코로나의 이음새가 하나둘 끊어지고 있었으며, 아주 터져 버릴까 두려워하는 이들도 많았다.

엘름허스트-코로나는 1970년대에 지역에 닥쳤던 재정 위기를 어떻게든 견뎌냈지만, 주민들은 여전히 노상 마약 거래와 매춘에서부터 불법 노점상, 쓰레기 축적 및 주택 관리 기준 위반에 이르기까지 여전히 많은 사회적 문제를 대면하고 있었다. 뉴욕의 몇몇 동네는 이러한 압력을 버티지 못하고 무너져 방화와 유기와 같은 어둠이 드리워진 곳으로 변해버렸다. 그러나 엘름허스트-코로나에서는 시민 단체들이 이웃들을 한데 모아 삶의 질과 관련한 크고 작은 문제들을 해결하고자 노력했다. 정치적 배경이나 운동 성향이 없는 평범한 주민들은 대개 본인이 거주하는 블록이 직면한 문제와 씨름하고자 매우 좁은 범위의 지역적 결사체를 조직하여 활동했으며, 시간이 흐를수록 점차 인근 거리의 이웃들과 협력하여 캠페인을 조금씩 확장해나갔다. 교회 지하실과 시니어 센터, 대형 아파트 건물 휴게실 등 공공장소 및 반(半)공적 공간을 활용하여 여러 모임과 행사를 주최한 것이 이들을 성공으로 이끈 핵심 비결이었다.

예시로 이곳의 전형적인 시민 단체 하나를 살펴보자. 동네 경찰서가 멀리 떨어진 곳으로 자리를 옮긴다는 소식이 전해지자, 치안 약화를 우려한 주민들은 시위를 조직하여 이전에 항의했다. 처음에는 주차장 문제 때문에 동네 단체 활동에 참여하기 시작했던 프리랜서 미용사 루시 실레로Lucy Schilero가 관리자 역할을 맡아 경찰서 이전에 반대하는 탄원서를 돌렸다. 곧 더 많은 서명을 얻으려면 탄원서를 지역 내에서 사용되는 다양한 언어로 번역해야 한다는 사실을 깨달은 실레로는 작업을 완수하기 위하여 회의에 회의를 거듭했다. "저희 블록에 사는 사람들, 그러니까 50명의 사람들이 빠짐없이 도움을 주었습니다." 13년간 이 동네에 관한 민족지학 연구를 진행해온 인류학자 로저 산제크Roger Sanjek에게 실레로가 한 말이다. "우리는 모든 문서들을 스페인어·그리스어·이탈리아어·중국어·한국어·프랑스어로 번역했어요. 번역을 하는 데 필요한 도움을 요청하기 위해 이란인과 터키인들도 만났죠."

실레로는 '안전한 지역사회를 위한 통합주민연합'을 조직하여 힘을 얻었으며, 이 조직에는 곧 주변 블록에 사는 주민 및 영세 사업주들을 포함한 약 2,000명이 회원으로 가입했다. 사회학자 로버트 샘프슨의 설명에 따르자면, 이러한 지역 협력의 과정을 통해 시위 이상의 일들이 가능해졌다. 서로를 바라보는 이웃들의 시각을 바꾸어주었으며, 집단 간 경계를 넘어 연대를 확립하는 데에도 도움이 된 것이다. "이제는 다양한 민족의 친구들이 생겼어요. 힌두교도 있고, 스페인계는 꽤 많고, 중국인 친구도 생겼죠. 에콰도르 출신의 이웃도 좋은 친구이고, 스페인 출신 주민들과도 연락하고 지내요. (퀸스 남서부의) 매스페스와 미들빌리지에 사는 제 (백인) 친구들은 저보고 어떻게 이런 곳에 사느냐, 마치 맨해튼 같다는 말을 해요. 그러면 저는 이곳에선 다른 사람들과 함께 살지 않으면 살아남지 못할 것이라고 대답하죠."

로저 산제크는 광범위한 현장 조사를 통하여 엘름허스트-코로나에서 주민들이 함께 살아가고 살아남을 수 있도록 도와준 다양한 종류의 지역사회 조직들을 연구했다. 1980년, 아이디 잠브라나Haydee Zambrana라는 이름의 한 푸에르토리코 출신 이민자는 지역 내에 좀 더 나은 스페인어 서비스를 요구하기 위하여 '퀸스의 걱정하는 시민들Ciudadanos

Conscientes de Queens'이라는 단체를 조직했다. 그러나 이후 수년 동안 잠브라나의 고민은 깊어만 갔다. 엘름허스트-코로나의 라틴계 주민들이 푸에르토리코의 국가적 이슈들에만 많은 시간을 할애하면서 지역 문제를 해결하는 데에는 그다지 신경을 쓰지 않았기 때문이다. "저의 우선순위는 히스패닉 공동체가 미국 정치 과정의 일부가 되도록 돕는 것입니다." 그녀가 1986년 시 위원회에서 한 말이다. 이후 단체는 노선을 변경하여 공식적·비공식적 포럼들을 통해 시민참여를 촉진하기 시작했다. 잠브라나는 뉴욕 산하 정치조직인 커뮤니티보드Community Board 제4번에 가입하였으며, 이로부터 1년 내에 히스패닉 회원 세 명을 더 모집하여 히스패닉계의 대표성을 키웠다.

산제크가 관찰한 것들 중 가장 규모가 큰 지역 캠페인들은 모두 나이와 성별, 인종을 막론한 지역 내 모든 사람들에게 영향을 미칠 법한 위협에 대처하기 위하여 시작된 것들이었다. 한 예시로 1986년과 1987년에는 인기 많은 레프락 공공 도서관과 관련한 문제를 해결하기 위하여 다양한 시민 단체에 소속한 주민들이 힘을 합쳤다. 레프락 공공 도서관은 수년 동안 보안 요원 한 명을 고용하여 건물 내에서 일어나는 일을 감독하도록 했다. 뉴욕에서는 도서관에 보안 요원을 두는 게 일반적인 일이었다. 뉴욕 공공 도서관에는 어린이, 청소년, 노숙자, 프리랜서, 정신질환자, 고령자 등 각기 다른 필요와 행동 규범을 가진 다양한 사람들이 매일같이 몰려들어 앉을 자리를 찾아 눈치 싸움을 했기 때문이다. 자연스레 긴장이 생길 수밖에 없었지만, 도서관 사서들은 다른 업무를 수행하느라 이를 모두 관리하기 어려웠고 이에 따라 도서관 보안 요원이 지역사회에서 주요한 역할을 담당하게 되었다. 시 당국이 예산 삭감을 이유로 도서관 보안 요원을 해고할 예정임을 밝혔을 때 지역사회가 격분한 것도 당연한 일이었다.

1987년 초 한 커뮤니티보드 회의에서 관련 지역단체 연합이 이 결정에 항의하면서 시 당국이 보안 요원을 계속해서 고용해야 한다고 주장하고 나섰다. 한 도서관 관계자는 흑인 가정의 '열쇠 아동(latchkey child, 방과 후 혼자 열쇠로 문을 열고 집에 들어가야 하는 자기 보호 아동_옮긴이)'을 문제의 원인으로 지목하면서 가족들이 자녀를 감독하지 못해서 벌어지는 일이라고 비난했다. 10년만 일렀어도 이 주장은 백인, 아시아계, 히스패닉 주민들 사이에서 반향을 일으켰을 테며, 그들 사이에 자리한 갈등의 골을 심화했을지도 모른다. 그러나 사람들이 지난 수년간 여러 지역단체들을 통해 함께 활동하고 난 이 시점에서 커뮤니티보드 구성원들은 즉각 지역 내 흑인 가정들을 변호하고 나섰다. 이들은 엘름허스트-코로나에 거주하는 수천 명의 훌륭한 부모들이 방과 후에 아이들을 도서관에 보내는 이유는 바로 도서관이 모든 이들에게 안전하고 긍정적이며 교육적인 경험을 약속했기 때문이라고 논했다. 이처럼 똘똘 뭉친 단일 공동체가 힘주어 말하는 주장에는 반박하기가 쉽지 않기 마련이다. 결국 도서관 관계자들은 자금을 유치하여 보안 요원을 계속해서 고용했다.

• • •

일부 대규모 사회적 인프라는 구축하는 데 많은 비용이 필요하기도 하지만, 일반적으로 보자면 지역사회는 막대한 자금을 들이지 않고서도 다양한 사람들이 한데 모여 지속적으로 교류할 수 있는 장소와 기관을 건설할 수 있다. 예를 들어 전 세계 각지에 설치된 운동 시설들이 어떻게 다양한 출신 배경의 사람들을 공공의 사회적 공간으로 끌어들여 경쟁적이고 재미있는 활동들에 참여시키면서 동시에 운동장이나 경기장 바깥에서였다면 절대로 형성되지 않았을 관계들을 촉발하고 있는지를 살펴보자.

운동 경기장은 공동체의 결속력을 도모할 목적으로 특별히 건설한 신성한 장소일 수 있으며, 본래 사회적·정치적 세계에서 엄청난 위력을 발휘하는 범주나 위계질서도 대개 이곳에서는 아무런 의미가 없어진다. 위대한 인류학자 빅터 터너Victor Turner는 이러한 공간들을 가리켜 반(反)구조적이라고 묘사했다. 다른 상황이었더라면 서로 적대적이었을 사람들이 이러한 '코뮤니타스communitas'에서라면 서로 같은 경험을 향유하며 놀 수 있기 때문이다. 코뮤니타스는 모든 참여자의 사회적 지위가 동등해지는 동시에 금지되어 있던 종류의 사회적 유대가 갑자기 독려되는 역치적liminal인 상황을 말한다. 때로는 이곳에서의 특별한 교류가 오래도록 영향을 발휘하기도 한다. 분열한 집단들이 이 경험을 계기로 공동의 인류애를 인식하고, 운동 경기장 바깥에서도 더 의미 있는 관계를 이어나갈 수 있기 때문이다.

미국 9.11테러 이후 형성된 단층에 관한 조지프 오닐Joseph O'Neill의 우아한 소설 『네덜란드Netherland』에서는 '볼드이글필드Bald Eagle Field'라는 이름의 크리켓 경기장이 주역으로 나선다. 『네덜란드』 속 화자인 한스는 네덜란드 출신 은행가로, 아내가 아이들을 데리고 런던으로 떠나버린 후 홀로 뉴욕에서 살다가 이곳 볼드이글필드에서 여태 잊고 살았던 미국을 재발견하는 동시에 자기 자신 또한 재발견한다. 경기장은 트리니다드 출신의 카리스마 넘치는 인도인 사업가 척이 임대하여 세심하게 키워나가고 있었다. 그는 크리켓이야말로 "미국 최초의 현대적 팀 스포츠"이자 "진정한 미국식 취미"라고 주장하면서 뉴욕크리켓클럽의 회장까지 맡는 인물이었다. 척을 만나기 전의 한스는 어디에도 마음을 붙이지 못했다. 첼시호텔의 한 아파트에 세 들어 살던 한스는 정처 없이 동네를 걸어 다니며 도시의 불빛과 가게들과 다양한 인물들을 두 눈에 담지만 늘 멀리에서만 바라보았다. 도시는 그의 것이 아니었다.

척이 한스를 크리켓 클럽에 초대하면서 상황은 달라진다. 유럽 출신의 부유한 백인이었던 한스는 미국에 자리를 잡으려 애쓰는 아시아 출신과 카리브해 출신 사람들이 가득한 이곳 크리켓 경기장에서 꽤 튀는 존재다. 『뉴요커』의 도서 비평가 제임스 우드James Wood는 이 소설 속에서 크리켓은 "미국 스포츠가 아니므로 안 그래도 외국인인 참가자들을 더욱 특이하게 보이도록 만들지만, 그럼에도 브루클린 공원을 배경으로 파키스탄인·스리랑카인·인도인·서인도인 등을 하나의 이민자 공동체로 묶어준다"고 평했다. 한스에게 볼드이글필드는 그가 스스로 '진정한 미국인' 즉 견고한 발판을 마련하기 위해 애쓰는 야심 찬 이민자임을 증명해야 하는 신성한 근간이 되었다. 그가 참여하는 크리켓 경기는 그가 경기장에서 어느 편에 속하는지뿐만 아니라 나아가 진정으로 어느 세상에 소속하는지를 시험한다. 마침내 그는 그 시험을 통과하고 자신의 보금자리를 찾는다.

현실의 운동 경기장에서 이루어지는 사회적 활동은 대개 훌륭한 소설 속에서보다야 덜 시적이지만, 우리의 관계와 소속감을 낳는다는 측면에서는 소설에 전혀 뒤지지 않는다. 실제로 야구장에서 놀면서 절친한 친구를 사귀거나 기존의 친구와 훨씬 더 가까워지는 청소년들이 얼마나 많은지, 또 아이들이 경기장에서 운동경기를 펼치는 동안 관중석에 함께 앉아 있다가 오랜 친구가 되는 부모들도 얼마나 많은지를 생각해본다면 짐작할 수 있다.

시카고에서 어린 시절을 보낸 나는 링컨파크 동물원 근처에 있는 임시 축구장에서 셀 수도 없이 많은 오후를 보냈다. 이곳은 메노모니 클럽Menomonee Club이라는 지역단체가 주관하는 곳이었다. 1970년대의 메노모니 클럽은 급속한 젠트리피케이션이 이루어지던 올드타운 출신 아이들과 남쪽으로 바로 인접한 공공 주택에 사는 아이들이 한데 모이는 만남의 장소였다. 수다쟁이 축구광이었던 관리자 배질 케인은 한 사람당 6달러가량밖에 받지 않았기 때문에 누구든 축구를 할 수 있었다. 이곳에서 내가 '멋진 스포츠' 경기를 벌이면서 놀던 시간들은 그로테스크할 만큼 불평등하고 인종 분리가 확연한 시카고에 대한 나머지 기억들과 완전히 다른 기억으로 남아 있다.

예컨대 우리 동네 공립학교에는 농구 코트가 딸린 운동장이 있었다. 운동장은 근처 공공 주택에 사는 아이들은 물론 올드타운에 사는 아이들에게도 인기가 좋았으며 나와 내 친구들도 이곳을 자주 이용했다. 그러나 내가 열 살쯤 되던 어느 해에 누군가가 농구 골대 후프를 훔쳐가는 바람에 농구를 하지 못하게 되었다. 시에서 새로운 농구 골대를 설치해주었으나 얼마 지나지 않아 누군가가 또다시 후프를 훔쳐갔다. 나는 매우 화가 났다. 그 즈음 많은 주변 사람들은 공공 주택에 거주하는 아프리카계 빈민들이 온갖 범죄를 저지른다며 불만을 토로하고 있었으므로 나는 망가진 농구 코트 역시 그들이 저지른 짓일 것이라고 지레짐작했다. 그러던 어느 날 나는 우리 동네에서 가장 좋은 집에 살던 백인 친구 집에 놀러갔고, 친구는 나에게 비밀을 알고 싶지 않으냐고 묻더니 사실 농구 골대를 훔친 게 고등학생인 자기 형이라고 말했다. 공공 주택에 사는 흑인 아이들이 우리 동네에서 노는 게 싫었단다. 생각지도 못한 일이었다.

이제 와서 생각해보면 그럴 만도 했다. 동네, 학교, 사교클럽, 종교 기관 등 시카고의 거의 모든 곳에서 인종 분리가 나타나고 있었다. 그러나 적어도 축구장에선 내가 일반적으로 만나는 사람들과 인종과 사회계층 면에서 달랐던 (그리하여 집과 차와 식사 수준도 달랐던) 사람들을 만날 수 있었다. 같이 축구를 한다고 해서 곧바로 지속적이고 깊은 친구 관계가 생겨난다고 보기는 어렵겠지만, 친구 관계가 시작될 기회임에는 틀림없다.

부모가 된 지금에도 운동 경기장에서 보내는 시간은 (이제는 관중석에 앉아 있게 되긴 했지만) 우리 가족의 사회생활과 공동체 생활에 많은 영향을 미친다. 나와 내 아내는 평일이면 대학교 내 서로의 연구실과 아이들 학교를 오가며 짬을 내 데이트를 하고, 멋진 저녁 식사를 하고, 직장 내에서 열리는 행사에 참여하고, 공연을 보러 간다. 주말에는 일정이 덜 빡빡하지만, 아들이 축구팀에 들어간 이후로는 아예 아들이 뛰는 축구 경기에 맞추어 돌아가기 시작했다. 가끔은 집에서 멀리 떨어진 곳까지 나가야 할 때도 있다. 원정 팀에 아이를 보내보지 않은 친구들은 우리가 이토록 경기 위주로 생활 방식을 꾸리고 그 부담을 감당하는 모습에 당황해하기도 한다. 솔직히 말하자면 나도 가끔 어리둥절하다.

하지만 그럴 때면 나는 무엇 때문에 이 경험이 그토록 가치 있고 매력적인지를 되새긴다. 우리의 아이들은 물론, 우리와 마찬가지로 헌신하는 다른 가족들과 우리가 맺는 관계들이 너무나도 소중하기 때문이다.

우리 가족이 축구장을 중심으로 형성한 공동체는 아들이 일곱 살일 때부터 우리 삶에서 상당한 부분을 차지했지만 2016년 안식년을 맞아 스탠퍼드대학교 부근으로 가족 모두가 이사를 가면서부터는 한층 더 중요해졌다. 아내와 나는 그곳에 아는 사람이 별로 없었으며 있다 하더라도 대부분 직장 동료들이었고, 아이들은 그곳에 친구가 없었기 때문에 자연스레 앞으로 다가올 변화를 걱정스러워했다. 그러나 팔로알토에서 보낸 첫날부터 아들은 지역의 대형 축구클럽으로부터 원정 팀 가입을 권유받았고, 곧 다른 선수들과 빠르게 친구가 되었다. 몇 주 동안 주말마다 베이에어리어 부근에서 경기를 하고 나자 다른 학부모들이 우리 가족을 바비큐 파티와 바닷가 여행, 명절 식사에 초대하기 시작했다. 우리 딸은 축구 선수들의 남매들과 친구가 되었다. 지역 학교, 병원, 식료품점, 방과 후 프로그램 등에 관한 정보도 얻었다. 또한 아침 카풀 등 서로를 일주일 내내 도울 방법들을 찾아내기도 했다.

우리 팀을 완전히 통합된 공동체로 착각하는 사람은 아무도 없을 테다. 실리콘밸리의 물가는 어마어마하게 비싸며, 이곳의 원정 팀에 참여하는 데 역시 (오늘날 많은 미국 청소년 스포츠 프로그램이 그러하듯) 천문학적으로 많은 돈이 들어갔다. 그러나 넓은 고속도로를 경계로 부유한 팔로알토와 물리적으로 분리되어 있었으며, 선수 중 20퍼센트 정도는 주로 소수자들이 거주하는 이스트 팔로알토 등 빈곤층 혹은 노동 계층 동네 출신 아이들이었다. 클럽이 재정적 지원을 아끼지 않은 덕분에 우리 팀 구성원들은 지역 내 다른 사회집단과 비교했을 때 계층적, 민족적으로 더 다양했다. 학부모들 중에는 테크놀로지 업계에서 일하면서 테슬라나 벤츠를 타고 다니는 이들도 있었지만, 보다 평범한 직업을 가지고 닛산이나 스바루를 타고 다니는 중산층 학부모들도 있었다. 이들 중에는 캐나다·멕시코·브라질·인도·이스라엘·튀니지·프랑스·독일 출신 가족들이 있었으며 정치 성향 또한 민주당 지지자, 공화당 지지자, 중도파, 진보주의자 등으로 다양했다. 2016년 대선이 가장 치열했을 즈음에 결성된 우리 팀은 메시 대 호날두 이야기를 미뤄두고 힐러리 대 트럼프를 논했다. 의견 차도 컸고 서로의 견해를 바꿔놓지도 못했지만, 그럼에도 우리는 상대 입장에 귀 기울일 만큼 서로를 좋아하고 신뢰했다. 또한 얼굴을 맞대고 교류하며 우리는 차츰 왜 서로가 다른 시각을 가지게 되었는지를 이해하게 되었고, 관중석에서는 우리들 사이의 사회적 거리가 훨씬 더 좁아졌다.

정치적으로 험난한 한 해였으나 우리 축구팀에는 센세이셔널한 한 해였다. 아이들 개개인의 실력이 크게 늘었고 팀 실력도 점차 향상되어서 지역 경기에서 우승을 거두었으며 캘리포니아 전체에서 가장 강력한 팀 중 하나로 거듭났다. 축구팀이 아니었더라면 멀리 떨어진 새 학교로 전학을 와서 여러 어려움을 겪었을 내 아들은 인생 그 어느 때보다도 사회적으로 연결되어 있다는 기분을 느끼며 자신감 있게 학교를 다녔다. 나와 내 아내는 점차 우리가 평소 알던 학계 동료들이나 친구들과는 전혀 다른 사람들과 함께 경기 이후 오후 나절과 저녁 시간을 보내고 싶은 마음에 만테카나 데이비스 같은 작은 마을에서 열리는 주말 경기를 목이 빠져라 기다리게 되었다는 사실을 깨달았다. 축구 경기 시즌이 끝나는 순간에는 우리의 꿈결 같았던 스탠퍼드대학교 방문학자 기간이 끝날 때보다 감정적으로 더 힘들었다. 경기야 언제든 더 있었으니 경기가 아쉬운 건 아니었지만, 팀은 계속해서 앞으로 나아가고 있는데 우리는 다시 돌아가야 한다는 사실이 애석했을 따름이다.

2017년 뉴욕으로 돌아온 우리 가족은 적당한 축구 클럽을 찾는 일을 최우선 과제로 삼았다. 아들을 위해서뿐만 아니라 우리 가족 모두를 위한 스포츠 팀을 골라야 함을 모두 알고 있었다. 집에서 그다지 멀지 않은 곳에 괜찮은 동네 축구팀이 있었는데, 모든 조건이 괜찮았지만 마음에 걸리는 구석이 있었다. 그즈음 퀸스 매스페스의 전설적인 축구클럽 메트로폴리탄 오벌Metropolitan Oval에서 아들에게 가입을 권유해 왔다. 이들이 사용하는 경기장은 1920년대 독일과 헝가리 이주자들이 건설한 곳으로, 커뮤니티 센터 역할을 하도록 설계되었으며 지난 90년 동안 정말로 그렇게 활용되었다. 도시가 변화함에 따라 축구 클럽의 구성 또한 자연스럽게 변화했으며, 오늘날에도 코치진과 선수진 그리고 그 가족들은 퀸스의 다양성을 그대로 반영한다. 우리는 이 팀과 사랑에 빠졌다. 팀의 축구 실력도 좋아서 더더욱 마음에 들었다. 선수 제안을 받았을 때 아들은 뛸 듯이 기뻐했지만, 사실 아들뿐만 아니라 가족 모두가 그 축구팀 주변을 맴돌면서 긍정적인 영향을 받았다.

우리가 겪은 일들은 결코 유별난 것이 아니다. 스포츠 팀 조직에 참여한다면 사회적 자본을 늘릴 수 있으며 스포츠와 관련되지 않은 단체 활동에도 더 많이 참여하게 된다는 사실은 사회학자들이 오래 전부터 몇 번이고 발견한 바다. 예컨대 최근 영국에서 진행된 한 연구는 "개인 단위의 사회적 자본의 측정치와 스포츠 참여도 측정치 간에는 상당한 상관관계가 있으며, 이는 전 세계를 놓고 보든 영국 국내를 놓고 보든 모두 마찬가지"라고 보고했다. 단체 스포츠에 참여하는 사람들 중 80퍼센트는 단체 내에서 친구를 사귀는데, 이는 인도주의 단체, 환경 단체, 소비자단체에서 친구를 사귀는 확률과 비교하자면 상당히 높은 수치다. 특별히 놀라운 사실도 아니다. 운동은 매우 신체적이고 대인적인 참여를 요구하는 반면 앞서 나열한 단체 활동은 '대개는 후원을 기반으로 하는 조금 더 수동적인 참여'를 요구하기 때문이다. 그런데 정기적으로 교회에 다니는 사람들 중에서 단체 스포츠에 참여하는 사람은 참여하지 않는 사람보다 여타 시민적·조직적 프로젝트에 참여할 확률도 더 높다는 점은 놀랍다. 연구자들은 운동장 위에서 같은 팀원들과 협업하거나 팀원들을 리드하는 법을 배우는 과정은 사회생활의 다른 차원에서도 사용할 수 있는 스킬들을 기르는 데 도움이 된다고 주장하면서 다음과 같이 결론지었다. "이는 개인에게 유익할 뿐만 아니라, 나아가 지역사회 곳곳에서 사용할 수 있는 스킬들을 제공함으로써 시민사회 개선 과정에도 귀중한 공헌을 할 수 있다."

인류학자 에릭 워비 Eric Worby는 최근 연구를 통해 이런 일이 어떻게 일어나는지를 조명했다. 2000년대, 워비는 요하네스버그 주변 축구장 여러 곳에서 민족지학 현장 조사를 진행했다. 워비가 가족들을 데리고 요하네스버그로 이사를 가려고 하자 수많은 친구와 동료 들이 저마다 호신법이나 방어 대책에 관하여 조언을 해주었지만, 현지인들과 어떻게 관계를 맺어야 하는지 일러주는 사람은 거의 없었다. 워비와 그의 딸은 '흙먼지 날리는 평평한 축구장에 시멘트로 만든 쓰레기통을 골대 삼아 가져다 놓고 벌이는' 길거리 축구 경기에서 직접 사람들과 친해지는 방법을 배워나갔다. 워비는 아파르트헤이트 폐지 이후의 남아프리카공화국에서는 이와 같은 운동장이 '도시의 사회적 자유'가 있는 공간이라면서, 이곳에서 사람들은 오래도록 두려워했거나 금기시했던 사람들에게 마음을 연다고 보았다. 물론 인종과 계층 간 경계를 넘어서 함께 축구를 하는 것만으로 그때까지 고착된 분열이 갑자기 사라지지는 않았지만, 적어도 남아공 사람들이 서로의 '인간성을 회복'해주는 데에는 도움이 되었다. 이는 남아프리카공화국이 깊이 분열한사회를 통합하고 민주화하기 위해 거쳐야 할 평범하지만 반드시 필요한 단계였다.

운동 경기장은 오늘날 수많은 국가에서 거의 신성한 사회 통합의 장으로 여겨진다. 때문에 이곳에서 일어나는 범죄 행위는 한층 특별한 상징적 의의를 가진다. 한 예시로 2017년 6월, 민주당을 상대로 펼치는 연례 야구 경기 행사를 위해 공화당 의원들이 야구장에서 연습하던 도중 총기를 소지한 사람이 구장에 들어와 의원 여러 명에게 총격을 가했다. 모든 총기 난사 사건이 끔찍하지만, 해설가들은 해당 총격 사건이 특히나 끔찍하다고 입을 모았다.《뉴욕타임스》는 "야구와 소프트볼은 워싱턴 정계에 공동의 기반을 제공"한다고 선언했다. 전국 공영 라디오 프로그램에 출연한 의회 관계자들은 운동 경기장을 가리켜 정당 구성원들이 서로를 오직 적으로만 여기는 국회의사당 내 일차원적인 일상에 반드시 필요한 쉼표를 찍어주는 곳이라고 증언했다. 민주당 전국위원회의 전 위원장 데비 와서먼 슐츠Debbie Wasserman Schultz는 여성 의원들도 같은 경험을 할 수 있도록 소프트볼 경기를 공동 주최했다. "저는 이 팀이 아니었더라면 알고 지내는 건 고사하고 이야기조차 나누지 않았을 확률이 높은 동료 의원들과 함께 법안들을 후원하고 통과시켜

왔습니다." 그녀의 말이다.

. . .

　나와 다르다고 생각하는 사람들과 의미 있는 인간관계를 형성하는 일은 꼭 남아프리카공화국처럼 역사적으로 분열한 공간이나 워싱턴 D.C.처럼 정치적 논쟁이 끊이질 않는 곳에서가 아니더라도 어디에서나 까다로운 일이다. 셰리 터클, 캐스 선스타인, 조너선 하이트Jonathan Haidt와 같은 몇몇 학자들은 인터넷이 급속하게 부상하며 사람들이 서로를 보고 대하는 방식이 변화했으며, 친구 사이에도 어마어마한 사회적 거리가 생겨났다고 주장한다.

　인터넷의 일부 측면이 인간이 지닌 최악의 습성들을 이끌어냈다는 데에는 의심의 여지가 없지만, 인터넷이 양극화를 유발했다는 주장은 따져볼 가치가 있다. 선스타인과 하이트는 실제로 인터넷이 양극화를 유발했다고 믿는다. 선스타인은 "인터넷 때문에 우리의 삶이 점점 더 고립과 틈새의 시대로 접어들고 있는데, 고립과 틈새는 대개 자발적이며 우리가 무엇을 좋아할지 알고 있다고 생각하거나 정말로 알고 있는 자들이 만들어낸 것"이라고 주장했다. 하이트 또한 "상대 진영이 유발하는, 끝없이 이어지는 어마어마한 분노의 흐름에 모든 사람들이 푹 빠져 있는 한, 과연 상대방과의 신뢰나 협업이 다시금 가능할지 의문"이라고 말했다. 그러나 정치적 양극화와 인터넷 및 소셜 미디어 사용 간에 과연 인과관계가 존재하는지 의문스러워하는 연구자들도 있다. 미국전국선거조사ANES 데이터를 연구에 활용한 한 경제학 연구진은 놀랍게도 "인터넷과 소셜 미디어를 사용할 가능성이 가장 낮은 집단에서 양극화 심화 정도가 가장 크다"는 점을 발견했다. 예컨대 〈폭스Fox〉와 같은 케이블 텔레비전 뉴스 채널을 열렬히 시청하는 만 75세 이상 집단은 온라인 미디어를 가장 많이 이용하는 만 18세~39세 집단보다 훨씬 더 양극화한 모습을 보였다. 이 사실만으로도 연구진은 인터넷과 양극화 심화 간의 그럴듯한 인과관계를 논의에서 배제할 수 있다고 말했다. 소셜 미디어는 우리의 사상적 분열이 더 심해지는 데 확실히 한몫을 더했을지도 모르지만, 양극화가 가장 심화한 집단의 변화를 인터넷으로 설명하지 못한다면 분명 인터넷만 비난하기는 어려울 테다.

어떤 측면에서 보자면 인터넷은 달리 만날 기회가 없었을 사람들끼리 관계를 맺게 하는 긍정적인 역할을 도맡기도 했다. 최근에 발표한 연구에 따르면 온라인으로 연인을 만난 미국인들과 독일인들은 친구나 가족 혹은 학교를 통해 연인을 만난 사람들과 비교했을 때 자신과 교육 수준, 민족성, 종교적 성향이 다른 상대방을 만날 가능성이 훨씬 더 높았다. 또한 극심한 분열을 드러낸 2016년 미국 대선 이후 몇몇 사회참여 기업가들은 인터넷을 이용하여 상반되는 정치적 견해를 가진 사람들끼리 의견 차이의 원인에 대하여 대화를 시작할 수 있도록 만들기도 했다. 일례로 리빙룸컨버세이션LivingRoomConversations.org은 누구든지 단체 영상 통화를 통해 논쟁적인 주제에 관하여 낯선 이와 대화를 나눌 수 있는 장을 제공한다. 또 다른 사이트 하이프롬디아더사이드HiFromTheOtherSide.com는 상충하는 관점을 가진 개인 두 명을 매치해 페이스북으로 신원을 확인하고 대화 수칙이 담긴 안내문을 이메일로 발송하여 두 사람이 현실 세계에서 상대방을 알아가도록 도와준다.

몇몇 경우에는 인터넷이 누군가를 알 수 있는 방법일 뿐 아니라 나아가 목숨을 구해줄 지원과 연결의 원천이 되기도 한다. 소규모 마을이나 보수적인 지역사회에 거주하는 게이와 레즈비언 청소년들, 억압적인 정치체제에 놓인 반체제 인사, 전쟁 지역을 탈출하는 난민 등의 경우가 여기에 해당한다. 페이스북은 여러 문제가 있긴 하지만 그럼에도 사람들에게 결코 혼자 투쟁하는 게 아니라는 점을 알려주며, 상황을 타개하거나 탈출할 방법에 관한 아이디어를 교환하는 포럼이 되어준다. 최근 몇 년 동안에는 유럽 내 시리아 난민 수천 명이 페이스북을 통해 피난 전에 사야 할 장비 리스트부터 피난길에 머물 저렴한 호텔들까지 온갖 종류의 정보를 구했다. 이들은 또한 페이스북을 통해 피난 간 나라에 사는 옛 친구를 찾고, 낯선 곳에서 공동체를 형성했으며, 정착한 이후에는 고향 소식을 전해 들었다.

가장 평범한 차원에서는 넥스트도어Nextdoor와 같은 웹 사이트들이 서로 만날 기회가 없었던 이웃들을 서로 연결해주며 중요한 사회적 문제부터 지역적 관심사에 이르기까지 다양한 주제에 관한 집단적 대화를 나눌 자리를 마련해준다. 각지의 대학 캠퍼스에서는 페이스북을 많이 사용하는 학생들이 그러지 않는 학생들보다 다양한 종류의 또래들과 가볍지만 의미 있는 사회적 유대를 형성할 가능성이 훨씬 높다. 뉴욕 공공 도서관에서 현장 조사를 진행할 당시에 내가 만난 중국, 러시아, 멕시코, 폴란드 출신 이민자들 중에는 영어 수업이나 시민권 수업에서 서로를 만난 뒤 왓츠앱WhatsApp을 통해 활발한 사회적 집단을 형성한 이들도 있었다. 이들이 맺은 인간관계는 수년 넘게 지속되었는데, 기술 덕분에 서로 연락하기가 상당히 편해졌기 때문이기도 했다.

원래대로라면 구축하기 어려웠을 사회적 교량을 인터넷을 이용해 구축하는 사례는 수도 없이 많다. 이렇게 형성한 관계에서는 대개 정치적 혹은 이데올로기적 문제들과 제한적이거나 간접적으로만 연결된 이슈들, 이를테면 건강, 음악, 스포츠 등에 관하여 대화가 오간다. 이러한 주제들은 신념 때문에 나뉘었던 사람들이 공동의 근간을 마련하도록 돕는다.

한 예시로, 최근 나는 HIV 환자들 중 전통적인 치료 모임에 참석하기를 꺼려하거나 참석하지 못하는 이들이 모이는 익명 채팅방을 알게 되었다. 이곳에서 발전한 관계 중에는 유색 트랜스젠더 여성이 시골 출신 백인 트럼프 지지자의 마약중독 치료를 도운 사례도 있었다. 이 사례뿐만이 아니었다. 힘겨운 건강 문제로 고통스러워하는 사람들은 한순간에 자기 인생에서 가장 중요해져버린 건강 문제를 제외한다면 자신과 조금도 통하는 점이 없는 타인들과 인터넷상에서 만나 서로 응원을 주고받는다. 우리가 인터넷을 현명하게 사용한다면, 혹은 우리 내면의 다름이 아니라 공동의 인간성을 가지고 온라인 세상을 설계한다면, 양극화 원인으로 자주 지목되는 테크놀로지가 오히려 양극화를 완화하기도 한다는 사실을 이들은 이미 경험으로 알고 있다.

커뮤니케이션에서든 물리적 공간에서든, 사회적 거리와 분리는 양극화를 낳는다. 연락과 대화는 우리 공동의 인간성을 상기하며, 특히 반복적이거나 공통된 열정과 관심사에 관한 것이라면 더더욱 그러하다. 한때 다양한 민족 집단이 블루칼라 공동체를 형성했던 공장과 산업화 마을들은 이제 자취를 감추었다. 지역사회는 계층을 기준으로 한층 더 분리되었다. 민영기업이 부유층 자녀들을 위해 경쟁적이고 전문화한 스포츠 프로그램을 운영하면서 저소득층 자녀들 대부분이 그들만의 리그를 직접 꾸려야 하는 상황도 찾아왔다. 케이블 텔레비전 뉴스와 라디오 프로그램에서는 각각의 시청자와 청취자가 이미 믿고 있는 것들만 되풀이해서 말해주고 있다.

이와 같은 여건들은 특정 집단 내 사회적 유대를 강화하지만 타집단과의 사회적 연결은 한층 더 어렵게 만든다. 이러한 여건들이 양극화를 조장하고, 우리는 더더욱 분열한다. 시민 생활을 가능케 하는 공동의 목적의식과 인간성을 회복하기 위해서는 어려운 길을 걷는 수밖에 없다. 그러나 더 나은 사회적 인프라를 구축하지 못한다면 우리는 그 어려운 길조차 걷지 못하게 될 것이다. 바로 여기에 우리 민주주의의 미래가 달려 있다.

제 6 장

폭풍에 앞서

실존적 위협에 직면하여
삶을 지탱하다

장벽을 쌓는 게 목적이 아니다.
불변의 사실을 받아들이고
자연을 도구 삼아
사람을 위험으로부터
보호하자는 것이다.

폴과 셸 사이먼 부부는 오랫동안 휴스턴에서 살았기에 비가 위험할 수도 있다는 사실을 잘 알고 있었다. 미국에서 네 번째로 큰 도시 휴스턴의 연간 강우량은 1,270밀리미터이며, 비가 억수같이 내리는 날도 많고 종종 허리케인이나 토네이도도 온다. 휴스턴은 미국에서 비가 많이 오는 도시로 손꼽힐 정도는 아니지만 하드 인프라스트럭처와 국토 계획이 빗물 관리를 거의 고려하지 않은 채 자가용 사용자들의 편의와 무한한 성장 촉진을 중심으로 설계되었다.

무질서하게 확장하는 약 1,554제곱킬로미터 크기의 이 대도시에는 물을 흡수하지 못하는 포장도로가 어마어마하게 많았으며 범람원 (홍수가 나면 하천이 넘쳐 침수하는 평야_옮긴이)에 주거 단지가 형성되어 있었다. 비가 많이 오는 날이면 배수로와 하수관, 저류지에 물이 넘쳤다. 도시의 주요 동맥을 따라 설치한 수로와 도로도 침수했으며, 이따금 병원과 주택과 가게 들에도 물이 넘쳤다. 폭풍우가 들이닥칠 때면 홍수로 넘친 물이 정유 공장과 화학 공장에까지 들이닥쳐 자칫 기상재해로 끝나지 않고 통제 불가능한 유독 물질 유출 사태로까지 이어질지도 모를 일이었다.

2017년 8월, 삼십 대 중반의 중산층 아프리카계 미국인 사이먼 부부는 하비Harvey라는 이름의 열대성 폭풍우가 카리브해 위에서 생성되어 멕시코만으로 천천히 다가오고 있다는 뉴스를 보았다. 이례적으로 더운 여름이었으며(사실 매년 여름이 이례적으로 더우므로 평범한 여름이었다고 할 수도 있겠다) 캄페체만 수온도 높았다. 하비는 텍사스를 향해 움직이면서 세력을 키웠다. 8월 23일 수요일, 미국 국립허리케인센터 과학자들은 하비가 육지에 도달할 때쯤이면 강력한 열대성 태풍이나 1등급 태풍으로 성장할 것으로 예측했다. 예상은 빗나갔다. 해안가에 접근하면서 하비는 계속해서 거세졌으며, 목요일 기상예보에서는 하비가 최대풍속이 초속 약 51미터에 어마어마한 강수량을 동반한 3등급 혹은 4등급 허리케인이 되어 휴스턴을 칠 것이라는 예보가 등장했다. 더욱 불길한 점은 하비가 텍사스 남부에서 움직이지 않고 하루 이상 머무를 태세를 보이고 있다는 사실이었다. 휴스턴 공무원들은 강제 대피 명령을 내리지는 않았지만 모든 주민들에게 홍수에 대비하라고 당부했다.

사이먼 부부는 폭풍우가 지나가는 동안 리치몬드 집에서 한 발짝도 나가지 않기로 결정했다. 휴스턴 남서부에 위치한 리치몬드는 히스패닉계 노동 계층 주민들이 주를 이루는 동네였으며, 부부가 사는 웨스트오크빌리지 주택단지는 소박한 단독주택들과 소형 빌라 여러 채를 중심으로 놀이터와 대형 수영장 등 다양한 공공 편의 시설을 갖춘 곳이었다. 사이먼 부부에게는 생후 8개월과 두 살배기 아들들이 있었고, 다른 친인척들도 같은 지역에 살고 있었다. 이들은 2005년 허리케인 리타Rita가 다가왔을 때 250만 명의 주민들이 휴스턴을 빠져나가려고 했던 당시를 기억하고 있었다. 셸도 차를 몰고 오스틴으로 향하느라 평소 두 시간이면 갈 거리에서 열일곱 시간을 넘게 허비해야만 했다. 허리케인 리타는 우려한 만큼 강력하지 않았으며, 몇 주 전 뉴올리언스를 덮쳤던 허리케인 카트리나Katrina에 비교할 정도도 아니었다. 그러나 고속도로가 꽉 막히고 과열한 탓에 도심보다 피난길에서 죽은 사람이 더 많았다. 그러므로 사이먼 부부는 집에서 머물며 하비를 견디는 편이 나으리라고 생각했다.

이번에는 폭풍우가 예상보다 더 강해졌다는 게 문제였다. 금요일부터 비가 내리기 시작했고, 토요일이 되자 폭우가 쏟아졌다. 이로부터 며칠 후 교회에서 셸은 다른 신도들에게 그간 있었던 일들을 들려주었다. "제 여동생 슈레인이 생후 21개월 된 아들을 데리고 찾아와서 폭풍우가 지나갈 때까지 같이 있기로 했어요. 혼자 버티기 싫다고 했거든요." 슈레인이 사이먼 부부의 집에 도착하자마자 토네이도 경보가 발령되었다. "남편이 계획을 짰어요. 옷장 안 옷들을 다 꺼내서 치웠죠. 폴은 계속 무슨 일이 생기면 옷장 안에 들어가야 한다고 했어요. 이래도 옷장 안, 저래도 옷장 안에 들어가야 한댔죠. 저흰 그냥 그러고나 있었죠."

평범한 폭우라면 오래지 않아 빗줄기가 약해지고 구름이 걷히며 하늘이 개고 햇살이나 별빛이 비치기 마련이다. "휴스턴에 홍수가 날 거라는 건 모두 알고 있었어요." 폴이 내게 말했다. "하지만 제가 이 동네에서 15년을 살았는데, 그동안 아무 문제도 일어나지 않았어요. 집 안에 물이 들어온 경우는 단 한 번도 없었죠. 그럴 낌새조차 없었어요. 그래서 이번에도 괜찮을 거라고 생각했던 거예요." 폴, 셸과 슈레인은 바람이 몰아치고 폭풍우가 들이닥치는 소리를 듣고만 있었다. 밖을 내

다보자 길거리에 물이 들어차고 있었다. 세 사람은 스트레스에 시달렸고, 피곤했으며, 잠을 청하는 것 말고는 할 수 있는 일이 없었다.

그러나 누가 이런 상황에서 잠을 잘 수 있겠는가?

동이 트기 전에 잠에서 깬 세 사람은 곧장 창가로 다가갔다. "빗물이 집 앞 도로까지 들이닥쳐 있었어요." 셸이 말했다. "게다가 물이 점점 더 차오르고 있었죠." 셸의 맥박이 빨라졌다. 이대로 비가 계속된다면 벽이 있다 한들 아무런 쓸모도 없어질 게 분명했다. 옷장도 아무런 도움이 되지 못할 터였다. 다른 계획을 세워야만 했다.

"바깥에 나가봐야겠어." 폴이 말했다. "차 타고 한 바퀴 돌면서 뭘 할 수 있을지 좀 보고 올게."

"나가지 마." 셸이 소리쳤다. "당신 없이 우리끼리 있기 싫어. 애들도 있잖아."

수위는 하루 내내 높아졌으며, 이른 오후가 되자 폴과 셸은 나가고 싶어도 나가지 못한다는 사실을 깨달았다. 도로는 강이 되어 있었고 길거리에는 물살이 빠르게 흘렀다. 그들의 집도 침수하기 일보 직전이었다. 아이들, 사이먼 부부와 여동생 그리고 그들이 가진 모든 것들이 그 집 안에 있었다.

"엄마랑 전화를 하고 있을 때였어요. 저희 어머니도 휴스턴에 사시거든요." 폭풍우가 지나간 지 몇 주가 흘러 내가 사이먼 부부와 대화를 나눌 때 셸이 한 말이다. "엄마는 바깥 상황이 어떤지 사진을 찍어 보내달라고 하셨어요. 그래서 집 밖으로 나갔는데 정말 두 눈을 믿기 힘들 정도로 물이 차 있더라고요. 너무 충격을 받아서 놀라 얼어붙었죠. 그런데 마침 바로 그 순간에 이웃 몇 분이 저희 집 현관 바로 앞으로 걸어서 지나가시더라고요. 물이 코앞까지 차 있어서 길을 가려면 남의 집 현관문들 앞에 딱 붙어서 걸어야 했거든요. 이웃들은 비닐봉지에 소지품을 담아 들고 계셨고, TJ라는 사촌하고 같이 있었어요. 그가 트럭을 몰고 그분들을 데리러 온 거였죠. 저는 거기에 그냥 서 있었어요. 손에 잡동사니를 들고, 등에는 애를 업고, '뭐 하시는 거예요?' 하는 눈빛으로 그들을 쳐다보기만 했죠. 그러니까 그분들이 저한테 말을 걸어 주셨어요. '여길 벗어나려고요! 같이 가실래요? 도와드릴까요?' 그래서 저는 '네, 네!' 하고 소리쳤죠."

그녀가 소리쳐 남편을 부르자 폴이 달려 나왔다. TJ는 사이먼 부부네 주변 도로를 지나올 수가 없어 몇 블록 떨어진 곳에 자기 트럭을 주차했다고 했다. 또 트럭에 모두를 태울 만한 공간이 부족해 지금은 같이 못 가지만 금방 돌아오겠다면서 폴의 전화번호를 받아 갔다. 폴과 셸, 슈레인은 집 안으로 달려 들어가 기저귀, 분유, 물, 비상식량, 아이들 옷가지 등 꼭 필요한 물건들을 챙겼다. "저는 그런 응급 상황에 잘 대처하는 편이 아니에요." 셸이 말했다. "반쯤 정신이 나가 있었죠. 그런데 그때 TJ가 돌아왔어요. 그다음에는 뭐, 물길을 가르면서 트럭까지 걸어갔죠."

사이먼 부부와 여동생은 아이들을 품에 안고 걸어 트럭에 무사히 당도했다. 셸의 아버지가 사는 집으로 가려고 했지만, 그곳까지 이어진 도로에 물이 차 들어갈 수가 없었다. "하나님께서 다른 계획이 있으셨던 거죠." 폴이 말했다. "저희는 트럭을 타고 주변을 빙빙 돌았지만, 밖으로 이어지길 길이 죄다 막혀 있었어요." TJ는 물이 들어찬 도로를 지나가려고 했지만, 도로와 도로 중앙에 설치된 화단을 구분할 수가 없었던 탓에 그만 트럭 바퀴가 진흙 속에 박히고 말았다. 한순간에 오도 가도 못 하게 된 것이었다. "정말이지 제일 무서운 순간이었어요." 폴이 내게 말했다. "날은 이미 어두워졌고, 비는 계속 쏟아졌어요. 라디오에서는 토네이도 특보를 방송했죠. 거기서 저희는 애 셋을 데리고선 좌석도 없고 뚜껑도 없는 트럭 화물칸에 앉아 있었어요."

셸은 이번에야말로 정신이 나갈 것 같았다. "거의 목 놓아 울었죠. 무서웠어요. 애기가 조산아라 태어날 때 기관지 문제가 조금 있었거든요. 바라봤는데 아이가 꼼짝도 안 하는 거예요. 무슨 일이 생긴 건 아닌가 싶었죠. 제 핸드폰을 찾을 수가 없어서 동생 핸드폰으로 페이스북에 글을 썼어요. 우리 지금 발이 묶였다고요. '저희를 위해 기도해주세요' 같은 말도 썼어요. 솔직히 말하자면 살아남을 수 있을지도 잘 모르겠더라고요."

또 다른 트럭 한 대가 지나가다가 멈춰 서더니 케이블을 이용해 TJ의 트럭을 화단에서 꺼내주었다. 그는 홍수가 난 지역을 벗어날 길을 찾았지만, 시간이 너무 늦은 데다가 자기 가족들을 돌보러 가야만 했다. 그래서 그들은 응급 구조대가 모여 있는 주유소로 차를 몰고 간 뒤 사이먼 가족만 그곳에 내렸다. 아기는 탈진한 것을 빼면 괜찮았지만, 이제 사이먼 가족은 새로운 문제에 직면했다. 갈 곳이 아무 데도 없었기 때문이다. "저희는 응급 구조 대원 분들이 저희를 도와주실 줄 알았어요." 폴이 회상했다. "하지만 그분들은 거기서 응급 신고를 기다려야 한다고 하시더라고요. 저흰 진짜로 발이 묶인 셈이었죠." 주유소 사무실에는 몇몇 남자들이 모여 있었는데, 그중 한 명은 홍수를 피해간 지역으로 이어지는 안전한 도로를 좀 전에 찾아냈다고 말했다. "설명을 들어보니까 저희 부모님이 사는 동네 바로 옆을 지나는 길이더라고요." 폴이 말했다. "그분이 다른 분들한테 길을 알려주러 갈 거라고 하시길래 혹시 저희도 같이 갈 수 있냐고 물어봤죠. 부모님은 다른 동네에 가계셨고, 집에 있는 아버지 차 키를 저도 가지고 있었거든요. 저는 셸과 슈레인한테 거기까지 갈 수 있을 거라고 말했어요." 그 순간만큼은 세 사람도 믿을 수 없을 만큼 운이 따라준다고 생각했다.

기분은 오래가지 못했다. 불어난 물은 사이먼네 가족이 떠난 지 오래지 않아 현관문을 넘고선 집 안으로 밀려들었다. 게다가 하비가 그 이후로 3일을 더 휴스턴 상공에 머물렀던 탓에 집 안으로 더욱 더 많은 물이 흘러들었다. 마침내 폭풍우 구름이 흩어진 화요일에 이르기까지 휴스턴 일부 지역에 내린 비는 도합 1,295밀리미터가 넘었다. 미국 본토 내 단일 폭풍이나 허리케인이 남긴 강우량 중 역대 최고치였다. 신중한 과학 기관으로서 대개 건조하고 기술적인 말투로 소식을 전하는 미국 기상청조차 그 폭우를 가리켜 "혼을 쏙 빼놓는 폭우였다"고 말했다. 사이먼 부부를 비롯한 휴스턴 주민 수천 명에게 강우량은 그저 수치일 뿐이었다. 그보다 중요한 것은 그들의 집이 물속에 잠겼다는 현실이었고, 집 안에 남겨둔 거의 모든 것들을 잃었다는 사실이었다.

그 주 일요일, 셸과 폴은 매주 일요일 아침이면 늘 가던 곳인 윌크레스트침례교회에 갔다. 그리고 그 자리에 모인 모든 사람들 앞에서 두 사람이 폭풍우를 거치며 공동체에 대한 믿음을 얼마나 더 공고히 할 수 있었는지를 이야기했다. 우선 이웃의 사촌 TJ가 있었다. 갑작스러웠음에도 그는 사이먼 부부에게 '응급 구조대'가 되어주었고, 자신의 목숨을 걸어가면서 그들을 구하려고 애썼다. 상황이 회복과 재건 국면으로 접어둔 이후에는 언제나 중요했지만 이때만큼 중요했던 순간이 또 없었던 공동체가 하나 더 있었다. 바로 교회를 통해 형성된 공동체였다.

월크레스트침례교회는 휴스턴 남서부의 중산층 지역인 알리프에 있는 작은 교회다. 교회 활동에 적극적으로 참여하는 500명 정도의 신도들은 총 약 50개국 출신으로, 백인과 라틴계, 아프리카계 미국인과 도시 출신, 교외 출신, 시골 출신이 꽤 비슷한 비율로 섞여 있고, 전부는 아니지만 대부분이 보수주의자다. 미국 교회치고 흔치 않은 다양성이었다. 대개 교회들은 미국에서 가장 민족적·인종적으로 분리된 기관이기 때문이다. 이곳의 다양성은 우연히 발생한 게 아니었다. 최근까지도 월크레스트교회에 다니는 신도들은 대부분 백인이었다. 저명한 종교사회학자이자 월크레스트교회에도 다녔던 마이클 에머슨Michael Emerson의 글에 따르자면 월크레스트교회는 흑인, 라틴계, 아시아계 공동체 신도들이 많이 가는 다른 교회들의 이름과 주소가 적힌 명함들을 늘 구비해놓았다. 이러한 인종 집단에 속하는 누군가가 월크레스트교회에 찾아오면 교회 지도자들은 정중하게 다른 교회 명함을 내밀면서 내 집처럼 편안할 교회가 따로 있을 거라고 추천했다.

1980년대 들어 변화가 생기기 시작했다. 백인들이 다른 지역으로 이사를 나가는 한편 흑인과 라틴계가 이사를 왔기 때문이다. 월크레스트교회 지도자 대부분은 신도들이 이사를 가는 변두리 교외 지역으로 교회를 이전하고 싶어 했지만 그렇게 하지 못했다. 교회를 이전하려면 이사회가 만장일치해야 한다는 조례가 있었는데, 교회가 이곳에 남아 적응해야 한다고 주장하는 이사가 한 명 있었기 때문이다. 월크레스트교회 공동체는 느긋하게 확장하기 시작하다가, 이후로 갈수록 강력하고 의도적으로 확장을 추진했다. 1990년대 초, 로드니 우가 월크레스트교회의 새로운 목사로 취임했다. 당시 미국의 복음주의 공동체에서는 다문화주의와 새로운 기독교인 이민자 유입과 더불어 교회를 인종 및 민족 간 통합의 장으로 만드는 새로운 종교적 움직임이 일고 있었으며, 로드니 우 목사는 이 운동을 지지하는 핵심 인물 중 하나였다. 우 목사는 휴스턴 남서부 등지에서 봉사 활동을 전개했으며, 신도들이 전 세계 각지로 선교 활동을 나가도록 유도했다. "그 교회에 처음 갔을 때 우 목사님이 복음을 선교하는 모습을 보았는데, 말씀하시는 방식이 딱 제 마음을 울렸어요. 쌍둥이 여동생이랑 같이 교회를 둘러보는데 무언가 환영받고 있다는 기분이 들었죠. 다문화적인 게 우리한텐 무엇보다도 크게 다가왔어요. 예배당에는 교회 신도가 태어나고 자란 나라나 교회가 공헌한 국가들의 국기들이 걸려 있었습니다. 저희는 벌써 여기에 소속한 듯한 기분이 들었어요."

사이먼 부부는 교회를 매우 열심히 다닌다. 2007년부터 이 교회에 다닌 폴은 집사이자 수석 안내원이 되었고, 2012년에 결혼한 뒤부터 다니기 시작한 셸은 가정 모임을 주최하고 성가대에서 노래를 부른다. 그러나 그들 또한 그들의 가족과 집이 그렇게 많은 도움을 받을 날이 올 줄은 몰랐다. 월크레스트교회는 폭풍우가 왔던 주에 일요일 예배를 취소했지만, 교회 지도자들은 비가 그치기도 전부터 구호 활동을 조직하기 시작했다. 2011년 우의 뒤를 이은 활기차고 젊은 목사 조너선 윌리엄스는 페이스북 페이지에 기도와 희망이 담긴 비디오를 포스팅하면서 서로를 돌보는 신도들에게 감사 인사를 전했다. 사이먼 부부를 비롯한 수많은 가정들이 심각한 홍수 피해를 입고 이재민이 되었으며, 교회 신도들은 자발적으로 이들과 이들의 자녀들을 자기 집에 재워주고 도와주었다.

8월 31일 목요일, 월크레스트교회는 소셜 미디어를 통해 이재민 가족들에게 필요한 물품 목록을 포스팅했다. "아이 옷 9~12개월용, 24개월용, 36개월용. 유아용 물티슈, 기저귀 4~5단계, 분유. 카시트. 티셔츠. 남자용 청바지. 양말." 조너선 목사는 신도들에게 가능한 한 빨리 이 물품들을 교회로 가져와달라고 부탁했다. 금요일, 폴은 교회 친구 몇 명과 함께 집으로 가 내부를 살펴보았다. 1층에는 약 1.2미터 높이까지 물이 들어찼던 흔적이 있었으며, 바닥과 캐비닛·벽지·타일·합판 등 물에 잠겼던 거의 모든 집기를 교체해야 했다. 폴의 친구들은 이를 조너선 목사에게 알렸고, 목사는 교회에 온 모든 신도들에게 토요일 아침에도 나와달라고 말했다. 종교 활동의 중심지인 이곳은 구호소로 거듭나고 있었고, 신도든 아니든 상관없이 모든 이재민들에게 따뜻한 음식과 깨끗한 옷, 위생 용품과 기도를 나누어주고 있었다. 또한 신도들은 교회를 집결지 삼아 모여 차를 나누어 타고 홍수 피해를 입은 동네로 가서 피해 가옥들을 방문해 청소를 거들었다. 사이먼 부부네 집이 첫 집이었고, 시간이 허락한다면 다른 집들, 심지어 월크레스트교회를 다니지 않는 사람들의 집에도 가서 청소를 돕기로 했다.

홍수 피해 지역이 광범위했음에도 불구하고, 토요일 아침이 되자 구호 활동을 돕기 위해 80명이 넘는 사람들이 월크레스트교회에 모였다. 몇몇 신도들이 이른 시간부터 나와 따뜻한 음식들을 준비해둔 덕에 사람들은 함께 아침 식사를 하고 기도를 하면서 그날 하루를 시작했다. 조너선 목사는 신도들에게 허리케인이란 우리의 물질적 소유가 그러하듯 지상에서의 삶도 그저 일시적임을 환기한다고 말했고, 신도들 모두가 교회의 일부이자 그리스도의 일부임을 명심하라고 했다. 또 신체적·정서적 혹은 영적으로 도움이 필요한 사람이 있다면 언제든지 교회가 돕겠다고 약속했다. 그날부터 이어진 고난의 수개월 동안, 월크레스트교회가 가장 시급하게 다루었던 과제는 이곳 지상에서 서로서로를 돌보는 일이었다.

아침 식사를 마친 거의 모든 남자 신도들이 사이먼 부부네 집으로 향했다. 길거리가 여전히 오물로 뒤덮인 데다가 차를 세울 만한 곳도 없었기 때문에 이들은 근처 초등학교에 차를 세우고 집까지 걸어갔다. 교회에 남은 신도들은 몇 명씩 모여서 식당에서 음식을 준비하고, 자선 센터에서 물품들을 정리하고, 특정 물품을 요청한 이재민들에게 구호 물품을 전달하고, 이웃과 친구를 돌보러 자리를 비운 사람들의 아이들을 돌보았다. 사이먼 부부의 집을 수리하려면 고된 육체노동이 필요했지만, 40명이 넘는 사람들이 작업에 뛰어들면서 수리에 속도가 붙었다. 집 안을 모두 손보고 나서 그들은 한자리에 모여 단체 사진을 찍고 기도를 올렸다. 그러고선 거의 모든 사람들이 그대로 바로 옆집에 사는 노부부와 길 건너 레이번과 브리트니를 도와주러 갔다. 레이번과 브리트니는 예전부터 교회를 다닐까 고민했지만 어느 교회에 다닐지 아직 선택하지 못한 처지였는데, 이날 이후로 확실하게 선택을 내릴 수 있었다.

일요일, 레이번과 브리트니는 사이먼 부부, 아얄라스 부부와 함께 월크레스트교회 예배에 참석했다. 네 자녀를 둔 아얄라스 부부도 침수 피해를 입은 사람들이었다. 이날은 교회의 모든 신도들에게 감동적인 하루였지만, 아얄라스 부부에게는 한층 더 그러했다. 부부는 폭풍이 다가왔을 때부터 신세를 졌던 친척집에서 다른 이재민 가족들도 돌봐야 하고 앞으로 계속 모두를 데리고 있을 수는 없다고 말했다며 불안해했다. 그러자 오랫동안 윌크레스트교회를 다녔지만 아얄라스 부부와 개인적으로는 거의 모르는 사람이었던 리사 캔트웰Leasa Cantwell과 가이 캔트웰Guy Cantwell 부부가 필요한 만큼 자기 집에서 지내라며 초대해주었다. 캔트웰 부부의 자식들은 모두 결혼해서 분가했고, 수영장 딸린 저택에서 두 사람만 지내고 있었다. 아얄라스 부부의 어린 자녀들은 낯선 이들과 지낸다는 사실에 다소 긴장했지만 며칠 만에 처음으로 신난 모습을 보였다. 사람들로 붐비는 그날의 예배당에서 조녀선 목사는 공동체가 이룬 일들을 칭찬하는 말로 예배를 시작했다. "어제 그곳에 계시던 분들을 이렇게 뵙게 되니 이보다 더 기쁠 수가 없습니다. 그게 제 집이었어도 여러분 모두가 와주셨으리라는 걸 저는 알고 있습니다. 여러분 중 누군가의 집이었어도 모두가 갔겠지요. 저는 압니다. 제 집이 침수되면 폴 씨가 와주리라는 걸, 셸 씨가 와주리라는 걸, 레이번 씨와 브리트니 씨도 오리라는 걸 저는 알고 있습니다. 제가 부를 겁니다. 여러분이 어디 계시는지 알고 있으니까요. 그게 제 기도입니다."

• • •

이후 며칠 동안 휴스턴 전역의 사람들과 공동체들은 그들이 기적적으로 회복할 수 있기를 기도했다. 과학자들은 현재의 기상 모형에 따르자면 하비가 "500년 만의 최대 폭풍우"였다고 말했다. 다시 말하자면 이토록 강한 폭풍우가 몰아칠 확률은 매년 500분의 1 정도밖에 되지 않는다는 뜻이었다. 물론 그렇다고 해서 시민들과 정부 혹은 구호단체들이 한동안 마음 놓고 쉬어도 된다는 말은 아니었다. 하비 이전에도 미국은 '500년 만의 최대'라고 할 만한 폭풍우를 2010년 이래 스물네 번이나 겪었으며, 기후변화에 따라 앞으로 더 많아질지도 모른다. 그러나 하비가 지나간 지 약 열흘 만에 또 다른 초대형 허리케인 어마_{Irma}가 미국 본토에 상륙하고, 다시 열흘 뒤 또 다른 초대형 허리케인 마리아_{Maria}까지 찾아와 푸에르토리코를 쑥대밭으로 만들 줄은 아무도 예상하지 못했다. 특히 푸에르토리코에서는 몇 달 동안 전기와 식수 공급이 끊겨 수백만 명이 불편을 겪었으며 1,000명이 목숨을 잃었다.

어마는 카리브해와 플로리다키스제도, 플로리다반도 서부를 찢어놓을 당시 최대풍속 초속 약 83미터의 5등급 허리케인이었으며, 미국 본토에 상륙할 때는 4등급 폭풍이었다. 플로리다는 텍사스와 마찬가지로 저지대를 마구잡이식으로 개발해놓았다. 이 말인즉슨 침수 위험이 커 21세기 말에 이르면 황폐화할 가능성이 큰 지역에 수백만 명의 사람들이 살고 있었다. 어마는 플로리다주 3분의 2에 걸친 670만 가구에 정전 사태를 일으켜 추산 425억 달러에서 650억 달러의 재산 피해를 입혔고, 정전으로 과열한 요양원에서 사망한 12명을 비롯하여 최소 75명이 사망했다. 사실 전문가들이 예상했던 것보다는 낮은 수치였는데, 이는 허리케인이 마지막에 경로를 바꾸면서 약화했기 때문이었다. 그럼에도 2017년은 미국 역사상 기상이변으로 가장 많은 피해를 입은 해였으며 그 규모는 총 3060억 달러에 달했다. 게다가 다음번 허리케인과 초대형 폭풍이 돌아오는 건 시간문제에 불과하다.

오늘날 전 세계 도시와 국가 들은 지구온난화가 초래하는 실존적 위협에 직면하기 시작하고 있다. 해수면이 상승하고, 폭풍우는 더 강해지고, 폭염은 더 심각해지고 길어지며, 가뭄과 이주가 발생하고, 물이나 식량, 토지 등 기본적인 자원을 두고 분쟁이 생겨난다. 인류를 포함하여 수많은 생물 종이 오늘날의 보금자리에서 더 이상 살아가지 못할 만큼 극단적인 기후변화가 일어나는 일을 방지하려면 지구 온실가스 배출량을 감축해야 하지만 그렇게 할 수 있는 창구는 넓지 않다. 이런 이유에서 기후변화 완화 대책 시행이 무엇보다도 시급하다. 즉, 화석연료 사용을 대폭 줄이고 재생 가능한 에너지원으로 전환해야 하며, 이로써 탄생하는 새로운 체제와 삶의 방식을 지탱할 새로운 인프라스트럭처를 각국 정부들의 계획보다 훨씬 더 서둘러 건설해야 한다는 뜻이다.

　　그러나 우리가 이미 배출한 이산화탄소는 대부분 앞으로 수 세기 동안 대기 중에 남아 바다의 수온과 해수면을 상승하게 만들 것이다. 과학자들이 마법 같은 방법을 써서 당장 내일부터 온실가스가 조금도 배출되지 않도록 모두 막아버린다고 하더라도 지구온난화는 앞으로 수 세기 동안 계속될 것이며, 해수면도 수천 년 동안 더 상승할 것이다. 그러므로 기후변화를 완화하는 것도 중요하지만, 별수 없이 기후변화에 적응해야 할 필요도 있다.

　　세계에서 가장 부유한 국가들은 앞으로 수십 년간 방파제, 스마트 그리드, 빗물 재활용 시설 등 하비나 어마와 같은 21세기 도전 과제들을 이겨낼 새로운 인프라스트럭처에 수조 달러를 투자할 것이다. 그러나 하드 인프라스트럭처에 아무리 투자를 하더라도 현대사회가 해안 지역·강 삼각주·사막·평원 등지에 건설한 인구밀도가 높은 도시나 교외를 기상재해로부터 완벽하게 보호하지는 못한다. 공학을 통해 건설한 시스템들은 다가오는 기후변화에 어느 정도는 대응하겠지만, 그 무엇도 완벽하지 않음은 역사가 알려준다. 간혹 예측하지 못한 이유로 고장이 나기도 하기 때문이다. 사회적 인프라는 원래부터도 재해 발생 시 혹은 발생 후에 핵심적인 역할을 담당했지만, 이처럼 공학 시스템이 붕괴할 때면 정말로 사회적 인프라가 삶과 죽음의 경계를 가를 수 있다.

사회적 인프라는 전통적인 메가 프로젝트와 더불어 형성될 수 있다. 방조제나 빗물 재활용 설비 등 기후와 관련한 값비싼 안전시설을 공원이나 광장으로 활용하는 경우가 그 예다. 사람들은 이러한 장소에 정기적으로 모이면서 훗날 재난이 발생했을 때 커다란 도움이 될 비공식적 지지 네트워크를 형성할 수 있다. 꼭 기상과 관련하지 않더라도 원래부터 온갖 종류의 단체 시설에 대하여 기반을 제공하는 지역사회 단체와 종교사회단체 또한 사회적 인프라를 형성할 수 있다.

미국에서는 사람들이 기상이변을 이겨내는 데 월크레스트교회와 같은 종교 단체들이 중요한 역할을 담당한다. 예배 장소가 중요한 사회적 인프라인 이유는 우선 어디에나 있기 때문이다. 오늘날 미국에는 30만 개가 넘는 종교 시설이 있다. 한 사회학 연구진은 "비교하자면 종교 시설은 서브웨이·맥도날드·버거킹·웬디스·스타벅스·피자헛·KFC·타코벨·도미노피자·던킨도너츠·퀴즈노스·데어리퀸 매장 수를 모두 합친 것보다 세 배 이상 많다"고 말했다.

종교 단체가 매우 중요한 또 다른 이유는 그곳에서 단순히 예배만 드리는 게 아니라 공동체 형성이 이루어지기 때문이다. 종교 기관은 도덕적·영적 관심사를 중심으로 나아가며 신도들의 삶에 깊이 관여한다. 비록 규모와 자원에 따라 상당한 차이를 보이기는 하지만, 대개 교회와 모스크, 유대교 회당 등은 대체로 그 시설 내에서 교육, 스터디 그룹, 운동 경기, 아이 돌봄, 노인 지원 등 여러 종류의 사회적 프로그램을 제공한다. 몇몇 이들은 종교 시설 바깥에서도 사람들과 교류하고 사회적 교량을 건설하려 애쓰는 한편, 다른 몇몇 이들은 종교적 생활과 여타 생활을 구분한 채 집단 구성원들이 필요로 하는 바를 충족시켜주는 데 초점을 맞춘다. 어느 경우든 이와 같은 종교 단체들이 사회적 인프라로서의 의의를 가지고 있음은 분명하다.

그러나 모든 사람들이 종교 단체에 소속하지는 않으며, 모든 종교 단체들이 월크레스트교회처럼 재난 구호를 펼칠 여력이 되는 것도 아니다. 다행히 도서관, 학교, 지역사회단체 등 여타 수많은 장소와 단체가 종교를 믿지 않는 사람들에게도 사회적 인프라로서의 몫을 해주고 있지만, 이러한 곳들 대부분이 번창하려면 더 많은 자원이 필요하다.

사회적 인프라가 기후 안보에 중요한 역할을 담당한다는 점을 인식하는 정부와 재난 대책 계획자들이 점점 더 늘어나고 있다. 랜드연구소 소속 학자이자 오바마 대통령의 비상대책대응사무국ASPR에서 일했던 니콜 루리는 본인이 연방정부에서 일할 당시 함께 일했던 이들이 '견고한 사회적 네트워크가 있고 사회적으로 연결되어 있을 때 사람들이 재난을 얼마나 더 잘 견디는지 그리고 얼마나 더 오래 사는지'를 잘 알고 있었다고 말했다. "또한 우리는 우리의 사고를 크게 진화할 수 있었습니다. 그러므로 이제는 공동체의 회복력을 증진하는 일이 우리가 가장 먼저, 또 가장 중심적으로 고려하는 사안이 되었습니다." 그녀의 말이다.

버락 오바마Barack Obama는 1980년대 후반 지역사회조직가(사회복지사의 일종_옮긴이)로 일하면서 사회적 유대가 왜 중요한지를 몸소 배웠다. 미국 상원의원 시절인 2005년 당시 뉴올리언스의 불안정한 지역사회에서 매일매일 느리게 전개되는 평상시의 재난과 허리케인 카트리나가 입힌 피해를 관련지어 설명했을 때에도 아마 젊은 시절 시카고에서 매일같이 보았을 빈곤한 지역사회를 떠올렸음이 분명하다. "뉴올리언스 사회가 허리케인이 발생했던 동안에만 버려져 있었던 게 아님을 우리 모두가 알아야 합니다. 뉴올리언스는 오래 전부터 버려져 있었습니다." 오바마의 말이다. 또한 그는 카트리나를 계기로 우리 모두가 "점점 더 악화하고 있는 깊은 분열을 직시"하고 "그러한 실패가 다시는 발생하지 않도록 예방"하기를 바란다고 말했다.

오바마 대통령은 첫 번째 임기 동안 안보 계획의 모든 측면에서 대비 능력과 회복력에 중점을 둔 새로운 국가보건안보전략NHSS을 도입하고 정부부처와 시민 단체, 기업, 시민 들을 포함한 '전 공동체'의 참여를 촉구했다. 2011년 3월 오바마 대통령이 국가적 대비 능력에 관한 지침을 발표하자 미국 연방재난관리청FEMA도 지역사회 회복력에 대하여 이와 유사한 접근법을 채택하기 시작했다. 질병통제예방센터가 후원하는 '지역사회 참여' 프로그램 다수가 로스앤젤레스, 시카고, 뉴욕 및 워싱턴 D.C.에서 시작되었다. "(기후변화) 완화에 관해서는 늘 전통적인 인프라스트럭처에 초점을 맞추어왔다." 로스앤젤레스 카운티 비상대책대응센터의 전 국장 알론조 플러Alonzo Plough의 말이다. "그러나 중요한 것은 엔지니어링뿐만이 아니다. 사회적 자본도 중요하다. 또한 이러한 변화와 더불어 수면 위로 떠오르고 있는 사실이 하나 더 있다면,

바로 사회적 인프라도 중요하다는 사실이다."

. . .

오늘날에는 사회적 인프라를 구축하여 대규모 핵심 시스템을 개선하는 방식이 가져다주는 긍정적인 효과를 인식하는 정책 입안자 및 설계자 네트워크들이 점점 더 늘어나고 있다. 이들의 목표는 '다목적 프로젝트'를 진행하여, 안보에 대한 공공투자를 통해 재난 시 피해를 완화할 뿐만 아니라 나아가 평상시의 건강과 번영을 증진할 네트워크를 강화하는 것이다.

허리케인 샌디Sandy는 기후 안보에 대한 정부와 시민 단체들의 사고방식을 완전히 바꾸는 기점이 되었다. 2012년에 찾아온 이 슈퍼 스톰Super Storm은 직경이 1,000마일(약 1,600킬로미터_옮긴이)을 넘기면서 미국 역사상 최대 규모의 허리케인으로 자리매김했다. 끔찍할 정도의 바람을 몰고 다녔던 샌디는 고통스러울 만큼 느리게 움직였으며 하비와 마찬가지로 지나는 길 위에 있는 모든 것들에 추가적인 피해를 입히려는 듯 길목에서마다 오래도록 정체했다. 샌디가 대서양 연안에 상륙한 것은 10월 29일로 하필이면 최악의 타이밍이었다. 보름달이 떠 만조로 해수면이 높았던 데다가, 북극 공기를 중심으로 하는 때 이른 겨울 폭풍이 다른 방향에서 북동부로 다가오고 있었기 때문이다. 겨울 폭풍은 허리케인과 결합하여 결국 언론이 '프랑켄스톰Frankenstorm'이라 명명한 초대형 태풍으로 거듭나고 말았다.

2001년 9.11 테러의 주요 타깃이었던 뉴욕은 그 후 10년 동안 수십억 달러를 들여 보안 시스템을 강화하고 재앙에 대비했다. 테러만이 유일한 관심사는 아니었다. 마이클 블룸버그Michael Bloomberg 시장의 지휘하에, 뉴욕은 기후변화 대비 계획의 선두 주자로 나서면서 기후변화 적응과 완화에 관한 상당히 자세한 보고서들을 발간하고 기후변화에 대한 도시의 저항력을 개선하는 과정에 착수했다. 2011년 8월 또 다른 막강한 폭풍인 허리케인 아이린Irene이 다가오자 뉴욕은 단단히 각오를 다졌으나 허리케인이 북서쪽으로 방향을 틀면서 다행히도 큰 타격을 피했다. 이 사건은 시 공무원들과 비상대책 책임자들에게 총 리허설이나 다름없었지만 한편으로는 주민들에게 안일한 안보 의식을 심어주었으며, 역사적으로 몇 번이고 고담시를 만들어냈던 집단적 자신감만 고취했다.

샌디는 뉴욕의 무적 정신과 거의 모든 핵심 인프라스트럭처에 오물을 쏟아부었다. 폭풍해일이 일어나면서 약 4미터가 넘는 파고가 도시의 홍수 방지 시스템을 무너뜨렸다. 지하철 터널에는 마치 욕조처럼 물이 가득 차올랐다. 하수도가 넘치면서 오물 약 416억 리터가 강과 길거리로 쏟아져 나왔다. 통신 시스템이 망가지면서 100만 명이 넘는 사람들이 집이나 회사에서 전화와 인터넷을 사용하지 못했다. 전력망에도 대참사가 빚어졌으며, 정전 사태가 로어맨해튼에서 거의 일주일, 브루클린과 스태튼아일랜드, 퀸스 등지의 일부 지역에서는 그보다 더 오래 지속되었다. 다수의 병원과 양로원에서 사람들이 대피해야만 했으며, 수만 명의 주민들이 집을 버리고 피신해야만 했다. 집을 아예 잃게 된 사람도 적지 않았다. 공식적으로 추산한 경제적 피해 규모는 약 600억 달러였다. 미국에서 약 150명, 카리브해에 걸쳐 100명에 못 미치는 사망자만이 발생한 것은 차라리 기적에 가까운 일이었다.

샌디는 근래 미국에 들이닥쳤던 폭풍들 중 가장 많은 사상자를 낸 폭풍도 아니었고, 가장 큰 경제 피해를 입힌 폭풍도 아니었다. 전 세계적으로 보아도 2004년 20만 명이 넘는 사람들의 목숨을 앗아간 인도양 지진해일, 2003년 약 7만 명의 사망자를 낸 유럽 폭염 사태 등 21세기에 손꼽히는 재난과 비교하면 훨씬 덜 심각했다. 샌디가 중요한 이유는 따로 있었다. 전 세계에서 가장 부유하고 견고한 보호 체계를 갖춘 대도시의 물리적 인프라와 사회적 인프라가 얼마나 놀랍도록 취약한지를 보여주었을 뿐만 아니라, 나아가 미국 정계, 재계, 언론계의 엘리트들에게 직접적으로 영향을 미쳤기 때문이다. 이전까지는 화석 연료 산업의 후원 덕분에 기후변화를 부정하는 목소리가 힘을 얻는 동시에 거의 모든 종류의 환경문제에 대한 정책 대응이 지지부진했지만, 샌디 이후로 미국에서 가장 권위 있는 기관들 대부분이 지구온난화를 무시할 수 없는 사안으로 여기기 시작했다. 오늘날에는 여론과 사회정 책, 도시계획 등에 영향을 미칠 능력이 있는 다양한 집단과 기관들이 샌디가 미국을 강타하기 전과는 다른 시각으로 세상을 바라보고 있다. 이들은 어떻게 하면 온실가스 배출을 줄일 수 있을지, 어떻게 하면 취약한 사람들과 장소들을 보호할 수 있을지, 또 어떻게 도시와 지역사회 그리고 필수 인프라스트럭처를 재건할 수 있을지, 그리하여 우리가 의존하는 시스템들이 가장 필요한 순간에 무너지지 않도록 할 수 있을지를 다양한 측면에서 모색하고 있다.

샌디는 뉴욕 지역의 모든 인프라스트럭처에 어떤 중대한 결함들이 있는지를 낱낱이 드러내 보였다. 내가 로커웨이비치와 스태튼아일랜드를 방문했던 2012년 11월 중순에도 주민들은 복구가 더디다며 불평하고 있었다. 전력과 가스가 여전히 끊긴 상태였다. 전화도 드문드문 터질 뿐이었다. 열차는 다니지 않았다. 하수도에서 넘친 오물이 여전히 길거리를 뒤덮고 있었다.

그러나 여전히 놀라우리만치 강인한 힘들이 이곳저곳에 모여 있었다. 예시로 스태튼아일랜드를 살펴보자. 스태튼아일랜드에서는 뉴욕의 모든 자치구를 통틀어 가장 많은 사망자가 발생했으며, 홍수 피해가 너무도 극심했던 탓에 해안가 동네에 사는 주민들은 주 정부의 도움을 받아 고지대로 거처를 옮겨야만 했다. 뉴도프라는 동네에서는 공공 도서관이 있는 평범한 건물은 다행히도 큰 피해를 입지 않았지만 도서관 주변 주택들은 최고 약 4.8미터 높이의 침수 피해를 입었다. 주민들로서는 종류를 막론하고 도움이 절실한 상황이었다. 이곳에는 학교도 있고 시니어 센터도 있었지만, 대개 심각한 위기가 닥쳤을 때면 사람들은 좀 더 익숙하고 편안하며 이웃과 친구 들을 만날 가능성이 큰 곳으로 모여든다. 뉴욕에 있는 다른 많은 동네에서도 그러했듯, 뉴도프에서는 바로 지역 도서관이 그러한 장소였다. 남녀노소를 불문한 수많은 동네 사람들이 도서관으로 모여들었다.

도서관은 처음에는 음식과 온수, 깨끗한 화장실, 전화, 전력, 위생용품 등 기본적인 자원과 시설을 제공하고 사람들을 격려하는 데 주력했다. 그러나 며칠이 지나자 도서관은 이보다 훨씬 더 많은 일들을 하기 시작했다. 이재민들이 미국 연방재난관리청에 온라인으로 구제 신청을 할 수 있도록 도왔고, 적십자사와 이재민들을 연결해주었으며, 구호 활동을 하러 온 시민 단체 봉사자들을 맞이했다. 휴스턴에 교회 지도자들이 있었다면 뉴도프에는 도서관 사서들이 있었다. 사서들은 도서관 이용자들을 직접 찾아가 구호 활동을 펼칠 수 있을 만큼 이용자들을 잘 알았으며, 아직 아무런 소식이 없는 단골 이용자들을 찾아가 안위를 확인했다. 또한 혼자 살거나 거동이 불편한 이들 등 특히 더 도움이 필요한 사람들의 집을 빼놓지 않고 확인하도록 만전을 기했다.

퀸스의 로커웨이비치 서프클럽에서도 비슷한 일이 일어났다. 샌디가 닥치기 불과 몇 달 전 비치87번가 고가철도 아래에 있던 자동차 수리소를 개조해 문을 연 이 서프클럽이 임시 구호소로 탈바꿈한 것이다. 샌디가 지나간 직후, 서프클럽을 운영하는 사장 두 명은 페이스북 게시물을 통해 임시 구호소를 자처하고 친구들을 불러 모았으며, 얼마 지나지 않아 5,000명이 넘는 봉사자들이 도움을 주기 위해 이곳에 집결했다. 휴스턴과 마찬가지로 이곳의 지역 교회들도 예배당을 구호센터로 사용하고 있었기 때문에, 서프클럽은 교회와 더불어 사람들에게 음식과 위생 용품, 동지애를 전달하고 도움이 필요한 인근 주민들의 일손을 거들면서 로커웨이의 주요 지역사회단체로 거듭났다. 블루칼라 노동자 가족들과 빈곤한 아프리카계 미국인 주민들을 포함한 주변 이웃들은 몇 달 전까지만 하더라도 서프클럽이 이곳 지역사회에 녹아들지 못할 것이라고 우려했으나, 샌디 이후 그중 많은 이들이 서프클럽의 활동에 동참하고 또 그로부터 도움을 받았다.

불행하게도 샌디로 피해를 입은 이재민들 중 이처럼 튼튼한 지지 네트워크나 대규모 구호 활동을 전개할 지역사회단체가 없는 동네에 사는 이재민이 수천 명에 달했다. 이들은 대개 평균적인 뉴욕 시민보다 더 가난하고 교육 수준이 낮았으며 이웃과의 유대도 약했고 정치적 권력도 적었다.

워싱턴 D.C.에서 세계보건이니셔티브Global Health Initiatives를 이끌었으며 2010년 아이티 대지진 이후 아이티에서도 근무했던 마이클 맥도널드는 샌디가 지나간 이후 이곳에서 일하면서 각 자원봉사 단체, 정부 기관, 기업 컨설턴트, 보건 분야 종사자 등이 로커웨이를 포함한 취약 지역 주민들을 적절히 도울 수 있도록 상황을 조정했다. 이 네트워크를 가리켜 '뉴욕 회복 시스템New York Resilience System'이라고 부르는 맥도널드는 우리의 코앞까지 닥친 기후변화의 위협을 누가, 또 어느 곳이 견뎌낼지 결정하는 건 결국 시민사회의 몫이라고 말한다. "현장에서 실제로 일어나는 일들은 사실 사고 현장 지휘 체계에 따라 일어나는 일들이 아닙니다." 맥도널드가 나에게 한 말이다. "체계는 허술해도 상황에 기민한 네트워크가 차이를 만들어냅니다. 현장을 안전하게 만드는 건 우리가 형성하는 수평적인 관계의 몫이지 수직적 제도의 몫이 아닙니다. 우리는 모든 노력을 한데 모으기 위해 이곳에 왔습니다."

• • •

싱가포르는 면적이 약 717제곱킬로미터인 섬에 560만 명의 인구가 살고 있으며, 국토 대부분의 해발고도가 위험할 정도로 낮다. 그러나 싱가포르는 물리적 인프라와 사회적 인프라를 통합하는 모범적인 프로젝트들을 다수 진행했다. 35년 전 장마철에 폭우가 이어지면서 저지대 도심지에 반복적으로 홍수가 발생한 이래로 싱가포르는 위험한 기상이변에 적응하려는 노력을 펼치기 시작했다. 싱가포르는 늘 물 때문에 고생하는 국가였다. 지형 때문에 장마철에 취약했고 홍수도 빈번하게 발생했지만 식수 공급은 단 한 번도 충분한 적이 없었고, 말레이시아의 수자원에 의존하는 바람에 최근에는 정치적 분쟁이 격화하기도 했다. 해수면 상승과 폭우 빈도 증가를 동반하는 기후변화는 도시국가의 안정을 위협하고 있다. 그러나 싱가포르 정부는 위기를 기회로 삼고 있다.

싱가포르는 배수 인프라를 개선하고 홍수 발생 취약 지역을 줄이며 사회적 인프라를 통해 도시생활의 질을 향상할 목적으로 20억 달러 규모로 캠페인을 벌이고 있으며, 그 핵심에는 2008년 개장한 마리나 댐 및 저수지Marina Barrage and Reservoir가 놓여 있다. 이곳에는 아홉 개의 수문과 일련의 대형 펌프가 있으며, 집수 면적은 국토 전체의 약 17분의 1에 달한다. 이 시스템은 폭우 발생 시 저지대 지역에서 홍수가 일어나는 것을 방지할 뿐만 아니라 주변을 둘러싼 바다의 조수 간만 차가 주는 위협으로부터도 지역을 보호해주며, 나아가 빗물을 활용하여 현재 싱가포르 수자원 수요의 10퍼센트에 달하는 담수를 공급한다. 게다가 마리나 요트 정박지의 수위를 조절하여 더욱 안전하게 수상 스포츠를 즐길 수 있는 환경을 조성한다. 마리나 댐 및 저수지에는 조각 공원과 물놀이 공간, 화려한 스카이라인을 한눈에 감상할 수 있는 옥상정원, '지속 가능한 싱가포르 갤러리' 등의 공공시설을 갖추고 있으며, 덕분에 도시의 관광산업 또한 한층 활성화한다. 이 시설들은 이곳의 중요한 사회 환경으로 자리매김했으며, 기후 안보에 대한 투자로 평시에도 효과를 얻고자 하는 다른 많은 도시들의 귀감이 되고 있다.

오랜 세월 동안 홍수로 고통받은 로테르담도 기후 대책 계획에 사회적 인프라를 성공적으로 결합한 또 다른 모범 사례로 손꼽힌다. 1953년 폭풍해일로 막대한 피해를 입은 이래, 로테르담은 델타 워크 Delta Works라는 이름의 국가프로젝트를 수립하고 그 일환으로 일련의 댐과 장벽, 방파제 등을 건설하기 시작했다. 미국이 막대한 자금을 국토 안보에 쏟아부었던 2000년대 초, 네덜란드는 델타 워크를 한층 발전시킨 로테르담 기후방어프로그램Rotterdam Climate Proof Program에 자금을 조달했다. 프로젝트 관리를 맡은 아르나우드 몰레나르는 프로젝트 관리자들이 하늘과 바다에서 도시로 흘러들어오는 물을 '푸른 금blue gold'으로 바꿀 수 있음을 깨달았다고 말했다. "그 전까지만 하더라도 우리는 물을 하나의 문제로 보았습니다." 몰레나르가 내게 한 말이다. "네덜란드에서는 물이 도시로 들어오지 못하도록 어떻게 막을지에 집중했습니다. 뉴욕에서는 사람들을 어떻게 대피시킬지에 집중했죠. 두 접근법이 차이를 보이는 지점이 무엇보다도 흥미로웠습니다. 일단 물이 들어오면 무슨 일부터 해야 하는지가 서로 달랐던 거죠."

2005년, 로테르담은 제2회 국제건축비엔날레IABR를 주최했다. 비엔날레의 주제는 '홍수'였다. 세계 각지에서 온 설계자들이 미래 도시가 물을 처리할 수 있는 여러 방안을 제시했으며, 전시가 끝나자 몰레나르와 프로젝트 관리자들은 즉각적인 실효를 거둘 만한 방안들을 실행에 옮기기 시작했다. 오늘날 로테르담은 기후 대책 설계자들이 수용의 건축the architecture of accommodation이라 부르는 개념에서 세계를 선도하고 있다. 어마어마한 강수량을 단순히 막아내고자 하는 데 그치지 않고, 나아가 물이 들어올 수 있는 매력적이고 사용 가능한 물리적 공간들을 조성하고 있는 것이다. 로테르담 중심부에는 세 개의 거대한 은빛

반구 모양을 한 수상 전시관이 있으며, 전시 공간은 테니스 경기장 열네 개와 맞먹는 크기다. 또한 도시에 흐르는 운하를 따라 물에 잠겨도 문제없는 테라스와 조각 공원이 조성되어 있으며, 건물들 또한 외벽과 차고, 지상 공간 등에 방수 설비와 기능을 갖추었다.

로테르담이 기후 안보 강화를 위해 구축한 사회적 인프라 중 가장 흥미로운 사례는 네덜란드 건축팀 더 위르바니스턴De Urbanisten이 설계한 물의 광장 벤템플레인Waterplein Benthemplein이다. 도시의 중앙역 부근에 위치한 이 광장은 본래 대형 건물들로 둘러싸인 칙칙한 공터였지만, 지금은 세 개의 수조가 조성된 광장이 되었다. 두 개는 얕고 하나는 깊은 수조들의 주된 생태학적 목적은 도시에 폭우가 내릴 때 빗물을 모으는 일이다. 일반적으로 이러한 홍수 관리 프로젝트는 눈에 보이지 않는 인프라로서 지하에 건설되기 마련이며, 이 경우 물이 시야에서 사라지기 때문에 물이 얼마나 모이는지, 어디로 가는지, 도시 시스템이 어떻게 작동하는지 보통 사람들은 알 길이 없다. 물의 광장 벤템플레인은 이와 정반대 접근법을 취했다. 수조가 지상에 노출되어 있을 뿐만 아니라, 나아가 광장에서 가장 두드러지는 건축 조형물로 자리매김한 것이다. 수조를 중심으로 다양한 집단의 사람들이 모여들며, 광범위한 사회적 활동 및 여가 활동 들이 진행된다.

비가 오지 않는 날에는 깊은 수조의 밑바닥이 스포츠 경기장이 되며, 수조 내부를 둘러싼 계단식 스탠드에는 다양한 연령층의 사람들이 앉아 시간을 보낸다. 두 개의 얕은 수조는 평상시에는 각기 다른 용도로 사용된다. 하나는 중앙에 마치 댄스 플로어와 비슷한 재질로 만든 단상이 있으며, 또 다른 하나는 스케이트를 타는 사람과 구경꾼 들이 이용할 수 있도록 설계되었다. 광장에는 또 다른 편의 시설도 있다. 이곳에는 과거 공터였을 때부터 다양한 나무들이 자라고 있었는데, 광장 설계자들은 여기에 야생화와 키가 큰 풀들을 가득 심고 작은 벤치들을 설치하여 사람들이 쉬어가며 대화를 나눌 수 있는 포켓 쉼터를 만들었다. 또한 대형 분수와 화려한 벽 폭포가 설치되어 있고, 스테인리스강 재질의 거대한 배수로 조형물과 이어지는 빗물 통도 있다. 광장에는 늘 물이 졸졸 흐르지만, 비가 내리는 날이면 모든 시스템이 일제히 제 몫을 하기 시작한다. 힘찬 폭포 소리를 내는 이 광장은 설계자들이 의도한 그대로의 모습을 보여준다. 화려한 도시 예술 작품인 동시에, 비가 위험할 정도로 쏟아지는 이 도시에서 필수적 인프라스트럭처로서의 역할도 겸하는 것이다.

물의 광장 벤템플레인과 싱가포르 마리나 댐 및 저수지 등과 같은 프로젝트는 결코 저비용 프로젝트라고 할 수는 없다. 그러나 폭풍이 점점 강해지고 그것이 사람들과 경제에 미치는 손해도 점점 더 커지는 이상, 정부는 테러와의 전쟁에 들였던 수많은 자원들을 기후변화 대책에 들이지 않을 수 없을 테다. 불행하게도 세계에서 가장 빈곤하고 취약한 국가의 정부에는 대개 기상이변으로부터 국민을 보호하는 한편 평상시 삶의 질도 개선할 수 있는 최첨단 인프라스트럭처 시스템을 건설하는 데 필요한 종류의 자원이 없다. 이들은 주요 기후 협약 국제회의가 열릴 때마다 적응 기금을 유치하기 위해 로비를 벌였고, 탄소배출량이 막대하여 지구온난화에도 큰 책임을 져야할 몇몇 부유한 국가로부터 양보를 얻어내기도 했다. 그러나 개발도상국의 생태 파괴를 막는 데 사용할 수 있는 자금 풀은 여전히 필요한 돈에 비해 턱없이 부족하다.

방글라데시를 예시로 살펴보자. 지리적으로 협소한 이 나라에는 큰 강 여러 개가 모여들어 형성한 삼각주를 중심으로 1억 6500만 명의 인구가 높은 밀도로 모여 살고 있다. 이곳은 지구상에서 생태적으로 가장 취약한 나라들 중 하나다. 방글라데시는 지구온난화 이전에도 홍수로 인한 재난에 시달려온 오랜 역사를 가지고 있다. 지진해일과 사이클론, 폭풍우가 끔찍할 만큼 정기적으로 찾아오며, 폭풍해일이 발생할 때마다 해수가 농업지역으로 유입되어 주민들의 생계와 식생활이 달린 농작물들을 모두 망쳐버린다. 1991년에는 열대성 사이클론으로 13만 8,000여 명이 사망했으며, 사망자 중 상당한 비율이 수영을 할 줄 모르던 여성, 고령자 그리고 아이들이었다. 1998년 우기에는 국토의 3분의 2에 달하는 지역에서 홍수가 발생하여 30만 가구가 이재민이 되었으며, 가축이 떼죽음을 당하고, 식수가 오염되었으며, 지역 농장들이 황폐화했다. 지구온난화 대책을 아직 위급한 우선순위로 여기지 않는 국가들도 있지만, 방글라데시에서 지구온난화 대책은 이미 모든 주요 정책논의에 포함할 만큼 매우 중대한 국가적 사안으로 다루어지고 있다.

국제개발기구들은 세계 대부분의 빈곤국에서 그러했듯 방글라데시에서도 신규 인프라스트럭처 투자에 대한 조건을 강제하는 경향을 보인다. 뉴욕대학교 대학원생이자 나의 연구 조교 중 하나인 말콤 아라오스는 방글라데시 수도 다카에서 기후변화 적응 프로젝트가 실제로 어느 정도 진행되었는지를 살펴보기 위하여 현장 조사를 진행했다. 예상했던 대로 제방·수문·배수 시스템 등의 하드 인프라스트럭처는 대부분 가장 위태롭고 인구밀도가 높은 저소득층 지역이 아니라 상류층이 모여 사는 지휘 본부 부근에 있었다. 사회적 인프라 또한 기후

안보 프로젝트에서 등한시되었을 뿐만 아니라, 몇몇 경우에는 빈민들이 모이는 비공식 정착촌과 활성화한 시장 등을 철거하라고 명령하는 일도 있었다.

그러나 아라오스는 한편으로 흥미로운 프로젝트들도 발견했다. 전통적인 홍수 대비 시설을 확보하지 못한 지역사회 여러 곳에서 나름대로 물 위에 떠 있기 위한 방안을 개발한 것이다. 방글라데시 전역에 걸쳐 풀뿌리 조직들이 비영리단체 및 지방정부와 협력하여 기상재해에 대한 회복력을 강화하고 평시에도 주민들의 삶의 질을 크게 증진할 사회적 인프라스트럭처를 구축하고 있다.

이들이 진행하는 프로젝트 중 특히 실효를 거두고 있는 계획으로 '수상 학교 및 도서관' 프로그램이 있다. 프로젝트를 주도하는 비영리단체 시둘라이 스와니르바르 상스타Shidhulai Swanirvar Sangstha는 기후변화와 교육권·인권·보건·디지털 격차 등을 수상 인프라스트럭처를 통해 해결하고자 하는 단체이며, 이곳에서는 그 해결 방안으로 배를 활용한다. 방글라데시 북서부 일부 지역에서는 평상시에도 비만 내리면 자주 홍수가 발생하여 학교와 병원, 도서관 등에 접근하지 못하는 사태가 발생하는데, 시둘라이는 바로 이러한 지역에서 54척의 배를 운영하고 있다. 일정 지역에 정박하면서 지역 기관으로서 기능하는 이 배들은 폭풍우가 가장 극심할 때를 제외하고는 언제든 교실이나 보건소로 활용할 수 있을 만큼 넓고 안정적이다. 이 시설들로 혜택을 얻는 사람들은 아이들뿐만이 아니다. 배 위에서는 글자 읽기 수업부터 지속 가능한 농업, 무엇보다도 시급한 재난 생존 교육까지 다양한 종류의 성인 대상 교육도 이루어지고 있다. 이곳에서 여성 주민들은 서로 한층 긴밀한 유대를 형성하고, 언제 어디로 아이들을 데리고 대피해야 하는지를 배우며, 심지어는 수영하는 법까지도 배운다. 전통적인 보안 전문가들이 모두 이러한 프로그램의 가치를 높이 평가하지는 않지만, 학자들과 국제 구호단체들은 이 프로그램들이 이 지역에 들이닥치는 위험천만한 우기와 홍수 사태 속에서 여성들과 어린아이들이 살아남을 수 있도록 돕는 가장 효과적인 방법이라고 평가한다.

이러한 수상 인프라스트럭처의 실험 무대는 빈곤한 개발도상국에만 한정되지 않는다. 2017년, 선도적인 국제 건축설계기업 몇 곳이 실리콘밸리를 낀 만에 수상 업무 및 주거 공간 건설을 제안했다. 같은 해 《뉴욕 타임스》는 "수상 도시, 더 이상 공상과학소설이 아니다"라는 기사를 통해 해수면 상승으로 위협받는 지역들에서 '시스테딩(seasteading, 바다 위에 영구적인 주거 공간을 건설한다는 개념_옮긴이)'이 대두하고 있으며 페이팔PayPal의 설립자 피터 틸Peter Thiel과 같은 거물급 투자자들이 여기에 관심을 보이고 있다고 보도했다.

국제 개발 분야 지도자들은 이처럼 기후변화에 대처하는 프로그램들의 중요성을 아직까지 높이 평가하지 않을지도 모른다. 그러나 방글라데시의 지도자들은 수상 학교와 같은 풀뿌리 교육 프로젝트가 기상재해 발생 시 사망률을 극적으로 줄이는 데 일조했다고 본다. 사회적 인프라는 하드 인프라스트럭처를 대신하는 임시방편이 아니라 하드 인프라만큼 중요한 개념이다. 방글라데시를 포함하여 기후변화의 중대한 위협을 마주하고 있는 수많은 개발도상국들에 사회적 인프라는 지역사회가 스스로를 보호하는 최선의 방법이다.

···

　최근 몇 년 동안 사나운 허리케인과 푹푹 찌는 폭염, 맹렬한 산불이 세계에서 가장 부유한 국가들에 막대한 재산 피해를 내고 생명을 위협하는 사태가 반복적으로 발생하면서, 지난 오랜 세월 동안 지구온난화를 부정하거나 그에 대처할 방안을 미뤄왔던 각국 정부들이 방글라데시와 마찬가지로 행동에 나서기 시작했다. 해수면 상승이나 기온 상승과 같은 추상적인 생태계 변화는 무시하기 쉬웠을지도 모르지만, 오늘날 기후변화란 그보다 더 구체적이고 위협적인 형태로 우리에게 다가온다. "앞으로 100년 후에는 평상시의 해수면이 오늘날 폭풍우 때의 해수면과 비슷한 높이까지 올라올 겁니다." 컬럼비아대학교의 지질물리학자 클라우스 제이컵Klaus Jacob의 말이다. 2009년 제이컵이 뉴욕의 기후 리스크에 관하여 쓴 보고서는 뉴욕에 거대 폭풍해일이 발생할 경우 뉴욕 인프라스트럭처에 어떤 일이 생길지를 기이하리만치 정확히 예측하고 있다. 예컨대 허리케인 샌디는 보고서에서 제이컵이 기술한 시나리오와 거의 유사한 피해를 끼쳤다. "재해가 닥칠 때마다 모든 걸 재건할 수는 없습니다." 제이컵이 내게 한 말이다. "그보다 앞서서, 미래의 기후변화를 염두에 두고 (인프라스트럭처를) 구축할 필요가 있습니다."

　허리케인 샌디 이후, 오바마 대통령은 새로운 인프라스트럭처의 선제적 구축 프로젝트를 지지하기 위하여 특별한 계획을 선보였다. 바로 국제 설계 공모전 〈리빌드 바이 디자인〉이 그 주인공이다. 이 공모전은 당시 미국 주택도시개발부HUD 장관이었던 숀 도노반Shaun Donovan이 관리감독을 맡았으며 10억 달러의 재해구호 연방 예산이 여기에 투입되었다. 전 세계에서 다양한 분야의 전문가들로 구성된 148개 팀이 지원했으며, 열 팀을 선발하여 9개월 간 강도 높은 연구와 현장 조사, 설계를 진행했다. 나는 공모전에서 책임연구자를 맡았으며, 이 직책을 수행하는 동안 오늘날의 인프라스트럭처 시스템이 얼마나 부적절한지를 깨닫고 앞으로 이를 재건함으로써 얼마나 많은 사회적 편익을 얻을 수 있는지를 실감했다.

또한 나는 기후 위험을 완화하고 가속하는 지구온난화로부터 취약한 사람들을 보호하고자 기후과학과 사회과학, 도시계획, 공학, 설계 등을 모두 연계하여 활동하는 새로운 실천 분야의 지도자들과 긴밀히 협력하게 되었다. 이 지도자들은 기후변화에 관한 담론을 바꾸고 있을 뿐만 아니라, 나아가 우리가 다양한 종류의 위협에 더욱 회복력 있게 대처하기 위하여 필요한 모든 시스템들에 변화를 일으키고 있다.

샌디가 할퀴고 지나간 지역들 중 인적·경제적·문화적 활동이 가장 밀도 높게 집중되어 있던 곳은 단연 로어맨해튼이었고, 인프라스트럭처가 가장 취약했던 곳도 로어맨해튼이었다. 42번가 아래의 좁고 북적이는 이 구역에는 뉴욕에서 가장 가난한 동네와 가장 부유한 동네, 세계적으로 손꼽히는 대기업 본부, 공공 주택 수천 가구 그리고 도움이 필요한 이들을 돌보는 수많은 지역사회단체 등이 혼재해 있다. 배터리파크 부근에는 글로벌 금융기관들이, 이스트강 부근에는 대형 병원들이, 첼시와 웨스트빌리지에는 명망 높은 미술 갤러리들이 몰려 있으며 온 지역에 걸쳐서 수천 개의 소규모 가게들이 즐비하다. 지하철역도 수십 개가 넘으며, 이스트빌리지에는 다운타운 대부분에 전력을 공급하는 변전소가 있다.

샌디는 이 모든 곳에서 홍수를 일으켰다. 맨해튼 남쪽 강가에서 약 4.26미터 높이의 폭풍해일이 발생하여 로어이스트사이드와 로어웨스트사이드가 모두 물에 잠겼다. 피해를 입지 않은 곳이 없었지만, 그중에서도 노후한 공공 주택에 빈민 계층이 몰려 살고 있으며 대형 의료 기관들이 밀집한 이스트사이드가 입은 피해는 더더욱 극심했다. 이스트강에서 넘친 물이 주요 병원의 로비와 지하로 흘러 들어가면서 다년간의 연구 자료들을 망가뜨리고 사람들을 긴급 대피하게 만들었다. 폭풍이 지나간 후에도 이 지역의 장기치료 네트워크를 복구하는 데에는 1년이 넘는 시간이 걸렸다. 폭풍해일로 로어이스트사이드 주변 공공 주택에 전력과 통신이 끊겼으며, 수천 명의 취약한 사람들이 수도와 전기 혹은 고층일 경우 엘리베이터조차 이용하지 못하는 채로 고립되었다. 엎친 데 덮친 격으로 폭풍해일 당시 오물과 쓰레기들이 딸려 올라오면서 사우스 스트리트 시포트와 이스트리버 그린웨이를 포함한 이 지역 공공장소 아스팔트 바닥을 모조리 뒤덮었다.

언제 또 올지 모르는 허리케인과 해수면 상승으로부터 로어맨해튼 지역을 보호하는 일은 뉴욕 당국이 최우선으로 다루는 과제들 중 하나지만, 로어이스트사이드의 평상시 생활을 개선하는 것도 매우 중요한 과제다. 비야케 잉겔스Bjarke Ingels와 그가 이끄는 건축 그룹 BIGBjarke Ingels Group는 〈리빌드 바이 디자인〉 공모전을 통해 수십억 달러 규모의 비범한 설계안을 제안했다. 로어맨해튼을 U자 모양으로 감싼다고 해서 'BIG U'라고도 불렸으며 지금은 '이스트사이드 해안 복구 프로젝트East Side Coastal Resiliency Project'로 알려진 이 계획안은 경사진 화단과 운동경기장, 자전거도로, 산책로 등의 여가 시설도 겸하는 방어벽 건설을 중심으로 한다. 프로젝트는 크게 세 섹션으로 나뉘며, 각 장소의 설계안은 지역 주민, 기업 및 시민 단체의 수많은 조언과 함께 완성되었다.

프로젝트의 세 섹션 중 하나이자 현재로서는 셋 중 유일하게 자금 지원이 확정된 로어이스트사이드 섹션 설계안은 강가에 수풀이 우거진 둔덕을 조성하여 이스트강 주변 여러 동네들과 인프라스트럭처, 기관 등을 보호하는 것이 특징이다. 또한 현재는 맨해튼 이스트사이드를 감싸고 이어지는 고가도로 'FDR 드라이브' 때문에 보행자가 강가에 접근하지 못하지만, 둔덕을 조성하면 사람들이 FDR 드라이브 너머에 있는 새로운 모임 공간과 상업 시설에 오갈 수 있을 것이다. 둔덕은 필요한 경우 폭풍해일을 막아내고 흡수하는 역할을 하겠지만, 평상시에는 주민들을 위한 공원이자 여가 공간이 된다. 특히 이곳은 사방이 회색 건물로 둘러싸인 지역인바 평상시에 수행할 이러한 기능은 재해 시 기능만큼이나 중요하다.

FDR 드라이브 고가의 지저분한 아랫면에 이동 가능한 벽면을 설치하고 벽화로 장식하는 것이 이 프로젝트의 또 다른 주요 특징이다. 지역 아티스트들이 디자인할 이 조형물은 평상시에는 장식적인 천장 패널로서 기능하면서, 이곳 말고는 달리 산책할 데가 없는 근방 주민 수천여 명이 고가도로 아래를 더욱 즐겁게 걷도록 만들어 줄 것이다. 또한 필요한 때가 되면 패널을 펼치고 벽처럼 세워서 바람을 막거나 야시장 천장으로 활용할 수도 있다. 허리케인이 닥치면 이 벽은 튼튼한 장벽이 되어 이 지역에 또다시 물난리가 날 가능성을 덜어줄 것이다.

허드슨강 초입에 벽처럼 떡하니 버티고 앉아 대서양과 그대로 맞닿아 있는 스태튼아일랜드에도 좀 더 나은 보호시설이 필요하다. 1950년대 후반 정부가 베라자노내로스교를 건설하고 인프라스트럭처를 확충하면서 사람들에게 이주를 장려한 이래, 이곳 주민들은 반복적이고 때때로 파괴적이기까지 한 홍수로 내내 고통받았다. 스태튼아일랜드는 뉴욕 자치구 중 가장 인구가 적지만, 샌디 당시 사망자 수는 가장 많다. 엄청난 파도가 저지대 동네를 덮쳐 건물 내부로 그대로 밀려들어 갔으며, 도로 위의 차들을 휩쓸어 갔고, 바다와 여러 블록 떨어져 있어 홍수를 전혀 예상치 못했던 안쪽 동네들까지 관통해버렸다.

벽을 세운다고 해서 바다를 완전히 막을 수는 없지만, 파도의 강도를 약화하고 극심한 홍수 피해를 줄일 수는 있다. 이렇게 함과 동시에 취약한 해안가 지역사회에서의 사회적 생활을 독려하고 집단적인 기후 대책 활동을 촉구하는 것이 바로 '리빙 브레이크워터스Living Break-waters' 계획의 핵심 목표다. 이 창의적인 계획은 물고기와 갑각류, 조개류 등이 바글바글 살아가는 자연적 인프라스트럭처를 건설하여 스태튼아일랜드 남부 해안가에서 발생할지 모를 홍수 피해 및 침식을 방지하고자 한다. 선구적인 설계자 케이트 오르프Kate Orff의 지휘에 따라 조경회사 스케이프Scape가 선보인 이 프로젝트에는 기상과학자, 해양생태학자, 교육전문가, 사회적 인프라 지지자 등 다양한 사람들 또한 참여했다.

거대한 장벽을 쌓는 게 목적이 아니다. 스케이프의 계획은 해일이 밀려온다는 불변의 사실을 받아들이고, 자연을 도구 삼아 취약한 사람들과 장소들을 위험한 홍수로부터 보호하자는 것이다. 이들은 여기에서 한발 더 나아간다. 기후 정책 의제가 활발하게 논의되려면 과학자들뿐만 아니라 시민들이 지구온난화의 위험을 이해하는 것이 매우 중요하다. 그러므로 이들은 리빙 브레이크워터스 계획에 야심 찬 교육 프로그램까지 포함해, 생태계 시민이 어떻게 미래의 기후 위협을 완화할 수 있는지를 가르치고자 한다.

스케이프는 환경 교육의 중심지가 주민들의 일상적인 문화센터로 자리 잡도록, 또 공통의 프로젝트와 관심사를 중심으로 사회적 응집력이 강화할 수 있도록 만듦으로써 스태튼아일랜드의 사회적 인프라스트럭처를 지탱하고자 한다. 뉴욕하버고등학교 및 빌리언 오이스터 프로젝트Billion Oyster Project와 공동으로 설계한 커리큘럼을 도입하는 이 계획은 수천 명의 학생들을 해양 복원 프로젝트에 참여시키는 한편 이를 계기로 이곳의 가족들과 지역사회가 자신의 운명과 바다의 운명 간 연결고리를 이해하도록 돕는 것을 목적으로 한다. 또한 양식용 굴 암초 조성하기와 지역 생태계 관찰하기 등 여러 문화 프로그램과 해안가 활동을 통해 지역 내 사람들을 서로 연결해준다. 그들은 다음번 폭풍이 찾아왔을 때 누가 도움이 필요할지, 어떻게 그들을 도울지를 알 수 있게 된다.

리빙 브레이크워터스와 이스트사이드 해안 복구 프로젝트는 모두 환경성 검토와 법적 승인을 기다리고 있으며, 계획이 뜻대로 풀리지 않을 여지도 많다. 리빙 브레이크워터스를 실현하려면 뉴욕시와 뉴욕주 그리고 미 육군 공병대가 여타 해상 프로젝트를 진행하고 있는 구역 주변이나 내부에서 작업을 진행해야 하며, 자칫 잘못하다가는 우선순위

싸움이나 관할권 논쟁에 휘말릴 수도 있다. 프로젝트를 비판하는 사람들은 만일 마지막 시행 단계에서 예산을 맞추려 비용을 절감했다가는 지역사회와 해안을 잇는 녹색 가교가 자칫 그저 못생기고 부담스러운 방파제로 전락할지도 모른다면서 〈리빌드 바이 디자인〉이 바로 그러한 프로젝트를 지양해야 한다고 처음부터 지적했다.

그러나 지금 시점에서는 연방정부와 주 정부, 시 당국 모두 이 혁신적인 프로젝트들을 계속해서 지지하고 있으며, 이미 미국 내를 비롯한 전 세계 수많은 도시들이 이 계획에서 영감을 얻어갔다. 만일 이스트사이드 해안 복구 프로젝트와 리빙 브레이크워터스가 실제로 설계안에 가깝게 실행된다면, 이 시설들은 기후변화 적응에 관한 우리의 생각을 완전히 바꾸고 사회적 인프라가 기후변화 적응의 핵심이 되도록 만들 것이다.

. . .

그러나 우리가 온실가스 배출량을 극적으로 감축하지 못한다면 기후변화 적응 대책은 그저 임시 생존 전략으로 전락할 테고, 단순한 환경적 불의를 넘어서서 국가와 세계에 한층 심각한 문제를 초래할 것이다. 휴스턴의 사례를 다시 한번 생각해보자. 재난 시 사람들을 응집하고 지지해줄 사회적 인프라는 지금 이 순간에도 휴스턴에 거주하는 많은 사람들에게 긍정적인 영향을 미치고 있다. 게다가 휴스턴은 세계에서 가장 부유하고 힘 있는 국가에 속한 가장 부유한 도시들 중 하나이므로, 홍수 대비 인프라스트럭처를 개선할 자원도 충분히 가지고 있다. 그러나 휴스턴이 방향을 바꾸지 않고 계속해서 석유 및 천연가스를 기반으로 하는 경제성장과 확장적 도시계획, 단독주택과 자가용 이용을 고집한다면 이 위대한 대도시는 결국 지구온난화를 가속하며 스스로의 위험만 자초하게 될 것이다. 휴스턴은 전 세계 수많은 도시들과 더불어 지금보다 더욱 압축적이고 조밀하며 걷거나 자전거 타기 좋은 도시가 되어야 한다. 이는 즉 도시 중심부에 한층 높은 층수의 다가구 주택을 건설해야 한다는 의미이고, 탄소를 흡수하고 공기를 맑게 해줄 나무들을 더 심어야 한다는 의미다. 주민들이 자가용 없이 편하게 찾는 도심 공원과 산책로도 더 많아져야 한다. 홍수가 나면 물이 저지대로 곧장 흘러가게 만드는, 도시 전역에 끝없이 깔린 방수성 포장도로 또한 교체해야만 한다. 모두 결국 더 나은 사회적 인프라를 구축해야 한다는 의미다. 용도지역 조례도 없기로 악명 높은 이 도시에서 결코 쉽지 않은 프로젝트가 되겠지만, 하비가 지나간 이 순간이 바로 시작하기 딱 좋은 순간이다.

영감을 얻고자 한다면 휴스턴은 마찬가지로 허리케인이 남긴 재앙에서 회복하고 있는 인근 도시, 뉴올리언스를 참고할 수 있겠다. 2010년, 뉴올리언스 지도자들은 마스터플랜 〈뉴올리언스 2030New Orleans 2030〉을 수립했다. 마스터플랜은 홍수 대비 시설과 기후변화 적응, 기후 안보 등 허리케인 카트리나 이후 시급하게 다루어야 했던 의제들 이외에도 많은 것들을 포함했다. 뉴올리언스는 여러 가지 중대한 문제에 직면하고 있었다. 2005년 카트리나가 닥치기 전까지만 하더라도 도시의 인구는 45만 5,000명이었으나 2006년에는 20만 8,000명으로 급감했으며, 2010년 당시에는 34만 8,000명 수준이었다(이후 2016년에는 39만 1,000명을 기록했다). 그중 아이들의 수는 특히 더 적었으므로 뉴올리언스는 공립학교 여러 곳을 폐교할 수밖에 없었다. 새로운 마스터플랜은 이렇게 남겨진 대규모 건물을 재조정하고 재개발하여 커뮤니티 센터, 아트 스튜디오, 중소기업 인큐베이터 및 아파트로 활용하는 방안을 추진했다. 변화는 그뿐만이 아니었다. 홍수가 발생하기 이전인 1999년, 뉴올리언스는 주요 도로 및 교차로 부근에 널찍한 주차장이 딸린 창고형 대형마트가 들어설 수 있도록 지역적 상업 개발을 지원하겠다고 약속했다. 그러나 카트리나 이후 기후변화를 우려하는 시민들과 시민 단체들의 목소리가 점점 커지면서, 뉴올리언스는 기존 계획을 폐기하고 지역 내 길거리를 바탕으로 다양한 사회적 활동이 생겨날 수 있도록 보행자 친화적 주상복합단지를 개발하는 방향으로 돌아섰다. 이전에도 뉴올리언스는 이웃을 중심으로 하는 활기찬 공공 문화로 유명했지만, 이제는 이를 활성화하기 위해 노력을 배가하고 있다.

극심한 분리 현상이 나타난 도시에서는 동네 문화를 발달시켰다가 자칫 사회적 양극화라는 부작용이 발생하기도 한다. 뉴올리언스는 오래 전부터 독특한 방식으로 여러 민족과 인종이 혼합되어 살아온 역사를 가지고 있지만, 주거 공간은 각 인종과 계층에 따라 명확하게 분리되어 있다. 이 문제를 해결하기 위하여 〈뉴올리언스 2030〉은 도시 전역에 걸쳐 보행자의 순환을 원활하게 하고 기후변화 적응과 홍수 대비에도 도움이 될 만한 시설을 선보였다. 과거 카론드레 운하가 있던 자리에 2015년 개장한 라피트 그린웨이는 약 4.8킬로미터 길이의 다목적 산책로이자 공원으로, 부촌인 미드시티와 레이크뷰, 아프리카계 미국인들이 사는 트레메, 공공 주택이 밀집한 제8구역, 활기찬 프렌치 쿼터 및 주변 늪지대까지 여섯 개의 다양한 동네를 연결한다. 우수와 토사, 오염 물질 등을 흡수하는 생태 수로와 자생식물들이 산책로를 따라 늘어서 있으며, 길 끝에는 동네 공원들이 기다리고 있다.

라피트 그린웨이는 개장 후 불과 몇 년 만에 도시에서 가장 인기 있는 여가 및 레크리에이션 공간이 되었다. 거의 사라지다시피 했던 자전거 문화 또한 그린웨이 덕분에 부활했다. 카트리나 당시 뉴올리언스의 자전거도로는 약 18킬로미터에 불과했지만, 오늘날에는 185킬로미터에 달한다. 그린웨이 개장 이후 뉴올리언스는 미국 내 자전거 통근자 수가 가장 많은 도시들 중 하나로 급부상했다. 인구 대비 자전거 통근자 비율로 따지자면 뉴올리언스는 미국에서 5위를 차지하고 있으며, 곧 자전거 공유 프로그램이 시작되면 순위는 더 높아질 것으로 보인다. 만일 사회적 인프라가 자가용 사용을 감소시키는 한편 탄소발자국을 줄이고 지구온난화를 억제할 여타 교통수단 이용을 촉진한다는 증거를 찾고자 하는 정계 관료들이 있다면 뉴올리언스를 예시로 살펴보아도 좋을 것이다.

라피트 그린웨이는 초기 예산이 900만 달러에 불과했던 중형 프로젝트이지만, 이제는 그 범위를 확장해 산책로가 갈라져 나가는 길목마다 새로운 놀이터와 강아지 훈련장, 공동체 텃밭, 운동 경기장 등을 더하고 있다. 현재 라피트 그린웨이가 닿지 않는 주변 동네들에서도 지역사회 단체들이 나서서 그린웨이까지 이어지는 산책로 조성을 추진하고 있다. 술집과 식당을 포함한 상업 시설들이 산책로 길가와 주변 지역에 들어서고 있으며, 부동산 개발업자들도 여기에 동참하고 있다. 그 과정에서 이 모든 것들은 뉴올리언스가 더욱 걷기 좋고 조밀한 도시로 거듭나는 데 일조하고 있다. 이 인프라스트럭처 개발 프로젝트에 단점이 있다고 한다면 그건 과도하게 고급 지향적인 개발로 인하여 또 다른 젠트리피케이션과 원주민 내몰림 현상이 발생할 위험이 있다는 점이다. 그러나 초반 징후들로 미루어 본다면 그린웨이 주변에 사는 주민들은 대부분 이 프로젝트를 반기고 있는 듯하다. 라피트 그린웨이는 일상을 더욱 건강하고 즐겁게 만들어주며, 뉴올리언스를 한층 지속 가능한 도시로 만들고 있다.

더욱 중요한 것은 폭풍 대비 체계와 청정 교통망을 갖춘 라피트 그린웨이가 앞으로 우리가 기후변화에서 살아남기 위해 갖추어야 할 새로운 인프라스트럭처의 모범 사례라는 점이다. 라피트 그린웨이는 기후변화 적응 대책과 완화 대책을 적절히 혼합한 동시에 날씨에 관계없이 도시 생활의 질을 향상하고 있으며, 그린웨이 주변 사람들이 서로 인간관계를 맺을 기회도 선사한다. 물은 어떤 식으로든 우리에게 밀려올 것이다. 적절한 사회적 인프라를 갖춘다면, 우리는 방주를 짓지 않더라도 물을 이겨낼 수 있을 것이다.

결 론

다 음   삽 을
뜨 기   전 에

2017년 2월, 페이스북 창업자이자 CEO인 마크 저커버그Mark Zucker-berg는 자신이 만든 바로 그 사이트에 6,000단어 분량의 공개서한을 게시했다. "우리 공동체 일원들에게"로 말문을 연 이 편지는 시작 몇 줄만에 20억 명에 달하는 페이스북 유저들에게 질문을 던진다. "우리는 우리가 원하는 세상을 만들고 있나요?"

돌아올 대답은 자명했다.

저커버그의 세계관에 한 가지 핵심 원칙이 있다고 한다면, 그건 우리가 사회적·지리적 구분을 해체하고 좀 더 크고 광범위한 도덕적 공동체를 형성할 때 인류가 진보할 수 있다는 믿음일 테다. "역사는 우리가 부족과 도시를 거쳐 국가에 이르기까지 점점 더 많은 인원이 한

데 모여 사는 법을 어떻게 깨우쳐왔는지에 관한 이야기입니다." 저커버그의 말이다. "각 단계에서 우리는 단독으로는 해내기 어려운 일들을 성취할 힘을 얻고자 공동체와 언론, 정부와 같은 사회적 인프라를 구축했습니다."

세계에서 손꼽힐 정도로 수익성이 높고 성장 속도가 빠른 기업의 CEO로서, 저커버그는 대개 정치적 견해를 분명히 밝히는 데 조심스러워하는 모습을 보였다. 그러나 2016년 미국 대선 후보자 선거운동 당시 저커버그는 '장벽을 쌓고 타자others로 분류한 사람들과 거리를 두어야 한다는 우려스러운 주장들'을 비난한 바 있으며, 공개서한을 게시하기 몇 주 전에는 몇몇 중동 국가 출신자들의 이민을 거부하라는 트럼프 대통령의 행정명령을 강하게 비판했다. "우리는 난민들과 도움이 필요한 이들에게 문을 열어두어야 합니다. 그게 우리다운 일입니다." 신임 대통령을 두고 대중적 논쟁이 이례적으로 격화한 시점에 공개된 저커버그의 이 서한은 페이스북의 새로운 사명 선언문이자, 격동적이며 권위적일 수도 있는 이 시대에 사회를 재건할 방법을 담은 페이스북의 청사진이기도 했다.

"이와 같은 시기에 저희 페이스북이 할 수 있는 가장 중요한 일은 우리 모두를 위한 세계 공동체를 건설할 수 있도록 사람들에게 힘을 실어줄 사회적 인프라스트럭처를 구축하는 일입니다." 저커버그의 설명이다. 그는 분열한 사회에 다리를 놓을 수 있는 독특한 능력이 페이스북에 있다고 믿었다. 또한 그는 많은 사람들이 함께하는 교회와 스포츠팀, 노동조합 및 여타 시민 단체가 특별한 사회적 편익들을 가져다준다는 점을 인식했으며, 페이스북을 통해서도 이러한 사회적 편익을 창출하고자 했다. "이들은 우리에게 목적의식과 희망을 심어줍니다. 우리가 우리보다 더 큰 무언가의 일부이자 필요한 존재라는 정신적 확신을 심어줍니다. 우리는 혼자가 아니며 공동체가 우리를 돌봐주고 있다는 위로도 건넵니다. 조언과 지침을 주고 개인적인 성장도 도와줍니다. 사회적 안전망을 제공합니다. 가치와 문화적 규범과 의무를 알려줍니다. 사회적 집회와 의례를 열어주고 새로운 사람을 만날 방법을 알려주며 시간을 보내는 방법도 알려줍니다." 한편 저커버그는 1970년대 이후 집단에 대한 소속감이 "현저히 저하한" 이 어두운 시대에 "온라인 커뮤니티들은 밝게 비춰진 곳"이라고 말했다. 마크 저커버그는 페이스북이 이제 "우리를 지원하고, 안전을 도모하고, 정보를 공유하고, 사회적 참여를 이끌어내고, 우리 모두를 포함하는 공동체를 위한 사회적 인프라스트럭처를 개발"하는 데 주력할 것이라고 밝혔다.

저커버그의 첫 번째 약속은 어떤 종류의 "매우 의미 있는" 페이스북 커뮤니티들(즉 '우리 소셜 네트워크 경험의 가장 중요한 일부로 빠르게 자리매김 할' 커뮤니티들)이 사용자들에게 도움이 될 것인지를 더욱 잘 예측하는 알고리즘을 개발하고, "우리 사회구조를 강화할 수 있는 의미 있는 공동체를 통해 10억 명이 서로 연결되게끔" 돕겠다는 것이었다. 두 번째는 동일한 스포츠 팀, 텔레비전 프로그램, 비디오게임 등 공통 관심사를 가진 사람들의 "그룹을 한층 확장해 하위 커뮤니티를 지원"하겠다는 약속이었다. 세 번째는 "실제로 만나 서로를 지지하는 기회를 만들어 물리적 공동체를 강화"하겠다는 약속이었다.

저커버그는 공개서한을 읽는 이들에게 페이스북의 사회적 인프라스트럭처가 어떻게 건강과 안전을 꾀할 것인지를 이야기하고 있으며,

여기에는 사람들이 온라인에서 더 많은 일들을 하도록 도모하는 일이 포함되어 있었다. 페이스북은 인공지능을 이용하여 "문제가 발생하기 이전에 이를 공동체가 인지할 수 있도록 도울 것"이라고 말했다. 또한 그는 페이스북이 "공공안전 단체들과 협업하는 인프라스트럭처를 구축"하여 "실종아동경보Amber Alerts를 띄울 인프라스트럭처를 구축"했으며 "공격이나 자연재해 발생 시 타격을 입었을지도 모르는 상황에서 친구들에게 자신이 안전함을 알릴 수 있도록 세이프티체크Safety Check 등의 인프라스트럭처를 구축"했다고도 밝혔다.

저커버그는 민주주의를 다시 한번 활성화하고자 했으며, 사람들이 투표하고 의견을 밝히며 다른 이들과 조직하는 데 페이스북이 도구로써 활용될 수 있다고 보았다. 그는 전 세계 사람들이 집단적 거버넌스에 참여할 수 있는 새로운 방식, 개방성과 투명성을 확립할 수 있는 새로운 방식, 나아가 공동선에 기여할 새로운 방식을 창출하는 페이스북을 구상한다.

저커버그의 서한은 수십억 명의 활성 사용자를 거느린, 시장가치 약 5000억 달러 기업을 이끄는 수장이 쓴 만큼 웅장한 글이다. 그러나 그가 선포한 사회적 인프라스트럭처 비전은 조악하다. 소셜 미디어는 어떻게 하더라도 우리가 교회와 노동조합, 운동 팀 그리고 복지국가를 통해 얻는 것들을 제공하지는 못한다. 소셜 미디어는 사회적 안전망도 아니며 모임 장소도 아니다. 사실 실리콘밸리 테크놀로지 기업에서 일하는 이들은 사람들로 하여금 실생활에서 얼굴을 보면서 교류하기보다는 화면을 들여다보도록 만드는 일이 설계자들과 엔지니어들의 최우선 목표임을 이미 정립한 상태다. 페이스북은 우리가 실생활에서 인간

관계를 맺을 사람들을 찾는 데 도움을 주기도 하며 실제로 간혹 그렇게 하는 경우도 있고, 어쩌면 언젠가는 좀 더 개선될지도 모른다. 2018년 초, 저커버그는 페이스북이 "우리가 서로와 더 연결될 수 있는 개인적인 순간들을 대체하고 있다"고 인정하면서 "사람들이 페이스북에 쓰는 시간과 어느 정도의 참여가 줄어든다는" 뜻이라고 하더라도 페이스북 사이트를 개편하겠다고 약속했다. 그러나 설계자들이 페이스북 콘텐츠를 어떻게 바꾸든, 우리가 위험에서 벗어나고 신뢰를 구축하고 사회를 재건하기 위해 필요한 인간관계에는 온라인 '친구'들끼리 콕 찌르고 '좋아요'를 누르는 것보다는 물리적인 장소에서 반복적으로 사회적 교류를 나누는 일이 뒤따라야 한다.

저커버그는 기존의 사회적 조직들이 약화하고 있다고 지적하면서도 페이스북이 그 조직들과 마찬가지로 민주주의에 필요한 가치와 문화적 규범, 책임 의식 체계 등을 증진한다고 주장했지만, 이는 가식이 아닐 수 없다. 공개서한을 작성하던 시점에서 저커버그는 미국 의회가 자백을 받아내는 데 성공하지 못하는 이상 페이스북 스스로는 자신의 부정을 결코 인정할 리가 없음을 잘 알고 있었기 때문이다. 근래의 역사를 통틀어 가장 격렬하고 중대했던 2016년 미국 대선 당시, 러시아의 선전가들은 저커버그가 만든 소위 '사회적 인프라'를 이용하여 가짜 뉴스가 담긴 광고를 페이스북에 3만 건 이상 집행했으며, 이에 노출된 사용자들은 적어도 1000만 명에 이르렀다. 페이스북 기술 덕분에, 미국 내에 잘못된 정보를 퍼트리고자 하는 알트라이트(극단적 백인 우월주의에 기반한 온라인 보수 세력_옮긴이)는 물론 러시아인들까지 경합주 유권자들을 타깃으로 유세를 벌일 수 있었다. 이 광고들을 집행한 조직들의 목적은 단순히 미국 시민들을 조종하는 것뿐만이 아니었으며, 민주당 후보였던 힐러리 클린턴을 지지할 확률이 높은 공동체의 투표율을 떨어뜨리려는 시도에서 그치지도 않았다. 나아가 이들은 사회적 분열을 일으켜 민주주의에 대한 미국인들의 신념을 무너뜨리고자 했으며, 전 세계 각지의 열린사회open society에서도 혼란을 일으키기 위해 이와 비슷한 노력을 기울였다. 마침 페이스북의 알고리즘은 양극화를 부추기는 극단적이고 감정적인 콘텐츠를 확대하면서 한층 미묘하고 다듬어진 글들은 대수롭지 않아 보이게 만드니, 이런 목적을 가진 이들이 활용하기에는 안성맞춤이었다.

2016년 대선 이후, 정치적 광고 구매자에 대한 정보 공개를 강제할 조짐이 보이자 페이스북을 비롯한 다수의 테크놀로지 기업들은 이 규제를 저지하기 위해 막대한 자금을 들여 로비를 벌였다. 저커버그와 그 동료들은 러시아가 정치적 목적으로 소셜 미디어를 조작할 수 있었던 이유가 기술적인 문제에 기인한다면서 엔지니어링으로 충분히 고칠 수 있다고 말했다. 그러나 대규모의 영리적 통신 인프라스트럭처를 관리하는 기업들이 공공재로서의 인프라 제공보다는 수익 창출을 우선시한다는 좀 더 근본적인 문제가 대선과 그 이후 첨단기술 분야 지도자 의회 청문회를 통해 드러났다. 페이스북을 포함한 상장 기업들은 주주의 가치를 극대화할 법적 의무를 지는데, 여기에서 가치를 넓은 의미로 해석하는 CEO들도 있는가 하면 그저 수익에만 집중하는 CEO들도 있다.

물론 저커버그도 민주적 과정에 대한 악의적 개입이 페이스북을 통해 활성화하기를 바라지는 않았을 테다. 그러나 취재기자들이 밝혀낸 바에 따르자면, 페이스북 광고 담당자들과 엔지니어들이 반(反) 클린턴, 반(反) 이슬람 단체인 시큐어아메리카나우Secure America Now를 포함한 정치적 압력단체가 타깃 사용자들에게 광고를 노출할 수 있도록 돕는 데 상당한 노력을 기울였음이 드러났다. 정치적 성향과는 관계없이, 페이스북 직원들이 이런 일을 벌인 이유는 간단하다. 광고를 따내는 게 그들의 일이며, 민주주의를 증진하는 것은 그들의 일이 아니기 때문이다. 2016년 대선 당시 페이스북이 러시아 정부 및 알트라이트와 관련한 집단들에게 유료 광고를 판매하고 정치적 광고를 집행하여 얻은 수익은 그다지 많지 않았지만, 미국의 민주주의 그리고 저커버그가 만들겠다던 우리의 글로벌 공동체는 이로써 막대한 손실을 입었다.

• • •

페이스북을 비롯한 테크놀로지 기업들이 베이에어리어(샌프란시스코, 오클랜드, 실리콘밸리 등을 포함한 광역 도시권_옮긴이)로 밀려들기 시작하면서 막대한 손실을 입은 또 다른 집단이 있다. 이곳의 빈곤층, 노동 계층 그리고 중산층 주민들이 끊임없는 물가 상승과 원주민 내몰림에 시달리고 있는 것이다. 거대한 테크놀로지 붐 이래 이곳에서 일어난 일들을 모두 설명하기에는 젠트리피케이션이라는 말조차 다소 부족한 듯하다. 샌프란시스코 집값이 천정부지로 치솟았기 때문에 많은 중산층들이 더는 그곳에서 살기가 어려워졌다. 캘리포니아대학교의 도시지역 내몰림 연구프로젝트에서 조사한 바에 따르자면 지역 내 전 인구조사 구역 중 47퍼센트, 저소득층 구역 중에는 무려 60퍼센트가 원주민 내몰림 혹은 젠트리피케이션 압력을 받을 위험에 처해 있거나 이미 받고 있다. 샌프란시스코의 아프리카계 미국인 수는 빠르게 줄어들고 있으며, 저소득층 및 중산층 가구들은 도시 중심에서 먼 곳으로 이사를 가 더 많은 시간을 통근하는 데 허비한다. 사방에서 그 영향을 실감할 수 있다. 지역 도로와 고속도로에서는 항상 차가 막히고, 도시 내 길거리와 쇼핑센터에서는 차를 댈 곳을 도저히 찾을 수가 없다. 몇십 년 전까지만 하더라도 실리콘밸리는 주민들에게 높은 삶의 질을 선사하던 자연 그대로의 교외였지만, 오늘날에는 끔찍하리만치 혼잡한 포화 직전의 도시가 되었다.

페이스북, 구글, 애플 등의 기업들은 소프트웨어 엔지니어링에 중점을 두면서도 진정한 사회적 인프라스트럭처, 즉 교류의 바탕이 되는 물리적 장소가 지니는 가치를 제대로 인식하고 있다는 데에는 의문의 여지가 없다. 이 기업들이 회사 내외에 조성한 놀라운 캠퍼스에는 녹색 정원·주스 바·고급 레스토랑·잘 관리한 운동장과 운동 시설·미용실·어린이집·영화관·도서관·카페·다양한 사회적 모임 공간 등이 갖추어져 있다. 이 사적인 사회적 인프라는 정규직 직원들의 편의와 즐거움을 위해 존재하는 곳들로 색이 다른 ID카드로 정규직 직원들에게만 출입을 허용하며, 같은 조직 내에서 요리나 청소 등을 도맡는 임시직 및 계약직 직원 그리고 이웃 주민이나 방문객 들은 이 시설을 이용할 수 없다. 테크놀로지 기업에 다니는 정규직 직원들은 섬세하게 설계한 고비용의 사회적 인프라를 통해 필요한 모든 것들을 얻을 수 있기 때문에 주변 지역 상점들을 이용할 필요가 없지만, 이 지역에 있는 카페나 체육관, 레스토랑 등은 그 캠퍼스만 없었더라도 기업의 존재로부터 훨씬 더 많은 이득을 얻었을 테다.

　　주변의 사회적 인프라를 개선하고자 어느 정도 노력을 기울인 기업들도 있다. 예컨대 구글은 마운틴 뷰 본사 주변에 축구장과 정원, 자전거도로 등을 조성했으며, 공동 창업자 세르게이 브린Sergey Brin은 인근에 보유한 주택에 세 들어 사는 이들이 이용하는 소규모 상점에 임대료를 지원해주었다. 2017년 7월, 페이스북은 긴 통근 시간에 지친 직원들과 페이스북 캠퍼스 주변의 혼잡 때문에 고통받는 이스트 멘로 파크 주민들의 빗발치는 항의에 따라 캠퍼스 확장 개발을 선언했다. 스타 건축가 렘 콜하스Rem Koolhaas가 이끄는 건축회사 OMA 뉴욕OMA New York이 설계한 이 '마을'은 새로운 사무실들과 더불어 주택, 소매상점, 공원 및 식료품점을 연결할 예정이다. 특히 이 지역에 식료품점이 들어선다는 점이 중요하다. 이곳은 거대한 페이스북 본사가 버티고 서 있음에도 불구하고 여전히 식품사막으로 남아 있기 때문이다. 저커버그는 이 확장 개발을 오는 2021년까지 마무리하고자 하지만, 주민들은 (이들이 공개적인 포럼과 뉴스 기사를 통해 한 말들로 미루어 보자면) 시 당국이 개발을 늦추고 주민들의 의견을 먼저 살피는 편을 선호하는 듯하다. 이들은 묻는다. 왜 시 당국은 지역의 낙후한 학교와 공원과 운동 경기장을 수리할 자금을 확보하지도 않고 페이스북의 확장 계획을 승인하려 하는가? 이 지역으로 수천 명의 직원들이 더 몰려든다면 교통 정체와 공해가 한층 심해질 게 뻔한데, 시 당국은 이를 어떻게 완화하려 하는가? 확장 개발이 기업만을 위한 것이 아니라 모든 공동체에게 도움이 되려면 페이스북은 어떻게 해야 하는가? 페이스북은 이를 신경이나 쓰는가?

　　페이스북은 새로운 개발 계획에 대해 지역 주민들에게서 지지를 얻어내는 데 실패했는데, 어느 정도는 페이스북이 멘로 파크에 들어선 이래 지역의 사회적 인프라를 개선하는 데 거의 아무런 노력을 기울이지 않은 탓도 있다. 테크놀로지 기업들이 들어오기 전에 이 지역에 집을 사두었다가 이후에 집을 팔고 다른 지역으로 이주한 사람이라면 확실히 이득을 보았겠지만, 부동산 가격 상승은 이곳에서 살거나 일하는 이들의 삶을 개선하는 데 조금도 도움이 되지 않았다. 이들에게 페이스북과 같은 기업 가까이에 산다는 게 가장 실감날 때는 꽉 막힌 길 위에, 그것도 페이스북 캠퍼스를 오가는 통근 버스들 사이에 낀 채 갇혀 있을 때다. 통근 버스들은 테크놀로지 기업의 지도자들이 베이에어리어에서 어떤 일들을 하고 있는지를 페이스북의 로고보다도 더 상징적으로 보여준다. 이들은 수리가 시급한 공공 인프라 위에다 기업 번영에 일조할 사적인 사회적 인프라를 구축해놓고 '공동체'의 모든 이들에게 이 일들 전부가 공공선을 위한 것임을 믿어달라고 말하고 있다.

실리콘밸리의 거물들은 자기들이 기업의 이익을 증진하기 위해 하는 일들이 사실은 더 평화롭고 정의로우며 인도적인 세상을 만들기 위한 일들이라며 대중들을 설득하고자 부단히 노력하는데, 이는 그다지 놀랍지 않은 일이다. 석유기업, 금융기업, 자동차기업 경영자들도 지난 수십 년 동안 똑같은 말을 늘어놓았다. 그러나 저커버그가 이런 말을 그토록 뻔뻔하게 하는 모습을 보고 있자니 정이 떨어질 수밖에 없다. 저커버그는 소셜 미디어에 개방성과 투명성이 있어야 한다는 생각으로 페이스북을 만든 사람이기 때문이다. 이쯤 되면 판이 어떻게 돌아가는지를 우리도 다 알고 있으므로 페이스북이 수익을 증대하기 위해 내놓는 신제품들(예컨대 13세 미만의 아이들을 위한 메시지 앱 따위)이 사실은 사회

의 번영을 위하여 기업이 선보이는 것들이라고 말한다는 건 듣는 사람
을 모욕하는 행위다.

　그러나 나는 저커버그가 재산과 권력을 축적하려는 것 외에도 다른
선한 의도들을 품고 있음을 의심치 않는다. 저커버그는 보수가 좋은 일
자리가 점점 더 줄어드는 지역사회에서 '보편적인 기본소득'을 제공하
는 실험을 지지해왔다. 2015년, 그와 그의 아내 프리실라 챈Priscilla Chan
은 챈 저커버그 이니셔티브Chan Zuckerberg Initiative를 설립했다. 전통적인
사적 재단으로 설립할 경우 매년 재산의 5퍼센트를 사용해야 하고 영
리사업에 투자하지 못하는 등 제한이 있지만, 챈 저커버그 이니셔티브
는 유한책임회사LLC의 형식으로 설립되었다. 저커버그 부부는 자신들
이 보유한 페이스북 지분의 99퍼센트를 이 자선단체에 기부하겠다고
밝혔는데, 발표 당시 분석가들이 저커버그 부부가 보유한 지분을 추산
한바 현재 가치는 450억 달러였다. 챈과 저커버그는 또한 21세기 말까
지 '모든 질병을 치료'하는 것을 목적으로 하는 프로젝트에 다음 10년
에 걸쳐 30억 달러를 기부하겠다고 약속했다. 이미 두 사람은 샌프란
시스코에 챈 저커버그 바이오허브Chan Zuckerberg BioHub를 열었으며, 이
리서치센터에서는 스탠퍼드대학교와 캘리포니아대학교 버클리캠퍼스
및 샌프란시스코캠퍼스의 엔지니어, 컴퓨터과학자, 화학자, 생물학자
및 여타 과학자들이 서로 협업하여 다양한 건강 관련 프로젝트를 진행
하고 있다. 또한 저커버그 부부는 아프리카에서 소프트웨어 개발자들
을 훈련하는 스타트업 기업에 2400만 달러를 기부했으며, 인도의 아이
들을 돕기 위해 고안한 학습 앱에는 5000만 달러를 투자했다.

　모두 매우 존경할 만한 프로젝트들이다. 이들이 한데 모이면 수백만

명의 목숨을 구하거나 삶을 개선할 수 있을 것이다. 그러나 저커버그가 페이스북 사용자들에게 보내는 편지에서도 인지하고 있듯 오늘날 세상에는 고립부터 양극화, 보건 및 교육의 불평등, 기후변화 대처 능력의 불평등 등 하루 빨리 해결해야 하는 문제들이 산재하며, 그중 많은 문제들은 실리콘밸리 뒷마당에서도 명백하게 드러나고 있다. 우리가 이러한 문제들에서 실질적인 진전을 이루는 데 개선된 알고리즘과 의미 있는 페이스북 커뮤니티 그룹들이 도움을 줄 것이라는 주장은 순진하기 그지없다. 아무리 우리가 인터넷과 모니터 앞에서 많은 시간을 보낸다 한들, 혹은 바로 그렇기 때문에, 우리에게는 사람들이 한곳에 모이고 시민사회에 참여하며 튼튼한 사회적 유대를 형성할 수 있는 공동의 장소들이 절실하다. 진짜 사회적 인프라에 투자하지 않는 이상 "우리는 우리가 원하는 세상을 만들고 있나요?"라는 저커버그의 질문에 대한 대답은 언제까지고 "아니오"로 남게 될 것이다.

저커버그를 비롯한 21세기의 기업가들 중 그 누구도 오늘날 사회적 인프라의 열악한 실태에 대해서 개인적인 책임을 지려 하지는 않는다. 그러나 역사를 되돌아보면 소수의 사업가들만이 막대한 부를 벌어들이는 한편 사회 대부분은 인간의 기본적 욕구(Basic Human Needs, BHN. 식량, 보건, 교육, 위생 등 최저 생활 유지를 위한 조건들_옮긴이)도 충족하기 어려웠던 그 시절에는 위대한 자선가들이 영리사업으로 활용되지 않으면서도 모든 이들에게 기회를 심어줄 장소들을 건설하는 데 자신이 가진 부와 권력을 활용했다. 철강산업과 철도산업의 거물 앤드루 카네기를 예시로 생각해보자. 카네기는 그야말로 '악덕 자본가'였으며, 홈스테드 파업사건 (1892년 카네기 철강공장에서 벌어진 파업_옮긴이) 당시 관리자들을 통해 수백 명의 사설탐정들을 고용하고 노동조합원들을 폭력적으로 억압했으며, 소득세를 비롯하여 정부가 불평등을 해소하기 위해 벌였던 수많은 노력에 맹렬하게 반대 로비를 벌였다. 그러나 카네기는 막대한 재산을 기부했으며, 이에 미국에서 손꼽히는 자선 사업가 네트워크 필란트로피 라운드테이블Philanthropy Roundtable은 카네기가 "미국 역사상 가장 영향력 있는 자선가"일 것이라면서 그 기부금이 "견줄 데가 없다"고 말했다.

　기업가들은 새로운 정보산업을 바탕으로 막대한 부를 축적했으나, 그중 아직 그 누구도 1883년부터 1929년 사이 카네기가 해낸 일들과 비교할 만한 일을 해내지 못했다. 이 기간 동안 카네기는 미국 내 1,679곳을 비롯하여 총 2,811곳의 도서관 건설에 자금을 지원했다. 오늘날 전 세계 평범한 주거지역에서 찾아볼 수 있는 카네기 도서관들은 계속해서 동네에 활력을 불어넣고 있다. 미국의 도시와 지역사회에 대한 카네기의 이 위대한 헌신은 그 헌신의 바탕이었던 카네기의 원칙들과 더불어 눈여겨볼 필요가 있다. 이민자 출신이었던 카네기는 문화와 교육을 접할 수 있는 사람이라면 누구나 미국에서 성공을 거둘 수 있다고 믿었다. 누구나 다 학교에 갈 수 있는 건 아니라는 사실을 카네기는 경험을 통해 알고 있었다. 피츠버그에서 유년시절을 보낸 그는 학교 대신 일터에 나갈 수밖에 없었다. 그러나 동네 아이들에게 책을 빌려주던 지역 상인이 그의 인생을 완전히 바꾸어놓았다. "어린 시절 겪었던 일들 때문에, 나는 재능이 있고 그걸 발달시킬 능력과 야망도 있는 소년 소녀들을 위해 지역사회에 공공 도서관을 설립하는 것보다 더 생산적으로 돈을 쓸 방법이 또 없다고 생각해 결심하게 되었다." 카네기가 쓴 글이다. 그는 도서관이 사람들에게 책을 빌려주고 문화강좌를 개설하며 사회적 활동들을 주최하고 일상의 압박을 달래줄 수 있도록 자금을 지원했다. 그는 또한 사람들에게 영감을 불어넣고자 했으며, 이 때문에 수많은 초기 카네기 도서관들에서 높은 창문과 아치형 천장, 장식적인 인테리어를 찾아볼 수 있다. 카네기는 이처럼 도서관을 건설하는 일이 "가벼운 헌사에 불과하다"면서 "내가 느끼는 깊은 감사를 제대로 표현 하려면 한참 부족하다"고 설명했다.

나는 오늘날 테크놀로지 산업의 자선가들을 비롯한 선도적인 자선 가들이 '문샷moon shots' 프로젝트를 통해 우주 정복이나 영생 같은 목표 를 열정적으로 추구하는 데에도 의미가 있다고 생각한다. 그러나 이러 한 종류의 정책 중에는 재능이 있고 그걸 발달시킬 능력과 야망도 있 는 소년 소녀 들을 위해서라기보다는 그저 오만함과 자기애에서 시작 한 경우가 너무 많다. 실리콘밸리의 산업 전체가 정부가 개발한 기술(즉 인터넷) 및 공적 자금으로 구축한 통신 인프라스트럭처를 바탕으로 이 루어지지만, 그럼에도 오늘날의 실리콘밸리에서는 카네기의 선의와 시민 정신을 찾아보기가 어렵다. 저커버그와 마찬가지로, 기업 경영진 들은 공공선을 증진하면서 기업 시장가치도 높일 수 있는 실험이라면 언제든 마다하지 않는다. 그러나 이처럼 주는 동시에 가져가는 방식을 고수하다 보면 성취할 수 있는 일에는 한계가 있기 마련이다. 도대체 얼마나 더 많은 부를 축적해야 진정으로 도우려는 모습을 보여줄까?

특히 테크놀로지와 금융을 포함한 정보산업의 기업가들 중 도서관 을 후원한 이가 거의 없다는 사실은 더더욱 이해하기 어렵다. 도서관 은 문해력을 증진하는 가장 중요한 기관들 중 하나인 데다가, 온라인 에 접근할 방법이 없는 이들이 인터넷을 사용할 수 있는 유일한 창구이기 때문이다. 예외는 있다. 학교와 보건소 등 필수 사회적 인프라에 투자하겠다고 주창한 마이크로소프트와 게이츠재단은 1990년대 미국 전역에 걸쳐 도서관들이 인터넷을 설치할 수 있도록 4억 달러를 기부했다. 2008년에는 월스트리트 금융가이자 블랙스톤그룹Blackstone Group CEO인 스티븐 슈워츠먼Stephen Schwarzman이 뉴욕 공공 도서관에 1억 달러를 기부했으며, 이에 도서관은 그의 이름을 따와 5번가의 랜드마크 건물에 붙였다. 2017년에는 스타브로스 니아코스 재단Stavros Niarchos Foundation이 맨해튼에서 가장 많은 사람들이 이용하는 도서관이자 슈워츠먼관 바로 맞은편에 있는 건물을 개조하는 데 5500만 달러를 기부했다. 실로 훌륭한 기여들이지만, 전 세계 도시들의 처참하도록 낙후한 공공 도서관들을 재건하는 데 필요한 돈에 비하면 여전히 새 발의 피에 불과하다. 그토록 낙후했음에도 불구하고 도서관들은 여전히 동네와 지역사회를 지탱하고 있으며, 더 나은 삶을 열망하는 이들부터 그날 하루를 살아가는 데 위안이 필요한 사람들까지 많은 이들에게 도움을 주고 있다.

오늘날 도시와 교외 들은 스스로 모습을 재정비하고 있으며, 그 과정에서 정부가 아무런 도움도 주지 않았다고 주장하는 냉소주의자들도 있다. 이러한 상황에서라면 도서관과 같은 기관들이 받아 마땅한 인정을 받는 것이 중요하다. '도서관library'이라는 단어의 어원인 'liber'는 '책'과 '자유'라는 의미를 가지고 있다. 우리는 이 원자화와 불평등이 만연한 시대에서도 시민사회의 기반이 되어주는 공공 기관을 수호해야만 하며, 이러한 공공 기관의 상징이자 예시가 바로 도서관이다. 도서관은 다양한 배경과 열정, 관심사 등을 가진 평범한 사람들이 생동감 넘치는 민주주의 문화에 참여할 수 있는 장소들 중 하나다. 도서관을 비롯한 이러한 장소들에서라면 공공, 민간, 자선 부문이 협업하여 수익 창출보다 더 큰 무언가를 이룰 수 있다.

모든 사람들이 이렇게 생각하지는 않는다. 최근 수십여 년간 시장논리를 따라 움직여온 정계 지도자들은 도서관 같은 기관들이 더 이상 효과를 보이지 못한다면서 신기술에 투자하고 보이지 않는 손에 우리의 운명을 맡기는 편이 더 낫다고 선언했다.

이러한 논의의 여파는 한때 신성하게 여겨졌던 공공 기관들을 지금의 우리가 대하는 방식에서도 여실히 드러난다. 오늘날 대부분의 도서관들은 자원이 부족해 허덕이고 있다. 미국 전역에 있는 공공 도서관들은 출석률과 대출 권수가 늘어나는 상황에서도 어쩔 수 없이 개관 시간과 일수를 줄이고 있으며, 평일에 일하거나 학교에 가는 사람들이 도서관을 이용할 기회도 점점 더 줄어들고 있다. 또한 위생 관리 직원이나 정보 기술 처리 직원 등은 물론 도서관 사서까지 모든 종류의 직원을 감원하고 있다. 신간 도서와 정기간행물, 영화를 구매하는 예산도 줄어들었다.

지역을 막론하고 동네 도서관 시설은 대부분 21세기는 고사하고 20세기의 표준에도 미치지 못할 만큼 오래되고 낡았다. 덴버 등 부유한 도시들을 포함한 몇몇 도시에서는 도서관의 상태가 너무도 심각해서 지방정부가 나서서 시내 모든 공공 도서관을 폐쇄하는 일도 있었다. 페이스북, 구글, 애플 본사에서 얼마 떨어지지 않은 산호세에서는 공공 도서관 예산이 너무나 부족한 탓에, 최근 산호세 도서관 시스템 관리자는 미납 연체료가 10달러를 넘어가면 도서 대출이나 컴퓨터 사용을 금지하며, 연체료가 50달러를 넘으면 해당 사건을 채무 징수 대행 기관에 넘기는 규칙을 새로 도입하기까지 했다. 도서관이 이용자들을 이끌어주는 대신 제자리로 떠밀어버리는 또 다른 기관이 되어가고 있는 것이다.

전 세계 문화와 금융의 중심지인 뉴욕에서는 공립 도서관 시스템을 어떻게 할 것인지를 두고 훨씬 더 격렬한 논쟁이 벌어지고 있다. 공립 도서관 시스템이 내리막길을 걷게 될 것이므로 시스템을 통폐합해야 한다고 주장하는 관리자들과, 통폐합이 현실화할 경우 동네 도서관이 문을 닫거나 맞춤형 서비스가 사라질까 우려하는 지역 사용자들이 서로 팽팽하게 대립하고 있다. 결코 근거 없는 우려가 아니다. 도시미래 센터Center for an Urban Future는 현존하는 뉴욕 공공 도서관들의 시설을 유지·보수하는 데에만 15억 달러가 필요하다고 추산했다. 맨해튼에서는 현대미술관MoMA과 마주한 53번가의 도넬 공공 도서관이 많은 사람들의 사랑을 받아왔으나 2007년 시 당국이 도서관 건물의 대지권과 공중권을 5900만 달러에 매각하면서 2011년까지 이 자리에 들어설 고급 호텔과 아파트에 새로운 도서관을 설치하겠다고 약속했다. 새로운 도서관은 2016년 여름이 되어서야 문을 열었으며, 시설 내부를 보고 21세기답다며 좋아하는 이들도 있지만 한편으로 많은 사용자들과 비평가들은 이곳을 가리켜 영혼이 없다면서 지역사회의 중심지라기보다는 또 다른 애플스토어 같다고 평한다.

자치구 내 공공 도서관 60곳의 시설을 모두 수리하려면 3억 달러가 필요할 것으로 추산되는 브루클린에서는 공공 도서관위원회가 역사적이고 많은 이들이 사용하는 보름힐의 퍼시픽 공공 도서관을 부동산 개발업자들에게 매각하려다가 지역 주민이 거세게 항의하는 바람에 철회한 일도 있었다. 이로부터 얼마 지나지 않아 위원회는 표결을 통해 브루클린하이츠 도서관의 대지권을 5200만 달러에 매각하기로 합의하였으며, 이로써 또 다른 부동산 개발업자가 36층짜리 다목적 빌딩을 건설할 수 있게 되었다. 맨해튼에서와 마찬가지로 이 빌딩에도 (이전보다는 작은 규모의) 새로운 도서관이 들어설 예정이었다. 이번에도 지역 주민들은 거세게 항의했지만 이번에는 소용없었다. 브루클린 구 위원회는 2016년 초 해당 매각을 승인했다.

뉴욕 공공 도서관 시스템에 닥친 재정 위기는 한층 더 즉각적인 결과를 초래했다. 2008년부터 2013년 사이 뉴욕은 공공 도서관 시스템 관련 예산을 6800만 달러 삭감했으며, 이에 따라 직원 근무시간을 24퍼센트나 줄여야 했다. 한 세기 전에는 거의 모든 공공 도서관이 일주일 내내 문을 열었지만, 오늘날에는 대부분 이민자와 블루칼라 노동자 그리고 가족들이 가장 즐겨 방문했던 일요일에 더 이상 운영을 하지 않으며, 그 공백은 다른 어느 기관으로도 메워지지 않고 있다.

때로는 시장에서 어느 정도의 대체품이 등장하기도 한다. 예를 들어 브롱크스 베이체스터의 유일한 서점인 반스앤노블스는 모든 요일에 걸쳐 총 88시간(월~토요일 오전 9시부터 밤 10시까지, 일요일 오전 10시부터 밤 8시까지) 동안 영업하므로 저녁에만 시간이 되는 직장인 부모들이나 주말에만 올 수 있는 어린아이들도 이곳을 편하게 이용할 수 있다. 1999년 처음 문을 연 이 서점은 곧장 이 지역에서 없어서는 안 될 사회적 인프라로 거듭났으며, 꼭 책을 사지 않더라도 모두가 이곳에서 머물면서 다른 이들과 함께 시간을 보낼 수 있도록 해주고 있다.

서점들은 규모가 크든 작든 늘 단순한 상점 이상의 역할을 했다. 수세기 동안, 그리고 미국에서는 펜실베이니아 베들레헴에 모라비안 서점이 최초로 문을 연 1745년 이래, 서점들은 사람들에게 없어서는 안 될 모임 장소를 제공했다. 사람들은 서점에서 이야기와 새로운 아이디어를 사랑하는 이들을 새로이 만나며, 서점 주인들과 직원들도 고객들에게 문학작품을 추천해주며 즐거운 시간을 보낸다. 서점들은 아이들과 가족들을 위한 특별한 프로그램들을 진행하고, 성인들의 독서 모임을 후원하며, 작가와의 만남 및 사인회를 주최하고, 다양한 시민 활동에 참여한다. 또한 안전한 장소가 되어줄 뿐만 아니라 나아가 토론할 거리도 수없이 던져주어 낯선 이들과의 대화를 이끌어내기도 한다.

나는 교수이자 한때 대학원생이었으므로 당연히 서점과 가장 인연이 깊은 손님 중 한 명일 테다. 그러나 내가 아는 사람들만 보더라도 다양한 직업을 갖고 있는 사람들이 지역 서점에서 보냈던 수많은 시간들을 생생히 기억하고 있다. 삶의 각 단계에서 정기적으로 방문했던 서점들을 통해 지나온 인생을 추적하는 사람은 결코 나뿐만이 아니다. 시카고에서 나와 내 부모님은 웰스가에 위치한 바바라스 서점 어린이도서 코너에서 책을 읽으면서 수없이 많은 시간을 보냈으며, 혼자 서점에 갈 만큼 크고 나서는 부모님이 아셨더라면 허락하지 않으셨을 (성인 대상 소설 같은) 책들을 찾으러 갔다. 사회학과 대학원생이 되어 살았던 버클리에서는 텔레그래프가에 있는 모에스 서점 2층과 3층에서 오후 내내 먼지 쌓인 서가들을 훑어가며 책을 읽었다. 결코 나 혼자였던 시간은 없었다. 이곳에 모여든 학생들은 하이드파크와 케임브리지, 앤 아버 등 전 세계 모든 대학 도시에 있는 작은 서점들에서와 마찬가지로 책을 계기로 대화의 물꼬를 트고 작은 세계를 형성해나갔다. 다행히도 당시 나의 여자 친구였던 내 아내는 나와 함께 열정적으로 책을 뒤지고 다녔으며, 아내가 책을 살 수 있을 정도로 수입이 충분했던 덕에 우리는 코디스 서점에서도 수많은 밤을 지새웠다.

내 첫 책이 출판되었을 무렵 우리는 뉴욕으로 이사를 했고, 나는 동네 곳곳에 들어서 있던 반스앤노블스 서점에 가서 서가에 꽂힌 내 책을 보던 그 기쁨을 절대 잊지 못한다. 반스앤노블스는 우리 집 근처에만 하더라도 네 곳이 있었다. 두 곳은 아메리카스가에, 한 곳은 유니온 스퀘어에 그리고 플래그십스토어 하나가 5번가와 18번가 교차로에 있었다. 우리는 왜인지 이 모든 서점들의 단골이었으며, 내가 처음으로 하드커버 책을 사는 모습을 본 아내는 내가 대학원생 임금만 받고 살던 그 오랜 세월을 지나 드디어 재정적으로 안정을 느끼는 듯하다고 말해주었다. 아이들이 아직 어렸을 때에는 플랫아이언 디스트릭트에 있는 어린이책 전문 서점 '북스 오브 원더Books of Wonder'에 자주 들렀는데, 이곳에서는 우리가 원하는 모든 그림책들은 물론 (좋은건지 나쁜건지 모르겠지만) 컵케이크와 커피도 팔았다. 아이들이 자라난 후에는 세상에 우리만큼이나 책과 서점을 사랑하는 사람들이 수도 없이 많다는 사실을 아이들이 모를래야 모를 수 없는 장소들을 함께 찾아다녔다. 그리니치 빌리지의 스트랜드 서점과 소호의 맥넬리 잭슨 서점에 자주 갔고, 안식년 동안에는 멘로 파크의 케플러스 서점에 갔다. 서점에서 돈을 많이 쓰는 날도 있었지만, 서점은 우리가 가진 것들을 가장 가치 있게 쓸 수 있는 장소였다.

물론 오늘날에는 책을 (그리고 그 밖의 모든 것들을) 더 저렴하고 효율적으로 살 수 있는 방법들이 있다. 우리 가족들도 그 유혹을 당해내지 못하고 있다. 서점을 얼마나 사랑하는지와 관계없이, 시간에 쫓기거나 최저가를 찾고 싶을 때면 우리는 종종 인터넷으로 책을 산다. 하지만 더 많은 사람들이 실제 서점보다 온라인 서점을 택하면서 필연적으로 서점들은 문을 닫고, 그렇게 사회적 인프라도 사라진다. 우리 동네에서도 바로 그런 일이 일어났다. 아메리카스가에 있던 반스앤노블스 두 곳이 몇 년 새 모두 문을 닫은 것이다. 한 건물에는 대형 식료품점이 들어섰지만, 18번가에 있던 나머지 한 곳은 서점이 문을 닫은 지 몇 달 만에 셔터가 내려진 문 앞에서 살인 사건이 발생하면서 활기찬 지역사회 중심지에서 혐오 범죄의 현장으로 금세 변모해버렸다. 2016년 말, 임대료 상승을 견디지 못한 반스앤노블스는 베이체스터에 있는 지점의 영업 종료를 선언하면서 그 자리에 삭스오프피프스Saks Off 5th 할인매장이 들어설 예정이라고 말했다. 이는 즉 한때 마크 트웨인Mark Twain과 에드거 앨런 포Edgar Allan Poe 등 저명한 작가들이 살았던 이 자치구의 150만 주민이 기억 속 가장 먼 옛날부터 누려왔던 사회적 인프라를 더는 누리지 못하게 되었음을 의미했다. 반스앤노블스 경영진은 "장래 브롱크스에 다시 매장을 열 수 있도록 지역 공무원들과 부지런히 협업할 것을 약속"한다고 말했다. 부디 그렇게 되기를 나 또한 바라겠다.

· · ·

위급한 사회적 문제들과 정치적 양극화에 기인한 교착 상태로 대표되는 이 시대에서는 정부에 대한 모든 희망을 버리고 새로운 해결책을 거의 절박하리만치 찾아다니게 된다. 우리 시대에 등장한 이러한 해결책들 중 대부분은 테크놀로지를 기반으로 하는 실험적이고 사적인 해결책들이며, 시장이 우리가 원하고 필요로 하는 것들을 가져다 주리라는 믿음을 바탕으로 한다. 식료품점이 없는 지역사회에는 아마존과 프레시다이렉트(FreshDirect, 온라인 슈퍼마켓 체인_옮긴이)가 있고, 동네 슈퍼마켓이 없는 지역사회에는 두 명의 전 구글 직원이 만든 보데가Bodega가 있다. 지역의 수요에 맞게 구성한 무인 식료품 판매기인 보데가는 고객들이 스마트폰으로 모든 물건을 구매할 수 있도록 프로그램되어 있다. "결국 거대 쇼핑몰들은 필요 없어질 겁니다." 보데가의 공동창업자 폴 맥도널드Paul McDonald의 말이다. "언젠가 10만 개 이상의 보데가가 설치되면 누구든 30미터 거리에서 보데가를 찾을 수 있을 테니까요." 맥도널드와 또 다른 공동창업자 애시워스 라잔Ashwath Rajan의 이 야심찬 계획에 구글과 페이스북, 트위터, 드롭박스Dropbox를 비롯한 실리콘밸리 주요 기업들의 벤처투자자들이 동참했다. 최종적으로 얼마나 많은 보데가가 설치될지는 아직 불명확하지만, 그 수가 얼마가 되었든, 이들의 계획이 라틴계 주민들의 분노를 일으켰으며 보데가로 '흔들어놓겠다'는 업계에서 일하고 있는 이민자 사업자들을 위협했을 뿐만 아니라 나아가 미국 전역의 지역사회에서 거센 반발을 불러일으켰음을 짚고 넘어가는 것이 좋겠다. 사람이 운영하는 소규모 상점, 즉 우리가 때때로 대화를 나눌 수 있고 급할 때는 그저 웃으며 잔돈을 건네주는 살아있는 사람이 운영하는 상점을 더 좋아하는 사람들이 많기 때문이다.

화면과의 끊임없는 상호작용이 우리가 실제로 다른 이들과 함께 하는 순간들을 압도하려드는 오늘날, 수많은 지역사회는 온라인 생활의 한계에 대하여 좌절감을 표명하고 있다. 지구 곳곳에서 사람들은 우리가 모일 수 있는 물리적 공간들의 소중함을 다시 한번 인식하고 있으며, 현대인의 필요를 충족할 수 있는 사회적 인프라들을 재건하기 위해 시민들과 자선단체들이 힘을 합치면 얼마나 놀라운 일들이 일어나는지를 지켜보다 보면 많은 것들을 배울 수 있다.

오하이오주의 콜럼버스시를 생각해보자. 콜럼버스는 도서관을 이용해 사회적 분열을 잇는 다리를 놓고 시민생활을 다시 한번 활성화한 모범 사례로 새로이 손꼽히고 있다. 오하이오주의 주도이자 오하이오 주립대학교의 중심지인 콜럼버스는 보수주의를 옹호하는 카운티들에 둘러싸인 채 상당히 자유주의적인 기조를 유지하고 있다. 전반적인 소득 및 교육 수준은 높은 편이지만 군데군데 극심한 빈곤지역도 존재한다. 한 연구에 따르자면 콜럼버스의 미취학 아동 중 약 35퍼센트는 나이가 찼는데도 글자를 떼지 못해 '유치원에 갈 준비가 안 되어 있는' 상태며, 또 다른 연구에 따르자면 인터넷이 설치되지 않은 가정은 전체의 20퍼센트에 달한다.

2008년 경제위기 당시, 오하이오주 의원들이 예산을 크게 삭감하면서 콜럼버스시 지도자들은 시의 공공 도서관 시스템이 위태로워질 것을 우려했다. 몇몇 동네 도서관들은 개관 시간을 줄이고 몇몇 프로그램을 없애야만 했다. 그러나 콜럼버스시 지도자들은 도서관 예산에 연간 5600만 달러를 더하기 위해 재산세를 징수하기로 결정하면서 어느 부문에 재산세를 징수할지를 국민투표에 부쳤다. 미국 유권자들이 재산세만큼 싫어하는 것도 별로 없지만, 콜럼버스 시민들은 도서관을 너무나 사랑하는 사람들이었다. 200명에 달하는 자원봉사자들이 이 계획을 지지하는 집회를 벌이며 도시를 수놓았고, 시청 집회를 주도하고 전화 모금을 실시했으며 시민 단체들과 접선했다. 나중에 알려진 사실이지만, 콜럼버스 시민들은 애초에 설득할 필요가 없었다. 2대 1이 넘는 비율로 재산세 징수에 찬성표를 던진 것이다. 얼마 지나지 않아 콜럼버스 중앙도서관 및 각 동네의 공공 도서관 모두가 이전과 같이 모든 서비스를 재개할 수 있었다.

2016년, 콜럼버스 당국은 동네 공공 도서관 여러 곳과 더불어 중앙도서관 리노베이션에 착수했다. 이들은 한쪽 벽을 창문으로 만들어 토피어리 공원이 한눈에 내려다보일 수 있도록 했고, 새로운 어린이도서실을 만들었으며, 화장실 시설을 개선하고, 도서관과 공원이 더욱 긴밀하게 연결될 수 있도록 시설을 정비했다. 산호세와 같은 부유한 도시에서도 연체료가 쌓인 도서관 이용자들에게 불이익을 주었던 바로 그해였지만, 콜럼버스는 정반대 방법을 취했다. 2017년 1월을 기점으로 콜럼버스 중앙도서관은 연체된 책에 더 이상 벌금을 물리지 않기로 결정했다. "장벽을 제거하고 더 많은 이용자들이 더 많은 자료들을 손에 쥘수 있게 만든다면 우리는 지혜가 넘쳐흐르는 번영하는 지역사회라는 우리의 비전에 한 발짝 더 다가갈 수 있을 것입니다." 공공 도서관 시스템 CEO 패트릭 로진스키Patrick Losinski가 한 말이다. 인구당 전국에서 가장 높은 수준을 자랑하는 대출 건수와 방문자수 또한 이들의 걸음에 보탬이 될 듯하다. 숙제도우미센터에 9만 5,000여 명이 방문했으며 여름독서학교에 6만 명 가까운 사람들이 참여했다는 사실도 마찬가지로 매우 인상적이다. 콜럼버스에 거주하는 주민들은 이처럼 튼튼한 사회적 인프라를 구축하기 위해 소득 10만 달러 기준 가구당 연간 86달러

정도의 비용을 지불한다. 그러나 이들이 투표함과 도서관에서 보여주는 행동들은 이들이 그 비용에 대하여 돌려받은 것들을 얼마나 소중히 여기는지를 여실히 보여준다. '

도서관은 없어서는 안 될 수많은 사회적 인프라 중 하나일 뿐이다. 앞서 살펴보았듯, 다른 수많은 공공장소와 기관 들이 우리 동네와 지역사회의 일상에서 중추적인 역할을 한다. 좋은 날에는 우리가 의미 있는 사회적 교류를 할 수 있는 기회를 제공하고, 나쁜 날, 특히 재난이 닥쳤을 때에는 우리를 삶과 죽음으로 가를 수도 있다.

교회와 카페, 서점, 이발소 등 비영리 부문 혹은 시장에서 발생하는 중요한 사회적 인프라도 있지만, 우리가 재건해야 할 핵심적인 장소들과 기관들 중 대부분은 국가가 자금을 지원하거나 직접 운영한다. 과세에 반대하는 풍조는 지난 수십 년간 모든 종류의 핵심 인프라스트럭처를 건설하고 유지하는 데 필요한 공적 기금을 부실하게 만들었다. 수세기 이전 미국인들은 장엄한 댐과 사방으로 뻗어나가는 철도, 신뢰할 수 있는 전력망, 깨끗한 수도, 해안과 해안을 잇는 녹색 산책로 등 우리의 초현대적인 시스템이 가진 힘과 회복력에 대하여 커다란 자부심을 품고 살았다. 오늘날 이러한 공공재들은 수렁에서 헤어나오질 못하고 있다. 이제 인프라스트럭처들은 우리를 저 높은 곳으로 이끌어주기보다는 우리를 부끄럽고 당황스럽게 만들고 있다. 도로가 무너지고 있다. 철도는 느리기 짝이 없다. 트럼프 대통령의 말을 빌리자면, 공항은 '제3세계'와 마찬가지다. 보스턴·시카고·필라델피아 등 수십 개의 도시들은 최근 오염 가능성을 은폐하기 위해 수질 검사를 조작하다 적발되었다. 미시건주 플린트 등의 도시들에서는 수질이 너무나 유해하여 그 위험성을 부정하거나 은폐하기 어려울 정도다. 이와 비슷한 수준으로 유해한 사회적 인프라를 둔 도시나 교외는 셀 수도 없이 많다. 여기에서 기인하는 문제들은 느리게 진행되지만, 결국에는 국가 전체를 위험하게 만들고 있다.

국민을 한층 더 잘 보호하기 위하여 인프라스트럭처를 혁신하는 방안을 논할 때에는 대개 기술 혁신에 초점이 맞추어지는 경향이 있지만, 사실 전 세계의 설계자들은 한층 근본적인 차원에서도 혁신을 일으키고 있다. 우리의 건축과 개발을 오래도록 지배해온 주요 개념과 건축 유형론에 변화를 일으키고 있는 것이다. 예시로 건축가 잔느 갱Jeanne Gang의 '폴리스 스테이션Polis Station'은 인종 분리가 극심한 이 보안 국가의 상징이자 영향력이 막대한 장소인 경찰서를 집단 간 경계를 넘어 교류를 꾀하는 포용적인 사회적 인프라로 바꾸려는 시도다. 시카고에 거주하며 이 도시에 깊은 애착을 가지고 있는 잔느 갱은 공격적인 순찰 대상이 되는 소수자 지역사회와 시카고 경찰서 간에 잦은 불화와 치열한 갈등이 벌어지는 모습을 보아왔다. 그녀가 이끄는 기업, 스튜디오 갱Studio Gang은 주민들과 경찰 사이가 가장 소원한 동네들의 시민 지도자들과 지방 공무원들을 단독으로 또 집단으로 인터뷰하기 시작했으며, 어느 정도 시간이 흐른 뒤에는 청소년과 이웃, 지역사회단체, 경찰관 등이 모여 각자의 우려와 바람을 나누는 모임들을 조직했다. 순탄치 않은 과정이었다. 잔느 갱이 조사한 동네들에서 경찰은 지난 20여 년간 표적 수사와 권력 남용을 이어왔으며, 2015년 시 당국이 공식적으로 인정했듯 용의자들을 고문했다. 손에 피를 묻힌 건 경찰들만이 아니었다. 시카고는 결코 교전 지역이 아니었음에도, 인종 분리가 극심한 여러 빈곤 지역에서는 강력 범죄가 주요 사회문제로 대두하고 있었다. 이 모든 요인들 때문에 시카고의 경찰과 국민 모두가 까다롭고 예민한 상황에 놓이게 되었다.

그러나 양측이 한자리에 모였을 때 사람들은 잔느 갱이 예상했던 것보다 서로의 곤경에 훨씬 더 많이 공감을 표했으며 곤경을 해결하려는 데에도 더 많은 관심을 드러냈다. 새로운 건물을 설계하는 것만으로 시카고에서 발생하는 총기 폭력과 인종차별적 경찰권 남용의 기저에 깔린 근본적인 문제들을 해결할 수 있다는 환상을 품은 이는 아무도 없었지만, 길거리의 여건을 개선할 수 있는 더욱 실질적인 방안들은 분명히 존재했다. 그 방안들에는 하나같이 사회적 인프라를 개선하는 일이 포함되어 있었다. 어느 동네를 조사하든, 지역사회 지도자들과 경찰들이 입을 모아 불평했던 문제들 중에는 방과 후 십 대 청소년들이 놀 만한 안전한 장소가 부족하다는 사안이 있었다. 때문에 오후 나절 길거리를 어슬렁거리는 청소년들이 너무나 많았고, 대개 문제를 일으키지는 않지만 그래도 경찰들은 이들 가운데에서 질서와 치안을 유지할 방법을 구상하느라 골머리를 앓고 있었다. 잔느 갱과 동료들은 파편화한 사회를 치유할 설계 방법을 자유롭게 논의하다가 어느 날 번뜩이는 아이디어를 떠올렸다. 경찰서에 아이들이 무서워하지 않고 이용할 수 있는 여가 시설을 설치해서 경찰서가 곧 커뮤니티 센터가 되도록 만들면 어떨까?

실로 경이로운 개념이었다. 경찰서는 늘 구금과 심문과 협박의 장소였다. 형사 사법 체계 전체가 폭력 위협으로 물들어 있는 시카고에서는 더더욱 그랬다. 그러나 여성 건축가로서 설계한 최고층 건물(시카고 아쿠아 타워)을 포함한 여러 업적으로 맥아더 천재상을 받은 잔느 갱은 규모가 크고 야심 찬 아이디어를 내놓기로 유명한 사람이었다. 또한 지역의 유명 인사였으며 람 이매뉴얼Rahm Emanuel 시카고 시장과도 좋은 관계였다. 이매뉴얼 시장 또한 경찰 개혁에 대한 그의 공헌을 알리려는 열의가 있었으며, 경찰관들도 주민들과 함께하는 지역사회 활동을 펼치고 싶어 했다. 서로의 관심사가 일치하자 이들은 시범 운영을 진행하기 시작했다. 마침 이들이 시범 운영을 할 동네로 택한 곳은 노스론데일로, 내가 폭염이 미치는 영향을 연구했던 당시와 비교해도 사회적 인프라가 그다지 개선되지 않았으며 여전히 취약한 사람들 다수가 집에 고립될 위험에 처해 있는 상태였다.

노스론데일에서 시범 운영을 해도 좋다는 허가가 떨어질 무렵, 잔느 갱은 자기 일터와 학생들을 위한 건축 스튜디오에서 이미 폴리스 스테이션에 관한 계획을 구체적으로 발전시킨 뒤였다. 그녀가 그리는 웅장한 비전 속 폴리스 스테이션에는 앞선 장들에서 우리가 그 긍정적 영향을 살펴보았던 사회적 인프라들, 이를테면 이발소와 카페·식당·잘 관리한 공원과 놀이터·공동체 텃밭·체육관·무료 와이파이를 사용할 수 있는 공동 라운지 등이 포함되어 있었으며, 이 모든 시설들이 경찰관들과 시민들에게 동등하게 개방되었다. 장소가 허락하는 곳이라면 여기에 경찰관 기숙사·도서관·컴퓨터 랩·심리 상담소·예배당 같은 시설도 더할 예정이었다. 노스론데일 시범 운영에서는 할 수 있는 일의 범위가 이보다 훨씬 좁았으며, 오직 경찰서의 주차장 일부 구역만을 가지고 시범 운영을 해야 했다. 주변 주민들과 이야기를 나눈 잔느 갱과 동료들은 이곳을 농구 코트로 만들었으며, 가장자리에는 나무를 심고 멋진 메탈 울타리를 설치해 길거리와의 경계를 분명히 했다. 이 프로젝트는 소박하지만 성공적이었다. 초록색으로 페인트칠을 하고 주황색으로 선을 그린 이 농구장은 세심하게 관리되었으며, 위험하고 황폐화한 근처 놀이터에서는 찾아보기 힘든 매끈한 바닥과 온전한 네트가 있었다.

경찰서 농구장은 노스론데일에서 가장 인기 있는 모임 장소라고 할 수는 없지만, 그럼에도 지역 청소년들이 자주 사용하는 장소가 되었다. 청소년들은 이곳을 찾을 때마다 이곳에서 일하는 경찰관들에게 조금씩 익숙해지며, 그들을 덜 위협적이라고 여기게 된다. 이처럼 가까운 거리는 아마 경찰관들에게도 같은 영향을 미치게 될 것이다. 갱이 지역 아쿠아리움 재설계를 맡았던 볼티모어를 비롯한 다른 많은 도시들 역시 이 개념을 활용하여 한층 확장적인 실험을 진행하는 데 관심을 드러내고 있다. 뉴욕 또한 소방서를 대상으로 하는 유사 프로젝트를 논의하고 있다. 시카고에서와 마찬가지로 다른 지역들에서도 시민 지도자들은 건축만으로는 경찰과 유색인종 주민들 간의 들끓는 갈등이 모두 해결되지는 않으리라는 점을 알고 있다. 그러나 경찰서를 사회적 인프라로 탈바꿈하는 일은 분명 생산적인 첫 발자국이 될 것이다.

· · ·

현 미국 대통령은 국가의 인프라스트럭처를 재건하겠다고 선언했으며, 그가 가장 선호하는 첫 단계가 장벽 설치라는 점을 명백히 밝혔다. 장벽보다 더 단순한 설계 구상도 없고, 세우기 더 쉬운 것도 없다. 그러나 장벽은 우리를 약화하는 바로 그 분열의 상징이자 요인이다. 또한 불법 이민을 깊이 우려하는 정치인들 다수가 말하듯, 장벽은 효과도 없다.

장벽을 건설하는 일은 불법 이민 문제에도 도움이 안 될뿐더러 기후 정책 측면에서도 현명하지 못한 처사다. 그러나 불행히도 최근 샌디와 하비, 어마, 마리아 등 막대한 인명 피해와 재산 피해를 입힌 초대형 태풍들이 급증하면서 해안에 조잡한 방파벽을 세워야 한다는 움직임이 힘을 얻기 시작했다. 실제로 몇몇 지역에서는 해수면 상승과 거센 폭풍 해일이 너무도 위협적인 탓에 취약한 사람들과 장소들을 어떤 식으로든 보호해야만 하는 경우도 있다. 그러나 스태튼아일랜드의 리빙 브레이크워터스를 설계한 케이트 오르프와 그 팀원들이 밝힌 바에 따르자면, 장벽은 문제를 예방하면서도 그만큼 더 많은 문제를 초래할 수 있다. 우선 장벽 뒤에 사는 사람들에게 그릇된 안전 의식을 심어줄 수 있으며, 허리케인 카트리나 때의 제방이나 슈퍼스톰 샌디 당시의 폭풍장벽처럼 무너지기라도 하는 날에는 감당하기 어려운 정도의 홍수가 발생한다. 게다가 방파벽은 지구온난화로 위협받는 모든 지역에 배치하기에는 불가능한 제한적 도구다. 대부분의 지역이 감당하지 못할 정도로 비싼 데다가 그다지 효과가 있지도 않기 때문이다. 바닷물과 그 해류를 막기 위해 아무리 노력한들 결국 거의 모든 사람들은 바다에 그대로 노출된 채 남겨질 것이다.

런던과 뉴올리언스, 로테르담, 베네치아 등 인구밀도가 높고 조밀하게 발달되어 있어 수벽을 반드시 세워야 하는 지역에서도 수벽만으로는 결코 기후 회복력을 갖추었다고 말할 수 없다는 점을 정책 입안자들과 공학자들도 이해하기 시작하고 있다. 로어맨해튼의 이스트사이드 해안 복구 프로젝트를 고안한 비야케 잉겔스와 그 동료들이 전통적인 강변 방파제를 거부하고 '수풀 가교'와 산책로를 이용하여 물을 차단하는 동시에 사람들을 한데 모으는 방식을 택한 것도 바로 이러한 이유에서다. 막기보다는 받아들이는 벽, 즉 다양한 공동체를 공동의 사회적 장소로 끌어들이는 벽이란 폴리스 스테이션과 마찬가지로 급진적인 개념이다. 잉겔스가 설계한 인프라스트럭처는 하드 인프라인 동시에 소프트 인프라이고, 사회적 인프라인 동시에 물리적 인프라이며, 모든 이들의 일상을 개선하는 동시에 우리 모두가 두려워하는 홍수로부터 우리를 지켜주는 인프라다.

그러나 기후 안보를 위한 하드 인프라와 사회적 인프라를 구축하는 일에는 막대한 자금이 필요하며, 이미 지구온난화로 위협을 받고 있는 지역들과 사람들에게는 뉴욕이나 런던, 로테르담이 운용할 수 있었던 만큼의 자원이 없다. 무분별한 소비로 기후변화를 촉진한 부유한 국가들이 이들에게 2016년 기념비적인 파리기후협약에서 약속했던 것보다 더 많은 재정 지원을 해주지 않는다면, 빈곤국과 개발도상국들은 다가오는 치명적인 폭풍에 속수무책인 채로 남게 될 것이다. 오늘날 이러한 규모의 재정 투자를 기대하기는 힘들어 보이지만, 하루 빨리 이루어지지 않는다면 환경 불평등은 점점 더 극심해질 테고 마치 변화하는 기후와 언제 위험해질지 모르는 날씨처럼 감당할 수 없는 분노를 초래할 것이다.

아직 우리는 우리의 운명을 통제할 수 있다. 우리가 구축하는 인프라스트럭처는 우리의 통제력이 얼마나 오래 이어질지를 결정하는 데 일조할 것이다. 프린스턴대학교의 저명한 엔지니어 데이비드 빌링턴이 말했듯, 인프라스트럭처는 각 역사적 시대를 상징하며 경제와 사회를 구성하는 방식에 관한 주류 사상을 그대로 드러낸다. 철도, 고속도로, 공원, 전력망은 그 인프라를 건설하던 당시의 우리가 어떤 이들이었고 또 어떤 이들이 되고자 했는지를 보여준다. 앞으로의 시스템들은 미래 세대에게 우리가 누구인지 또 우리가 오늘날 세상을 어떻게 바라보는지를 알려줄 것이다. 만일 우리가 사회적 분열 위로 다리를 놓는 데 실패한다면, 그 분열은 '우리'가 계속해서 존재할지 여부를 좌지우지할 수도 있다.

오늘날 전 세계 국가들은 21세기와 그 이후를 살아가는 데 필요한 필수적 인프라스트럭처 개발 프로젝트에 수조 달러를 투자할 자세를 취하고 있다. 우리의 현대적인 생활을 지탱하는 시스템들도 시간의 흐름에 따라 낡고 고장 나게 될 것이므로 미국은 앞으로 수십 년 동안 새로운 인프라 개발 프로젝트에 수천억 달러를 투자할 수밖에 없을 테고, 그다음 수십 년 동안에는 더더욱 많은 돈을 써야 할 것이다. 다음 삽을 뜨기 이전에, 우리는 우리가 무엇을 개선하고자 하는지, 무엇을 보호해야 하는지, 그리고 무엇보다도 어떤 종류의 사회를 만들 것인지를 알고 있어야 한다.

정치인들은 종종 인프라스트럭처 개발 프로젝트가 너무 기술적인 이야기라 민주적인 포럼에서 의미 있는 토론이 이루어지는 건 고사하고서라도 시민들과 시민 단체들이 이해하기에도 너무 어렵다고 주장한다. 이들은 엔지니어들과 전문가들에게 믿고 맡겨달라고 요구하는데, 결국 수직적 위계대로 결정하도록 놔두라는 의미다. 그러나 그 어느 대통령이나 장관도 우리를 지탱하는 핵심 시스템을 어떻게 재건할지를 일방적으로 결정할 권한을 가져서는 안 되며, 이러한 일이 발생해 버린다면 결코 원하는 바를 얻지 못한다는 사실은 지난 역사를 돌아보면 충분히 알 수 있다. 우리에게 지금 그 어느 때보다 필요한 것은 어떤 종류의 물리적 및 사회적 인프라스트럭처가 우리를 돕고 지탱하고 보호하는 데 가장 적절한지에 관한 포괄적인 대화다. 우리에게는 프로젝트에 직접적인 영향을 받는 사람들과 지역사회의 적극적인 참여를 유도하면서 기술적 전문성은 물론 지역적 지식과 지혜를 존중하는 민주적인 과정이 필요하다.

우리 앞길에 펼쳐진 지독한 문제들을 해결하는 데 도움이 될 인프라스트럭처를 재건하려면 각 도시와 지역에 산재한 취약점과 가능성에 관한 모든 종류의 집단 지성을 이용해야 한다. 망가진 필수 체계들을 고치려면 물론 현명한 토목공학이 필요하겠지만, 미국을 포함한 각 사회에서 무너져 내리기 직전인 시민성을 다시 한번 공고히 해야 할 필요도 있다. 실로 막중한 임무이며 오늘날의 분열과 균열로 미루어 매우 장기적인 프로젝트가 될 것이다. 그러나 더 이상은 미룰 수가 없다. 우리에게는 언제 어디서부터 시작할지를 결정하는 일만 남아 있다.

감사의
말

시카고를 떠난 지 벌써 15년이 더 지났지만, 사회적 인프라스트럭처에 대한 나의 관심은 이 위대한 도시와, 여러 동네에서 보냈던 어린 시절과, 이후 진행했던 대규모 현장 조사에서 비롯했다. 어린 시절 올드타운에서 내가 살던 집은 당시 비영리 지역사회단체 메노모니클럽과 길 하나를 사이에 두고 마주보고 있었는데, 그곳에서는 사실상 무료로 매일 방과 후 수업을 진행했다. 올드타운은 1970년대와 1980년대에 젠트리피케이션을 겪었다. 골드코스트의 부촌과 빈곤한 카브리니 그린 공공 주택을 끼고 있던 이 동네는 갈등의 장이자 종종 폭력사건이 발생하는 곳이었다. 나는 일주일에 며칠씩 메노모니 클럽과 동네 공원에서 오후 나절을 보냈고, 그곳의 카리스마 넘치는 관리자 배질 케인은 제각

각 다양하지만 하나같이 축구에 재능은 없던 도시 아이들을 데리고 축구를 가르쳐주었다. 오랜 세월동안 나는 이 특별한 커뮤니티 센터에서 배운 모든 것들을 당연하게 여겼지만, 이제는 이때 내 머릿속에 남은 경험들이 나라는 사람에게 얼마나 많은 영향을 끼쳤는지를 잘 알고 있다.

이 책의 아이디어가 시카고에서 비롯했다면, 아이디어가 책으로 발전한 것은 뉴욕, 특히 뉴욕대학교에서였다. 2012년 이래 나는 뉴욕대학교의 공공지식연구소 소장을 맡는 커다란 특권을 누렸는데, 이 연구소는 내가 학계에서 본 그 어느 연구소보다도 진정한 공동체라고 할 수 있으며 학자들이 시민 생활에 참여함으로써 보상을 받을 수 있는 몇 안 되는 연구소들 중 하나이기도 하다. 이처럼 특별한 환경을 조성하고 그 미래를 나에게 맡겨준 공공지식연구소 창립 이사 크레이그 캘훈에게 감사의 말씀을 전한다. 이를 지지해준 교무처장 케이티 플레밍과 수석 교무부처장 키벨레 레이버 그리고 이를 지탱해준 고든 더글러스에게도 감사드린다. 이 책을 집필하는 데 도움을 준 힐러리 앤절로, 막스 베스브리스, 대니얼 알다나 코언, 데이비드 그라지안, 막스 홀러랜, 리즈 코슬로브, 케이틀린 페트레, 이열 프레스, 앨릭스 룰, 말키트 쇼산, 매슈 울프를 비롯하여 공공지식연구소의 훌륭한 펠로 및 학생들과 함께 일할 수 있어 행운이라 생각한다.

나와 〈리빌드 바이 디자인〉 공모전에서 함께 일하는 이들에게도 감사 인사를 전한다. 선구적인 총괄 진행자 행크 오빙크, 불굴의 책임 관리자 에이미 체스터, 공모전 스태프 태라 아이젠버그와 린 잉글럼, 줄리엣 고어, 이든 새손, 라카 센 그리고 우리의 주요 후원자인 록펠러재단의 주디스 로딘과 낸시 케이트, 샘 카터에게 감사드린다. 기후변화 완화와 적응에 관한 번뜩이는 아이디어를 내면서 우리 영감의 원천이 되어주는 모든 건축가, 엔지니어, 과학자, 설계사 분들께도 마찬가지로 감사 인사를 드린다. 마타이스 보우 피파 브래스히어, 비야케 잉겔스, 클라우스 제이컵, 엘런 네이세스, 케이트 오르프, 리처드 로크, 로라 스타, 메릴린 테일러, 데이비드 왜거너, 클레어 와이즈, 제나 워스를 비롯한 수많은 학자들이 인프라스트럭처를 통해 우리가 어떤 일들을 할 수 있고 우리에게 어떤 종류의 인프라스트럭처가 필요한지를 나에게 일깨워주었다.

수어드파크 도서관에서 늘 나를 맞이해주었으며 내가 누구보다도 더 오랜 시간을 진을 치고 앉아있느라 많은 신세를 진 캐리 웰치를 비롯한 뉴욕 공공 도서관의 직원들에게 감사의 인사를 드린다.

이 책의 대부분은 학계의 신성한 공간들 중 한 곳인 스탠퍼드대학교 행동과학고등연구센터에서 집필했다. 행동과학고등연구소는 개인 집필실과 세미나실, 수 킬로미터에 달하는 산책로, 무한 리필이 가능한 피트스 커피 등 사회적 인프라로서의 모든 것을 갖추고 있으며, 특히 이곳 식당 테이블에서 오간 대화들은 지난 60여 년간 사회과학계에 족적을 남긴 수많은 책들에 살을 더해주었다. 이곳에서 펠로십을 진행할 수 있도록 지원해준 휴렛 재단에 감사드린다. 행동과학고등연구소를 21세기의 연구소로 재건한 훌륭한 연구소장 마거릿 레비와 직원들에게 감사드린다. 브룩 블로어, 루스 창, 마크 그리프, 앤드루 라코프, 데버라 로런스, 테리 마로니, 앨리슨 퓨, 잭 라코브, 제시 리봇, 브렌다 스티븐슨, 베리 저커먼을 비롯하여 2016~2017년 1년 동안 나와 지적인 우정을 나누어주었던 모든 분들께 감사드린다. 이분들이 계실 때 이곳에서 시간을 보내어 행운이었다.

찰스 H. 레브슨 재단 이사장이자 공공 도서관을 맹렬히 옹호하는 줄리 샌도프를 만난 것도 큰 행운이다. 2016년 초 줄리는 공공지식연구소를 찾아와 뉴욕 공공 도서관의 상태를 개선하는 소규모의 공동 프로젝트를 제안해주었다. 나는 그 제안을 받아들였으며 이후 결국 도서관과 사회적 인프라 그리고 시민생활에 대한 광범위한 프로젝트가 되어버린 제안서를 가지고 재단을 방문했다. 줄리와 재단 직원들은 그 이후로 늘 우리와 함께하고 있으며, 이들이 보내주는 엄청난 지원에 감사 인사를 보낸다.

시간을 내어 이 책의 초안을 읽고 논평해준 가족들과 친구들, 동료들의 너그러운 마음씨에 겸허히 감사드린다. 개브리엘 아벤드, 사샤 아브람스키, 힐러리 앤절로, 아지즈 안사리, 에릭 베이츠, 크레이그 캘훈, 대니얼 알다나 코언, 앤드루 디너, 샤무스 칸, 앤드루 라코프, 마거릿 레비, 샤론 마커스, 하비 몰로치, 이열 프레스, 패트릭 샤키, 로나 탤컷, 이도 태보리, 프레드 터너, 매트 레이에게 감사드린다.

뉴욕대학교에서 나를 도와준 연구 조교들에게도 큰 신세를 졌다. 특히 이 책을 집필하는 데 모든 방면에서 도움을 준 드라램 타키야르, 사회적 고립과 오피오이드 중독 부분의 집필을 도와준 매슈 울프에게 감사드린다. 법학과 사회과학을 연구 중인 드라램과 사회과학자이자 저널리스트인 매슈는 내가 집필을 마친 후 책 전체에 걸쳐 사실 확인 작업을 해주었다. 그 과정이 즐거웠다고는 못 하겠지만, 드라램과 매슈 덕분에 나는 훗날 후회했을 법한 말들을 이 책에 담지 않을 수 있었다. 해볼 만한 가치가 있으므로 연구 결과를 낼 때 이처럼 정밀한 검토를 거치는 사회과학자들이 더 많아지기를 바란다. 휴스턴 토박이인 키아라 다우즈는 허리케인 하비가 닥친 직후 드라램과 함께 휴스턴으로 현장 조사를 가주었다. 그녀가 우리와 월크레스트침례교회 공동체를 연결해준 덕분에 이들의 재난 구호 활동을 추적할 수 있었다. 리즈 코슬로브, 샹 루, 케이트 도넬리는 셀 수 없이 많은 날들에 걸쳐 동네 도서관에서 벌어지는 사회적 활동을 관찰해주었다. 이들의 노고가 없었다면 이 책은 탄생하지 못했을 것이다.

크라운퍼블리싱Crown Publishing 일동도 마찬가지로 감사드린다. 에이스 편집자 어맨다 쿡은 제안서를 읽자마자 내가 이 책에 숨겨진 잠재력을 알아볼 수 있도록 도와주었고, 인쇄소로 향하는 바로 그 직전까지도 끊임없이 천재적이고 예리한 제안들을 해주었다. 그녀와 함께 일한 것이 얼마나 큰 특권이었는지, 그리고 내 생각을 나보다 더 잘 이해하는 사람과 일하는 것이 얼마나 큰 기쁨이었는지 이루 다 말할 수가 없다. 재커리 필립스와 에마 베리 또한 편집 과정에서 유용한 조언들로 도움을 주었다. 모린 클라크는 이 원고를 눈부시게 다듬어주었으며, 몰리 스턴은 내가 원고를 끝까지 완성할 수 있도록 열정적으로 나를 도와주었다. 출판사로부터 이보다 더 많은 도움을 받지는 못할 듯하다. 감사드린다.

티나 베넷과 조수 스베틀라나 카츠는 늘 나에게 작가 에이전시로서 해야할 일보다 더 많은 도움을 주었다. 업계 최고인 이들이 내가 가는 곳마다 따라다니며 나를 도와주니 행운이 아닐 수 없다.

나의 부모님 로나 탤컷과 에드워드 클라이넨버그, 그 배우자들인 오웬 도이치와 앤 매큔 그리고 장모님인 캐롤라인 그레이께서 손주들과 시간을 보내는 걸 좋아하시니 다행이라고 생각한다. 책을 집필하는 동안 이들이 보내준 무한한 지지에 감사드린다. 이제 집필이 끝났지만 아마 아이들은 여전히 나보다는 할머니, 할아버지들과 노는 걸 더 좋아하지 싶다.

케이트 자룸은 바쁜 시간을 쪼개 우리 모두를 위해 쓰면서, 내가 이 책에 담긴 모든 아이디어를 포함해 논의할 만한 모든 사안들에 관하여 생각해보도록 도와주었다. 케이트는 언제나 눈부신 정신의 소유자였지만, 몇 년 전 퍼블릭북스 출판사를 설립한 이후로는 훌륭한 편집자의 눈까지 갖게 되었다. 케이트와 함께 인생을 살아갈 수 있기에 내가 하는 모든 일들도 한결 발전할 수 있다.

내가 한없이 사랑하는 아이들 릴라와 사이러스도 마찬가지다. 이 책을 아이들에게 바친다. 아이들은 더 나은 세상을 누릴 자격이 있고, 더 나은 세상을 만드는 데 내가 조금이라도 도움이 된다면 더 바랄 것이 없겠다.

우리는 함께할 때에만 더 나은 세상을 만들 수 있다.

주

서문: 도시의 생명

7 "머리를 식히라고" 조언했다: 인용문은 다음에서 발췌. Eric Klinenberg, Heat Wave: A
   Social Autopsy of Disaster in Chicago (Chicago: University of Chicago Press,
   2002).

8 "감당하기 어려운 상황": 인용문은 다음에서 발췌. Dirk Johnson, "Heat Wave: The
   Nation; In Chicago, Week of Swelter Leaves an Overflowing Morgue," New
   York Times, July 17, 1995.

12 논문 수십 건: James House, Karl Landis, and Debra Umberson, "Social
   Relationships and Health," Science 241, no. 4865 (1988): 540–45.

15 이미 믿는 것만 보고 듣는 반향실: 인용문은 다음에서 발췌. Emanuela Campanella, "We
   All Live in a Bubble. Here's Why You Step Out of It, According to Experts,"
   Global News, February 4, 2017, https://globalnews.ca/news/3225274/we-all-
   live-in-a-bubble-heres-why-you-step-out-of-it-according-to-experts/; Sreeram
   Chaulia, "Why India Is So Unhappy, and How It Can Change," TODAYonline,
   April 3, 2017, https://www.todayonline.com/commentary/why-india-so-
   unhappy-and-how-it-can-change; "Class Segregation 'on the Rise,'" BBC
   News, September 8, 2007, http://news.bbc.co.uk/2/hi/uk_news/6984707.

stm; Rachel Lu, "China's New Class Hierarchy: A Guide," Foreign Policy, April 25, 2014, https://foreignpolicy.com/2014/04/25/chinas-new-class-hierarchy-a-guide/; "Private Firms Filling Latin America's Security Gap," Associated Press Mail Online, November 24, 2014, http://www.dailymail.co.uk/wires/ap/article-2847721/Private-firms-filling-Latin-Americas-security-gap.htm.

18 천정부지로 값이 치솟는 도심 아파트들: Martin Filler, "New York: Conspicuous Construction," New York Review of Books, April 2, 2015.

18 문명의 종말에 대비: Evan Osnos, "Doomsday Prep for the Super-Rich," New Yorker, January 30, 2017.

20 "민주주의는 집, 즉 이웃 공동체에서 시작": John Dewey, The Public and Its Problems (1927; repr., University Park: Pennsylvania State University Press, 2012), 157.

21 "미국을 특별하게 만들어주었던 모든 것": Charles Murray, Coming Apart: The State of White America, 1960–2010 (New York: Crown Forum, 2012), 12, 22, 283.

22 1970년대 이후 비교적 일정한 추세: Peter Marsden, ed., Social Trends in American Life (Princeton, NJ: Princeton University Press, 2012).

22 모든 교육 수준에 걸쳐: 봉사활동 참여 감소에 대해서는 다음 참조. The Bureau of Labor Statistics, "Volunteering in the United States, 2015," https://www.bls.gov/news.release/volun.nr0.htm.

22 사회 활동으로부터의 소외와 나란히: Claude Fischer, Still Connected: Family and Friends in America Since 1970 (New York: Russell Sage Foundation, 2011), 93.

23 "말뜻 그대로 겉으로 드러나지 않으며": Susan Leigh Star, "The Ethnography of Infrastructure," American Behavioral Scientist 43, no. 3 (1999): 380–82.

24 "한 나라의 국민이 스스로의 앞길을 택할 수 있게": Ashley Carse, "Keyword: Infrastructure—How a Humble French Engineering Term Shaped the Modern World," Infrastructures and Social Complexity: A Companion, ed. Penny Harvey, Casper Bruun Jensen, and Atsuro Morita (London: Routledge, 2016).

26 사회생활에 필요한 물질적인 토대를 생산: 소규모 기업과 영리 사업가가 일상적인 사회생활에 어떤 영향을 미치는지를 다룬 훌륭한 글로 제인 제이컵스의 『미국 대도시의 죽음과 삶』(New York: Vintage, 1961)이 있다. 최근 저명한 사회학자 엘리야 앤더슨은 "코스모폴리탄 캐노피the cosmopolitan canopy" 공간, 즉 다양한 배경을 가진 사람들이 "공간을 공유하는 데 그치지 않고 나아가 서로의 존재를 찾아내며" 경우에 따라 인간관계를 형성하는 공간에 대하여

글을 집필했다. 앤더슨은 필라델피아의 리딩터미널마켓과 리튼하우스광장 등 인종 간 교류가 잘 일어나는 모범적인 공간 수 곳과 감시, 의심, 사회적 분리가 두드러지는 공간 수 곳에서 민족지학 현장연구를 진행했다. 다음 참조, Elijah Anderson, The Cosmopolitan Canopy: Race and Civility in Everyday Life (New York: W. W. Norton, 2011).

27 둑: Marshall Brain and Robert Lamb, "What Is a Levee?," https://science. howstuffworks.com/engineering/structural/levee.htm.

29 빠르게 각자의 생활로 돌아가게 해주는: Mario Small, Unanticipated Gains: Origins of Network Inequality in Everyday Life (New York: Oxford University Press, 2009).

29 가장 거대하고 이질적인 공공장소: Stéphane Tonnelat and William Kornblum, International Express: New Yorkers on the 7 Train (New York: Columbia University Press, 2017).

30 "구경꾼이 아니라 참가자인 환경": MassObservation, The Pub and the People (1943; repr., London: Cresset Library, 1987), 17.

31 마치 집처럼 편안해하는 작고 안락하며 친밀한 공공장소: Ray Oldenburg, The Great Good Place: Cafés, Coffee Shops, Bookstores, Bars, Hair Salons and Other Hangouts at the Heart of a Community (Cambridge, MA: Da Capo Press, 1989).

33 보행자들이 조금 더 깨끗한 공기를 들이마실 수 있도록: 다음 참조, Vanessa Quirk, "The 4 Coolest 'High Line' Inspired Projects," ArchDaily, July 16, 2012, https://www. archdaily.com/254447/the-4-coolest-high-line-inspired-projects.

35 오로지 전통적인 유형(有形) 인프라에 대한 투자만이 논의되고 있다.: 인프라스트럭처에 대한 투자를 촉구하는 책들이 최근 다수 출판되고 있으며, 예시로 다음의 책들이 있다. Rosabeth Moss Kanter, Move: How to Rebuild and Reinvent America's Infrastructure (New York: W. W. Norton, 2016); Henry Petroski, The Road Taken (New York: Bloomsbury, 2016); Gretchen Bakke, The Grid (New York: Bloomsbury, 2016). 그러나 이 책들도 사회적 인프라의 가치에 주목하지는 않았다.

36 "모든 이들을 위한 궁전": 앤드루 카네기가 도서관에 투자하기 시작한 지 얼마 지나지 않았을 무렵, 러시아에서는 조셉 스탈린이 '모든 이들을 위한 궁전' 캠페인을 시작했다. 이 캠페인이 남긴 수많은 유산들 중 가장 의미 있는 것은 모스크바의 지하철 역사들이며, 역사마다 그 내부를 대리석, 대형 샹들리에, 모자이크 창문, 조각상 들로 장식했다. 나아가 이 캠페인으로 소련 노동자들을 위한 공공주택단지와 사교 클럽들도 수 곳 조성되었다.

제1장: 사람이 모이는 곳

42 오히려 이곳을 피할 이유들이 많기 때문: 뉴욕대학교 루딘교통센터에서 수행한 한 연구에서는 대중교통으로 한 시간 이내에 갈 수 있는 일자리 측면에서 이스트뉴욕이 브루클린에서 최악이며 뉴욕시 전체에서도 최하위 수준이라고 평했다. 다음 참조. Sarah Kaufman, Mitchell Moss, Jorge Hernandez, and Justin Tyndall, "Mobility, Economic Opportunity and New York City Neighborhoods," November 2015, https://wagner.nyu.edu/files/faculty/publications/JobAccessNov2015.pdf.

42 고립에 관한 대규모 연구를 진행했던 많은 사회과학자들: 다음 참조. Neal Krause, "Neighborhood Deterioration and Social Isolation in Later Life," International Journal of Aging and Human Development 36, no. 1 (1993): 9–38.

45 가고 싶은 장소가 부족하기 때문: 고령화에 대한 인구통계학 데이터는 다음 참조. Administration on Aging, A Profile of Older Americans, 2015, https://www.acl.gov/sites/default/files/Aging%20and%20Disability%20in%20America/2015-Profile.pdf/; Renee Stepler, "Smaller Share of Women Ages 65 and Older Are Living Alone," Pew Research Center, February 18, 2016, http://www.pewsocialtrends.org/2016/02/18/smaller-share-of-women-ages-65-and-older-are-living-alone/. 독신 고령자의 역사적인 증가에 관해서는 다음 참조. Eric Klinenberg, Going Solo: The Extraordinary Rise and Surprising Appeal of Living Alone (New York: Penguin Press, 2012).

50 비만이나 흡연처럼 잘 알려진 유해요소만큼: 다음 참조. Lisa Berkman and Thomas Glass, "Social Integration, Social Networks, Social Support, and Health," Social Epidemiology, ed. Lisa Berkman and Ichiro Kawachi (New York: Oxford University Press, 2000), 137–73; John Cacioppo and William Patrick, Loneliness: Human Nature and the Need for Social Connection (New York: W. W. Norton, 2008).

51 우리가 가진 가장 필수적인 사회적 인프라 중 한 가지: 로버트 퍼트넘이 사회자본을 창출하는 사람들 및 단체 들에 관한 공동집필 저서에서 공공 도서관에 한 장을 할애했다는 데 주목할 필요가 있다. 다음 참조. Robert Putnam and Lewis Feldstein, with Don Cohen, Better Together: Restoring the American Community (New York: Simon & Schuster, 2003).

52 "지역사회가 크게 영향을 받을 것": 다음 참조. John Horrigan, "Libraries 2016," Pew

Research Center, September 9, 2016, http://www.pewinternet.org/2016/09/09/ libraries-2016/.

52 도서관 이용 시간 등이 모두 증가: 도서관 이용에 관한 데이터는 다음에서 발췌. David Giles, Branches of Opportunity, Center for an Urban Future, January 2013, https:// nycfuture.org/pdf/Branches_of_Opportunity.pdf. 자일스는 2002년부터 2011년 사이 뉴욕 공공 도서관 프로그램 출석률이 40퍼센트 증가했으며 프로그램 수도 27퍼센트 증가했다고 보고했다.

53 샌프란시스코 공공 도서관: Ibid.

53 "구급 대원 등은 예외": 퓨 리서치센터 보고서는 다음의 책에서 인용되었다. Wayne Wiegand, Part of Our Lives: A People's History of the American Public Library (New York: Oxford University Press, 2015), 1.

61 "교류를 위한 공간": Mario Small, Unanticipated Gains: Origins of Network Inequality in Everyday Life (New York: Oxford University Press, 2009), 115–16.

62 소속감을 기를 수 있는 만남의 장: 사회 기관으로서의 학교에 관해서는 다음 참조. John Dewey, The School and Society (1900; repr., Chicago: University of Chicago Press, 2013); The Child and the Curriculum (1902; repr., Chicago: University of Chicago Press, 2013); Anthony Bryk and Mary Erina, The High School as Community: Contextual Influences and Consequences for Teachers and Students (Madison, WI: National Center of Effective Secondary Schools, 1988).

63 아동 발달에 부모보다 훨씬 더 큰 영향을 미친다: 예시로 다음 참조. Judith Rich Harris, "Where Is the Child's Environment? A Group Socialization Theory of Development," Psychological Review 102, no. 3 (1995): 458–89.

64 배우자를 찾거나 만날 가능성: John Cacioppo et al., "Marital Satisfaction and Break-ups Differ Across On-line and Off-line Meeting Venues," Proceedings of the National Academy of Sciences 110, no. 25 (2013): 10135–40.

64 이전보다 훨씬 더 외롭고 고독하게: 《애틀랜틱》 2012년 5월 커버스토리 「페이스북은 우리를 외롭게 만드는가?Is Facebook Making Us Lonely?」에서 스티븐 마르케Stephen Marche는 현재의 분열을 상당히 강조하여 설명했다. "우리는 전례 없는 소외에 시달리고 있다. 우리는 이 토록 다른 사람들과 떨어져 있던 적도, 이보다 더 외로웠던 적도 없다. 사교에 그 어느 때보다도 참신한 방법들을 사용하는 이 세계에서 우리는 점점 더 진짜 사회를 잃어버리고 있다. 우리는 더 연결될수록 더 외로워지는 모순 속에 살고 있으며 그 현상은 점점 더 가속화하고 있다."

64 인터넷이 존재하기 이전이나 지금이나: Claude Fischer, Still Connected: Family and

Friends in America Since 1970 (New York: Russell Sage Foundation, 2011).

64 개인 네트워크의 크기와 다양성 모두에: Keith Hampton, Lauren Sessions, and Eun Ja Her, "Core Networks, Social Isolation, and New Media," Information, Communication, and Society 14, no. 1 (2011): 130–55.

65 "평생에 걸쳐 영향": Sherry Turkle, Reclaiming Conversation: The Power of Talk in a Digital Age (New York: Penguin Press, 2015), 3.

66 "물리적으로 여전히 집 안에": Danah Boyd, It's Complicated: The Social Lives of Networked Teens (New Haven, CT: Yale University Press, 2014), 21.

제2장: 안전한 곳

85 미국 역사상 가장 처참하게 실패한 공공주택: 프루이트아이고에 관한 고전적인 사회적 설명은 다음 참조. Lee Rainwater, Behind Ghetto Walls: Black Families in a Federal Slum (New Brunswick, NJ: AldineTransaction, 1970). 레인워터의 말을 따르자면, "프루이트아이고는 인종과 빈곤으로 인해 발생하는 모든 문제와 어려움, 그리고 그 문제를 해결하는 데 우리 사회가 그동안 보여온 모든 무능과 무관심과 적대심을 단 57에이커의 부지에 응축해놓았다"(3).

85 입주율은 90퍼센트가 넘었다: 1957년의 입주율은 91퍼센트였다. 다음 참조. Roger Montgomery, "Pruitt- Igoe: Policy Failure or Societal Symptom," The Metropolitan Midwest: Policy Problems and Prospects for Change, ed. Barry Checkoway and Carl Patton (Champaign: University of Illinois Press, 1985), 229–43.

86 "복도, 로비, 엘리베이터, 계단참 등은 걸어 다니기 위험한 공간": Oscar Newman, Creating Defensible Space (Washington, DC: US Department of Housing and Urban Development, Office of Policy Development and Research, 1996), 10.

86 거주율은 35퍼센트에 불과: Colin Marshall, "Pruitt-Igoe: The Troubled High- Rise That Came to Define Urban America," Guardian, April 22, 2015.

86 "프루이트아이고를 걷다 보면": Newman, Creating Defensible Space, 11.

87 "깔끔하게 유지했고 제대로 관리했다": Ibid.

87 프루이트아이고의 길 건너편에는: Ibid.

88 '길 위의 눈': Jane Jacobs, The Death and Life of Great American Cities (New

York: Vintage, 1961), 35.

88 물리적 특성: Newman, Creating Defensible Space, 11.

89 무엇이 괜찮은 행동이고 무엇이 그렇지 않은지에 합의하기조차 어려웠다.: Ibid., 25, 11–12.

89 1972년 보고서 「방어 공간」: 본 보고서의 연구 범위는 세인트루이스에 한정되지 않았다. 뉴먼의 보고에 따르자면 뉴욕 브라운스빌 저층 공동주택단지는 인근의 고층 주택인 반다이크 주택단지와 비교했을 때 전체 범죄율이 34퍼센트 낮았으며 실내 범죄율은 74퍼센트나 낮았다. 뉴먼은 이러한 차이가 모두 건축적인 요인에서 비롯한 것이라고 설명했지만, 후속 연구에서는 두 주택단지에 아예 다른 종류의 가정들이 거주하고 있었던 것으로 밝혀졌다. 예컨대 반다이크 주택단지에는 다자녀 미혼모가 훨씬 더 많았으며 이에 따라 아이들이 혼자 있는 일도 많았는데, 이는 범죄 증가를 부르는 요인으로 밝혀진 바 있다. 다음 참조. Fritz Umbach and Alexander Gerould, "Myth #3: Public Housing Breeds Crime," Public Housing Myths: Perception, Reality, and Social Policy, ed. Nicholas Dagen Bloom, Fritz Umbach, and Lawrence Vale (Ithaca, NY: Cornell University Press, 2015), 64–90.

89 "진정한 최후의 원흉": Oscar Newman, Defensible Space (New York: Macmillan, 1972), 25.

90 "범죄가 발생하는 환경": C. Ray Jeffery, Crime Prevention Through Environmental Design (Beverly Hills, CA: Sage Publications, 1971), 177, 19.

91 "범죄 억제 방안에 관한 실마리": John MacDonald, "Community Design and Crime: The Impact of the Built Environment," Crime and Justice 44, no. 1 (2015): 333–383.

92 "노상강도가 판을 칠 것": James Q. Wilson and George Kelling, "Broken Windows," Atlantic, March 1982.

93 지역사회 경찰 활동의 청사진: 다음에서 인용되었다. Bernard Harcourt, Illusion of Order: The False Promise of Broken Windows Policing (Cambridge, MA: Harvard University Press, 2001), 3.

93 "작은 일들을 보살피면": Joseph Goldstein, "Street Stops Still a 'Basic Tool,' Bratton Says," New York Times, March 4, 2014.

93 경험과학이라기보다는 하나의 견해: 케이스 케이저르가 이끄는 네덜란드 사회과학 연구진은 소규모 도시지역에 그라피티와 오물을 추가할 경우 더 많은 범법행위가 초래될지를 확인하는 일련의 흥미로운 실험을 진행했다. 연구진은 깨진 유리창 이론에 대하여 "지금까지 강력한 경험적 증거가 발견된 바 없었으나" 이 실험에서 무질서의 징표들은 실제로 더 많은 범죄 행동을

초래했다. 연구진은 다른 장소에서도 깨진 유리창 효과를 시험하기 위하여 더 많은 연구를 전
개하려 했으나 실제로 특정 장소에 무질서 사태를 조성해도 된다는 허가를 받기가 어려웠다.
깨진 유리창 이론을 지지하는 경험적 증거들은 지금까지도 미미한 정도다. 다음 참조. Kees
Keizer, Siegwart Lindenberg, and Linda Steg, "The Spreading of Disorder,"
Science 322, no. 5908 (2008): 1681–85.

93 "이 이론이 틀렸을 가능성도 있다": Harcourt, Illusion of Order, 8.

94 그 이론이 낳은 정책들: 다음 참조. Robert J. Sampson and Stephen W. Raudenbush,
"Seeing Disorder: Neighborhood Stigma and the Social Construction of 'Broken
Windows,'" Social Psychology Quarterly 67, no. 4 (2004): 319–42; Franklin
Zimring, The City That Became Safe: New York's Lessons for Urban Crime
and Its Control (New York: Oxford University Press, 2012).

94 건물 하나가 버려져 있다.: Wilson and Kelling, "Broken Windows."

96 200명이 넘는 사람들이 부상을 입는다: 다음 참조. Kevin Quealy and Margot Sanger-
Katz, "Comparing Gun Deaths by Country: The U.S. Is in a Different World,"
New York Times, June 13, 2016. 총기폭력 데이터에 관한 개요는 다음 참조. https://
everytownresearch.org/gun-violence-by-the-numbers/#DailyDeaths.

97 네덜란드의 케이스 케이저르: Keizer, Lindenberg, and Steg, "The Spreading of
Disorder."

98 뉴욕 내 빈곤 지역 및 극빈지역: William Spelman, "Abandoned Buildings: Magnets
for Crime?," Journal of Criminal Justice 21, no. 5 (1993): 481–95; Lance Hannon,
"Extremely Poor Neighborhoods and Homicide," Social Science Quarterly 86, no.
S1 (2005): 1418–34. 두 글 모두 다음의 논문에서 요약되어있다. John MacDonald,
"Community Design and Crime: The Impact of Housing and the Built
Environment," Crime and Justice 44, no. 1 (2015): 333–83.

98 필라델피아에서 벌어진 두 건의 자연실험: Charles Branas, Michelle Kondo, Sean
Murphy, Eugenia South, Daniel Polsky, and John MacDonald, "Urban Blight
Remediation as a Cost-Beneficial Solution to Firearm Violence," American
Journal of Public Health 106, no. 12 (2016): 2158–64.

104 경찰이 순찰을 돌 때: 브라나스와 동료 연구자들은 빈집이 총을 숨기는 데 효용성을 가지기 때
문에 환경복원 프로젝트가 총기 관련 살인율은 감소시켰으나 다른 강력 범죄는 감소시키지
못한 것이라고 가정했다. 다음 참조. ibid.

104 그 어떤 범죄 감소 프로그램보다: Ibid.

105 "일상적으로 접하는 환경": Ibid., 2163.

106 "투입하는 비용 1달러마다": Ibid., 2162.

108 "살인 사건 발생률을 10퍼센트 감소": Ciro Biderman, João M. P. De Mello, and Alexandre Schneider, "Dry Laws and Homicides: Evidence from the São Paulo Metropolitan Area," Economic Journal 120, no. 543 (2010): 157–82.

108 "18세 이하의 개인이 저지른 범죄": World Bank, Making Brazilians Safer: Analyzing the Dynamics of Violent Crime, 78, http://documents.worldbank.org/curated/en/252761468015010162/pdf/707640ESW0REVI0ics0of0Violent0Crime.pdf.

109 상파울루의 범죄율이 크게 감소: Ibid., chap. 3.

110 '위험하다고 여겨지는 이들': Teresa Caldeira, City of Walls: Crime, Segregation, and Citizenship in São Paulo (Berkeley: University of California Press, 2000), 1–2.

110 럭셔리 주택 등 다목적 시설: Karina Landman, "Gated Communities in South Africa: The Challenge for Spatial Planning and Land Use Management," Town Planning Review 75, no. 2 (2004): 158–59.

111 "접근을 제한하는 것은 대다수의 사람들이 반대": Ibid., 162.

112 "완전한 시민권을 요구": João Costa Vargas, "When a Favela Dared to Become a Gated Condominium: The Politics of Race and Urban Space in Rio de Janeiro," Latin American Perspectives 33, no. 4 (2006): 49–81.

113 주민들을 위험에 빠뜨리는: 다음 참조. Vincent Carroll, "The Mindless Roasting of ink!," Denver Post, December 1, 2017, https://www.denverpost.com/2017/12/01/unfair-roasting-of-ink-coffee-for-gentrification-sign/.

114 푹푹 찌는 집안에만 틀어박혀 있었을 확률: 폭염 사태 동안 밀집된 상업시설이 보호 기능을 발휘했다는 점은 내가 관찰 연구에서 처음 발견한 사실이며, 이후 후속된 양적연구에서 다시 한 번 증명되었다. 다음 참조. Christopher Browning, Danielle Wallace, Seth Feinberg, and Kathleen Cagney, "Neighborhood Social Processes, Physical Conditions, and Disaster-Related Mortality: The Case of the 1995 Chicago Heat Wave," American Sociological Review 71, no. 4 (2006): 661–78.

114 개발을 규제해야 한다고: Shlomo Angel, "Discouraging Crime Through City Planning," Working Paper 75, Institute of Urban and Regional Development, University of California, Berkeley, 1968.

114 에인절이 인식했던 것보다 보호적 역할을 더 많이 담당: 예컨대 범죄학자 제임스 우James Wo 는 소매상점이 동네 범죄율에 장기적으로 어떤 역할을 미치는지를 연구한 결과 주류 관련 가

게와 은행들이 더 많은 범죄를 유도하는 한편 커피전문점이나 식당 같은 '제3의 공간'들은 동네를 더 안전하게 만들어준다는 사실을 발견했다. James Wo, "Community Context of Crime: A Longitudinal Examination of the Effects of Local Institutions on Neighborhood Crime," Crime & Delinquency 62, no. 10 (2016): 1286–312.

116 범죄를 억제할 만한 비공식적 감시: Andrew Papachristos, Chris Smith, Mary Scherer, and Melissa Fugiero, "More Coffee, Less Crime? The Relationship Between Gentrification and Neighborhood Crime Rates in Chicago, 1991 to 2005," City & Community 10, no. 3 (2011): 215–40.

117 집처럼 편안하게 느낄 수 있는 공간: 잉크!에 관련된 인용은 다음에서 발췌. Jean Lotus, "Gentrification Gaffe: Denver Coffee Shop and Ad Agency Apologize," Denver Patch, November 25, 2017, https://patch.com/colorado/denver/gentrification-gaffe-denver-coffee-shop-ad-agency-apologize/.

117 "카브리니 주민들의 내몰림": Papachristos et al., "More Coffee, Less Crime?," 228–29.

118 빈곤율이 높은 주거단지에서: 쿠오와 설리반의 연구는 자연이 건강에 미치는 긍정적인 영향을 논한 다른 수많은 연구들과 함께 다음 저서에 잘 요약되어있다. Florence Williams, The Nature Fix: Why Nature Makes Us Happier, Healthier, and More Creative (New York: W. W. Norton, 2017).

119 아파트 건물 높이, 공실률 등: Frances Kuo and William Sullivan, "Environment and Crime in the Inner City: Does Vegetation Reduce Crime?," Environment and Behavior 33, no. 3 (2001): 343–67.

119 주인 의식과 관리 책임을 더 많이 느꼈다: 설리반과 쿠오는 레베카 르바인 콜레이Rebekah Levine Coley와 공동 집필한 한 논문에서 녹지 부족이 사회 교류의 기회 감소를 의미할 수 있다고 논했다. 세 사람은 아이다 웰스와 로버트 테일러 홈스 단지에 대한 관찰 데이터를 분석한 결과 나무가 없는 야외 공간보다 나무가 있는 야외 공간에 오는 확률이 더 높다는 점을 발견했으며, 이에 야외 공간의 자연적 요소가 사람들의 야외 활동을 유도하고 주변 환경에 대한 주인의식을 고취한다고 결론지었다. Rebekah Levine Coley, William Sullivan, and Frances Kuo, "Where Does Community Grow?: The Social Context Created by Nature in Urban Public Housing," Environment and Behavior 29, no. 4 (1997): 468–94.

131 "중대한 문제들 전부를 해결할 기회": Deborah Meier, "In Education, Small Is Sensible," New York Times, September 8, 1989.

131 "폭력이나 여타 반사회적 행동들": Ibid.

132 합계 졸업률이 80퍼센트에 달했다: Julie Bosman, "Small Schools Are Ahead in Graduation," New York Times, June 30, 2007.

133 저서 『작은 승리들Small Victories』: Samuel Freedman, Small Victories: The Real World of a Teacher, Her Students, and Their High School (New York: Harper & Row, 1990).

133 "수어드에 다니는 게 부끄러운가요?": Ibid., 20.

134 "'이곳은 안전한 곳'이라고 말했다": InsideSchools, "Seward Park Educational Campus," October 2011, https://new.insideschools.org/component/schools/school/93.

135 학교 분위기에 대한 긍정적인 감정: 다음 참조. National Education Association, "Research Talking Points on Small Schools," http://www.nea .org/home/13639.htm; Jonathan Supovitz and Jolley Bruce Christman, "Small Learning Communities That Actually Learn: Lessons for School Leaders," Phi Delta Kappan 86, no. 9 (2005): 649–51; and Craig Howley, Marty Strange, and Robert Bickel, "Research About School Size and School Performance in Impoverished Communities," ERIC Digest (Charleston, WV: ERIC Clearinghouse on Rural Education and Small Schools, December 2000).

135 상위권 대학에 진학: 소규모 학교에 대한 MDRC의 연구는 다음 보고서에 잘 요약되어 있다. "Frequently Asked Questions About MDRC's Study of Small Public High Schools in New York City," October 2014, https://www.mdrc.org/publication/frequently-asked-questions-about-mdrc-s-study-small-public-high-schools-new -york-city.

136 "담론과 시각의 다양성": Richard Dober, Campus Design (New York: John Wiley & Sons, 1992), 280, 8. 도버는 고등교육이 현대사회에서 "문화적응을 위한 공동의 기반" 역할을 하며 최근 수년 동안 대학교들의 역할이 점점 더 중요해지고 있다고 보았다. 오늘날에 는 매 학년도 미국 대학에 등록하는 학생 수는 미국 인구의 약 6퍼센트인 2040만 명(대략 2년 제 대학교에 740만 명, 4년제 대학교에 1340만 명)이며, 인구의 3.5퍼센트인 200만 명 이상이

영국 대학교에 등록하고, 인구의 5퍼센트인 170만 명이 캐나다 대학교에 등록한다. 이러한 학생들의 경험은 그들 인생에 매우 중대한 역할을 하며 때때로 인생을 완전히 바꾸어놓기도 한다. 다음 참조. Fast Facts from the National Center for Education Statistics, https://nces.ed.gov/fastfacts/display.asp?id=372. 영국과 관련해서는 다음 참조. http://www.universitiesuk.ac.uk/policy-and-analysis/reports/Documents/2014/patterns-and-trends-in-uk-higher-education-2014.pdf. 캐나다와 관련해서는 다음 참조. http://www.univcan.ca/universities/facts-and-stats/.

136 본래대로라면 가족이 되기 힘들었을 사람들: 다음 참조. Michael Rosenfeld, The Age of Independence: Interracial Unions, Same-Sex Unions, and the Changing American Family (Cambridge, MA: Harvard University Press, 2007).

137 볼로냐와 파리에 세워진 최초의 대학교들: Paul Venable Turner, Campus: An American Planning Tradition (Cambridge, MA: MIT Press, 1984), 9–10.

138 "대학 바깥세상에 대하여": Ibid., 12.

139 "문명의 방해 요인": Ibid., 17.

140 "힘찬 결의들을 맺었다네": Ibid., 47. 터너의 말에 따르면 놀랍게도 초기 대학교들은 정착민들을 이끌 미래의 리더들을 가르치려는 목적뿐만 아니라 "아메리칸 원주민들에게 선교 활동 교육을 할 목적"으로 설립되기도 했다.(18)

142 파티 및 사교 이벤트: 다음 참조. Jordan Friedman, "11 Colleges Where the Most Students Join Fraternities," US News & World Report, October 25, 2016, https://www.usnews.com/education/best-colleges/the-short-list-college/articles/2016-10-25/11-colleges-where-the-most-students-join-fraternities.

143 수면 박탈, 성행위 등: Elizabeth Allan and Mary Madden, Hazing in View: College Students at Risk, March 11, 2008, https://www.stophazing.org/wp-content/uploads/2014/06/hazing_in_view_web1.pdf.

143 노던일리노이대학교, 캘리포니아주립대학교 프레스노캠퍼스 등: 다음 참조. John Hechinger and David Glovin, "Deadliest Frat's Icy 'Torture' of Pledges Evokes Tarantino Films," Bloomberg News, December 30, 2013, https://www.bloomberg.com/news/articles/2013-12-30/deadliest-frat-s-icy-torture-of-pledges-evokes-tarantino-films. 다음 또한 참조. Richard Pérez-Peña and Sheryl Gay Stolberg, "Prosecutors Taking Tougher Stance in Fraternity Hazing Deaths," New York Times, May 8, 2017, https://www.nytimes.com/2017/05/08/us/penn-state-prosecutors-fraternity-hazing-deaths.html.

143 그렇지 않은 남성보다 성폭력을 저지르는 경우: 다음 참조. Catherine Loh, Christine Gidycz, Tracy Lobo, and Rohini Luthra, "A Prospective Analysis of Sexual Assault Perpetration: Risk Factors Related to Perpetrator Characteristics," Journal of Interpersonal Violence 20 (2005): 1325–48; Leandra Lackie and Anton de Man, "Correlates of Sexual Aggression Among Male University Students," Sex Roles 37, no. 5 (1997): 451–57.

144 배경 요인을 통제하더라도 같은 결과: Jeffrey DeSimone, "Fraternity Membership and Binge Drinking," Journal of Health Economics 26, no. 5 (2007): 950–67.

144 "비밀과 자기 방어도 함께 흐른다": Lisa Wade, "Why Colleges Should Get Rid of Fraternities for Good," Time, May 19, 2017, http://time.com/4784875/fraternities-timothy-piazza/.

145 위험하다고 여겨지는: 최근의 한 학술 연구에서는 버클리, 채플힐, 앤 아버, 에반스턴을 포함하여 미국에서 가장 유명한 대학 도시 다수가 미국 내 인종별 성취도 격차가 가장 큰 지역사회들 중 하나로 꼽혔다. 다음 참조. Sean Reardon, Demetra Kalogrides, and Ken Shores, "The Geography of Racial/Ethnic Test Score Gaps," CEPA Working Paper No. 16-10, Center for Education Policy Analysis, Stanford University, 2017.

146 "우리 동네를 구매하고, 통제하고, 재건할": Arnold Hirsch, Making the Second Ghetto: Race and Housing in Chicago, 1940–1960 (1983; repr., Chicago: University of Chicago Press, 2009), 147.

147 범죄의 타깃이 될 테니: 대학 내 안전지대를 벗어나지 말라는 말을 들은 학생들의 진술 원본은 다음 참조. Loïc Wacquant, Urban Outcasts: A Comparative Sociology of Advanced Marginality (Cambridge: Polity Press, 2008).

148 이웃한 지역사회를 피하라고 조언하지 않았다: 다음 참조. https://arts.uchicago.edu/arts-public-life/arts-block.

149 지금까지 자라나면서 보아왔던 주변 인물들과는 다른: Ibid.

154 190개국 16만 명 이상의 사람들이 수강신청을 했다: Jeremy Selingo, "Demystifying the MOOC," New York Times, October 29, 2014.

155 4년제 대학교를 졸업한 사람들이었다: John Horrigan, "Lifelong Learning and Technology," Pew Research Center, March 22, 2016, http://www.pewinternet.org/2016/03/22/lifelong-learning-and-technology/.

155 "수강 확인증을 발급받았다": Chen Zhenghao, Brandon Alcorn, Gayle Christensen, Nicholas Eriksson, Daphne Koller, and Ezekiel Emanuel, "Who's Benefiting

from MOOCs, and Why," Harvard Business Review, September 22, 2015.

155 대학 생활을 다채롭게 만들어주는: Dhawal Shal, "By the Numbers: MOOCS in 2016," Class Central, December 25, 2016, https://www.class-central.com/report/mooc-stats-2016/.

160 "미네르바스쿨이 일군 성취는 CLA 역사상 유일무이합니다": Stephen Kosslyn, "Minerva Delivers More Effective Learning. Test Results Prove It," Medium, October 10, 2017, https://medium.com/minerva-schools/minerva-delivers-more-effective-learning-test-results-prove-it-dfdbec6e04a6.

제4장: 건강한 유대

175 형편없이 낮은 점수를 유지했다: American Society of Civil Engineers, 2017 Infrastructure Report Card, https://www.infrastructurereportcard.org/americas-grades/.

176 헤로인과 같은 길거리 마약: US Centers for Disease Control and Prevention, "Vital Signs: Overdoses of Prescription Opioid Pain Relievers—United States, 1999–2008," Morbidity and Mortality Weekly Report 60, no. 43 (2011): 1487.

176 지역사회가 파국을 맞았다: Katherine Keyes, Magdalena Cerdá, Joanne Brady, Jennifer Havens, and Sandro Galea, "Understanding the Rural-Urban Differences in Nonmedical Prescription Opioid Use and Abuse in the United States," American Journal of Public Health 104, no. 2 (2014): 52–59.

176 거의 800억 달러 규모의 타격: Curtis Florence, Chao Zhou, Feijun Luo, and Likang Xu, "The Economic Burden of Prescription Opioid Overdose, Abuse, and Dependence in the United States, 2013," Medical Care 54, no. 10 (2016): 901–6.

176 오피오이드 남용과 관련되어 있다: German Lopez, "How to Stop the Deadliest Drug Overdose Crisis in American History," Vox, August 1, 2017, https://www.vox.com/science-and-health/2017/8/1/15746780/opioid-epidemic-end.

176 베트남전쟁 전 기간에 걸친: Josh Katz, "Drug Deaths in America Are Rising Faster Than Ever," New York Times, June 5, 2017.

177 앞으로 10년 동안에만: Max Blau, "STAT Forecast: Opioids Could Kill Nearly

500,000 Americans in the Next Decade," STAT, June 27, 2017, https://www. statnews.com/2017/06/27/opioid-deaths-forecast.

177 사회적 응집성과 사회적 지지의 결여: 제약회사의 압력과 더불어 발생한 진통제 처방 급증이 또 다른 요인이었다. 예시로 다음 참조. Sam Quinones, Dreamland: The True Tale of America's Opiate Epidemic (New York: Bloomsbury, 2015).

177 중년에 사망하는 미국 백인: Anne Case and Angus Deaton, "Rising Morbidity and Mortality in Midlife Among White Non-Hispanic Americans in the 21st Century," Proceedings of the National Academy of Sciences 112, no. 49 (2015): 15078–83.

177 "절망의 죽음": Anne Case and Angus Deaton, "Mortality and Morbidity in the 21st Century," Brookings Papers on Economic Activity, Spring 2017, 397–443.

177 "뒤르켐식 자살이 나타날 수 있다": Ibid., 429–30.

178 체내에서 생성되는 자연 오피오이드: Tristen Inagaki, Lara Ray, Michael Irwin, Baldwin Way, and Naomi Eisenberger, "Opioids and Social Bonding: Naltrexone Reduces Feelings of Social Connection," Social Cognitive and Affective Neuroscience 11, no. 5 (2016): 728–35.

178 "그거 말곤 아무것도 할 게 없거든요.": Katherine McLean, "'There's Nothing Here' Deindustrialization as Risk Environment for Overdose," International Journal of Drug Policy 29 (2016): 19–26.

178 여타 비교적 취약한 지역사회: Michael Zoorob and Jason Salemi, "Bowling Alone, Dying Together: The Role of Social Capital in Mitigating the Drug Overdose Epidemic in the United States," Drug and Alcohol Dependence 173 (2017): 1–9.

179 그를 발견하고 구급 요원을 불러주지 못한다는 점: 웨스트버지니아의 오피오이드 중독을 다룬 놀라운 한 기사에서, 기자 마고 탤벗은 공원과 운동 경기장을 포함한 공공장소에서 마약을 하거나 과다복용하는 사람들이 급증한 이유 중에는 마약 사용자 본인들이 과다복용 시 누군가 자신을 발견하고 구급 요원을 불러주길 바라기 때문이기도 하다고 보도했다. 다음 참조. Margot Talbot, "The Addicts Next Door," New Yorker, June 5, 2017.

179 헤로인 중독자 수가 우려스러울 정도로 증가: 스위스의 실험에 관한 설명은 다음에서 참조. Joanne Csete, "From the Mountaintops: What the World Can Learn from Drug Policy Change in Switzerland," Open Society Foundations, 2010.

181 "회복 자본"의 한 요소: William Cloud and Robert Granfield, "Conceptualizing Recovery Capital: Expansion of a Theoretical Construct," Substance Use &

Misuse 43, no. 12–13 (2008): 1971–86.

181 스위스에서 약물 과다 복용으로 사망하는 사람은 50퍼센트가량 감소했다: Jürgen Rehm, Ulrich Frick, Christina Hartwig, Felix Gutzwiller, Patrick Gschwend, and Ambros Uchtenhagen, "Mortality in Heroin-Assisted Treatment in Switzerland 1994–2000," Drug and Alcohol Dependence 79, no. 2 (2005): 137–43.

181 사망자는 단 한 명도 없었다: Salaam Semaan, Paul Fleming, Caitlin Worrell, Haley Stolp, Brittney Baack, and Meghan Miller, "Potential Role of Safer Injection Facilities in Reducing HIV and Hepatitis C Infections and Overdose Mortality in the United States," Drug and Alcohol Dependence 118, no. 2 (2011): 100–10.

181 헤로인 관련 재산 범죄: Csete, "From the Mountaintops," 4.

181 긍정적인 영향을 미쳤다: Francie Diep, "Inside North America's Only Legal Safe Injection Facility," Pacific Standard, August 30, 2016.

182 사망률 또한 10퍼센트 미만으로 감소했다: Brandon Marshall, Michael Jay Milloy, Evan Wood, Julio Montaner, and Thomas Kerr, "Reduction in Overdose Mortality After the Opening of North America's First Medically Supervised Safer Injecting Facility: A Retrospective Population-Based Study," Lancet 377, no. 9775 (2011): 1429–37.

182 타 지역과 비교하여 훨씬 적었다: Chloé Potier, Vincent Laprévote, Françoise Dubois-Arber, Olivier Cottencin, and Benjamin Rolland, "Supervised Injection Services: What Has Been Demonstrated? A Systematic Literature Review," Drug and Alcohol Dependence 145 (2014): 48–68.

183 특히 여성 사용자들을 폭행으로부터 보호한다: Susan Zalkind, "The In frastructure of the Opioid Epidemic," CityLab, September 14, 2017, https://www.citylab.com/equity/2017/09/methadone-mile/539742/.

184 "의료용 신분증을 목에 매고 다니는 모습": Ibid.

187 폭력 조직이나 총기의 존재만큼이나: 미국 농무부는 도시지역 내 500명 이상의 주민 혹은 전체 주민 중 3분의 1 이상이 거주지로부터 반경 약 800미터 내 슈퍼마켓, 할인마트, 대형 식료품점이 없는 곳에 사는 경우를 식품사막으로 분류한다. 시골지역에 대해서는 반경이 약 16킬로미터로 늘어난다. 뉴욕대학교 대학원생이자 이 책 집필을 도와준 드라램 타카야르는 미국 농무부 식품접근성연구 아틀라스의 데이터를 이용하여 저소득층 인구조사구역의 식품사막 비율을 계산했다.

189 운 좋게도 이 텃밭과 농장 주변에 거주하는 주민들: 시카고 도시 농업 지도화 프로젝트에서 제
공하는 다음의 상호적 지도 참조. http://cuamp.org/#/searchGardens?q=-1&q=-2&co
mmunity=-1&ward=-1&boardDistrict=-1&municipality=-1.

189 과열된 도심의 온도: American Public Health Association, Improving Health and
Wellness Through Access to Nature, November 5, 2013, https://www.apha.
org/policies-and-advocacy/public-health-policy-statements/policy-databa
se/2014/07/08/09/18/improving-health-and-wellness-through-access-to-nature

190 더 많은 소규모 녹지를 조성할 수 있다: Robert Channick, "4,000 Empty Lots on Sale for
$1 to Chicago Homeowners," Chicago Tribune, November 28, 2016.

190 매달 수천 달러에 달하는 에너지 비용을 절감: 컨버세이션디자인포럼 웹사이트에서 제공하
는 다음의 보고서 참조. "Chicago City Hall Green Roof," https://www.cdfinc.com/
Chicago-City-Hall-Green-Roof. 옥상정원의 에너지비용 절감 효과에 관해서는 의견차가
존재한다. 한 보고서에서는 매달 최대 1만 달러의 비용을 절감한다고 주장하는 한편, 또 다른
보고서에서는 매달 5천 달러에 더 가깝다고 말한다.

194 "지역사회 재개발 프로젝트": 미국 공중보건학회의 보고서 「자연을 통한 건강 및 행복 증진
Improving Health and Wellness Through Access to Nature」은 취약한 장소들에 대
한 조치, 이를테면 편하게 이용 가능한 공공 녹지공간 및 여타 사회적 인프라의 개발 등이 취
약한 개인이나 집단을 대상으로 하는 조치보다 지역사회의 건강 및 행복을 더 효과적으로 증
진할 수 있다는 점을 보여주는 수많은 최신 연구들 중 하나일 뿐이다. 자연환경에서 보내는 시
간이 긍정적 영향을 미치리라는 점은 많은 이들이 오랫동안 믿어온 바이며, 이를 과학적으로
증명하는 연구 논문들이 최근 10년 간 수없이 출판되었다. 자연에서 보내는 시간은 사회적 응
집력을 증진하고, 신체적 활동을 독려하며, 기운을 불어넣어 준다. 또한 비만을 예방하고 스트
레스와 불안, 화, 슬픔을 완화한다. 아이들의 집중 장애를 예방하는 데 도움이 되고, 환자들의
회복에 박차를 가하기도 한다.

195 "국가 보건 발전이 상당히 더뎌졌다": 찰스 브라나스와 존 맥도널드의 말에 따르자면, "전력
망, 하수처리시설, 건축법규, 철도 재설계는 국민건강을 증진하는 데 의료 서비스를 포함한 다
른 많은 (아마도 모든) 프로그램들보다 더 많이 기여했다." 다음 참조. Charles Branas and
John MacDonald, "A Simple Strategy to Transform Health, All Over the Place,"
Journal of Public Health Management and Practice 20, no. 2 (2014): 157–59.

196 "여기에 반복적으로 노출되는 사람이라면": Eugenia South, Michelle Kondo, Ross
Cheney, and Charles Branas, "Neighborhood Blight, Stress, and Health: A
Walking Trial of Urban Greening and Ambulatory Heart Rate," American

Journal of Public Health 105, no. 5 (2015): 909–13.

197 "까다로운 도시 문제": Ibid., 913.

197 "여성의 절반 가까이가 혼자 살고 있다": United Nations, World Population Ageing 2013, 38, http://www.un.org/en/development/desa/population/publications/pdf/ageing/WorldPopulationAgeing2013.pdf.

198 전 세계 인구의 16퍼센트를 차지할 전망이다: World Health Organization, National Institute on Aging at the National Institutes of Health, Global Health and Aging, NIH Publication 11-7737, October 2011, http://www.who.int/ageing/publications/global_health.pdf.

199 어떻게 작동하는지를 이해할 필요가 있다: Anastasia Loukaitou-Sideris, Lené Levy-Storms, and Madeline Brozen, Placemaking for an Aging Population, UCLA Luskin School of Public Affairs, June 2014, https://www.lewis.ucla.edu/wp-content/uploads/sites/2/2015/04/Seniors-and-Parks-8-28-Print_reduced.pdf.

199 미국은 79.3세로 31위에 머물고 있다: 기대 수명 자료는 2015년 기준 세계보건기구 아틀라스를 인용했다. 다음 참고. http://gamapserver.who.int/gho/interactive_charts/mbd/life_expectancy/atlas.html.

202 원하는 곳에서 함께 요리를 하고 식사를 한다: 다음의 결론 참고. Eric Klinenberg, Going Solo: The Extraordinary Rise and Surprising Appeal of Living Alone (New York: Penguin Press, 2012).

204 근처 공터를 놀이터 삼아 놀던: 모든 사례는 다음 연구서에 등장하는 사례연구에서 인용했다. Loukaitou-Sideris et al., Placemaking for an Aging Population, chap. 4.

205 1분이 넘게 걸리던 것을 17초 만에 : David Sillito, "Finns Open Playgrounds to Adults," BBC News, February 8, 2006, http://news.bbc.co.uk/2/hi/4691088.stm.

206 훗날의 시민생활에도 도움이 될 대인관계 기술: 로저 하트는 유년기와 놀이에 관한 훌륭한 연구논문을 다수 펴냈다. 다음 참고. Children's Participation: From Tokenism to Citizenship (Florence: UNICEF International Child Development Center, 1992); "Containing Children: Some Lessons on Planning for Play from New York City," Environment and Urbanization 14, no. 2 (2002): 135–48.

207 "테너먼트 창문 너머로 쉽게 아이들을 지켜볼": Pamela Wridt, "An Historical Analysis of Young People's Use of Public Space, Parks and Playgrounds in New York City,"

Children, Youth and Environments 14, no. 1 (2004): 100–20.

209 "핸드폰으로 문자메시지도 보내요": Ibid., 99–100.

210 "지역 공원 시스템": The City Project, Olmsted Report Parks, Playgrounds, and Beaches for the Los Angeles Regions, 1930s and Today, 2015, https://www.cityprojectca.org/blog/archives/39416.

211 "모든 동네의 공원을 개선하라": The City Project, Healthy Parks, Schools and Communities: Green Access and Equity for Los Angeles County, 2011, http://www.mapjustice.org/images/LosAngelesENGLISH.pdf.

212 영국 전역의 지역구를 평가했다: Jamie Pearce, Elizabeth Richardson, Richard Mitchell, and Niamh Shortt, "Environmental Justice and Health: The Implications of the Socio-Spatial Distribution of Multiple Environmental Deprivation for Health Inequalities in the United Kingdom," Transactions of the Institute of British Geographers 35, no. 4 (2010): 522–39.

213 환경적 박탈이 영향을 미친다는 사실을 명백히 밝혔다: 자연에 대한 리처드 미첼의 견해가 어떻게 탄생한 것인지는 다음의 글에 잘 설명되어있다. Florence Williams, The Nature Fix: Why Nature Makes Us Happier, Healthier, and More Creative (New York: W. W. Norton, 2017), chap. 7.

213 하이드파크를 편하게 이용하는 사람들: 실제로 이즐링턴의 남성 기대 수명은 영국 내 다른 지역들에 비해 거의 3년 가까이 짧았으며, 여성 기대 수명은 1년 짧았다. 다음 참조. "Introduction to Islington," a report from the National Health Service, http://www.islingtonccg.nhs.uk/jsna/Introduction-and-The-Islington-Population-JSNA-200910.pdf.

제5장: 공동의 발판

218 "유사성은 우정을 낳는다": '제1차 집단'과 '제2차 집단'에 관한 고전적인 설명은 다음에서 인용. Charles Cooley, Social Organization (New York: Charles Scribner's Sons, 1909), chap. 3. 아리스토텔레스와 플라톤의 말은 동종선호에 관한 다음의 고전적인 사회학 논문에서 발췌. Miller McPherson, Lynn Smith-Lovin, and James Cook, "Birds of a Feather: Homophily in Social Networks," Annual Review of Sociology 27 (2001): 415–44.

219 시카고 남부의 사회동역학: William Kornblum, Blue-Collar Community (Chicago: University of Chicago Press, 1974).

220 "동료 간 경쟁": Ibid., 66.

221 "철강 산업계의 압연기, 용광로, 코크스로": Ibid., 37, 18.

222 인종 및 계층 간의 분리 현상을 더욱 심화했는지: 다음 참조. William Julius Wilson, The Truly Disadvantaged (Chicago: University of Chicago Press, 1987); Douglas Massey and Nancy Denton, American Apartheid (Cambridge, MA: Harvard University Press, 1993).

222 대부분의 주요 정책 이슈: 2000년대 이후 양극화에 관한 선구적인 글로 다음이 있다. Morris Fiorina, Samuel Abrams, and Jeremy Pope, Culture War? (New York: Pearson Longman, 2005). 1996년, 사회학자 폴 디마지오, 존 에반스, 베타니 브라이슨은 미국이 점점 양극화하고 있다는 만연한 주장을 입증해줄 증거가 거의 없음을 밝혔다. 그렇다면 수많은 사람들이 사회적 분열이 심화되었다고 느끼는 이유는 무엇일까? 연구진은 몇 가지 가능성을 제시했는데, 그중에는 미국인들이 보다 강경한 정치적 신념을 가지게 되었을 가능성, 언론이 보다 양극화된 의견들만 보도하고 있을 가능성, 과거가 미화되어 사람들이 예전의 갈등을 잊어버렸을 가능성 등이 있다. 다음 참조. Paul DiMaggio, John Evans, and Bethany Bryson, "Have Americans' Social Attitudes Become More Polarized?," American Journal of Sociology 102, no. 3 (1996): 690–755.

223 '필터 버블'이 출현: 불평등과 계층 분리에 관해서는 다음 참조. Sean Reardon and Kendra Bischoff, "Income Inequality and Income Segregation," American Journal of Sociology 116, no. 4 (2011): 1092–153. 필터 버블에 관해서는 다음 참조. Eli Pariser, The Filter Bubble (New York: Penguin Press, 2011).

223 "인종차별을 능가하는 정도": Shanto Iyengar and Sean Westwood, "Fear and Loathing Across Party Lines," American Journal of Political Science 59, no. 3 (2015): 690–707.

223 "국가의 안녕을 위협한다": Pew Research Center, "Partisanship and Political Animosity in 2016," June 22, 2016, http://www.people-press.org/2016/06/22/partisanship-and-political-animosity-in-2016/.

224 두 가지 모두 오늘날에는 경험하기 어려운 것들: 노동조합에 관한 데이터는 다음에서 발췌. Gerald Mayer, Union Membership Trends in the United States (Washington, DC: Congressional Research Service, 2004). 인용은 다음에서 발췌. Peter Bearman and Delia Baldassarri, "Dynamics of Political Polarization," American

Sociological Review 72 (October 2007): 787. "선택결혼(assortative mating)"으로도 불리는 단일 사회계층 내 결혼에 관해서는 다음 참조. Robert Mare, "Educational Homogamy in Two Gilded Ages," Annals of the American Academy of Political and Social Science 663 (2016): 117–39.

224 "설득력 있는 반박에 부딪힐 수도 있음을 보게 된다": Cass Sunstein, #Republic: Divided Democracy in the Age of Social Media (Princeton, NJ: Princeton University Press, 2017), 91–92.

225 인프라들을 이해하는 것이 매우 시급하다: 다음 참조. Elijah Anderson, The Cosmopolitan Canopy: Race and Civility in Everyday Life (New York: W. W. Norton, 2011).

227 "모두 한데 모여": 하프스타인의 말은 다음에서 발췌. https://www.cnn.com/2017/03/20/health/iceland-pool-culture/.

227 "다른 국민들과 함께": Dan Kois, "Iceland's Water Cure," New York Times Magazine, April 19, 2016.

228 "그들을 사회적 타자로 정의하는 것이나 마찬가지이다.": Jeff Wiltse, "America's Swimming Pools Have a Long, Sad, Racist History," Washington Post, June 10, 2015.

229 비교적 평화로운 분위기에서 함께 수영했다: Jeff Wiltse, Contested Waters: A Social History of Swimming Pools in America (Chapel Hill: University of North Carolina Press, 2007), 1.

230 "물은 건드리지 말아라!": Ibid., 2.

230 수영장 물 전체를 배수하는 것으로 응수했다: Rachaell Davis, "This Tweet Perfectly Sums Up Why Simone Manuel's Olympic Win Is So Important," Essence, August 12, 2016, https://www.essence.com/2016/08/12/simone-manuels-why-olympic-win-so-important.

231 사건 심리를 기각하면서 마무리되었다: Wiltse, Contested Waters, 156.

231 절대로 같이 수영하지 못하도록 했다: "Swimming Pool Clash Reported in St. Louis," Atlanta Daily World, July 21, 1950.

231 백인 전용 수영장으로 운영되었다: Yoni Appelbaum, "McKinney, Texas, and the Racial History of American Swimming Pools," Atlantic, June 8, 2015, https://www.theatlantic.com/politics/archive/2015/06/troubled-waters-in-mckinney-texas/395150/.

231 소송을 걸 여지를 차단했다: Rose Hackman, "Swimming While Black," Guardian, August 4, 2015, https://www.theguardian.com/world/2015/aug/04/black-child ren-swimming-drownings-segregation.

231 YMCA에 인종 분리 철폐 명령을 내림으로써 막을 내렸다: Ibid.

231 2,500여 개에서 400만 개 이상으로 증가했다: Appelbaum, "McKinney, Texas."

232 중산층이나 저소득층이 이용하기 어려운: Ibid.

232 수영장이 "우리 삶의 한 방식"이라며: 다음 참조. Robert Flipping Jr., "Blacks Demand Re-opening of Sully's Pool," New Pittsburgh Courier, June 7, 1975, and Wiltse, "America's Swimming Pools."

232 공립학교와 같은 '필수' 시설: "The Court's Swimming Pool Ruling," Los Angeles Times, June 16, 1971.

233 익사할 가능성: Hackman, "Swimming While Black."

233 아프리카계 미국인 문화의 주요한 일부분: National Public Radio, "Public Swimming Pools' Divisive Past," May 28, 2007, https://www.npr.org/templates/story/ story.php?storyId=10495199.

233 "너희 집인 제8구역"으로 돌아가라: Wiltse, "America's Swimming Pools."

233 "저희를 안전하게 지켜주시는 맥키니 경찰관들께 감사드립니다": Appelbaum, "McKinney, Texas."

234 "세계에서도 손꼽힐 가능성이 상당히 높다": Orlando Patterson, Rituals of Blood: The Consequences of Slavery in Two American Centuries (New York: Basic Books, 1998), 4.

234 다른 집단과 교류하기에 앞서: 대항적 공론장에 관한 고전적인 글들은 다음이 있다. Nancy Fraser, "Rethinking the Public Sphere," Social Text 25, no. 26 (1990): 56–80, and Michael Warner, "Publics and Counterpublics," Public Culture 14, no. 1 (2002): 49–90.

235 장기적 차원에서 미국인의 시민생활을: Melissa Harris-Lacewell, Barbershops, Bibles, and BET: Everyday Talk and Black Political Thought (Princeton, NJ: Princeton University Press, 2004), 163, 200.

235 "어떻게 처신해야 하는지 일러주는 토박이도 있었다": William Grier and Price Cobbs, Black Rage (New York: Basic Books, 1968), 88.

236 식당이 145곳, 술집이 70곳이라고 밝혔다: St. Clair Drake and Horace Cayton, Black Metropolis: A Study of Negro Life in a Northern City (1945; repr., Chicago:

University of Chicago Press, 2015), 438, 461.

237 "결코 경찰의 행동 모두를 싸잡아 비난하려 하지 않았다": Harris-Lacewell, Barbershops, Bibles, and BET, 198.

237 "그냥 엉덩이 떼고 일어났어야 했어": Barbershop, story written by Mark Brown; screenplay written by Mark Brown, Don D. Scott, and Marshall Todd, directed by Tim Story, 2002.

238 바깥 세계와의 교류도 좀 더 잘 준비하도록 해준다: 도시 민속학자들 또한 흑인 이발소에서 드러나는 사회적 과정들이 술집을 포함한 여타 보호된 공간에서도 나타난다는 점에 주목해왔다. 고전적인 연구로는 다음이 있다. Elijah Anderson, A Place on the Corner (Chicago: University of Chicago Press, 1978). 앤더슨은 다음과 같이 말한다. "도시의 술집과 바는 인접한 길거리 코너와 골목들과 더불어 이발소, 테이크아웃 음식점 등 여러 시설과 마찬가지로 도시 내 '어반빌리지(urban villages)'와 게토 지역 사람들의 중요한 모임 장소다. 이곳은 자주 도시빈민과 노동계층 사람들의 아지트가 되며, 중산층 및 상류층 사람들에게 정식 사교 모임이나 친인척 관계가 담당하는 역할과 비슷한 역할을 한다.(1).

238 심지어는 강력 범죄를 감소시킨다는 사실을 밝혀내고 있다: 지역사회단체가 지역 생활에 미치는 영향을 가늠한 연구들 중 가장 인상적인 연구는 다음 참조. Robert Sampson, Great American City: Chicago and the Enduring Neighborhood Effect (Chicago: University of Chicago Press, 2012); Patrick Sharkey, Uneasy Peace: The Great Crime Decline, the Renewal of City Life, and the Next War on Violence (New York: W. W. Norton, 2018).

239 아프리카계가 10퍼센트를 차지했다: 엘름허스트-코로나는 뉴욕시립대학교의 인류학자 로저 산제크가 주도하는 획기적인 연구 프로젝트의 장이었다. 산제크와 연구진은 1980년대 초 지역사회단체가 다인종 다국어 주민들과 어떻게 집단적 관계를 형성하였는지에 관한 연구를 시작했다. 연구진은 1996년까지 이곳에 머물면서 일상적인 활동들에 대한 현장조사를 진행했으며, 시민 단체와 교회, 동네 행사, 지역 정치집회에서 벌어지는 일들을 면밀히 관찰했다. 프로젝트의 주요 결과는 다음 참고. Robert Sanjek, The Future of Us All: Race and Neighborhood Politics in New York City (Ithaca, NY: Cornell University Press, 1998). 엘름허스트-코로나의 지역사회단체에 관한 나의 논의는 대부분 이 연구에서 비롯되었다.

239 미국 이민귀화국이 그들을 근절하기를 바란다고 말했다: Ibid., 72.

241 "살아남지 못할 것이라고 대답하죠": 다음에서 인용. Roger Sanjek, "Color-Full Before Color Blind: The Emergence of Multiracial Neighborhood Politics in Queens, New

York City," American Anthropologist 102, no. 4 (2000): 765–66.

242 히스패닉계의 대표성을 키웠다: Ibid., 766.

244 바깥에서도 더 의미 있는 관계를 이어나갈 수 있기 때문이다: Victor Turner, The Ritual Process: Structure and Anti-Structure (1969; repr., New York: Routledge, 2017). 스포츠 인류학 개론은 다음 참조. Kendall Blanchard, The Anthropology of Sport (Westport, CT: Bergin & Garvey, 1995).

244 크리켓 경기장이 주역으로 나선다: Joseph O'Neill, Netherland (New York: Pantheon, 2008).

245 "참가자들을 더욱 특이하게 보이도록 만들지만": James Wood, "Beyond a Boundary," New Yorker, May 26, 2008.

245 견고한 발판을 마련하기 위해 애쓰는: Ibid.

249 우리들 간의 사회적 거리가 훨씬 더 좁아졌다: 이와 유사한 경험들에 관한 민족지학 연구는 다음 참조. Anderson, Cosmopolitan Canopy.

251 "지역사회 곳곳에서 사용할 수 있는 스킬들": Liam Delaney and Emily Keaney, "Sport and Social Capital in the United Kingdom: Statistical Evidence from National and International Survey Data," December 2005, http://www.social-capital. net/docs/file/sport%20and%20social%20capital.pdf.

252 깊이 분열한 사회를 통합하고 민주화하기 위해: Eric Worby, "The Play of Race in a Field of Urban Desire: Soccer and Spontaneity in Post-apartheid Johannesburg," Critique of Anthropology 29, no. 1 (2009): 105–23.

252 "이 팀이 아니었더라면": Emmarie Huetteman, "Shooting Shines Light on an Annual Baseball Game and a Bipartisan Pastime," New York Times, June 14, 2017.

253 "협업이 다시금 가능할지 의문": 다음 참조. Cass Sunstein, "The Polariza tion of Extremes," Chronicle Review, December 14, 2007. 하이트의 말은 다음에서 발췌. Sean Illing, "Why Social Media Is Terrible for Multiethnic Democracies," Vox, November 15, 2016, https://www.vox.com/policy-and-politi cs/2016/11/15/13593670/donald-trump-jonathan-haidt-social-media-polarizatio n-europe-multiculturalism.

254 분명 인터넷만 비난하기는 어려울 테다: Levi Boxell, Matthew Gentzkow, and Jesse Shapiro, "Is the Internet Causing Polarization? Evidence from Demographics," Working Paper, 2014, http://web.stanford.edu/~gentzkow/research/age-polar.

pdf.

254　자신과 교육 수준, 민족성, 종교적 성향이 다른 상대방: Gina Potarca, "Does the Internet Affect Assortative Mating? Evidence from the U.S. and Germany," Social Science Research 61 (2017): 278–97.

255　고향의 소식을 전해 들었다: Ivan Watson, Clayton Nagel, and Zeynep Bilginsoy, "'Facebook Refugees' Chart Escape from Syria on Cell Phones," CNN, September 15, 2015, https://www.cnn.com/2015/09/10/europe/migrant-facebook-refugees/index.html.

255　다양한 종류의 또래들과: 다음 참조. Nicole Ellison, Charles Steinfield, and Cliff Lampe, "The Benefits of Facebook 'Friends': Social Capital and College Students' Use of Online Social Network Sites," Journal of Computer-Mediated Communication 12, no. 4 (2007): 1143–68; Min-Woo Kwon, Jonathan D'Angelo, and Douglas McLeod, "Facebook Use and Social Capital: To Bond, to Bridge, or to Escape," Bulletin of Science, Technology & Society 33, no. 1–2 (2013): 35–43.

256　전통적인 치료 모임에 참석: 다음 참조. Tabor Flickinger, Claire DeBolt, Ava Lena Waldman, George Reynolds, Wendy F. Cohn, Mary Catherine Beach, Karen Ingersoll, and Rebecca Dillingham, "Social Support in a Virtual Community: Analysis of a Clinic-Affiliated Online Support Group for Persons Living with HIV/AIDS," AIDS and Behavior 21, no. 11 (2017): 3087–99.

제6장: 폭풍에 앞서

267　"혼을 쏙 빼놓는" 폭우였다: Jason Samenow, "Harvey Marks the Most Extreme Rain Event in U.S. History," Washington Post, August 29, 2017, https://www.washingtonpost.com/news/capital-weather-gang/wp/2017/08/29/harvey-marks-the-most-extreme-rain-event-in-u-s-history/?utm_term=.94d4e7d3b7ad.

268　공동체에 대한 믿음을 얼마나 더 공고히 할 수 있었는지: 뉴욕대학교 대학원생이자 나의 연구 조교인 두 사람, 키아라 두즈(허드슨에서 나고 자랐고 월크레스트교회를 다니는 친구가 있음) 와 드라램 타키야르가 휴스턴으로 가 하비에 대한 집단적 반응을 보고했다. 이들 또한 이날의 교회 모임에 참석했으며, 월크레스트교회 신도들과 며칠을 더 보내면서 교회가 어떤 방식으로

폭풍우 이재민을 돕는지 관찰했다.

268 우연히 발생한 게 아니었다: 사회학자 마이클 에머슨은 다음과 같이 말했다. "교회 신도 집 단은 오래 전부터 분리된 모습을 보여왔다. 상세한 데이터 중 가장 최근 데이터인 2007년 기준, 한 교회 내 90퍼센트 이상의 신도들이 인종적으로 단일한 교회는 전체 교회의 85퍼 센트에 달했다. 신도 집단 내 인종 쏠림 현상이 없다고 주장한 교회는 2010년 기준 전체 의 4퍼센트에 불과했다." 다음 참조. Michael Emerson, "A New Day for Multiracial Congregations," Reflections: A Magazine of Theological and Ethical Inquiry from Yale Divinity School, 2013, https://reflections.yale.edu/article/future-race/new-day-multiracial-congregations.

269 인종 및 민족 간 통합의 장: 로드니 우는 윌크레스트교회를 더욱 개방적이고 다인종적인 교 회로 만들기 위해 한 일들에 관한 책을 책으로 펴냈다. 다음 참조. Rodney Woo, The Color of Church: A Biblical and Practical Paradigm for Multiracial Churches (Nashville: B&H Academic, 2009).

274 해수면도 수천 년 동안 더 상승할 것: 다음 참조. Anders Levermann, Peter Clark, Ben Marzeion, Glenn Milne, David Pollard, Valentina Radic, and Alexander Robinson, "The Multimillennial Sea-Level Commitment of Global Warming," Proceedings of the National Academy of Sciences 110, no. 34 (2013): 13745–50.

276 "매장 수를 모두 합친 것보다 세 배 이상 많다": Korie Edwards, Brad Christerson, and Michael Emerson, "Race, Religious Organizations, and Integration," Annual Review of Sociology 39 (2013): 212.

277 "다시는 발생하지 않도록": 인용문은 다음에서 발췌. Nicole Lurie and Barack Obama appear in Eric Klinenberg, "Adaptation," New Yorker, January 7, 2013.

278 사회적 인프라도 중요하다: Ibid.

287 구경꾼들이 이용할 수 있도록 설계되었다: 더 워르바니스턴은 다음의 웹사이트를 통해 물의 광 장 벤텀플레인을 소개한다. http://www.urbanisten.nl/wp /?portfolio=waterplein-benthemplein.

290 위험천만한 우기와 홍수 사태 속에서: 다음 참조. Khurshed Alam and Habibur Rahman, "Women in Natural Disasters: A Case Study from Southern Coastal Region of Bangladesh," International Journal of Disaster Risk Reduction 8 (2014): 68–82.

290 여기에 관심을 보이고 있다고 보도했다: David Gelles, "Floating Cities, No Longer

Science Fiction, Begin to Take Shape," New York Times, November 13, 2017.

294 비야케 잉겔스와 그가 이끄는 그룹 BIG: 다음 참조. Eric Klinenberg, "Want to Survive Climate Change? You'll Need a Good Community," Wired, November 2016, https://www. wired.com/2016/10/klinenberg-transforming-communities-to-survive-climate-change/.

296 "리빙 브레이크워터스" 계획의 핵심 목표: Ibid.

299 홍수 대비 시설과 기후변화 적응, 기후안보 등: City of New Orleans, Plan for the 21st Century: New Orleans 2030, 2010, https://www.nola.gov/city-planning/ master-plan/.

300 자전거 공유 프로그램이 시작되면: 다음 참조. Shannon Sims, "Building a Social Scene Around a Bike Path," CityLab, August 1, 2017, https://www.citylab.com/life/2017/08/ lafitte-greenway-new-orleans/534735/; Richard Florida, "Mapping America's Bike Commuters," CityLab, May 19, 2017, americas-bike-commuters/526923/.

결론: 다음 삽을 뜨기 전에

302 "우리는 우리가 원하는 세상을 만들고 있나요?": Mark Zuckerberg, "Building Global Community," Facebook, February 16, 2017, https://www.facebook.com/notes/ mark-zuckerberg/building-global-community/10154544292806634/.

303 "그게 우리다운 일입니다": See Tony Romm, "Trump Campaign Fires Back at Zuckerberg," Politico, April 13, 2016, https://www.politico.com/story/2016/04/ mark-zuckerberg-trump-feud-221897; Seth Fiegerman, "Mark Zuckerberg Criticizes Trump on Immigration," CNN, January 27, 2017, http://money.cnn. com/2017/01/27/technology/zuckerberg-trump-immigration/index.html.

306 "참여가 줄어든다는": Mark Zuckerberg, Facebook post, January 11, 2018. https:// www.facebook.com/zuck/posts/10104413015393571/.

308 타깃 사용자들에게 광고를 노출할 수 있도록: Benjamin Elgin and Vernon Silver, "Facebook and Google Helped Anti-Refugee Campaign in Swing States," Bloomberg.com, October 18, 2017, https://www.bloomberg.com/news/ articles/2017-10-18/facebook-and-google-helped-anti-refugee-campaign-in- swing-states.

308 원주민 내몰림 혹은 젠트리피케이션 압력: 다음에서 지도 및 보고서 참조. The Urban

Displacement Project. http://www.urbandisplacement.org/map/sf.

310 여전히 식품사막으로 남아 있기 때문이다: George Avalos, "Facebook Campus Expansion Includes Offices, Retail, Grocery Store, Housing," San Jose Mercury News, July 7, 2017, http://www.mercurynews.com/2017/07/07/facebook-camp us-expansion-includes-offices-retail-grocery-store-housing/.

314 "견줄 데가 없다"고 말했다: Philanthropy Roundtable, "Andrew Carnegie," http://www. philanthropyroundtable.org/almanac/hall_of_fame/andrew_carnegie#a.

315 "내가 느끼는 깊은 감사를": Andrew Carnegie, Autobiography of Andrew Carnegie (Boston: Houghton Mifflin, 1920), 47.

316 인터넷을 설치할 수 있도록: 다음의 보도자료 참조. https://www.gatesfoundation.org/ Media-Center/Press-Releases/1997/06/Bill-and-Melinda-Gates-Establish-Library -Foundation.

316 그날 하루를 살아가는 데 위안이 필요한 사람들까지: 스타브로스 니아코스 재단이 미드타운의 대출 도서관을 재건하는 데 5500만 달러를 기부했던 2017년 이전에도 뉴욕 시 공공도서관에 투자하려는 프로젝트는 여럿 있어왔다. 그중 가장 마지막 시도였던 플래그십 도서관 리노베이션 프로젝트는 엘리트 신탁 관리자들의 주도하에 이루어졌으나 방향이 완전히 틀렸던 데다가 막대한 비용이 들었으며 결국에는 실패로 돌아갔다. 전 도서관 관리자 중 한 명은 이 신탁관리자들을 가리켜 "42번가의 건물에만 신경"을 썼으며 "공공 도서관 시스템에는 아무런 관심도 없다"고 평했다. 다음 참조. Scott Sherman, Patience and Fortitude: Power, Real Estate, and the Fight to Save a Public Library (New York: Melville House, 2015), 73.

318 현존하는 뉴욕 공공 도서관들의 시설을 유지·보수하는 데에만: 다음에서 조너선 볼스 Jonathan Bowles의 2013년 9월 뉴욕 시의회 대상 증언 녹취록 참조. https://nycfuture. org/research/testimony-building-better-libraries.

319 직원 근무 시간을 24퍼센트나 줄여야 했다: 2014년 뉴욕은 2008년 이래 최초로 공공 도서관 기금을 1억 4400만 달러 규모로 확대했지만, 일반적으로 연간 2억 달러 이상의 공적 자금을 지원했던 2000년대 초에 비하면 여전히 훨씬 낮은 수준이다. 다음 참조. New York City Independent Budget Office, "Library Funding: Subsidies Rebound, Disparities Remain," Fiscal Brief, July 2007, http://www.ibo.nyc.ny.us/iboreports/ libraryspending.pdf.

322 "장래 브롱크스에 다시 매장을 열 수 있도록": Steven Goodstein, "Barnes & Noble Commits to Bronx Return in 24–36 Months," Bronx Times, November 15, 2016, https://www.bxtimes.com/stories/2016/46/46-barnes-2016-11-11-bx.html.

323 "30미터 거리에서": 맥도널드의 말은 다음에서 인용되었다. Elizabeth Segran, "Two Ex-Googlers Want to Make Bodegas and Mom-and-Pop Corner Stores Obsolete," Fast Company, September 13, 2017, https://www.fastcompany.com/40466047/two-ex-googlers-want-to-make-bodegas-and-mom-and-pop-corner-stores-obsolete?utm_content=bufferb45ab&utm_medium=social&utm_source=twitter.com&utm_campaign=buffer.

324 인터넷이 설치되지 않은 가정은: 다음 참조. Deborah Fallows, "Not Your Mother's Library," Atlantic, October 6, 2014, https://www.theatlantic.com/national/archive/2014/10/not-your-mothers-library/381119/; and the report "Internet Connection Data for Cities," Governing.com, http://www.governing.com/gov-data/city-internet-connection-household-adoption-rates-data.html.

325 각 동네의 공공 도서관 모두가: "Voters OK 2.8-mill Columbus Metropolitan Library Levy," ThisWeek Community News, November 3, 2010, http://www.thisweeknews.com/article/20101026/news/310269541.

325 "지혜가 넘쳐흐르는 번영하는 지역사회": Columbus Metropolitan Library, "Columbus Metropolitan Library to Eliminate Overdue Fines Beginning Jan. 1, 2017," press release, December 1, 2016, http://www.columbuslibrary.org/press/columbus-metropolitan-library-eliminate-overdue-fines-beginning-jan-1-2017.

326 여름독서학교에 6만 명 가까운 사람들이 참여했다는: Columbus Metropolitan Library, "Media Fact Sheet," 2017, www.columbuslibrary.org/sites/default/files/uploads/docs/Media%20Fact%20Sheet_0.pdf.

327 오염 가능성을 은폐하기 위해: Oliver Milman and Jessica Glenza, "At Least 33 US Cities Used Water Testing 'Cheats' over Lead Concerns," Guardian, June 2, 2016, https://www.theguardian.com/environment/2016/jun/02/lead-water-testing-cheats-chicago-boston-philadelphia.

327 집단 간 경계를 넘어: 다음 참조. The Studio Gang description of the Polis Station on its website: http://studiogang.com/project/polis-station/.

333 경제와 사회를 구성하는 방식: David Billington, The Tower and the Bridge: The New Art of Structural Engineering (Princeton, NJ: Princeton University Press, 1985).

옮긴이 | 서종민

뉴욕 주립대학교에서 국제정치학과 경제학을 복수 전공하였다. 현재 번역에이전시 엔터스코리아에서 전문 번역
가로 활동하고 있다. 주요 역서로는『모기 : 인류 역사를 결정지은 치명적인 살인자』, 『헤르만 지몬의 프라이싱 : 가
격이 모든 것이다』, 『불안해서 밤을 잊은 그대에게』, 『어떤 질문은 당신의 벽을 깬다』, 『이슬람의 시간 : 이슬람의
역사, 종교, 정치 제대로 이해하기』, 『알렉산더 해밀턴 : 현대 자본주의 미국을 만든 역사상 가장 건설적인 정치가』,
『피렌체: 피렌체 회화와 프레스코화』, 『군주론』 등이 있다.

도시는 어떻게 삶을 바꾸는가

초판 1쇄 발행 2019년 11월 18일
초판 6쇄 발행 2023년 10월 30일

지은이 에릭 클라이넨버그
옮긴이 서종민

발행인 이재진 **단행본사업본부장** 신동해
편집장 조한나 **디자인** 최보나
마케팅 최혜진 이은미 **홍보** 반여진 허지호 정지연 송임선
교정 신혜진 **제작** 정석훈

브랜드 웅진지식하우스
주소 경기도 파주시 회동길 20
문의전화 031-956-7211(편집) 02-3670-1123(마케팅)
홈페이지 www.wjbooks.co.kr
인스타그램 www.instagram.com/woongjin_readers
페이스북 www.facebook.com/woongjinreaders
블로그 blog.naver.com/wj_booking

발행처 ㈜웅진씽크빅 **출판신고** 1980년 3월 29일 제406-2007-000046호
한국어판출판권 © 2019 Woongjin Think Big
ISBN 978-89-01-23736-7 03330